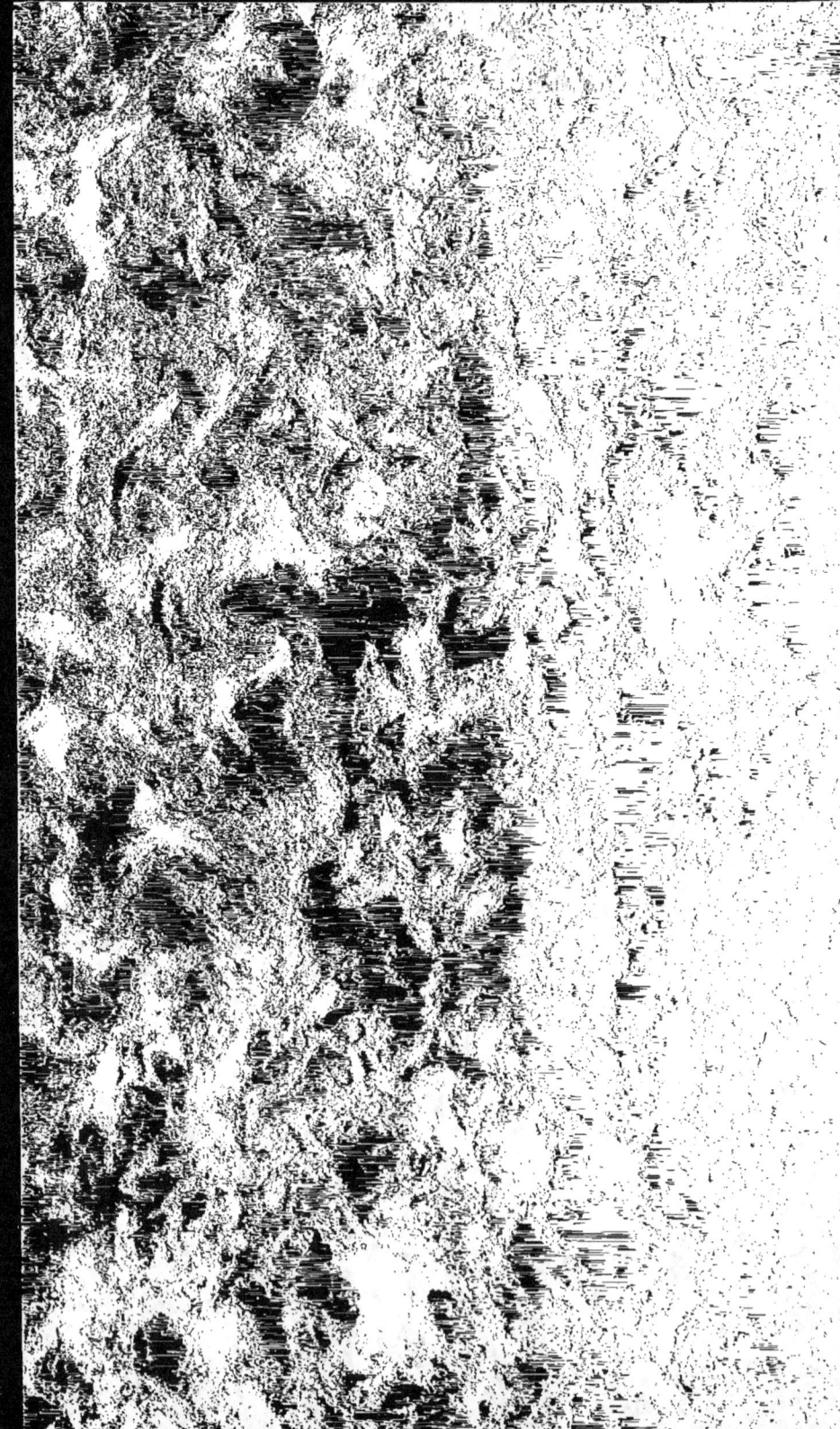

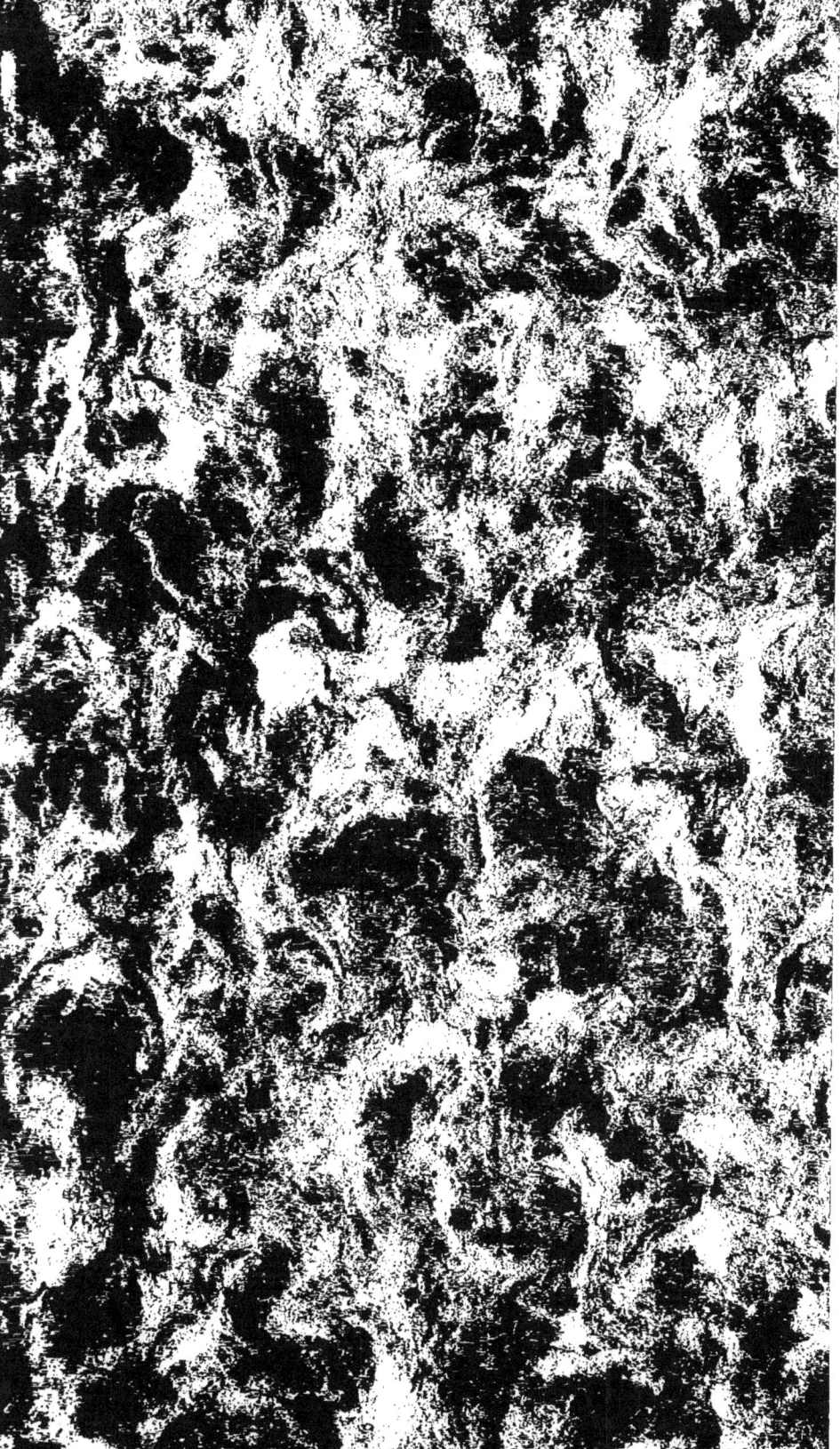

M. BODRI 1985

2618

HISTOIRE

DE LA

MARINE FRANÇAISE

SOUS

LA PREMIÈRE RÉPUBLIQUE

OUVRAGES DU MÊME AUTEUR

Histoire de la Marine française pendant la guerre de l'Indépendance américaine, précédée d'une étude sur la marine militaire de la France et sur ses institutions, depuis le commencement du XVIIe siècle jusqu'à l'année 1778. — Paris, Hachette. Prix . . . . **7 fr. 50**

La Marine française et la Marine allemande pendant la guerre de 1870-1871. — Paris, Plon. Prix . . . . . . **3 fr. 50**

HISTOIRE

DE LA

MARINE FRANÇAISE

SOUS

LA PREMIÈRE RÉPUBLIQUE

FAISANT SUITE

A L'HISTOIRE DE LA MARINE FRANÇAISE PENDANT LA GUERRE
DE L'INDÉPENDANCE AMERICAINE

PAR

E. CHEVALIER

CAPITAINE DE VAISSEAU

PARIS

LIBRAIRIE L. HACHETTE ET Cie

79, BOULEVARD SAINT-GERMAIN, 79

——

1886

Droits de propriété et de traduction réservés.

PRÉFACE

Dans une guerre maritime, deux actions principales apparaissent. On voit d'abord la main du gouvernement qui seul a qualité pour tracer les plans de campagne ou approuver les projets qui lui sont soumis. Vient ensuite la marine, dont l'action spéciale se subdivise en deux parties distinctes: d'une part, la préparation des forces navales, et, d'autre part, la conduite, à la mer, des marins de tous grades. C'est à ces divers points de vue qu'il est nécessaire d'étudier les faits maritimes si l'on veut les juger d'une manière équitable. En dehors du rôle joué par les amiraux et les capitaines, le jour d'une bataille, il existe des questions d'une importance capitale, par exemple, la nature des opérations et l'état des bâtiments. La fortune d'une flotte bien armée, au double point de vue du matériel et du personnel, reste soumise aux chances de la guerre, mais on peut dire qu'elle dépend surtout du savoir de son chef. Avec des bâtiments mal armés, un amiral, même habile, sera le plus souvent impuissant à conjurer les désastres. Une histoire de la marine serait donc incomplète, si elle n'avait d'autre objectif que le champ de bataille.

C'est dans le domaine des idées qu'il faut chercher l'explication la plus vraie et en même temps la plus utile des défaites qui se succèdent de 1793 à 1799. L'Angleterre et les Etats-Unis n'ont pas seuls l'heureux privilège, comme on le croit généralement, de posséder de bons marins. La Suède, la Norwège, le Danemark, toutes les parties de l'Allemagne que baigne la mer, la Hollande, la France, le Portugal, l'Espagne, l'Italie, la Grèce ont d'excellents matelots. Mais ce que les divers pays que nous venons d'énumérer possèdent rarement, ce sont des lois organiques sur la marine, contenant un mécanisme à la fois simple et sûr, dont le fonctionnement donne à l'ensemble la solidité sans laquelle, lorsque la guerre survient, les chefs les plus capables ne peuvent rien. Là est le secret de la puissance sur mer, et les efforts continuels des nations qui ne sont pas exclusivement maritimes doivent tendre à remplir cette condition indispensable. L'histoire de la marine française, de 1793 à 1799, ne prouve que trop clairement la vérité de ce que nous avançons.

HISTOIRE

DE LA

MARINE FRANÇAISE

SOUS LA PREMIÈRE RÉPUBLIQUE

LIVRE PREMIER

Événements de 1789. — Révoltes dans les ports. — Impuissance du gouvernement. — Indulgence de l'Assemblée constituante pour les fauteurs de désordre. — Développement donné à nos forces navales après la guerre de l'Indépendance américaine. — Réformes faites par l'Assemblée constituante. — Nouvelle organisation du corps des officiers de la marine. — Décret concernant l'administration des arsenaux. — Mesures prises par l'Assemblée législative. — Violences commises à Brest contre le capitaine de vaisseau de Lajaille. — Non acceptation par Bougainville du grade de vice-amiral. — La France est en guerre avec la Prusse et le Piémont.

1

Quelques mois après la réunion des États généraux à Versailles, le pouvoir exécutif se trouva réduit à l'impuissance. D'autre part, l'Assemblée nationale, préoccupée de détruire l'ancien édifice social, ne sembla pas s'apercevoir qu'elle ne prenait aucune des mesures nécessaires pour assurer la solidité du nouvel ordre de choses. L'agitation qui régnait dans les esprits pénétra à bord des bâtiments. Des tentatives répétées d'embauchage furent faites dans tous les ports pour assurer l'impunité à la révolte, en enlevant aux chefs militaires les moyens de la réprimer. La discipline avait de fortes assises; elle résista quelque temps. Toutefois, l'action des officiers, qui repose non sur des complaisances mais sur une juste sévérité, s'use vite dans de pareilles circonstances. La démonstration de cette vérité ne se fit pas attendre. La prise de la Bastille, le 14 juillet 1789, eut pour conséquence immédiate d'amoindrir l'autorité des agents du gouvernement. Les municipalités devenues plus hardies empiétèrent sur les attributions des chefs civils et militaires. Sortant de la légalité, un point d'appui leur était nécessaire. Elles le cherchèrent non seulement dans la population civile, mais parmi les soldats, les matelots et les ouvriers. Les municipalités se trouvèrent amenées à travailler contre les chefs militaires, avec lesquels il semblait, d'abord, qu'elles voulussent s'entendre. Ainsi, dès le début, se manifesta la mauvaise direction imprimée à l'œuvre de transformation nécessaire que poursuivait la société française.

Dans les conditions que nous venons d'indiquer, les commandants de la marine rencontrèrent, dans l'exercice de leurs fonctions, de continuelles difficultés. Ils sollicitèrent des ordres que les ministres, dépourvus de toute autorité, ne purent leur donner. Dans le but d'empêcher les populations surexcitées de se livrer au désordre, les officiers généraux placés à la tête des ports cédèrent sur tous les points. Ne prenant eux-mêmes aucune part aux questions qui divisaient les esprits, ils prescrivirent la même ligne de conduite aux officiers. Les commandants de la marine acceptèrent le concours de la garde nationale dans laquelle ils laissèrent entrer des ouvriers des arsenaux. Plusieurs d'entre eux, sans avoir reçu aucun ordre de Paris, firent prendre aux troupes et ils portèrent eux-mêmes la cocarde nationale. Ces concessions, dictées par un esprit évident de conciliation, n'eurent pas le succès qu'elles méritaient. Les municipalités s'étaient d'abord mêlées avec réserve aux affaires de la marine. Poussées par les agitateurs, elles intervinrent dans toutes les questions.

L'Hôtel de ville devint le rendez-vous des mécontents. Ce fut là que les soldats et les matelots, ayant encouru des punitions, et les ouvriers renvoyés de l'arsenal pour leur mauvaise conduite, portèrent leurs réclamations. La justice, paralysée, laissa les fauteurs de désordre en liberté. Ces faiblesses amenèrent un apaisement momentané, mais de nouvelles exigences ne tardèrent pas à se produire. Lorsque les commandants de la marine voulurent résister, le passé fut oublié. Les meneurs soulevèrent contre eux les passions populaires. Les troupes circonvenues devinrent défiantes. Les chefs comprirent bientôt qu'ils ne pouvaient plus compter sur leurs soldats. La tranquillité fut troublée au Havre, à Cherbourg et à Saint-Malo. De graves désordres éclatèrent à Brest. Le comte d'Hector, lieutenant général des armées navales, était commandant de la marine dans ce port. Il occupait ce poste depuis neuf années. Sa situation dans la ville et dans l'arsenal était excellente. Le comte d'Hector exerçait sur les marins, les soldats et les ouvriers un grand ascendant. Lorsque surgirent les premières difficultés, il se berça de l'espoir de les surmonter. Animé d'un grand esprit de conciliation, il se prêta à toutes les démarches qui pouvaient assurer la paix publique. Le capitaine de vaisseau Lelarge, directeur du port, ayant déployé quelque sévérité contre le personnel de l'arsenal placé sous ses ordres, devint impopulaire. Il fut éloigné momentanément. Quoiqu'il fît, chaque jour, de nouvelles concessions, le comte d'Hector ne put arriver à une entente avec la population. S'il n'avait eu affaire qu'à la municipalité, il y serait parvenu, mais la ville de Brest était livrée à des influences étrangères qui, en toutes circonstances, poussaient non à l'apaisement mais au désordre.

« Il est bien pénible pour moi, écrivait le comte d'Hector au ministre, le 22 juillet, de ne recevoir aucun ordre dans la position où je suis. J'ai eu l'honneur de vous rendre compte de l'effervescence dans laquelle était la ville de Brest. Elle a été telle que, d'un instant à l'autre, le plus affreux incendie pouvait s'y allumer. La municipalité et les citoyens honnêtes s'empressèrent de l'apaiser et d'y faire subsister l'ordre ; mais il se trouve malheureusement réunis ici beaucoup d'étrangers et de gens sans aveu qui n'attendent leur bien-être que du désordre. » Le comte d'Hector disait au ministre dans une lettre du 24 juillet : « J'ai encore saisi l'occasion de rendre justice à la municipalité de la ville, aux citoyens honnêtes et au désir qu'ils avaient de ramener l'ordre, mais je ne vous ai pas laissé ignorer, Monseigneur, que j'étais fort inquiet des événements qu'un peuple nombreux et rassemblé de toutes parts pouvait occasionner d'un instant à l'autre, alors surtout que la plus grande partie d'entre eux votaient pour le désordre et accusaient la lenteur qu'on mettait à l'opérer. » Bientôt le comte d'Hector n'eut plus du pouvoir que l'apparence. « Toutes mes dispositions se bornent jusqu'à présent, écrivit-il au ministre de la marine, à tout ce qui peut assurer la conservation du port, mais je ne dois pas vous dissimuler que la fermentation est au plus haut période. A chaque instant, on doit craindre que la population ne se livre aux plus grands excès. Enfin cette fermentation est telle qu'on peut croire qu'elle est surexcitée par des ennemis de l'État qui pourraient même avoir des agents à Brest. » Quand on se reporte aux événements de cette époque, il semble certain que les nations ennemies de la France usèrent de tous les moyens pour ajouter aux difficultés de notre situation intérieure. L'Angleterre ne nous pardonnait pas l'appui que nous avions donné aux Américains. Elle ne négligeait rien pour fomenter en France, et surtout dans les ports, des troubles qui devaient lui profiter en nous affaiblissant.

L'ambassadeur d'Angleterre, le comte Dorset, fit, à cette époque, au ministre de la marine une communication singulière. Un inconnu, lui dit-il, s'était présenté à son hôtel pour l'informer qu'un complot, ayant pour objet la destruction de l'arsenal de Brest, devait être mis à exécution dans le courant du mois de novembre. L'ambassadeur était-il de bonne foi ? Il est permis d'en douter. Personne en France ne nourrissait un semblable projet. Si la démarche signalée par le comte Dorset avait réellement eu lieu, elle était l'œuvre de quelque intrigant venu chez l'ambassadeur pour obtenir de l'argent. Quoiqu'il en soit, le ministre de la marine, M. de la Luzerne, crut nécessaire de prendre des informations sur ce prétendu complot. Cette affaire, quelque soin qu'on mît à la tenir secrète, transpira. Elle accrut la défiance de la population, des soldats et des ouvriers. Il en résulta une ingérence, chaque jour plus grande, de la municipalité dans les services du port. Le comte d'Estaing était, à ce moment, très populaire. Le gouvernement voulut l'envoyer à Brest avec la double qualité de commandant en chef des forces de terre et de mer. Cet officier général, reculant devant les difficultés de cette tâche, refusa. A Lorient et à Rochefort, la tranquillité fut troublée. Les commandants de la marine, dans ces deux ports, maintinrent avec beaucoup de peine l'ordre parmi les troupes et les ouvriers de l'arsenal. Les fonctions de commandant de la marine étaient remplies, à Toulon, par le chef d'escadre d'Albert de Rions. Depuis la mort de Suffren, ce chef d'escadre était considéré comme l'officier général le plus capable de commander une grande flotte. C'était, en outre, un homme d'une extrême droiture, d'un esprit libéral et conciliant. Les événements allaient le mettre aux prises avec la population toulonnaise.

Des désordres, auxquels celle-ci se trouva mêlée, se produisirent, le 23 mars 1789. Des propriétés particulières furent pillées et plusieurs personnes subirent de mauvais traitements. Les troupes de la marine et de la garnison prirent les armes, mais les instructions, envoyées de Paris pour le cas où des troubles viendraient à éclater, étaient d'une telle timidité que les autorités n'osèrent pas employer la force pour maintenir l'ordre. La bourgeoisie, mécontente de l'administration de l'Hôtel de ville, était favorable au mouvement. Elle laissa toute liberté à l'émeute aussi longtemps que les individus dont elle se plaignait furent seuls atteints. La bourgeoisie ne tarda pas à s'apercevoir qu'elle jouait un jeu dangereux. Les gens de désordre, voyant l'inaction des troupes, se considérant, dès lors, comme sûrs de l'impunité, sortirent des limites qui leur avaient été assignées. On put croire, un moment, qu'ils se livreraient aux plus grands excès. La garde nationale, effrayée, réclama le concours des troupes auxquelles elle vint se joindre pour empêcher les choses d'aller plus loin. Les ouvriers de l'arsenal étaient disposés à prendre part au mouvement, mais les autorités maritimes réussirent à les contenir. Le chef d'escadre d'Albert de Rions rendit compte au ministre de ces événements dans une lettre à laquelle nous empruntons le passage suivant : « Les liens de la subordination, dans tous les états, tendent de plus en plus à se relâcher. La faiblesse d'un côté se communique de proche en proche, tandis que, de l'autre, l'audace augmente et rend capable de tout oser. J'ai le droit de vous assurer que l'autorité n'a point été avilie dans mes mains; mais nous voyons partout, autour de nous, les troupes qui ne paraissent prendre les armes que pour être insultées. N'est-il pas à craindre qu'elles ne se lassent d'un rôle aussi humiliant? Ne se laisseront-elles pas gagner à cet esprit qui semble vouloir ramener les hommes à l'égalité? Las enfin, je le répète, d'obéir pour ne gagner que des injures et des coups qu'on ne permet pas de rendre, le soldat ne prendra-t-il pas le parti de se joindre aux mutins qu'on ne veut pas qu'il réprime? Ce sont là des événements qu'il doit être permis de prévoir. La garde d'un arsenal de marine est d'une bien grande importance; celle dont je me trouve chargé ne me donnerait aucune inquiétude dans les temps ordinaires; mais si à la douceur, qu'on prend pour de la faiblesse, le gouvernement ne fait succéder une juste sévérité, je ne connais rien dont on puisse répondre avec quelque certitude. »

A la fin de l'année 1789, un nouveau soulèvement,

dirigé celui-là contre le chef d'escadre d'Albert de Rions, eut lieu à Toulon. Le 1er décembre, les ouvriers de l'arsenal s'assemblèrent tumultueusement pour réclamer contre une décision prise par le commandant de la marine. Celui-ci avait prononcé le renvoi de deux maîtres, convaincus d'avoir prêché la révolte à bord des bâtiments mouillés sur la rade. Le chef d'escadre d'Albert de Rions, apprenant que les mutins manifestaient le désir de lui parler, se porta avec confiance au-devant d'eux. Aussitôt qu'il eût franchi les portes de l'arsenal, la foule l'entoura et ce fut avec les plus grandes difficultés qu'il parvint à atteindre sa demeure. Les troupes, consignées dans leurs casernes, attendaient des ordres. Malgré les dangers de la situation, la municipalité refusa de proclamer la loi martiale. Le maire et le procureur de la commune donnèrent au commandant de la marine l'assurance la plus formelle que la garde nationale le protégerait. Voulant éviter l'effusion du sang, le chef d'escadre d'Albert de Rions, qui était aussi humain que brave, fit retirer un détachement de canonniers matelots qui avait été appelé. Le désordre augmentant et la mauvaise volonté ou l'impuissance de la garde nationale semblant manifeste, il chargea un de ses officiers d'amener, devant son hôtel, cinquante soldats du régiment de Barois. Les membres de la municipalité, employant un argument bien souvent invoqué depuis cette époque, insistèrent sur les malheurs pouvant résulter d'un conflit entre les troupes et les habitants. Le commandant de la marine consentit à revenir sur cette détermination. Aussitôt qu'il se fut mis à la discrétion de la garde nationale, on s'empara de sa personne et on le traîna en prison. D'Albert de Rions et les officiers qui l'accompagnaient subirent, pendant le trajet, les plus mauvais traitements ; sans le dévouement de quelques hommes courageux, ils auraient perdu la vie. Tels furent les résultats auxquels aboutirent les protestations de la municipalité. Lorsque l'Assemblée constituante fut informée des faits que nous venons de rapporter, elle ordonna la mise en liberté des officiers incarcérés. Elle prescrivit, en outre, de faire une enquête sur les événements qui s'étaient accomplis le 1ᵉʳ décembre à Toulon. Après avoir soulevé quelques difficultés, la municipalité toulonnaise se décida à exécuter les volontés de l'Assemblée. Celle-ci, ayant reçu, le 21 décembre, la nouvelle officielle que le chef d'escadre d'Albert de Rions et ses officiers étaient sortis de prison, se déclara « satisfaite de la conduite du président et des représentants de la commune de Toulon et de la garde nationale au sujet de l'exécution de ce décret ». L'enquête prescrite par le décret du 7 décembre fut terminée dans les premiers jours du mois de janvier 1790. Le 16 du même mois, l'Assemblée fit connaître son opinion sur l'ensemble de cette affaire par une déclaration dont nous reproduisons ci-après les termes : « L'Assemblée nationale, présumant favorablement des motifs qui ont animé M. d'Albert de Rions, les autres officiers de la marine impliqués dans l'affaire, les officiers municipaux et la garde nationale de Toulon, déclare qu'il n'y a lieu à aucune inculpation. » Le 18 janvier, elle rendit le décret suivant : « L'Assemblée charge son président de transmettre à M. d'Albert de Rions le décret du 16 et de lui témoigner l'estime qu'elle n'a jamais cessé d'avoir pour un guerrier dont les services ont dignement soutenu la gloire de la nation. Elle le charge, en même temps, d'un témoignage honorable pour MM. les officiers de marine impliqués dans l'affaire de Toulon ; charge, de plus, son président de témoigner la satisfaction de l'Assemblée sur les sentiments patriotiques que les officiers municipaux et la garde nationale de Toulon n'ont cessé de témoigner dans toutes les circonstances. » Le chef d'escadre de Glandèves remplaça M. d'Albert de Rions dans le commandement de la marine. Assailli par la foule, cet officier général fut traîné en prison, ainsi que l'avait été son prédécesseur. Il y resta plusieurs jours avant d'être rendu à ses fonctions.

L'Assemblée trouva, dans ce malheureux événement, une nouvelle occasion d'adresser des félicitations à la municipalité et à la garde nationale de Toulon. Elle exprima ses regrets sur le traitement infligé à M. de Glandèves, mais ce chef d'escadre n'obtint pas d'autre satisfaction. « L'Assemblée nationale, était-il dit dans un décret portant la date du 14 mars 1790, instruite, par différentes lettres, des sages procédés de la municipalité et de la garde nationale de Toulon, soit pour rétablir le calme, soit pour faire oublier à M. de Glandèves ce qui s'était passé, a chargé son président d'écrire à la municipalité et à la garde nationale pour leur en marquer sa satisfaction, et à M. de Glandèves pour lui témoigner la part qu'elle a prise en particulier, dans cette affaire, à ce qui le concernait »

Le 11 août 1790, le capitaine de vaisseau de Castellet, commandant en second de la marine de Toulon, fut assailli par une bande d'ouvriers de l'arsenal. Traîné sous une potence, il eût péri d'une mort ignominieuse par la main de ces forcenés, si quelques soldats, que le hasard avait conduits là, ne l'avaient délivré. Il fut porté sanglant à l'hôpital. L'Assemblée, fidèle à son système, chargea son président d'écrire au maire et aux officiers municipaux pour leur témoigner sa satisfaction du zèle et du patriotisme qu'ils avaient montrés en cette circonstance. Des poursuites furent ordonnées contre les auteurs de l'attentat commis sur la personne du capitaine de vaisseau Castellet. Il est inutile de dire qu'il ne fut donné aucune suite à cette affaire. Des actes de violence de la nature de ceux que nous venons de rapporter se produisirent dans tous les ports. Les officiers de marine se trouvèrent en butte aux plus mauvais traitements et leur vie fut souvent en danger. D'autre part, la conduite des municipalités ne pouvait leur laisser aucun doute sur leur situation. C'est en vain que, laissant de côté des grades qu'ils possédaient cependant d'une manière fort légitime, les officiers de marine réclamaient la protection due, dans les pays civilisés, à tous les citoyens, ils ne pouvaient l'obtenir. « La licence effrénée des volontaires dans cette occasion, écrivait le chef d'escadre d'Albert de Rions après les événements de la fin de l'année 1789, a passé toutes les bornes. Les lois anciennes, les lois nouvelles ont été également violées. Les volontaires ont outragé les décrets de l'Assemblée nationale, en tout ce qui concerne les droits de l'homme et ceux du citoyen. Qu'on ne nous considère pas ici, si l'on veut, comme des officiers et moi en particulier comme le chef d'un corps respectable, qu'on voie seulement en nous des citoyens tranquilles et irréprochables, et tout homme honnête ne pourra être que révolté de l'injuste et odieux traitement que nous avons essuyé ; il se joindra à nous pour demander la punition des coupables. » Ce langage digne, juste, modéré, ne fut pas entendu. Il devint évident que les officiers de marine ne pouvaient compter ni sur l'appui des autorités locales ni sur l'appui du gouvernement. Ils étaient hors la loi. Le 20 août 1790, l'Assemblée promulgua un nouveau code pénal pour les vaisseaux. Certaines dispositions de la nouvelle loi soulevèrent une vive irritation parmi les équipages de l'escadre de Brest. Il était dit dans le premier article que les maîtres porteraient, comme dans le passé, pour signe de commandement, une liane. Il leur était permis de s'en servir pour punir les hommes montrant de la mauvaise volonté dans l'exécution des manœuvres. Le commandant et les officiers devaient veiller à ce que ce droit ne dégénérât pas en abus. Enfin, les fers, avec une petite chaîne traînante, figuraient parmi les punitions que les commandants pouvaient infliger aux marins.

M. d'Albert de Rions commandait l'escadre de Brest. Rendu impopulaire par les événements de Toulon, cet officier général avait été fort mal accueilli, à son arrivée, par la municipalité. Toutefois, après quelques pourparlers avec cette toute-puissante autorité, les difficultés s'étaient aplanies, et il lui avait été permis d'occuper le poste que le gouvernement lui avait confié. Cet officier général, qui était animé des meilleures intentions, fit les plus consciencieux efforts pour calmer les esprits. Il écrivit à Paris pour signaler les dangers de la situation, et il proposa de modifier les articles pour lesquels les marins manifestaient une vive répugnance. L'Assemblée, saisie de la question par le ministre, repoussa les observations présentées par le chef d'escadre d'Abert de Rions et les officiers municipaux de Brest. Elle voulut bien « oublier les torts de quelques hommes égarés qui avaient méconnu les dispositions bienfaisantes des décrets de l'Assemblée, et qui, se trompant sur l'intention de quelques articles, n'avaient pas vu combien le nouveau code qu'elle leur avait donné, dans sa sollicitude paternelle, était plus doux et plus juste que le régime rigoureux et arbitraire par lequel ils étaient gouvernés ». Mais elle décida que toutes les dispositions de la loi du 23 août 1790 recevraient leur exécution. Un décret, dont les considérants étaient remplis de ménagements pour les matelots, fut rendu, dans ce sens, le 15 septembre. La ligne de conduite qu'on suivait à Paris ne pouvait amener aucun résultat. Si l'Assemblée voulait maintenir le décret du 20 août, il fallait qu'elle prît des mesures énergiques pour en assurer l'exécution. Si, au contraire, elle se proposait de céder à la demande des matelots, elle devait le faire de bonne grâce et sur-le-champ. Pendant que l'Assemblée, se laissant entraîner à son penchant pour les dissertations philosophiques et humanitaires, perdait son temps en vaines paroles, l'escadre de Brest était en pleine insurrection.

Le 15 septembre, un matelot du *Léopard*, qui se trouvait à bord du *Patriote*, tint des propos séditieux et insulta le major de ce vaisseau. Cet homme était ivre. Le chef d'escadre d'Albert de Rions, auquel une plainte fut portée, ordonna de reconduire le coupable à son bord. L'exécution de cette mesure, à laquelle on ne pouvait reprocher qu'une extrême indulgence, souleva, sur le *Patriote*, une très vive irritation. M. d'Albert de Rions, informé de cet état de choses, fit comparaître, devant lui, un patron de canot, qui poussait l'équipage de ce vaisseau à la révolte. Il prit la peine d'expliquer à cet homme qu'aucune punition n'avait été infligée au matelot du *Léopard*. M. d'Albert de Rions fut obligé de renvoyer ce patron de canot qui se montrait fort insolent. Ce dernier dit en s'en allant « que c'était au plus fort à faire la loi ; qu'il était le plus fort et que le matelot du *Patriote* ne serait pas puni ». Le capitaine de vaisseau d'Entrecasteaux, commandant le *Patriote*, fit les plus grands efforts pour apaiser la sédition. Ne pouvant y parvenir, il déclara que, si le désordre continuait, il quitterait son commandement. « Tant mieux ! s'écrièrent un grand nombre d'hommes. Vive la nation ! Les aristocrates à la lanterne ! » Le 16, à huit heures du matin, le chef d'escadre d'Albert de Rions se rendit à bord du *Patriote*. Entouré des officiers, il répéta, devant l'équipage assemblé, que le matelot du *Léopard* n'avait subi aucune punition. Voulant faire un dernier effort pour sauver quelque chose de la discipline, M. d'Albert de Rions déclara qu'il se voyait obligé d'envoyer en prison le patron de canot, dont la conduite avait été très répréhensible. Jusque-là, l'équipage avait observé le plus grand silence ; mais, à ce moment, des cris nombreux de : « Il n'ira pas » se firent entendre. Le chef d'escadre d'Albert de Rions, ayant inutilement tenté de rétablir l'ordre, quitta le *Patriote* en disant que si, dans une heure, l'équipage n'était pas rentré dans le devoir, il ferait connaître au ministre les événements qui venaient de survenir. Lorsque le temps fixé par le commandant de l'escadre fut écoulé, la situation n'avait subi aucun changement. M. d'Albert de Rions s'embarqua dans son canot pour s'entendre avec le commandant de la marine, le lieutenant général d'Hector.

Au moment où son embarcation s'éloignait, des matelots, interpellant le patron, lui crièrent : « Fais chavirer le canot. » « Je n'ai pu, écrivit le chef d'escadre au ministre, en parlant de cet incident, bien distinguer ceux qui se sont rendus coupables de cette insolence ; elle sera sans doute suivie de bien d'autres. A bord du *Majestueux*, plusieurs soldats ont refusé de faire le service de la manœuvre sans qu'il y ait eu de punition. En vain redirais-je aux officiers que la subordination règne encore ; ma bouche leur persuaderait mal ce dont je ne suis pas moi-même persuadé ; il n'y a d'espoir absolument que dans une commission composée de membres de l'Assemblée nationale. Les décrets ne ramèneraient point l'ordre, on s'en moquerait. »

Pendant que les scènes de désordre que nous venons de rapporter se passaient à bord des bâtiments mouillés sur la rade, une émeute éclatait en ville. La foule se précipitait chez M. de Marigny, major général de la marine. On apportait la potence devant sa demeure, et si, par un heureux hasard, il ne se fût trouvé absent, nul doute qu'il n'eût péri d'une mort ignominieuse. Le bruit courait qu'on avait surpris une lettre dans laquelle cet officier disait que, s'il était envoyé à Saint-Domingue, il saurait mettre les rebelles à la raison. La foule, qui demandait la mort de ce brave officier, n'avait pas d'autres griefs contre lui. M. de Marigny, justement indigné, résigna son emploi ; il déclara qu'il cesserait tout service jusqu'à ce qu'il eût obtenu la satisfaction à laquelle il avait droit. Lorsque ces faits furent connus à Paris, l'Assemblée sembla disposée à montrer quelque vigueur. Mais son ardeur se refroidit très vite, et, au lieu d'armer le ministre de pouvoirs suffisants pour agir avec promptitude et énergie, elle mit cette affaire en délibération. Le 20 septembre, l'Assemblée décida que le roi serait prié de donner des ordres « pour faire poursuivre et juger, suivant les formes légales, les principaux auteurs de l'insurrection et ceux de l'insulte faite au sieur de Marigny, major général de la marine ; pour faire désarmer le vaisseau le *Léopard* et en congédier l'équipage, en dirigeant ceux qui le composaient sur leurs quartiers respectifs, et en enjoignant aux officiers de rester dans leurs départements ». Il était au moins singulier de renvoyer dans leurs familles des hommes qui s'étaient mal conduits. Ce genre de punition semblait un encouragement donné à la révolte. L'inintelligence de cette mesure ne pouvait échapper à l'Assemblée, mais celle-ci n'avait plus d'énergie quand il s'agissait de réprimer le désordre. Reconnaissant la nécessité d'éloigner de Brest les marins du *Léopard*, elle n'avait trouvé d'autre solution que de les congédier. L'Assemblée décida que deux de ses membres se rendraient à Brest. Ces commissaires, munis de pleins pouvoirs, étaient chargés de rétablir l'ordre et la discipline. Pendant que s'accomplissaient ces formalités qui trahissaient l'indécision de l'Assemblée, le temps s'écoulait. Le chef d'escadre d'Albert de Rions, ne se voyant pas soutenu par le gouvernement, se démit de son commandement. On doit reconnaître qu'il ne pouvait plus l'exercer honorablement. Ces actes d'indiscipline, qui réduisaient notre marine à l'impuissance, se commettaient au moment où nous étions menacés d'une rupture avec la Grande-Bretagne. Il s'était élevé, entre les cours de Londres et de Madrid, de graves difficultés. Si la lutte commençait entre ces deux pays, la France ne pouvait échapper à la nécessité de prendre part à la guerre. Toutes les nations de l'Europe faisaient des armements. Le gouvernement avait obtenu les fonds nécessaires pour armer quarante-cinq vaisseaux de ligne et un nombre proportionnel de frégates et de petits bâtiments. C'était dans de telles circonstances que l'Assemblée assistait impassible à la désorganisation de la marine. Le chef d'escadre de Souillac, qui avait son pavillon sur l'*Auguste*, remplaça M. d'Albert de Rions, parti le 15 octobre. Le 22 du même mois, M. de Souillac, trouvant la charge trop lourde, écrivit au ministre pour solliciter un congé. Le chef d'escadre Bougainville fut appelé au commandement de l'escadre de Brest. Les commissaires désignés par le décret du 20 septembre arrivèrent à Brest dans le courant du mois d'octobre. Après s'être montrés à bord des vaisseaux de l'escadre, en compagnie de quelques-uns des membres de la municipalité, ils crurent ou plutôt ils feignirent de croire qu'ils avaient ramené le calme dans les esprits. « Les matelots, écrivirent-ils au comité de la marine, dans l'épanchement de la joie la plus vive, ont protesté de leur attachement pour leurs états-majors, pour leurs capitaines. Partout on entendait ce cri de joie : Vivent la nation, la loi, le roi, ! Tous les commandements s'exécutent maintenant avec la plus grande exactitude ; enfin, nous espérons que l'escadre sera bientôt comme le désirent tous les bons citoyens. » Il n'y avait là que de vaines paroles. Non seulement les commissaires n'avaient rien obtenu, mais ils n'avaient pas osé donner l'ordre de poursuivre les auteurs de l'insurrection du 15 septembre. L'Assemblée n'ignorait rien de ce qui se passait à Brest ; d'autre part, elle ne pouvait se faire illusion sur la sincérité du repentir manifesté par les équipages. Cependant elle voulut récompenser les matelots de ce qu'elle appelait leur soumission. Elle décida que les deux articles qui avaient éveillé leur susceptibilité seraient rapportés. Les commissaires, tenant problement à établir qu'ils s'étaient acquittés avec succès de leur mission, avaient envoyé au comité de la marine deux adresses remises par les équipages des vaisseaux le *Superbe* et l'*America* à la Société des amis de la Constitution. Les matelots du *Superbe* déclaraient que rien désormais ne pourrait altérer les sentiments patriotiques que les actions et les discours des commissaires avaient imprimés dans leurs cœurs. Ils juraient d'être fidèles à la nation, à la loi et au roi, et de défendre, jusqu'à la mort, le pavillon national. Enfin, ils promettaient d'aimer, leurs chefs, de leur obéir et de « rejeter hors de leur sein tous ceux qui seraient parjures à leur serment ». Les matelots de l'*America* ne montraient ni moins d'enthousiasme ni moins d'ardeur pour le bien. « Ils n'avaient pu, disaient-ils, entendre les discours des commissaires et ceux de leurs concitoyens sans en être vivement pénétrés; c'était, pour eux, la voix de la Patrie qui leur disait : nos colonies sont perdues, notre marine est détruite ; la sûreté du royaume est compromise. Lorsque ces cris ont retenti dans l'âme des Français, ont-ils pu refuser à la Patrie ce qu'elle exigeait d'eux. » Le langage, que les agitateurs faisaient tenir aux matelots, rapproché de celui des commissaires nous permet de voir le monde chimérique dans lequel on vivait. Tout se passait en vaines paroles. Ni les commissaires ni les matelots ne pensaient ce qu'ils disaient.

Le nouveau commandant en chef de l'escadre, le contre-amiral Bougainville, arriva à Brest au commencement du mois de novembre. Le 11, il arbora son pavillon sur le *Majestueux*. L'esprit d'indiscipline n'avait pas disparu. Une nouvelle insurrection éclata sur l'*America*. Soutenu par la municipalité et assuré du concours des différentes sociétés politiques de Brest, Bougainville se transporta à bord de ce vaisseau. Il était accompagné d'un détachement de soldats, pris parmi ceux sur lesquels on pouvait encore compter. Il fit saisir et envoyer à terre dix-sept hommes, considérés comme les plus coupables. L'ordre, un moment rétabli par cet exemple, ne tarda pas à être troublé. Les séditions se succédèrent. Dans un ordre du jour, portant la date du 26 décembre, Bougainville reprocha aux équipages de son escadre « des murmures, des refus de service, des injures dites aux supérieurs, même par des matelots à haute paye, même par des officiers mariniers qui devaient, en tout, être le modèle d'une subordination que les matelots leur devaient à eux-mêmes. Ces exemples multipliés et trop tristes, ajoutait-il, prouvaient que des esprits, qu'on avait cru égarés passagèrement, étaient encore et étaient peut-être d'une manière incorrigible infectés du venin de l'insubordination. » Si cette situation s'était prolongée, Bougainville, malgré la légitime popularité dont il jouissait, aurait perdu toute autorité sur ses équipages. Comme MM. d'Albert de Rions et de Souillac, il eût été amené à se démettre de son commandement. Le désarmement de l'escadre, que le ministre ordonna au commencement de janvier 1791, mit fin aux difficultés de sa position. L'Angleterre avait donné aux gouvernements de France et d'Espagne les assurances les plus pacifiques. Les trois puissances s'étaient décidées à replacer leurs forces navales sur le pied de paix.

II

Après la conclusion du traité de paix signé à Versailles, le 20 septembre 1783, Louis XVI et ses ministres avaient résolu de donner à nos forces navales un développement qui leur permît de soutenir, sans trop de désavantage, une nouvelle lutte avec la marine anglaise. On devait craindre que la cour de Londres, se rappelant notre participation à la révolte de ses colonies, ne profitât de toute circonstance favorable pour prendre sa revanche. Quelques années s'écoulèrent pendant lesquelles furent étudiées les réformes qu'il convenait d'introduire dans les différents services de la marine. On ne perdit pas de vue que, pendant le cours de la dernière guerre, nous avions rencontré les plus grandes difficultés pour former les états-majors de nos bâtiments. S'il avait été facile de nommer des lieutenants généraux, des chefs d'escadre et des capitaines de vaisseau, il n'avait pas été possible de combler les vacances faites par la mort, la maladie ou l'avancement parmi les officiers du grade de lieutenant de vaisseau et d'enseigne. On voulut empêcher le retour de cet état de choses. Une ordonnance du 1ᵉʳ janvier 1786 porta aux nombres indiqués ci-après les nouveaux cadres de la marine: cent capitaines de vaisseau, dont vingt-sept chefs de division ; cent majors de vaisseau, six cent quatre-vingts lieutenants de vaisseau, huit cent quarante sous-lieutenants de vaisseau. Les capitaines de vaisseau, chefs de division, prirent rang avec les brigadiers de l'armée de terre ; les capitaines de vaisseau avec les colonels ; les majors de vaisseau avec les lieutenants-colonels ; les lieutenants de vaisseau avec les majors d'infanterie ; les cent plus anciens sous-lieutenants de vaisseau avec les capitaines d'infanterie, et les autres avec les lieutenants d'infanterie. Le nombre des vice-amiraux, des lieutenants généraux et des chefs d'escadre n'était pas limité. Le recrutement de l'état-major de la flotte reposa sur de nouvelles bases. Les gardes disparurent pour faire place à des élèves de la marine. Ces derniers recevaient une instruction pratique extrêmement sérieuse. Embarqués sur des corvettes spécialement affectées à ce service, ils n'avaient de commandement sur aucun homme de l'équipage. Les élèves faisaient le quart et étaient employés aux mêmes manœuvres que les matelots. Ils devenaient lieutenants de vaisseau après avoir subi des examens et rempli certaines conditions d'embarquement. « J'ai lu, écrivait La Pérouse à Suffren, l'ordonnance nouvelle. Je te jure que je la trouve parfaite et que je voudrais que, comme à l'arche du Seigneur, il fût défendu, par une loi, d'y toucher au moins de deux siècles après la première année où quelques lettres ministérielles en interprétation pourraient être nécessaires. J'y ai trouvé des gardes de la marine élevés pour être marins. » La Pérouse disait un peu plus loin : « L'éducation dure, donnée à ces jeunes gens, les rendra peut-être un peu rustres, mais jamais orgueilleux et ils en auront plus de caractère. » On créa des volontaires de la marine parmi lesquels devaient être choisis, si ce n'est en totalité du moins en partie, les sous-lieutenants de vaisseau. Il existait, dans chaque inspection des classes, un registre sur lequel figuraient les noms des jeunes gens désignés pour servir en qualité de volontaires sur les bâtiments de l'État. N'étaient portés sur ce registre que « les fils de gentilshommes ou de sous-lieutenants de vaisseau ou de port et les fils de négociants en gros, armateurs, capitaines, marchands et gens vivant noblement. » Après avoir passé des examens et navigué pendant un temps déterminé, les volontaires pouvaient être nommés sous-lieutenants de vaisseau. Les capitaines du commerce qui, sans avoir été volontaires, se distinguaient dans leur état, étaient présentés au ministre pour l'obtention de ce grade par les conseils de marine. L'avancement régulier des volontaires s'arrêtait au grade de sous-lieutenant de vaisseau. Toutefois, ceux-ci pouvaient être nommés lieutenants de vaisseau à la suite d'une action d'éclat ou pour des services exceptionnels. Ils se trouvaient alors dans la même situation que les officiers provenant des élèves de la marine et leur carrière cessait d'être limitée. La plupart des officiers qui avaient fait la guerre de l'Indépendance américaine en qualité de capitaines de brûlot ou d'officiers auxiliaires, et qui s'étaient honorablement conduits, furent admis dans la marine militaire. Toutes ces dispositions, si on tient compte des idées qui dominaient à cette époque, étaient empreintes d'un esprit libéral. Le ministre créa un corps d'officiers de port, comprenant des directeurs, sous-directeurs, lieutenants et sous-lieutenants de port. Les ingénieurs constructeurs, avec les titres de directeurs, sous-directeurs, ingénieurs et sous-ingénieurs furent chargés du service des constructions. Des officiers d'artillerie, provenant pour la plupart de l'artillerie coloniale, furent mis à la tête des directions d'artillerie dans les ports. La surveillance des forges, fonderies et manufactures d'armes, appartenant à la marine, fit partie de leurs attributions. Les directions des constructions navales et de l'artillerie, placées sous les ordres immédiats d'un chef d'escadre, portant le titre de directeur général, restèrent soumises, ainsi que l'avait voulu l'ordonnance de 1776, à l'autorité du commandant de la marine. Le conseil de construction, qui datait de Colbert, fut maintenu. Il prit le nom de conseil de marine. On conserva dans les ports des maîtres de toutes professions prêts à embarquer. L'inscription maritime, ce fonds solide sur lequel repose la puissance navale de la France, reçut d'importantes améliorations.

Une ordonnance du 30 octobre 1784 fixa à nouveau le régime et la police des classes. Elle consacra des dispositions dont l'expérience avait démontré la nécessité. Des changements furent apportés à l'ordre établi par l'ordonnance de 1680 pour les levées des gens de mer. La nouvelle ordonnance détermina les pensions des inscrits maritimes ainsi que celles des veuves et des enfants des marins morts au service de l'État. Des acomptes prélevés sur les salaires des gens de mer embarqués à bord des navires de guerre et payés par la marine à leurs familles, devaient désormais mettre celles-ci à l'abri du besoin. L'inspection des classes fut confiée à des officiers de marine. On créa un corps de canonniers-matelots, partagé en neuf divisions. Chacune d'elles était forte de cent soixante-dix hommes. Les troupes appelées à composer les garnisons des vaisseaux furent réorganisées. L'ensemble de nos forces navales comprenait quatre-vingt-deux vaisseaux et soixante-quatorze frégates ou corvettes divisés en neuf escadres. Nos flottes, n'ayant pas de ports de relâche dans la Manche, avaient toujours hésité à s'engager dans cette mer. Cette situation ne permettait pas de penser que le projet de descente d'une armée française sur les côtes de la Grande-Bretagne pût jamais se réaliser. Le gouvernement résolut de créer un port à Cherbourg. Les travaux pour la construction de la digue commencèrent en 1784.

En 1787, on put croire que la marine française allait paraître de nouveau sur les champs de bataille. La guerre avec l'Angleterre semblait imminente. Suffren fut appelé au commandement de l'escadre de Brest. L'enthousiasme était grand parmi les officiers. Mais bientôt les difficultés survenues entre les deux nations s'aplanirent. Depuis le règne de Louis XIV, la marine française n'avait pas connu un tel degré de prospérité. Telle était la situation léguée par le régime qui disparaissait.

Nous allons maintenant aborder l'examen des institutions maritimes données à la France par la Constituante. Cette Assemblée adopta, le 29 avril 1791, un projet de loi qui détruisait la base sur laquelle reposait l'organisation de l'état-major de la flotte. Les élèves et les volontaires, créés par l'ordonnance de 1786, disparurent. Un concours, auquel pouvaient se présenter les jeunes gens de quinze à vingt ans, se destinant à la marine, était ouvert, chaque année, dans les principales villes maritimes. Ceux qui étaient reçus à ce concours étaient immédiatement embarqués sur les bâtiments de l'État en qualité d'aspirants. Après une période de trois années, ils étaient renvoyés du service. Tous les marins, ayant quatre années de navigation sur les bâtiments de guerre ou sur ceux du commerce, avaient le droit de se présenter aux concours établis pour l'obtention du grade d'enseigne de vaisseau entretenu. Les lieutenants de vaisseau étaient choisis parmi les enseignes entretenus ou non entretenus et les capitaines de vaisseau parmi les lieutenants de vaisseau. Toutefois, un enseigne non entretenu pouvait être nommé capitaine de vaisseau. Les officiers généraux, les capitaines de vaisseau et les lieutenants de vaisseau formaient seuls un corps uniquement destiné au service de l'État. Les écoles étaient supprimées. Ainsi, d'après la nouvelle organisation, l'état-major de la flotte militaire se recrutait dans la marine marchande. Lors de la discussion de la loi, ces dispositions furent l'objet de débats très vifs. L'Assemblée comptait, dans ses rangs, d'anciens officiers. Plusieurs d'entre eux prirent la parole pour combattre le projet du comité de la marine. Ils exposèrent avec autant de talent que d'énergie les funestes conséquences que son adoption devait entraîner pour la puissance de notre pays. M. Malouet, député de Riom, ancien intendant de la marine, prononça un discours sensé, conciliant, libéral, qui demeura sans effet sur l'esprit de la majorité. « L'instruction des jeunes officiers, dit M. Malouet, s'est fort perfectionnée depuis vingt ans ; à une théorie très étendue on a joint la pratique des manœuvres nautiques et la nécessité d'un nombre d'années de navigation pour avancer de grade en grade. Les examinateurs des élèves sont choisis parmi les savants les plus distingués, et leur cours d'études embrasse les différentes parties des sciences abstraites. Je ne crois pas qu'il soit utile de rien changer à cet égard, d'autant que vous avez reconnu la nécessité de respecter, dans l'armée de terre, de semblables institutions pour l'artillerie et le génie, et d'ouvrir, dans l'infanterie comme dans la cavalerie, différentes routes à l'émulation et à l'avancement. Les uns doivent arriver aux grades par la pratique assidue des exercices militaires dans les emplois subalternes ; les autres, par une instruction plus soignée, par des talents cultivés et plus promptement développés, doivent les devancer. Il est abusif d'accorder cette faveur à une classe d'hommes ; il est indispensable de l'assurer à une classe d'instruction et de talents. Je dis plus : comme il ne peut exister d'armée sans discipline, comme la discipline consiste essentiellement dans une inviolable subordination, si l'on parvient à détruire cette subordination morale des esprits incultes aux lumières et à la capacité présumée de ceux qui les commandent, il n'y aura plus d'armée, car jamais on ne verra une armée de savants ou de philosophes. » Le major de vaisseau de Nompère de Champagny et le lieutenant de vaisseau de Lacoudraye prirent la parole pour combattre le projet de loi. M. de Lacoudraye termina son discours en disant : « Le projet du comité renferme des dispositions iniques, d'autres nuisibles au service public ; il est inadmissible dans toutes ses parties. Le temps viendra où l'enthousiasme cessera, où l'on nous jugera sur nos œuvres. Lorsque des hommes de loi se seront trompés sur la rédaction de quelques points de jurisprudence, on dira : Ils se sont trompés, cependant leur intention était bonne. Mais si des hommes de loi et des commerçants avaient rédigé une organisation de marine militaire contre le sentiment et les réclamations des militaires et des marins, on dirait avec amertume : Comment ne se seraient-ils pas trompés ! On se rappellerait avec ironie l'adage célèbre : *Ne sutor ultra crepidam*. Revenez, messieurs, au système vrai et universel, au seul bon, celui d'avoir une marine de l'État exclusivement militaire. » Cette péroraison était d'une franchise un peu rude, mais les sévérités qu'elle contenait étaient méritées. Le temps a marché et l'impartiale histoire doit reconnaître que l'intelligence, le savoir, la justesse des vues se trouvaient du côté des opposants. Le service des bâtiments de guerre exige des connaissances spéciales qu'on ne peut acquérir que sur ces mêmes bâtiments. Les rencontres entre les grandes flottes, qui avaient eu lieu de 1778 à 1783, avaient montré toute l'importance des manœuvres d'escadre. Comment admettre, avec les dispositions du décret du 29 avril, que les officiers seraient désormais en mesure de se former à la pratique de ces évolutions ! Quelles traditions, et on sait ce qu'elles donnent de force à un corps militaire, pouvaient avoir des officiers recrutés dans les conditions de la nouvelle loi.

Depuis longtemps déjà, les nations maritimes, considérant la guerre sur mer comme un art difficile, avaient jugé nécessaire de donner une éducation spéciale aux jeunes gens destinés à former l'état-major de leur flotte militaire. En vertu de quelle expérience particulière nous écartions-nous de la voie suivie par nos rivaux ? Il faut lire le décret du 29 avril tout entier pour se rendre compte des fautes que peut commettre une Assemblée toute puissante, lorsqu'elle n'a pas la sagesse d'abandonner la solution de certaines questions aux hommes spéciaux.

Le corps des officiers de marine, supprimé le 1er mai, fut réorganisé le 15. Les appellations de lieutenant général et de chef d'escadre disparurent. Il y eut des amiraux, des vice-amiraux, des contre-amiraux, des capitaines de vaisseau, des lieutenants et des enseignes de vaisseau. Les grades correspondants dans l'armée de terre furent ceux de maréchal de France, de lieutenant général, de maréchal de camp, de colonel, de capitaine et de lieutenant. Toutefois, les deux cents premiers lieutenants de vaisseau avaient le rang de lieutenant-colonel. La nouvelle formation comprit des officiers de l'ancienne marine, des officiers des classes, des officiers de port, des sous-lieutenants de vaisseau, des volontaires, des maîtres, des anciens capitaines de brûlot, des capitaines du commerce et un capitaine de corsaire, Dalbarade. Dans un décret du 21 septembre 1791, concernant l'administration des ports, l'Assemblée s'appliqua à donner aux officiers de marine un rôle complètement effacé. On eût pu croire qu'elle cherchait les moyens de faire une marine sans marins. Il était dit que l'administration des ports serait civile et incompatible avec toute fonction militaire. La direction générale de tous les travaux, des approvisionnements, de la comptabilité de toutes les dépenses, de la police générale et des classes du ressort était confiée, dans chaque grand port, à un administrateur unique qui prenait le titre d'ordonnateur. La nouvelle loi ne mettait pas seulement les travaux, mais, ce qui semble plus difficile à croire, les mouvements du port sous la direction d'un administrateur. Après avoir donné cette nouvelle preuve de sa complète ignorance en matière d'organisation maritime, la Constituante disparut de la scène. L'Assemblée législative ne sauvegarda pas mieux que la Constituante les intérêts de la marine. Dans un décret du 28 septembre, relatif à la réorganisation des bureaux du ministère, la nouvelle Assemblée montra l'esprit qui l'animait. Les officiers furent systématiquement exclus de tous les emplois. Les ports et arsenaux et les mouvements des armées navales, qui avaient été dirigés avec tant d'éclat pendant la guerre de l'Indépendance américaine par le capitaine de vaisseau de Fleurieu, furent abandonnés à un fonctionnaire de l'ordre civil. Depuis 1786, nous avions neuf divisions de canonniers-matelots. L'Assemblée les supprima et elle créa, pour les remplacer, un corps d'artillerie de marine. Les compagnies de matelots-canonniers étaient placées, à terre et à la mer, sous les ordres des officiers de marine. Avec la nouvelle organisation, les hommes appelés à tirer du canon sur nos bâtiments furent commandés par des officiers d'artillerie. Cette mesure, que rien ne justifiait, portait une grave atteinte à la valeur militaire de notre flotte. Le désordre et l'indiscipline qui régnaient dans les ports ne furent pas réprimés avec plus d'énergie que sous la précédente Assemblée. La même indulgence continua à couvrir les attentats contre les personnes. Le capitaine de vaisseau de Lajaille, nommé au commandement du vaisseau le *Duguay-Trouin*, en partance pour Saint-Domingue, arriva à Brest au mois de novembre 1791. Quelques agitateurs ayant répandu le bruit que cet officier était animé de sentiments hostiles envers le nouvel ordre de choses, une émeute éclata. Sans le dévouement de quelques braves gens, ce capitaine de vaiseau aurait été tué. On fut obligé, pour le sauver, de l'enfermer dans un fort.

Le procès-verbal des troubles, survenus à cette occasion, fut adressé à la Législative par les membres de la municipalité de Brest. On en donna lecture, le 3 décembre, à l'Assemblée. Un député M. (le *Moniteur* ne le désigne pas autrement) accusa le gouvernement d'amener ces émeutes populaires en désignant, pour être employés aux colonies, des agents « suspects et décriés ». Il plaignit non M. de Lajaille mais les corps administratifs, la garde nationale et les troupes de ligne exposés, disait-il, à de sérieux dangers pour défendre les ennemis de la constitution. Ainsi, dans le conflit qui venait de se produire, le coupable c'était le capitaine de vaisseau, venu à Brest, en exécution des ordres du ministre, pour y remplir un emploi de son grade. La foule, elle, n'avait commis aucune erreur. Si elle avait assailli M. de Lajaille, il fallait en conclure que le ministre s'était trompé en faisant choix de cet officier pour commander le *Duguay-Trouin*. L'orateur invita le gouvernement à se montrer désormais plus circonspect dans les nominations des officiers et fonctionnaires appelés à servir aux colonies. Enfin, il demanda qu'on procédât au remplacement des officiers de marine absents de leurs postes. Ce député trahissait, en terminant, les secrets désirs de l'Assemblée. Celle-ci voulait que tout ce qui avait appartenu à l'ancien corps de la marine disparût. Le ministre, dans sa réponse, conjura, tout d'abord, l'Assemblée d'accueillir avec réserve les accusations dirigées contre les principaux agents du pouvoir exécutif. La dignité de l'Assemblée, dit-il, exige que son sanctuaire ne soit pas un asile ouvert à toutes les calomnies, à toutes les imputations ayant pour but d'exciter le peuple contre ses vrais défenseurs. Passant à la nomination de M. de Lajaille au commandement du *Duguay-Trouin*, il fit remarquer à l'Assemblée que, placé depuis peu de temps à la tête du département, il ne pouvait personnellement connaître tous les officiers. Leurs services, l'opinion des chefs du corps de la marine dictaient ses décisions. En ce qui concernait

M. de Lajaille, il ignorait encore ce qu'on pouvait reprocher à cet officier. Conformément aux précédents, les auteurs des désordres qui avaient éclaté à Brest ne furent pas poursuivis. D'autre part, l'Assemblée fit mettre M. de Lajaille en liberté. Toutefois cet officier perdit son commandement qui fut donné au capitaine de vaisseau Trogoff de Kerlessi, particulièrement recommandé par la municipalité de Brest.

La situation des officiers de marine, à Toulon, était plus grave que dans les ports du nord. Une bande de misérables exerçait, dans cette ville, une autorité sans limites. Au mois de juillet 1792, les administrateurs du département ayant manifesté quelques velléités de résistance, une émeute éclata. Saisis par les émeutiers, ils furent tués à coups de sabre ou pendus. Tous ceux qui avaient quelque bien, propriétaires, négociants, marchands grands et petits, étaient considérés comme des aristocrates. On pillait leurs maisons et leurs magasins. Ceux qui tentaient de s'opposer à ces actes de brigandage étaient massacrés. L'ordonnateur de la marine, Possel, vieillard de soixante-dix ans, arraché de son domicile, fut traîné sous un réverbère. Il allait être pendu, et déjà il avait la corde autour du cou, lorsqu'un homme, qu'il avait obligé, devenu jacobin influent, le sauva.

Le contre-amiral de Flotte exerçait, depuis le commencement de 1790, les fonctions de commandant de la marine. Attiré par trahison, le 10 septembre 1792, à la porte de l'arsenal, il fut saisi par ces forcenés. Voyant le sort qui l'attendait, le contre-amiral de Flotte, arrachant un fusil des mains d'un soldat, se défendit avec la plus grande énergie. Succombant sous le nombre, il tomba couvert de blessures ; on le pendit à un réverbère. Les capitaines de vaisseau Désidery, Sacqui des Thourets, Rochemaure furent massacrés. Ainsi périssaient des officiers, restés en France malgré les difficultés de leur situation et les dégoûts dont ils étaient abreuvés. Il y avait des troupes dans Toulon, mais la municipalité, de connivence avec les scélérats dont nous venons de rappeler les forfaits, ne permettait pas à ceux qui les commandaient d'intervenir.

Il n'existait plus de gouvernement. L'Assemblée, qui avait concentré tous les pouvoirs dans ses mains, n'en faisait usage que dans un intérêt de parti. Les violences commises à l'égard des officiers de la marine, les attentats contre leurs personnes n'attiraient, sur la tête des coupables, aucune sévérité. Cette impunité allumait, dans l'esprit de bien des gens, des convoitises illégitimes. On fomentait des troubles dans les ports pour contraindre les officiers à s'éloigner et prendre leurs places. Bougainville, nommé vice-amiral dans une nouvelle organisation de la marine qui eut lieu au commencement de 1792, écrivit au ministre : « Monsieur, j'ai reçu la lettre que vous m'avez fait l'honneur de m'écrire et la liste de la nouvelle formation de la marine. Mon devoir envers la patrie me fait une loi de ne point accepter un grade éminent qui serait un titre sans fonction. La discipline militaire, cette discipline sainte, sans laquelle ne peut exister une armée navale surtout, est anéantie. Un officier général n'y saurait agir sans coopérateurs, et je cherche vainement ceux qui joignent à la théorie la science des manœuvres d'armée et la pratique des combats. Après une longue patience de leur part, les excès répétés d'une insubordination consacrée par l'impunité les ont éloignés du théâtre de leurs travaux. Daignez, Monsieur, être auprès du roi l'interprète de mes sentiments. Je serai bien malheureux si je ne puis dévouer mes derniers jours au service de mon pays et terminer ma carrière comme je l'ai commencée. » Peut-on faire une critique plus sévère de la conduite de l'Assemblée ? Aucune phrase, aucun sophisme de langage ne peuvent prévaloir contre ce jugement.

A bord des bâtiments servant aux colonies ou stationnant sur les côtes étrangères, il n'y avait pas moins de désordre que dans nos ports. Des capitaines, des officiers étaient contraints de rentrer en France parce que les équipages leur refusaient toute obéissance. A des actes d'indiscipline venaient se joindre des scènes de violence et même de meurtre. Le capitaine de vaisseau Macnémara, commandant un bâtiment à l'Ile de France, fut tué dans une sédition militaire. L'indiscipline des équipages eut, dans l'Inde, des conséquences très graves. Les Anglais, en guerre avec Tippoo-Saïb, montraient une extrême arrogance dans leurs rapports avec notre marine marchande. Ils accusaient les navires français de porter des armes et des munitions à leurs ennemis. Nous avions sans cesse à nous plaindre des procédés violents ou illégaux dont les croiseurs britanniques usaient à l'égard de nos bâtiments de commerce.

Dans le courant du mois de novembre de l'année 1791, la frégate de trente-deux, la *Résolue*, capitaine Callamand, partit de Mahé, un de nos comptoirs, accompagnant deux navires français qui se rendaient sur la côte. Les frégates anglaises de quarante, le *Phénix* et la *Persévérance*, mouillées devant Tellichery, aperçurent nos bâtiments. Elles mirent sous voiles et manœuvrèrent pour les rejoindre. Arrivée à petite distance, une des frégates tira un premier coup de canon à boulet, puis un second dans la direction de nos navires. Le capitaine Callamand répondit coup pour coup sans se déranger de sa route. Toutefois, voyant que les frégates continuaient leur poursuite, il mit en panne avec l'intention de demander aux Anglais des explications sur leur étrange conduite. Sir Richard Strachan, capitaine du *Phénix*, expédia un canot à bord de la *Résolue* pour informer le capitaine Callamand qu'il avait l'ordre de visiter les navires placés sous son escorte. La *Persévérance*, qui n'avait pas diminué de voiles, envoya plusieurs coups de canon aux deux bâtiments marchands afin de les obliger à mettre en panne. Le capitaine Callamand fit tirer un coup de canon à boulet sur l'avant et un autre sur l'arrière de la *Persévérance*, montrant ainsi qu'il s'opposerait par la force à la visite des navires qu'il convoyait. Peu après, une embarcation anglaise accosta un des navires marchands. Rompant les pourparlers qu'il avait entamés avec sir Richard Srachan, le capitaine Callamand envoya sa bordée au *Phénix*. La *Persévérance*, abandonnant les bâtiments marchands, vint se joindre à sa conserve pour combattre la frégate française. La lutte était inégale puisque la *Résolue*, de trente-deux, avait pour adversaires deux frégates de quarante. Après un engagement qui dura environ trente minutes, la *Résolue* héla qu'elle amenait. Elle comptait douze tués et cinquante-six blessés. Le capitaine figurait parmi ces derniers. Sir Richard Srachan invita le capitaine français à rehisser son pavillon et à continuer sa route.

Le capitaine Callamand opposa à cette demande un refus formel. Se considérant comme prisonnier de guerre, il voulut rester étranger à toute décision concernant son bâtiment. La *Résolue* fut conduite à Tellichery. Quelques jours après, la frégate française, manœuvrée par un équipage anglais et accompagnée par la *Persévérance*, se rendit à Mahé. Aussitôt qu'elle fut mouillée, les Anglais, s'embarquant dans leurs canots, rejoignirent la *Persévérance* qui les attendait au large. Le commandant de la station française, le chef de division de Saint-Félix, apprenant ces événements, arriva à Mahé. Par son ordre, le pavillon fut rehissé à bord de la *Résolue*. M. de Saint-Félix se plaignit en termes énergiques au commandant de la station anglaise, le commodore Cornwallis, de l'injure faite à notre pavillon par le capitaine sir Richard Strachan. Il prévint le commodore que toute agression nouvelle serait non seulement repoussée par la force mais suivie de représailles. Le commandant de la station française ne tarda pas à s'apercevoir qu'il lui serait difficile de conformer sa conduite à ses paroles. Les équipages de la *Cybèle* et de la *Résolue* déclarèrent qu'ils ne se battraient que s'ils étaient attaqués. Le chef de division de Saint-Félix renvoya la *Résolue* en France. Il s'éloigna lui-même ; il ne pouvait plus soutenir, dans ces parages, les droits et la dignité de son pays. Les deux chefs de station portèrent à la connaissance de leurs gouvernements les événements que nous venons de relater. La cour de Londres nous donna une apparente satisfaction en mettant sir Sichard Strachan en jugement. Il est inutile de dire que cet officier ne subit aucune disgrâce. Dans les premiers jours du mois de septembre de l'année 1792, le bruit courut à la Guadeloupe qu'une contre-révolution avait eu lieu en France. Les bâtiments de la station et la terre arborèrent le drapeau blanc. La Martinique suivit cet exemple. Peu après cet événement, les généraux Rochambeau et Collot, nommés le premier gouverneur des Iles du Vent et le second gouverneur de la Guadeloupe, arrivèrent aux Antilles sur la frégate la *Sémillante* qui escortait des bâtiments portant des troupes. Menacés d'être repoussés par la force, s'ils tentaient de débarquer, les deux généraux allèrent à Saint-Domingue avec la *Sémillante* et le convoi. Lorsqu'on sut, à la Martinique et à la Guadeloupe, qu'il n'y avait pas eu de mouvement royaliste en France, les deux colonies se soulevèrent. Le pavillon tricolore fut rehissé. Les personnes les plus compromises passèrent dans les îles voisines. Le vaisseau le *Ferme*, la frégate la *Calypso* et la corvette le *Maréchal-de-Castries* se rendirent à l'île de la Trinité. Le chef de division Rivière laissa ces trois bâtiments en dépôt entre les mains du gouvernement espagnol.

Telle était la situation de la marine dans nos ports, aux colonies et à l'étranger lorsque la marche des événements amena nos forces navales à prendre part à la lutte. La France avait déclaré la guerre à l'Autriche le 20 avril 1792. Deux mois après, la Prusse, liée par un traité secret, s'était jointe à cette puissance. A la fin de l'année, nos troupes ayant envahi le Piémont, l'escadre de la Méditerranée reçut l'ordre d'appareiller.

LIVRE II

Le contre-amiral Truguet appuie les opérations de l'armée contre Nice et Villefranche. — Latouche-Tréville à Naples. — Expédition de Sardaigne. — Occupation de l'île Saint-Pierre et de la presqu'île de Saint-Antioche. — Réunion des forces navales placées sous le commandement de l'amiral Truguet. — L'escadre française mouille devant Cagliari. — Arrivée du convoi. — Les troupes sont mises à terre dans la baie des Salines. — Fuite honteuse des volontaires marseillais. — Rembarquement de l'armée. — Pertes subies par l'escadre. — Décrets concernant la marine. — Déclaration de guerre à l'Angleterre et à la Hollande. — Discours de Jean-Bon Saint-André. — Opinion de ce représentant sur l'organisation du personnel de la flotte. — L'Espagne, le Portugal, l'Allemagne et les Deux-Siciles entrent dans la coalition dirigée contre la République. — Armements à Brest. — Représentants envoyés en mission dans ce port. — Le vice-amiral Morard de Galle est envoyé sur les côtes de Bretagne pour protéger notre commerce et empêcher les Anglais de donner des secours aux Vendéens. — Le contre-amiral Trogoff remplace l'amiral Truguet dans le commandement de l'escadre de Toulon ; difficultés de sa situation. — Indiscipline des équipages. — Conduite des autorités toulonnaises à l'égard des officiers de marine. Evénements survenus à Paris les 31 mai et 2 juin. — Le parti jacobin est renversé à Toulon. — Le comité général entre en négociations avec le commandant des forces navales de la Grande-Bretagne dans la Méditerranée. — Attitude des états-majors et des équipages de l'escadre de Toulon. — Lord Hood et l'amiral Langara mouillent sur la rade avec les forces placées sous leur commandement. — L'armée républicaine met le siège devant Toulon. — Renvoi par les Anglais de quatre vaisseaux et de six mille matelots dans les ports du Nord de la France. — Attaque de la position connue sous le nom de Petit Gibraltar. — Retraite des alliés. — Quinze mille personnes fuient avec les Anglais. — Incendie allumé dans l'arsenal par Sydney-Smith. — Entrée des troupes conventionnelles dans la ville. — Représailles exercées contre les habitants.

I

Le contre-amiral Truguet sortit de Toulon, le 20 septembre 1792, avec les bâtiments désignés ci-après : le *Tonnant* de quatre-vingts, le *Commerce-de-Bordeaux*, le *Scipion*, le **Lys** et le *Centaure* de soixante-quatorze.

Cette escadre devait appuyer les opérations des troupes françaises sur les côtes d'Italie et assurer la sécurité de notre commerce. L'amiral Truguet contribua à la reddition de Nice et de Villefranche. Le 23 octobre, il se présenta devant Oneille, petit port situé sur la côte de Gênes, qui servait de refuge à un grand nombre de corsaires. Une embarcation du *Tonnant*, qui se dirigeait vers le rivage avec le pavillon parlementaire, fut accueillie par des coups de fusil. MM. Isnard enseigne de vaisseau, d'Aubermesnil, officier d'infanterie, et cinq matelots furent tués. Il y eut plusieurs blessés parmi lesquels se trouvait le capitaine de vaisseau Duchayla. La déloyauté des habitants reçut le châtiment qu'elle méritait. L'escadre ouvrit le feu sur Oneille. Après une vigoureuse canonnade, on mit à terre des soldats et des matelots qui achevèrent l'œuvre de destruction commencée pas l'artillerie des vaisseaux. Les troupes qui avaient pris part à cette expédition furent reconduites à Villefranche, et l'amiral Truguet se rendit à Gênes.

L'agent diplomatique du gouvernement des Deux-Siciles à Constantinople avait fait, de concert avec les ambassadeurs de Prusse et d'Autriche, des démarches très actives pour obtenir que le sultan refusât de reconnaître l'envoyé de la République française. Le capitaine de vaisseau Latouche-Tréville fut chargé de demander la réparation de cette insulte. Les forces placées sous son commandement s'élevaient à dix vaisseaux et deux frégates. Latouche-Tréville parut à l'entrée de la baie de Naples, le 16 décembre 1792. Le capitaine de port, envoyé à sa rencontre, lui déclara que son entrée en rade, avec une force supérieure à six vaisseaux, serait considérée comme un acte d'hostilité. Sans tenir compte de cette observation, le commandant français mouilla, avec tous ses bâtiments, sous les murs du palais. L'escadre, en branle-bas de combat, était prête à tirer sur la ville. Avant de quitter Gênes pour se rendre à Naples, Latouche-Tréville avait pris, sur son vaisseau, un agent du ministère des affaires étrangères, du nom de Belleville. Ce dernier, en uniforme de grenadier, descendit à terre. Il était chargé de remettre au roi de Naples une lettre dans laquelle le commandant Latouche-Tréville demandait, au nom de la République française, le désaveu du sieur Guillaume Ludolf, envoyé du royaume des Deux-Siciles à Constantinople et son rappel immédiat. Il prévenait le roi qu'il avait l'ordre de considérer comme équivalant à une déclaration de guerre le refus de nous accorder cette satisfaction. Si, dans une heure, il n'avait pas de réponse, ou si celle qu'il recevait était défavorable, l'escadre ouvrirait le feu sur la ville.

Belleville, accompagné du ministre de la République française auprès du gouvernement des Deux-Siciles, se rendit au palais. La lettre dont il était porteur fut remise à Ferdinand IV. La cour de Naples jugea prudent d'accorder toutes les satisfactions qui lui étaient demandées. Le premier ministre Acton écrivit, par ordre du roi, à Latouche-Tréville pour lui donner l'assurance que le sieur Guillaume Ludolf serait immédiatement rappelé. Il ajoutait qu'un personnage important de la diplomatie napolitaine se rendrait à Paris pour renouveler le désaveu infligé à la conduite du ministre des Deux-Siciles auprès de la Porte Ottomane et consolider la bonne harmonie existant entre la cour de Naples et la

République française. Le commandant Latouche-Tréville prit la mer, la nuit suivante, pour rejoindre l'amiral Truguet. Les communications avec la terre s'étaient bornées à l'échange des lettres citées plus haut. Quelques jours après avoir quitté la baie de Naples, nos vaisseaux furent assaillis par un coup de vent d'ouest-nord-ouest qui les dispersa. Le *Languedoc*, que montait le commandant Latouche-Tréville, démâta de son mât de misaine, dans la nuit du 20, de son grand mât et de son mât d'artimon dans la journée du 21. Ce bâtiment était délié et faisait eau de toutes parts. Deux vaisseaux, le *Scipion* et l'*Entreprenant*, étaient les seuls qui fussent en vue. Dès que le temps le permit, l'*Entreprenant* donna la remorque au *Languedoc*. La brise ayant fraîchi, la remorque cassa. Les vents s'étant établis au sud-ouest, Latouche-Tréville se vit dans la nécessité, quelle que fût sa répugnance pour cette relâche, de se diriger sur Naples. Il n'était pas possible de prendre de nouveau les remorques; d'autre part, la violence du roulis était telle qu'on dut renoncer à établir une mâture de fortune. Le *Languedoc* fit route poussé par le vent et la mer. Le *Scipion* reçut l'ordre de rallier l'amiral Truguet pour lui faire part de la dispersion de l'escadre et de la position du vaisseau que commandait Latouche-Tréville. Le 23 et le 24 le vent souffla avec violence, rendant très dangereuse la situation du *Languedoc* que la grosse mer portait à la côte. Dans la nuit du 24, la barre du gouvernail cassa. Une barre de rechange fut mise en place; elle se rompit également. A quatre heures du matin, le vaisseau, affalé sur l'île de Caprée, était en danger de se perdre corps et biens. Le temps était sombre, mais à la lueur des éclairs on apercevait la terre qui était fort près. Le *Languedoc* ne pouvait compter sur l'*Entreprenant* qui avait disparu pendant la nuit. Le vaisseau de Latouche-Tréville eut l'heureuse fortune d'échapper au péril qui le menaçait. Doublant l'île de Caprée, à la distance d'un jet de pierre, il atteignit la rade de Naples. Les offres de secours les plus empressées furent faites par les ministres du roi Ferdinand. Latouche-Tréville n'accepta que ce qui était strictement nécessaire pour mettre son vaisseau en état de se rendre à Toulon.

Le gouvernement ayant décidé qu'une expédition serait dirigée contre la Sardaigne, le ministre de la marine prescrivit au contre-amiral Truguet de se rendre à Ajaccio avec les vaisseaux le *Tonnant* et le *Centaure*, de quatre-vingts, l'*Apollon* et le *Vengeur*, de soixante-quatorze, et les frégates l'*Isis*, la *Vestale*, la *Sensible*, la *Fortunée* et l'*Aréthuse*. L'arrivée de cette division fut marquée par un malheureux événement. Le *Vengeur* se jeta à la côte et il ne fut pas possible de le relever. L'amiral Truguet devait, d'après les instructions qui lui avaient été adressées, embarquer, en Corse, quinze cents soldats et un nombre égal d'hommes appartenant à la garde nationale. Il était, en outre, prévenu qu'il serait rejoint, à Ajaccio, par un convoi, apportant quelques bataillons de l'armée d'Italie et six mille volontaires marseillais. Enfin, Latouche-Tréville avait l'ordre de le rallier après avoir accompli sa mission à Naples. Le mois de décembre s'écoula sans que l'amiral Truguet reçût les renforts annoncés par le gouvernement. Nous savons ce qu'il était advenu de la division de Latouche-Tréville. Le convoi était parti de Marseille sous l'escorte du vaisseau le *Commerce-de-Bordeaux*, de cent vingt canons, commandé par le capitaine de vaisseau

Saint-Julien. Après quelques jours de navigation, il avait été dispersé par un coup de vent. Les équipages des bâtiments mouillés sur la rade d'Ajaccio amenèrent par leur conduite d'autres difficultés. Les matelots, sur lesquels les officiers n'avaient aucune action, se livrèrent, à terre, aux plus graves désordres. Deux Corses, appartenant à la garde nationale, furent pendus par les marins et des soldats de l'escadre.

Les habitants d'Ajaccio, exaspérés par les violences dont ils étaient chaque jour les témoins, refusèrent de prendre part à l'expédition de Sardaigne. Il fallut renoncer aux bataillons de gardes nationaux sur lesquels on comptait. « Les dispositions de la flotte et des troupes sont très bonnes, écrivait-on d'Ajaccio, le 31 décembre 1792; on peut dire seulement qu'il n'y règne pas assez de discipline. L'on a manqué, un de ces jours, de pendre un homme qui, le lendemain, a été reconnu très innocent de ce dont les agitateurs l'accusaient. Cette leçon n'a cependant pas été perdue pour les matelots; car, voyant en quels faux pas quelques pendeurs de profession les entraînent, ils en ont dénoncé un qui sera chassé de la flotte. Il est fâcheux qu'il n'y ait pas une justice plus sévère sur ces pendeurs qui se font un jeu d'assassiner et un honneur de s'en vanter. On peut juger du mauvais effet qu'une telle conduite produirait en pays étranger. » Le *Moniteur universel* du 27 janvier 1793 reproduisit cette lettre.

Dans les premiers jours du mois de janvier 1793, le *Léopard*, de soixante-quatorze, appartenant à la division Latouche-Tréville, se présenta devant Cagliari. Son commandant, le capitaine de vaisseau Bourdon-Grammont, n'apercevant aucun navire français, vint jeter l'ancre devant l'île Saint-Pierre sur la côte sud-ouest de la Sardaigne. Ce point lui avait été désigné comme rendez-vous en cas de séparation. Latouche-Tréville devait, s'il atteignait le premier ce mouillage, prendre les mesures nécessaires pour s'assurer de cette position. Il avait communiqué à ses capitaines les instructions du commandant en chef. Le 8 janvier, le capitaine du *Léopard*, ayant appris qu'une partie de la garnison de Carlo-Forte s'était enfuie, fit sommer cette ville de se rendre. Celle-ci ouvrit immédiatement ses portes. La ville de Carlo-Forte et deux petites citadelles qui la défendaient furent occupées par un détachement du *Léopard*. L'amiral Truguet arriva, le 13 janvier, sur la rade de l'île Saint-Pierre. Il avait quitté Ajaccio avec trois vaisseaux, quelques frégates et des bombardes. Le commandant du *Commerce-de-Bordeaux* avait l'ordre de le rejoindre avec les navires de transport, aussitôt qu'il serait parvenu à les réunir. L'amiral Truguet s'empara de la presqu'île de Saint-Antioche. Quelques jours après, les bâtiments de la division Latouche-Tréville, à l'exception du *Languedoc* et de l'*Entreprenant*, ayant rallié son pavillon, il se rendit avec toutes ses forces devant Cagliari. Les Sardes repoussèrent, à coups de fusil, une embarcation de l'escadre qui se dirigeait vers le port avec le pavillon parlementaire. L'amiral, pour punir cet acte de mauvaise foi, fit essuyer à la ville douze heures de bombardement. Le 2 février, des bâtiments de transport, sur lesquels se trouvaient quatre mille cinq cents volontaires marseillais, parurent sur la rade. Toutes les dispositions pour opérer la descente furent arrêtées. Quelques jours s'écoulèrent pendant lesquels le temps ne permit pas de mettre ce projet à exécution.

Le *Languedoc* et l'*Entreprenant* rallièrent l'armée dans les premiers jours de février. Latouche-Tréville avait été récompensé du succès de sa mission à Naples par le grade de contre-amiral. Le 14, les troupes furent débarquées dans la baie des Salines, sous la protection de l'*Aréthuse*, de la *Vestale* et de la *Junon*. Ces frégates avaient jeté l'ancre à portée de fusil de la terre. L'amiral Truguet, qui était venu mouiller sur ce point avec quelques vaisseaux, débarqua le premier et dirigea lui-même cette opération. A la chute du jour, le général Casabianca était à terre avec quatre mille cinq cents hommes environ et seize pièces de canon. Les volontaires marseillais formaient la plus grande partie du corps de débarquement. Le 15 février, les troupes marchèrent en avant. Le même jour, les bâtiments de l'escadre, échelonnés de l'est à l'ouest, canonnèrent les fortifications établies sur le cap Elie et les batteries qui défendaient la ville. Le 16, le vaisseau le *Commerce-de-Bordeaux* arriva devant Cagliari avec quelques navires de transport. L'amiral ordonna que les soldats embarqués sur ces bâtiments ainsi que les garnisons des vaisseaux fussent mis à terre, le soir, dans l'ouest du cap Elie. Ces troupes devaient prendre à revers une redoute que le général Casabianca se proposait d'attaquer de front. Le mauvais temps n'ayant pas permis d'effectuer le débarquement, le général remit au lendemain l'attaque projetée. La nuit suivante, ses troupes, prises d'une terreur panique, abandonnèrent leurs postes et s'enfuirent jusqu'au rivage. Les efforts faits par les officiers pour ramener vers l'ennemi ces soldats démoralisés furent vains. Les volontaires marseillais demandèrent, à grands cris, à regagner les vaisseaux et leur attitude menaçante indiquait qu'ils feraient un mauvais parti à ceux qui tenteraient de s'opposer à leur rembarquement. Le vent soufflait du sud-est, la mer grossissait rapidement et les communications avec la terre devenaient difficiles. Si l'amiral ne s'était préoccupé que des intérêts de la marine, il aurait pris le large. Craignant, de la part de nos soldats, quelque capitulation déshonorante, il maintint ses bâtiments au mouillage. Les vaisseaux le *Léopard* et le *Duguay-Trouin* s'échouèrent. Plusieurs transports et la plus grande partie des chaloupes et des canots de l'escadre furent jetés à la côte. Ceux qui les montaient, matelots et soldats, furent tués ou faits prisonniers, à la vue du corps de débarquement qui ne fit rien pour les défendre. Les frégates l'*Aréthuse* et la *Vestale*, mouillées très près de terre, coupèrent leurs mâtures. Le 19, le vent et la mer étant tombés, on procéda au rembarquement des troupes. Le *Duguay-Trouin* seul put être retiré de la côte. Après qu'on eut enlevé l'artillerie et le matériel du *Léopard*, on livra ce vaisseau aux flammes. Les bâtiments de l'expédition reprirent la route de France. L'amiral Truguet laissa sept cents hommes dans l'île Saint-Pierre et dans la presqu'île de Saint-Antioche, sous la protection de deux frégates. Tels furent les résultats d'une expédition mal conçue, mal préparée et faite dans une saison défavorable. Les troupes n'étaient pas assez nombreuses pour vaincre les obstacles que présentait cette entreprise, mais elles étaient surtout insuffisantes au point de vue de la qualité. Sur les cinq mille hommes dont se composait le corps expéditionnaire, quatre mille environ étaient des volontaires méridionaux qui n'avaient encore figuré que dans les agitations politiques de nos grandes villes. Très hardis pour combattre des gens sans défense, ils s'étaient montrés lâches devant l'ennemi. Une lettre du contre-amiral Truguet, qui fut lue, le 13 mars 1793, à la Convention, ne laisse aucun doute sur ce point. L'amiral disait : « Les marins de l'escadre de la République, après la conquête de Nice et de Villefranche, après avoir vengé, à Naples, la France outragée et arboré chez l'ennemi l'arbre de la liberté, lorsqu'ils s'attendaient à être enfin récompensés de leurs travaux et de leurs fatigues par le succès de l'expédition de Sardaigne, se sont vus lâchement abandonnés par des soldats débandés qui se sont fusillés les uns les autres. J'ai donné au ministre de la marine tous les détails de cet événement, et je l'ai prié de provoquer la vigilance de la Convention sur les soldats qui ont ainsi trahi la République. » Le gouvernement conventionnel s'était fait, sur le succès de cette expédition, des illusions singulières. Il croyait que nous serions accueillis par les Sardes comme des libérateurs. Les informations qu'on avait reçues, à Paris, n'étaient pas sérieuses. Loin de montrer des sympathies pour la France, la population de l'île s'était levée pour nous combattre. Tout ce qui touchait à cette expédition devait avoir une fin malheureuse. Nous dirons immédiatement comment elle se termina. Au mois de mai 1793, une escadre espagnole, forte de vingt-quatre vaisseaux et de six frégates, parut dans la baie de Palmas. Cette escadre enleva une des deux frégates laissées par l'amiral Truguet. Le commandant de la seconde frégate, étant dans l'impossibilité de combattre ou de fuir, brûla son bâtiment et il se réunit, avec son équipage, à la garnison de l'île Saint-Pierre. Peu après celle-ci fut obligée de capituler.

II

Le 1ᵉʳ février 1793, la Convention déclara la guerre à l'Angleterre et à la Hollande. La cour de Londres avait rompu toute relation avec nous, mais elle ne semblait pas disposée à entamer les hostilités. La Grande-Bretagne était livrée à des difficultés intérieures auxquelles nous aurions dû l'abandonner. Il eût été d'autant plus sage d'en agir ainsi, que nous n'étions pas préparés pour cette lutte. Malheureusement, la Convention, fort peu instruite de tout ce qui touchait à la politique étrangère, et, d'ailleurs, mal renseignée par des agents ignorants, était persuadée que le peuple anglais se soulèverait contre son gouvernement. Barbaroux, qui soutint, à la tribune, le projet de déclaration de guerre présenté par le conseil exécutif, affirma « que le peuple anglais nous vengerait d'une cour qui poussait à leur destruction réciproque deux peuples qui devraient être unis pour le bonheur du monde ». Ducos, également partisan de la guerre, prétendit que l'Angleterre, désabusée, volerait au secours des Français. Enfin le ministre des affaires étrangères, Lebrun, dit à la Convention, sans doute pour l'amener aux vues du gouvernement, que « si quelque chose pouvait adoucir le sentiment d'indignation que la conduite de l'Angleterre avait inspiré au pouvoir exécutif, c'était la pensée que la nation française soutiendrait sur mer son indépendance avec autant de succès que sur terre ».

Il fallait autre chose que des paroles pour mettre notre marine en état de lutter contre les forces navales de la Grande-Bretagne, organisées par des hommes du métier, et maintenues, depuis plusieurs années, en prévision des événements, sur un pied formidable. La Convention montrait peu de compétence dans les questions relatives à la marine militaire. Elle accordait sa confiance, sur ce point, à quelques-uns de ses membres, parmi lesquels on doit citer particulièrement Jean-Bon Saint-André. Ce représentant attaquait, avec une extrême violence, l'ancien corps de la marine et les réformes faites par l'Assemblée constituante. L'objet qu'il avait particulièrement en vue, c'était une nouvelle organisation de l'état-major de la flotte. Il voulait que les officiers de la marine militaire fussent recrutés dans la marine du commerce. Pour obtenir des sujets instruits, braves, dignes de la confiance de la République, disait le représentant, il fallait consulter les navigateurs. C'était à ces derniers qu'il appartenait de désigner au gouvernement ceux qui devaient faire partie du nouvel état-major. L'élection, dans le projet que Jean-Bon Saint-André soumit à la Convention, n'était pas directe, c'est-à-dire que les équipages des bâtiments de guerre ne nommaient pas leurs officiers, ainsi que cela avait eu lieu dans les bataillons de gardes nationaux. Les marins, réunis au chef-lieu de chaque arrondissement maritime, présentaient au ministre des candidats pour tous les grades. Ces candidats, s'ils remplissaient les conditions prévues par la loi, recevaient les brevets afférents à leur nouvelle situation et ils étaient immédiatement appelés au service. Le représentant Jean-Bon Saint-André n'avait pas, sur les combats de mer, des idées moins arrêtées que sur l'organisation de l'état-major de la flotte. Il était convaincu que la guerre maritime allait changer de caractère. Le courage et l'audace devenaient les seules qualités nécessaires à nos officiers. L'impétuosité française et l'enthousiasme que donne la liberté étaient, à ses yeux, des gages assurés de la victoire. Il fallait renouveler les exploits des Jean Bart et des Duguay-Trouin qui n'étaient pas, disait le représentant à la tribune de la Convention, « de grands géomètres, mais qui avaient cette chaleur de l'âme, ce coup d'œil rapide qui est le vrai talent du marin et qui seul commande la victoire ». Il ajoutait: « Dédaignant, par esprit de calcul et de réflexion, des évolutions savantes, peut-être nos marins jugeront-ils plus convenable et plus utile de tenter ces combats à l'abordage où le Français fut toujours vainqueur et d'étonner ainsi l'Europe par de nouveaux prodiges d'intrépidité. » Telles étaient les idées d'un homme, et c'est pourquoi nous les faisons connaître, qui devait exercer sur la direction des affaires de la marine une action prépondérante. L'ignorance de Jean-Bon-Saint-André n'avait d'égale que l'assurance avec laquelle il parlait d'un sujet qui lui était étranger. Nous verrons plus tard ce représentant modifier son langage et signaler lui-même l'incapacité du nouvel état-major de la flotte. Ce que nous devons relever, c'est la singulière pensée d'investir les assemblées de marins du droit de désigner les candidats parmi lesquels le ministre était obligé de choisir les officiers. Quoi qu'il en soit, le 18 mars 1793 la Convention vota un décret reproduisant, sauf quelques modifications de détail, le projet de Jean-Bon-Saint-André. Les officiers de la marine militaire, maintenus au service, les capitaines et les officiers du commerce, en position d'être nommés enseignes de vaisseau, se réunissaient au chef-lieu du quartier d'inscription maritime. Là, ils procédaient, en présence de deux officiers municipaux, à la nomination des candidats parmi lesquels le ministre devait choisir les officiers de tous grades, destinés à combler les vacances existant dans les cadres de la marine. Pendant que la Convention traitait, avec une ignorance qui surprend par sa profondeur, les questions relatives au personnel de la flotte militaire, il surgissait en Europe de nouvelles complications. Le 7 mars, l'Espagne, le Portugal, l'Allemagne et les Deux-Siciles entraient dans la coalition dirigée contre la République.

Le 13 janvier 1793, la Convention avait décidé que l'armée navale serait portée à cinquante-deux vaisseaux. Il était plus facile de donner un pareil ordre que d'obtenir, dans les circonstances où nous nous trouvions, qu'il fût exécuté. Depuis quelque temps déjà, nous faisions des armements à Toulon, mais, dans les ports de l'Océan, nous n'avions que des forces insignifiantes. Au commencement du mois de février, trois représentants arrivèrent à Brest. Ils étaient chargés de donner une rapide impulsion aux travaux de l'arsenal et aux armements. Les envoyés de la Convention purent se convaincre que le désordre le plus grand régnait dans le port. Les ouvriers montaient la garde et délibéraient sur les affaires publiques, mais ils ne travaillaient pas.

Les commissaires de la Convention, soit qu'ils voulussent faire preuve de zèle, soit qu'ils fussent partis de Paris avec des instructions très précises, décidèrent qu'une division, composée des vaisseaux le *Républicain*, le *Tourville* et l'*Achille*, prendrait la mer. Le vice-amiral Grimouard avait été appelé, le 26 janvier 1793, au commandement des forces navales réunies sur la rade de Brest. Cet amiral n'ayant pu, par suite de son état de santé, accepter cet emploi, fut désigné pour remplir les fonctions de commandant de la marine à Rochefort. Le vice-amiral Morard de Galle le remplaça dans le commandement de l'escadre de Brest. Les vaisseaux, désignés pour effectuer la sortie ordonnée par les commissaires, étaient fort mal armés sous le rapport du matériel et du personnel. Le vice-amiral Morard de Galle et le commandant de la marine, le vice-amiral Thévenard, firent inutilement observer que, dans l'état où se trouvaient ces bâtiments, il n'était pas prudent de les envoyer en croisière sur la côte. Il ne fut tenu aucun compte de leur avis et la division appareilla le 8 mars. Morard de Galle mouilla à Camaret. Il manquait, sur ses bâtiments, un grand nombre d'hommes que la *Cocarde* devait lui amener. Rallié, le 9, par cette frégate, Morard de Galle prit la mer. Le 17, la division était en cape, les amures à bâbord, avec un vent d'ouest très violent. Le 18, à une heure du matin, le vent sauta au nord-nord-ouest. L'ordre fut donné de prendre les amures à l'autre bord. Les voiles de l'avant, sur le *Républicain*, ayant été emportées, ce vaisseau fit plusieurs tentatives pour exécuter cette manœuvre mais il ne put y parvenir. « Si j'avais eu, écrivit l'amiral au ministre de la marine, l'ex-corsaire Dalbarade, un équipage comme nous en avions autrefois, j'aurais employé des moyens qui m'auraient réussi ; mais, malgré les exhortations, les menaces, je n'ai pu parvenir à avoir trente matelots sur le pont. Les canonniers militaires, la majeure partie des détachements des troupes de la marine se sont mieux conduits. Ceux-là faisaient ce qu'on leur ordonnait de faire, mais les matelots, même les officiers mariniers, ne se sont pas montrés. » Le *Républicain* rentra, le lendemain, à Brest, où se trouvaient déjà l'*Achille* et le *Tourville*. Le *Républicain* était délié et coulait bas d'eau. L'*Achille* et le *Tourville* avaient démâté de leurs mâts de hune; la grand mât du *Tourville* était craqué. Le capitaine de ce vaisseau avait été tué en se portant à la manœuvre avec ses officiers. Son second était blessé et douze hommes avaient péri. Dans cette circonstance critique, l'équipage du *Tourville* avait refusé tout service. Les frégates de la division, que Morard de Galle avait envoyées en croisière, au large, rentrèrent quelques jours après, avec des mâts cassés ou coulant bas d'eau. Les équipages de ces bâtiments s'étaient conduits comme ceux du *Républicain*, de l'*Achille* et du *Tourville*. Quand le mauvais temps était venu, les matelots s'étaient cachés. En réalité, toute discipline avait disparu, et on ne pouvait compter sur les équipages ni pour naviguer ni pour combattre.

Dans une lettre, portant la date du 22 mars, Morard de Galle écrivait à Dalbarade : « L'esprit des matelots est entièrement perdu et, tant qu'il ne changera pas, l'on ne doit s'attendre qu'à des revers dans les rencontres que l'on pourra faire même étant en force supérieure. Cette ardeur tant vantée qu'on leur attribue consiste uniquement dans les mots de patriote, de patriotisme qu'ils répètent sans cesse, et les acclamations de : Vive la nation! vive la République! quand on les a bien flagornés. Aucune envie de bien faire ou de se ranger à leurs devoirs. » Ces quelques mots simples, clairs, précis, écrits par un honnête homme, un bon citoyen, et un véritable officier, montrent ce que les matelots étaient devenus, après tant d'années passées dans le désordre et l'indiscipline. Il semblait indispensable de prendre des mesures pour réprimer l'insubordination des équipages. Si une loi était nécessaire, on ne devait pas hésiter à la demander à la Convention. Le ministre, sollicité, dans ce sens, par les vice-amiraux Morard de Galle et Thévenard, consulta ses bureaux. Il lui fut remis une note ainsi conçue : « Si le ministre, d'après la nécessité indispensable de ramener la discipline et la subordination, adopte ce dernier parti, il sera écrit une lettre à la Convention nationale, pour obtenir une loi pénale pour la répression de ces délits. Toutefois, on fait remarquer au ministre que c'est une affaire délicate à traiter, en ce moment, en raison des troubles des côtes et qu'il faut éviter de s'aliéner les matelots, même pour un moment. » Le ministre écrivit au bas de cette note : « Consulter le général Latouche. » Cette affaire n'eut pas d'autre suite. L'ordre fut envoyé à Brest de réparer le plus promptement possible les avaries faites dans la sortie du 8 mars.

Le vice-amiral Thévenard, qui commandait à terre, n'était pas dans une position meilleure que l'amiral Morard de Galle. S'il donnait le conseil de conserver au port des bâtiments qu'il ne jugeait pas en état de sortir, des soupçons s'élevaient sur sa conduite, et il devait se justifier auprès de la municipalité et des divers clubs qui s'étaient arrogé le droit non seulement de surveiller mais de diriger tous les services. Si les bâtiments, qui rentraient avec des avaries, n'étaient pas promptement réparés, c'était à Paris que se formait l'orage. Là, il était accusé de ne pas pousser les travaux de l'arsenal avec une suffisante activité. Dans les deux cas, sa situation était fort critique. On ne doit pas oublier que la

Convention venait d'instituer les tribunaux révolutionnaires.

Le capitaine de vaisseau Villaret-Joyeuse, qui commandait le *Trajan*, de soixante-quatorze, croisait, avec quelques vaisseaux, sur les côtes du Morbihan. Au commencement du mois de mai, l'amiral Morard de Galle reçut l'ordre de prendre la mer avec tous les vaisseaux en état d'appareiller. Les forces détachées sur les côtes de l'Océan furent placées sous ses ordres. Cet officier général était sur le point de mettre sous voile lorsqu'une insurrection éclata dans son escadre. Les autorités maritimes appelèrent à leur aide la municipalité et la Société des amis de l'égalité et de la liberté. Enfin, quelques troupes, sur lesquelles on pouvait compter, furent envoyées à bord des bâtiments dont les équipages s'étaient révoltés. L'ordre ayant été rétabli, l'amiral Morard de Galle sortit de Brest, le 22 mai, avec les vaisseaux de soixante-quatorze, la *Convention*, qui portait son pavillon, le *Neptune*, le *Téméraire* et le *Tourville*. Le 23, il fut rallié par la division que commandait le capitaine de vaisseau Villaret-Joyeuse. Morard de Galle mouilla, sous l'île de Groix, pendant vingt-quatre heures, pour organiser son escadre. Il reprit la mer, le lendemain, avec dix vaisseaux. Les débuts de la croisière ne furent pas heureux. Que cela vînt de la négligence du nouveau personnel ou de son ignorance, de nombreux abordages se produisirent. « J'ai navigué dans des escadres plus nombreuses, écrivait Morard de Galle, le 22 juin, au ministre, et, dans un an, je n'ai pas vu autant d'abordages que j'en ai vus depuis un mois que l'escadre est réunie. » Les instructions adressées à l'amiral lui prescrivaient de protéger l'arrivée d'un convoi parti de Saint-Domingue, le 15 avril. Il devait, en outre, empêcher le débarquement des troupes anglaises en Vendée. Ces instructions étaient contradictoires. Pour assurer la rentrée du convoi, il fallait que l'amiral se portât au large. Il ne pouvait, d'autre part, défendre l'accès de notre littoral s'il s'éloignait de terre. Morard de Galle écrivit au ministre pour lui montrer l'impossibilité dans laquelle il se trouvait de remplir les intentions du gouvernement et le pria de lui adresser des ordres clairs et précis, ce qu'il ne put obtenir. L'escadre passa les mois de juin et de juillet à la mer. L'amiral se proposait, conformément aux instructions du ministre, de retourner à Brest pour y faire des vivres lorsque, le 1er août, les frégates signalèrent les Anglais. Ceux-ci étaient au vent et fort loin. L'amiral donna l'ordre à l'armée de former la ligne de bataille et aux frégates de s'élever au vent pour reconnaître l'ennemi. Le lendemain, il fit calme jusqu'à six heures du soir. Au coucher du soleil, on vit huit bâtiments dans l'ouest-sud-ouest de l'escadre française. Le 3, un seul navire fut aperçu. L'*Insurgente*, qui rallia l'armée, avait eu connaissance de huit voiles dans le nord-ouest. Un navire américain, visité par cette frégate, avait rencontré, sur la côte, une escadre anglaise, forte de quatorze vaisseaux et de cinq frégates. Le 4 au matin, il n'y avait aucune voile à l'horizon. Le vent, qui était à l'ouest, soufflait avec force. L'escadre se trouvait près de terre.

Craignant de ne pas doubler Belle-Isle, l'amiral Morard de Galle mouilla sur la rade du Palais. Il écrivit, le 6 août, à Dalbarade : « Je vous préviens que, si j'étais instruit par les découvertes que j'établis de la position et de la force véritable des ennemis, et qu'il fût reconnu qu'ils n'eussent qu'une supériorité médiocre, je n'hésiterais pas, malgré l'arrêté du Conseil, à aller directement les attaquer. » Notre escadre était alors composée de dix-sept vaisseaux. L'amiral avait quitté la *Convention* et porté son pavillon sur le trois-ponts le *Terrible*. Les bâtiments, qui avaient rejoint l'armée depuis son départ de Brest, le 22 mai, avaient encore des vivres. L'amiral ordonna de les répartir entre les vaisseaux. Cette opération devait permettre à l'escadre de prolonger sa croisière de quelques jours. Telle était la situation lorsque l'amiral reçut une dépêche dans laquelle Dalbarade lui communiquait un arrêté du Comité de salut public, en date du 4 août, portant qu'il tiendrait la mer jusqu'à nouvel ordre. Le ministre annonçait l'envoi d'un mois de vivres que l'escadre devait embarquer sous voiles ou au mouillage de l'île de Groix. On oubliait, à Paris, que la plupart des bâtiments avaient un besoin pressant de réparation. Les équipages comptaient un grand nombre de malades; ils étaient, en outre, dépourvus de vêtements. L'amiral, jugeant que la rentrée à Brest était nécessaire, appela, à son bord, les généraux et les capitaines, pour examiner, avec eux, la situation de l'armée. L'opinion unanime fut que, toute séparation exposant l'armée à être battue en détail, on ne pouvait, ainsi que le prescrivait le ministre, envoyer, sous Groix, des détachements pour y faire des vivres. La saison avançait. La croisière entre Belle-Isle et Groix ne tarderait pas à devenir dangereuse. L'escadre, recevant un coup de vent de sud-ouest, serait gravement compromise, si elle n'était pas en position d'entrer à Belle-Isle ou à Quiberon. Or, dans les coups de vent de cette partie, il était difficile de voir la terre et par conséquent de reconnaître les points de la côte permettant d'atteindre ces mouillages. Les équipages étaient très affaiblis. Le ministre disait, dans sa dépêche, qu'il remplacerait les malades ; mais, la promesse de compléter les effectifs, faite plusieurs fois déjà, n'avait jamais été tenue. Dans les parages où croisait l'escadre française, si l'ennemi se présentait, toute retraite était impossible. En cas de défaite, l'armée, n'étant pas en position d'aller à Brest, courait le risque d'être détruite. On venait de recevoir de nouvelles informations sur l'ennemi. La frégate la *Carmagnole* avait aperçu, au large des Penmarch, vingt-trois vaisseaux anglais.

Il y avait lieu de croire que cette escadre avait pour objectif de nous empêcher de rentrer à Brest. Il fallait donc saisir toute occasion favorable pour regagner ce port. Le conseil termina sa délibération en protestant de son dévouement à la chose publique. Si le gouvernement persistait dans sa résolution, généraux et capitaines, oubliant les dangers de leur position, sauraient mourir à leur poste, si le salut du pays l'exigeait. L'amiral Morard de Galle prit la mer, le 11, après avoir adressé au ministre le procès-verbal de la séance du conseil. Dalbarade le communiqua au Comité de salut public. Celui-ci maintint son arrêté du 4 août. L'escadre devait rester sous voiles jusqu'à ce que de nouveaux ordres lui parvinssent. Le 26, Morard de Galle mouilla à Belle-Isle. Contrarié par le mauvais temps, pour l'embarquement des vivres et des approvisionnements, il conduisit ses bâtiments dans la baie de Quiberon.

III

Après l'expédition de Sardaigne, l'amiral Truguet était parti pour Paris, laissant le commandement de l'escadre au contre-amiral Trogoff de Kerlessy. Ce dernier était le vaillant officier qui avait défendu, jusqu'à la dernière extrémité, le 12 avril 1782, au combat des Saintes, le *Glorieux* dont il avait pris le commandement après la mort du brave capitaine de vaisseau Des Cars. Pendant les diverses péripéties de l'expédition de Sardaigne, il s'était fait remarquer par son habileté et son énergie. Peu après le départ de l'amiral Truguet, Monge l'appela à Paris. La municipalité de Toulon s'étant opposée à son départ, le ministre se vit obligé de revenir sur l'ordre qu'il avait donné. Regardé comme suspect, en sa qualité d'officier de l'ancienne marine, gêné dans son action, comme commandant en chef, par les sociétés populaires, Trogoff se trouva dans une situation difficile. L'indiscipline régnait parmi les équipages. Les matelots, habitués au désordre, ne cherchaient plus qu'à se soustraire aux obligations de leur état. Les nouveaux officiers n'obtenaient pas plus d'obéissance que les anciens. Les frégates la *Topaze* et l'*Aréthuse* avaient été envoyées en croisière sur les côtes d'Espagne. Elles se trouvaient en relâche à Marseille, lorsqu'elles reçurent l'ordre de reprendre la mer. L'équipage de la *Topaze* refusa d'obéir. Le lieutenant de vaisseau Duchesne-

Gohet, qui commandait l'*Aréthuse*, était le plus ancien des deux capitaines. Il se rendit à bord de la *Topaze*, harangua les matelots et fit les efforts les plus consciencieux pour vaincre leur résistance. Il ne put y parvenir. En rendant compte à l'amiral Trogoff de ce refus de service, d'autant plus grave que nous étions en guerre, il disait : « Tout fut inutile, je n'en pus tirer que ces cris : « Nous ne partirons pas ! Les frégates sont vendues ! Nous ne voulons pas pourrir dans les prisons ! » Ils ont fini par me huer, continue le commandant. Voilà les farandoleurs, les promeneurs des bonnets de la liberté dans les rues de Toulon ! Les voilà, ces grands crieurs de Vive la nation !... Des scélérats qui n'en sont que les ennemis les plus déclarés. » Celui qui s'exprimait ainsi était un ancien maître, entré, comme officier, dans la marine militaire, après 1791. On ne pouvait pas le considérer comme un mécontent. Ses plaintes peignaient très bien la situation des équipages grisés par le bruit, la déclamation, et ne remplissant pas leurs devoirs. La lettre du lieutenant de vaisseau Duchesne-Gohet, rapprochée de celle que l'amiral Morard de Galle écrivait au ministre, en mars 1793, montrait que partout les mêmes causes avaient produit les mêmes effets. Non seulement les matelots avaient cessé d'obéir, mais ils ne voulaient plus se battre.

Les frégates la *Melpomène* et la *Minerve*, après avoir rempli une mission dans la Méditerranée, se trouvaient, à la fin du mois d'avril 1793, au mouillage, devant le Lazaret, sur la rade de Toulon. Ces deux bâtiments étaient sous le commandement du capitaine de vaisseau Basterot, de la *Melpomène*. L'ordre fut donné aux deux frégates de se tenir prêtes à appareiller. Elles devaient conduire à Alger deux chebecks destinés au Dey. Les équipages, auxquels il ne convenait pas de repartir aussi promptement, se mutinèrent. Les corps administratifs, il s'agit des autorités qui s'étaient imposées à la population à la suite de l'émeute du mois de juillet 1792, se transportèrent à bord de ces bâtiments pour apaiser la sédition. Les équipages les reçurent fort mal. Suivant l'expression du commissaire auditeur Barthélemy, « les corps administratifs furent hués, méprisés, et menacés de plus d'un événement fâcheux. » Le langage du procureur général syndic du département du Var fut encore plus expressif. « Les commissaires, écrivit-il, s'étant portés au Lazaret, les gens du bord persistèrent non seulement dans leur refus de partir et s'écartèrent du respect dû à la dignité et au caractère des commissaires par des propos insultants, mais même ils les menacèrent de les pendre et placèrent des cordes pour consommer cet horrible projet. » Le cas devenait fort grave. Les corps administratifs n'admettaient pas qu'on portât atteinte à leur dignité, et encore moins qu'on voulût les pendre. Les autorités toulonnaises étaient fort mal disposées à l'égard du commandant de la *Melpomène*, le capitaine de vaisseau Basterot, qui provenait de l'ancienne marine. Trouvant l'occasion favorable pour l'atteindre, elles rejetèrent sur lui l'insuccès de leurs démarches. En exécution de l'arrêté des trois corps administratifs, réunis en séance, le procureur général du département du Var requit le commissaire auditeur Barthélemy près la cour martiale de la marine de poursuivre les auteurs et complices de l'insurrection qui avait éclaté sur les frégates la *Minerve* et la *Melpomène*. Le capitaine Basterot fut accusé de trahison; on prétendit que, pendant sa dernière campagne, il avait formellement désobéi aux ordres du ministre. Il avait, en outre, commis la faute de relâcher à Bône sans y être autorisé. Là, par ses procédés contre-révolutionnaires, il avait compromis les bonnes relations que la France entretenait avec le dey d'Alger et empêché les Barbaresques de nous apporter du blé. Enfin, il avait poussé les équipages des deux frégates à la révolte. Il était difficile de croire que les trois premiers griefs fussent sérieux puisque, sans l'insurrection des équipages, la *Minerve* et la *Melpomène* reprenaient la mer, sous le commandement du capitaine Basterot, chargé d'une nouvelle mission. Il ne restait donc que la dernière accusation et on a vu quelle en était la valeur. Un matelot canonnier, du nom de Jérôme Laurent, fut poursuivi « comme complice des crimes de son commandant ». Enfin, on mit en état d'arrestation quelques hommes des deux frégates. Les jurys, convoqués sur la réquisition souveraine du commissaire auditeur Barthélemy, déclarèrent qu'il y avait lieu à inculpation contre les prévenus. Le contre-amiral Trogoff, voulant dégager sa responsabilité, écrivit au ministre : « On m'a communiqué le jugement, sans m'en laisser copie. Le commissaire auditeur s'est chargé de toute l'affaire, et je ne connais les accusés qu'au fur et à mesure qu'il me demande de les faire juger. » Le verdict des jurys ayant été défavorable, les cours martiales, appelées à juger le capitaine de vaisseau et le matelot, furent réunies. Elles prononcèrent une condamnation capitale. Le capitaine de vaisseau Basterot et le matelot Jérôme Laurent furent fusillés, le 28 mai, sur le bord de la mer, à la vue de toute l'escadre. La physionomie de cette affaire ne serait pas complète, si nous n'ajoutions ce qui suit. Il fallait donner des capitaines à la *Melpomène* et à la *Minerve*. Les corps administratifs se chargèrent de cette besogne à laquelle ne prirent part ni le contre-amiral Trogoff, qui commandait l'escadre, ni le contre-amiral Chaussegros, commandant des armes. Un enseigne non entretenu, simple lieutenant de port à Toulon, du nom de Laville, fut appelé au commandement de la *Minerve*. La *Melpomène* échut au capitaine de port, le lieutenant de vaisseau Gay. La nomination de ces deux officiers fut présentée au ministre par le commissaire auditeur Barthélemy non comme un avantage qui leur était concédé, mais comme un sacrifice que ceux-ci faisaient à la patrie en consentant à commander ces bâtiments. Ledit Barthélemy termina la lettre qu'il écrivait à Dalbarade, à ce sujet, en disant : « Ces deux officiers, qui se sont dévoués à conduire ces deux frégates avec des équipages que leur civisme leur a procurés sur-le-champ, méritent de jouir du grade de capitaine de vaisseau sur les escadres de la République. C'est avec de tels choix qu'un ministre peut se flatter de faire aller la machine. » Le capitaine de la *Melpomène* perdit son commandement. Les choses, en ce qui le concernait, n'allèrent pas plus loin. On doit ajouter que cet officier s'était montré dans ses dépositions très défavorable au capitaine Basterot. Enfin, il n'appartenait pas à l'ancienne marine. Le ministre donna son approbation la plus complète à la conduite des corps administratifs, du procureur général syndic et du commissaire auditeur près la cour martiale maritime de Toulon. Il espérait que, par de tels moyens, on rétablirait « la subordination si nécessaire parmi les équipages ». Dalbarade informait, en outre, Barthélemy qu'il ne perdrait pas de vue les citoyens Laville et Gay. « Leurs services et surtout leur dévouement à la patrie, ajoutait-il, leur feront obtenir sans peine le grade et les récompenses qu'ils méritent. »

Le capitaine de vaisseau Prévost-Lacroix, qui commandait l'*Apollon*, fut déféré par Barthélemy au tribunal de Digne. On reprochait à cet officier d'avoir, en 1790, vendu, à l'île suédoise de Saint-Barthélemy, des canons pris à Sainte-Lucie. Cette accusation était absurde. Dans tous les cas, les faits eussent-ils été vrais qu'ils étaient couverts par l'amnistie de 1791. Le tribunal de Digne acquitta le capitaine Prévost-Lacroix. Barthélemy, fort irrité, le fit arrêter de nouveau et il l'envoya devant le tribunal révolutionnaire de Paris, bien convaincu que, cette fois, le capitaine Prévost-Lacroix ne reviendrait pas à Toulon. Révolté par cette indigne conduite, Trogoff, quoiqu'il gardât une extrême réserve, écrivit au ministre pour défendre le capitaine de l'*Apollon*. C'était, disait l'amiral, un excellent officier, ayant, en toutes circonstances, fait son devoir, et complètement innocent du crime dont on l'accusait. Il y a lieu de croire que le ministre ne fit aucune démarche en faveur de cet officier. Quoi qu'il en soit, le tribunal révolutionnaire ne trompa pas la confiance du commissaire auditeur. Le capitaine Prévost-Lacroix fut condamné à mort. Il périt sur l'échafaud révolutionnaire, le 5 janvier 1794. Le jugement portait qu'il était convaincu de connivence avec le parti royaliste. On ne se souvenait plus à Paris de l'accusation portée contre lui. Il y avait, dans les prisons de Toulon, un grand nombre d'officiers, appartenant à l'escadre. Trogoff, qui ne connaissait même pas les motifs de leur arrestation, signalait cet état de choses au ministre. Aucune réponse ne lui était adressée. « Depuis ma dernière lettre, écrivait, le 29 mai, l'amiral Trogoff à Dalbarade, on a fait sortir du fort Lamalgue les capitaines Brueys et Simony cadet. Les autres sont encore dans le même état. » Les autres, cela signifiait les capitaines et les officiers de l'escadre, emprisonnés par la volonté toute-puissante du commissaire auditeur Barthélemy, du procureur général syndic, des corps administratifs, des clubs, des sociétés populaires, car le nombre des maîtres était grand. En résumé, la marine et la ville étaient entre les mains de gens représentant ce qu'il y avait de plus bas et de plus vil à Toulon. Quant au gouvernement, soit qu'il approuvât ou qu'il fût impuissant, il ne faisait rien pour modifier cette situation. L'amiral Trogoff ressentait très vivement la position humiliante qui lui était faite. Aigri, irrité, il demanda à résigner ses fonctions. « Quoique je vous aie réitéré plusieurs fois de décider où et comment je servirai, écrivait Trogoff à Dalbarade, vous ne m'avez jamais répondu. Je vous avoue que cela m'affecte infiniment. Cette incertitude me met dans l'impossibilité de faire tout ce que je voudrais pour le plus grand bien de la République. D'ailleurs, ma position est si épineuse qu'elle ne peut plus exister comme cela. Je vous prie donc de prononcer tant pour moi que pour le bien du service. » Quel que fût son désir de quitter son poste, il montrait, dans le commandement de l'escadre, autant de zèle que de capacité. Quoiqu'il ne reçût pas d'instructions, car Dalbarade, soit qu'il apportât une grande négligence dans l'exercice de ses fonctions ou qu'il ne voulût pas se compromettre, écrivait fort peu, il prit toutes les mesures que réclamaient les circonstances. Des croiseurs protégèrent notre commerce contre les corsaires. La plus grande activité fut déployée pour réparer les navires qui avaient fait des avaries pendant l'expédition de Sardaigne et armer de nouveaux bâtiments. Lorsque les Anglais et les Espagnols parurent dans la Méditerranée, Trogoff tint le ministre très exactement informé de leurs mouvements. Les Jacobins toulonnais, à l'exemple de leurs confrères parisiens, discutaient toutes les opérations militaires. Ils blâmaient ouvertement la conduite de l'amiral, demandant qu'il prît la mer avec toutes les forces placées sous son commandement. L'exécution de cette mesure, que nos ennemis seuls auraient pu nous conseiller, eût amené la destruction de l'escadre. Trogoff résista avec fermeté. En refusant d'aller à la recherche de l'ennemi, il ne faisait, d'ailleurs, que se conformer aux instructions du gouvernement. Dans une des rares lettres qu'il avait adressées au commandant de l'escadre de Toulon, Dalbarade disait « de ne mettre à aucun prix dehors, si l'on n'était parfaitement sûr d'être en nombre égal à l'ennemi, sous peine de témérité impardonnable ». Enfin, Dalbarade écrivait au commandant des armes Chaussegros que le Conseil exécutif, réuni au comité de salut public, avait décidé que « l'escadre de Toulon ne prendrait la mer qu'autant que ses forces balanceraient celles de l'ennemi ».

IV

La révolution faite par la commune de Paris, le 31 mai 1793, et le décret du 2 juin, ordonnant l'arrestation des députés girondins, excitèrent en France l'indignation générale. Soixante-seize départements se prononcèrent contre la Convention. Les grandes villes levèrent des troupes pour marcher sur Paris. Au moment où se passaient ces événements, Toulon, ainsi qu'on l'a vu plus haut, gémissait sous le poids d'une insupportable tyrannie. Dans cette ville, livrée, depuis 1789, à des troubles continuels, les jacobins régnaient en maîtres. La municipalité s'était emparée de tous les pouvoirs. Les chefs de service de la marine étaient sans autorité. Leurs décisions restaient inexécutées toutes les fois qu'elles ne recevaient pas l'approbation des clubs. Les sociétés populaires s'étaient constituées les arbitres de toutes choses. La vie et la liberté des citoyens étaient à leur merci. Elles faisaient emprisonner les officiers qu'il leur plaisait de considérer comme suspects, et elles nommaient, pour remplir les emplois rendus ainsi vacants, des individus n'ayant aucun titre aux grades qu'on leur conférait. Les hommes de désordre entretenaient des relations étroites avec les bâtiments de l'escadre, afin de maintenir les équipages à la disposition de l'élément révolutionnaire. Tel était l'état des choses, lorsque la nouvelle de l'insurrection des départements parvint à Toulon. La population jugea le moment favorable pour se soustraire à la domination d'une minorité qui faisait peser sur la ville le despotisme le plus honteux. Le 13 juillet, le parti jacobin fut renversé. Les hommes qui avaient pris la direction des affaires se trompèrent sur les conséquences du mouvement survenu à la suite des journées du 31 mai et du 2 juin. Croyant au triomphe des départements, ils agirent avec vigueur dans le sens de l'opinion qui les avait portés au pouvoir. Toutes les mesures adoptées par la précédente administration, sous la pression des clubs, furent rapportées. On mit en prison les représentants Beauvais et Bayle qui étaient en mission dans la ville. Quelques hommes payèrent de leur vie les forfaits qu'ils avaient commis pendant le cours de leur trop longue dictature. Le Comité de salut public, en apprenant le soulèvement de Marseille, avait enjoint au ministre de la marine de prendre les mesures nécessaires pour que les convois et les bâtiments faisant route sur cette ville fussent conduits à Toulon. Les autorités maritimes, dans ce port, devaient porter à la connaissance du gouvernement l'arrivée des navires, la nature de leur chargement et les noms des propriétaires. Les instructions de Dalbarade parvinrent à Toulon, après le mouvement du 13 juillet. Ce fut le comité général des sections qui ouvrit les dépêches du ministre. Leur contenu fut immédiatement communiqué aux sections de Marseille. Les dispositions arrêtées à Paris soulevèrent, dans cette dernière ville, une très grande irritation. Quant au comité toulonnais, il défendit aux autorités maritimes d'exécuter les ordres du gouvernement. Il fit plus, il envoya à Marseille des secours en hommes et en argent. La marine était restée en dehors de l'évolution qui s'était accomplie le 13 juillet. De même qu'elle n'avait pris aucune part au mouvement, elle n'avait rien fait pour l'arrêter. Les états-majors de l'escadre avaient assisté, en simples spectateurs, à la revanche prise par les sections sur les clubs. Dans les premiers rapports qu'ils adressèrent à Paris pour rendre compte des divers incidents qui avaient amené la défaite du parti jacobin, le contre-amiral Trogoff, commandant l'escadre, le contre-amiral Chaussegros, commandant des armes, et Puissant, l'ordonnateur civil, ne semblèrent pas attacher une grande importance aux modifications introduites dans le personnel de la municipalité. L'ordonnateur, qui se trouvait plus spécialement chargé d'informer Dalbarade des événements arrivés dans la ville, écrivit le 18 juillet : « On ne reçoit ici, depuis treize jours, aucun décret, aucun bulletin de la Convention, et il ne nous parvient plus aucun papier public. Cependant tout est tranquille, et la bonne harmonie continue à régner. » L'ordonnateur annonça au ministre, sans y joindre aucun commentaire, que « six commissaires de sections étaient venus pour féliciter les Toulonnais d'avoir secoué le joug tyrannique des anarchistes, pour les assurer de tout l'empressement des Marseillais, leur offrir leurs moyens et leurs bras, et resserrer de plus en plus les nœuds de la plus intime fraternité ». Le comité général des sections avait décidé qu'un commissaire, chargé de traiter de l'échange des prisonniers de guerre, serait envoyé au commandant de la flotte anglaise. En portant, le 17 juillet, cette détermination à la connaissance de Dalbarade, l'ordonnateur disait : « D'après le vœu général du comité des sections de cette ville, et d'après tous les principes d'humanité, des moyens vont être pris pour procéder à cet échange. » Enfin, l'ordonnateur écrivait, le 25 juillet, au ministre : « Vos lettres de ce courrier m'ont été remises entières, et avec une confiance, de la part des sections, que je mériterai sûrement. Le plus grand moyen que j'aie de servir la République, c'est celui de concourir à la paix et à l'union. Je ne vois ici que de bons républicains, aussi pleins de zèle pour le maintien de la République que pour la répression des intrigants et des malintentionnés. Quelque couleur défavorable que de faux patriotes, ennemis de la patrie, puissent donner à l'ouverture des sections, soyez sûr, citoyen ministre, que jamais l'arsenal de Toulon et le département du Var ne furent mieux disposés à combattre l'ennemi, s'il se présentait. » L'ordonnateur se faisait-il illusion, ou était-il de mauvaise foi? Il est difficile de le dire. Ce qui apparaît le plus clairement dans la correspondance de l'ordonnateur, c'est, de la part de ce fonctionnaire, l'intention nettement arrêtée de ne se compromettre avec aucun parti et surtout avec celui qui dominait à Toulon. Le temps ne fit que rendre plus difficile la position des chefs de service de la marine. Ces derniers avaient le devoir d'instruire le gouvernement de ce qui se passait à Toulon; d'autre part, le comité général des sections exigeait que leur correspondance fût soumise à son examen. Enfin, où était le gouvernement? Était-ce celui des soixante-treize départements qui avaient pris les armes en apprenant le coup d'État fait par la Convention, ou bien était-ce toujours dans cette Assemblée, violatrice de la loi, que résidait la souveraineté? A Toulon, où ne parvenait aucune nouvelle de ce qui se passait dans la capitale ou en province, il n'était pas facile de le savoir. Le 29 juillet, la Convention ordonna de mettre en liberté les citoyens incarcérés à la suite des événements du 13 juillet. Cette Assemblée décida, le même jour, que le ministre de la marine ferait, séance tenante, son rapport sur la nomination des officiers qui commandaient les vaisseaux de l'escadre de Toulon. Le Comité de salut public donna à Dalbarade l'ordre d'appeler, à Paris, les contre-amiraux Chaussegros, Trogoff, Saint-Julien et l'ordonnateur Puissant. Le commandant des armes devait être remplacé par le contre-amiral Castellan, Trogoff par Bouvet, et Puissant par le chef d'administration Chevillard. Le 8 août, cette décision fut annulée. Le Comité de salut public supposa probablement que les chefs de service, ainsi mandés, n'obéiraient pas, et, d'autre part, il craignit que cet appel, en éveillant leur défiance, ne les poussât aux mesures extrêmes. L'insurrection toulonnaise continuait à marcher, avec une très grande hardiesse, dans la voie qu'elle s'était tracée. Loin de regarder en arrière, elle agissait comme si, dans la lutte engagée, elle n'eût conservé aucun doute sur le triomphe des Girondins. Le 12 du mois d'août, le comité général des sections envoya au conseil exécutif provisoire et au citoyen Dalbarade une adresse dans laquelle étaient exposés, sans aucun ménagement, les griefs de la population contre le gouvernement. Cette adresse, qui faisait présager les plus graves événements, se terminait ainsi: « Songez que nous avons à entretenir et à solder une garnison nombreuse, une armée navale, la masse entière des marins et des ouvriers de l'arsenal et que tous les instants que vous perdrez à nous faire passer avec sûreté les fonds nécessaires pour ces objets importants, ajoutent à la responsabilité rigoureuse qui pèse sur vous. Songez enfin que deux escadres formidables d'Angleterre et d'Espagne embrassent toute l'étendue de nos côtes, et que, dans leurs calculs, peut-être, elles se flattent d'obtenir de notre détresse et de nos besoins ce que la trahison devait leur livrer. Voilà, citoyen ministre, ce que les habitants de Toulon ont cru devoir vous exposer. Il y va du salut de la République et du vôtre. Réfléchissez sur la conduite que vous devez tenir et ne vous exposez pas, en différant trop de vous prononcer et surtout de venir à notre secours, au juste reproche d'avoir partagé la perfidie de nos calomniateurs et au danger d'avoir sacrifié volontairement une des plus importantes places de la République. » Parmi les noms apposés au bas de cette pièce figuraient ceux de Trogoff, Chaussegros et Puissant. Le président du comité général des sections étair un aide constructeur de la marine, appelé Enouf. L'envoi de cette adresse fixait les situations ; la rupture avec la Convention était complète. Un grand nombre d'officiers, parmi lesquels les capitaines de vaisseau de Grasse, Simony l'aîné, de Goy, Brueys, Bellon, Burghes de Missiessy, Venel, Saint-Vallier, Desloges, envoyèrent leur démission au ministre. Tandis que les Girondins parcouraient les départements en se répandant en vaines paroles, leurs adversaires prenaient des mesures promptes et énergiques. Après la défaite de Wimpfen à Vernon et à Pacy-sur-Eure, des forces considérables furent dirigées sur Lyon et Marseille. Les succès des Conventionnels rappelèrent aux Toulonnais le véritable état des choses. S'étant mis en pleine révolte contre le gouvernement, ils devaient s'attendre, s'ils étaient battus, à de sanglantes représailles. Ce fut alors que le comité général des sections, entraîné sur une pente fatale, entrevit la possibilité d'entrer en négociations avec les Anglais.

Jusqu'au 13 juillet, l'amiral Trogoff avait servi la République avec autant de loyauté que d'indépendance. Après cette date, il continua à correspondre avec le commissaire général de la marine, l'entretenant des besoins de son escadre et parlant peu de ce qui se passait à Toulon. On aurait pu croire qu'il considérait les événements survenus dans cette ville comme une révolution intérieure à laquelle il devait rester étranger. « Vous savez sans doute, citoyen ministre, écrivait Trogoff à Dalbarade, le 18 juillet 1793, que les sections sont ouvertes à Toulon. Elles se reposent sur notre civisme et nos talents pour prendre les mesure que nous croirons les plus utiles à la circonstance présente. » Après le 13 juillet, le comité ayant exigé que la correspondance de Trogoff fût placée sous ses yeux, celle-ci perdait toute signification. Au milieu du mois d'août, le comité remit à Trogoff une dépêche dans laquelle Dalbarade le blâmait d'avoir porté son pavillon du *Tonnant* sur le *Commerce-de-Bordeaux*. On éprouve quelque surprise en voyant le ministre, au milieu de ces graves événements, se préoccuper d'une question d'aussi mince importance. Peut-être ne faut-il voir dans cette lettre que la sérénité des bureaux poursuivant, au milieu des orages, ce qu'ils croient être une atteinte au règlement. Dalbarade avait, sans nul doute, ce qui, d'ailleurs, devait lui arriver souvent, signé cette dépêche sans la lire. Le mécontentement de Paris n'était pas seulement inopportun, il était illégitime. L'amiral, ainsi qu'il résultait de sa réponse, avait le droit de porter son pavillon sur tel bâtiment de son escadre qu'il jugeait convenable. Trogoff renouvela, avec plus d'insistance que par le passé, la demande, qu'il avait déjà faite plusieurs fois, de quitter son commandement. « Votre lettre, disait-il à Dalbarade, me rappelle tout ce que j'ai souffert, tout ce que je souffre encore et puis souffrir dans une place qui ne m'appartient pas et qui devrait être remplie par un homme (il s'agit de Truguet) qui devrait se faire un point d'honneur d'être à son poste. » L'amiral voyait avec une profonde amertume arriver le moment décisif, et il eût voulu se soustraire aux graves difficultés qu'il prévoyait. Cette lettre est du 18 août; ce fut la dernière que Trogoff adressa au ministre.

V

Les forces navales que la Grande-Bretagne entretenait dans la Méditerranée, étaient placées sous le commandement de lord Hood. Cet amiral, en apprenant les événements qui s'accomplissaient dans le midi de la France, se rapprocha de nos côtes. Les Espagnols, sous les ordres de don Juan de Langara, suivirent les Anglais. Quelques bâtiments napolitains et sardes vinrent se joindre à ces derniers. Deux délégués du comité général des sections marseillaises se présentèrent, le 23 août, à bord du trois-ponts, le *Victory*, sur lequel était arboré le pavillon du commandant en chef de l'escadre britannique. Ils avaient reçu la mission de négocier, avec lord Hood, un traité d'alliance dont le but principal était le rétablissement de la monarchie. Ces envoyés parurent surpris de ne pas rencontrer, sur le vaisseau anglais, des commissaires désignés par le comité général de Toulon. L'amiral Hood se déclara prêt à intervenir dans le sens qui lui était indiqué, mais il refusa d'occuper Marseille. Toulon lui semblait le point le plus convenable pour y conduire sa flotte. Toutefois, il exigeait que notre escadre fût désarmée et que l'arsenal et les ouvrages militaires fussent remis entre ses mains. Il ajoutait que le port, les vaisseaux et les forts seraient rendus à la France, aussitôt après la conclusion de la paix. Les Anglais demandaient que Toulon prît le drapeau blanc. Si l'entente s'établissait, l'amiral s'engageait à coopérer, par tous les moyens en son pouvoir, à la lutte entamée contre la Convention. Enfin, il lèverait le blocus qui fermait, aux bâtiments neutres, l'entrée de Marseille et de Toulon. Ne recevant aucune communication de cette dernière ville, lord Hood se décida, le lendemain 24, à y envoyer un officier. Le lieutenant de vaisseau Cooke, du *Victory*, pénétra dans la rade pendant la nuit. Le temps était sombre et il put atteindre les quais de la ville sans être reconnu. Cet officier fut admis, le 25, dans la matinée, devant le comité général. Les propositions dont il était porteur furent acceptées. Les Anglais promettaient de débarquer immédiatement des troupes pour défendre Toulon. Le danger était pressant. La ville était menacée, à l'est, par un des détachements de l'armée d'Italie, et à l'ouest, par les soldats du général Carteaux. Au moment où l'officier anglais quittait la salle des séances, quelques personnes tentèrent de l'arrêter, mais la foule prit parti pour lui, et il rejoignit son canot sans être inquiété. Le lieutenant Cooke revint à Toulon, le **26**, et il en repartit dans la soirée du même jour, accompagné du capitaine de vaisseau Imbert de Lebret qui commandait l'*Apollon*. Ce dernier était chargé de remettre au commandant de l'escadre britannique le traité ratifié par le comité général. Tout ce qui avait été fait jusque-là était l'œuvre des sections. Mais, à ce moment, toute dissimulation devenait impossible. Non seulement il était nécessaire d'instruire les officiers et les équipages des événements qui s'accomplissaient, mais il fallait obtenir d'eux qu'ils fissent place à l'armée de l'amiral Hood. Trogoff avait disparu de la scène. Depuis quelques jours on ne le voyait plus. Trogoff s'était-il mis d'accord avec les chefs du mouvement, ou succombait-il sous le poids d'une situation aussi lourde? Quoi qu'il en soit, il ne prit aucune mesure et il ne donna aucun ordre indiquant, de sa part, la volonté très nette de ne pas confondre la cause des bâtiments qu'il commandait avec celle de la ville. Il est donc légitime de conclure qu'il approuva la ligne de conduite adoptée par le comité général des sections.

A la nouvelle de la prochaine arrivée des Anglais, une grande agitation régna sur tous nos bâtiments. Des délégués, nommés par les équipages, se réunirent pour aviser aux difficultés de la situation. En l'absence de Trogoff, qu'on disait malade, le contre-amiral Saint-Julien exerçait le commandement de l'escadre. Il visita chaque navire, harangua les matelots, annonçant qu'il s'opposerait par la force à l'entrée de la flotte britannique. Par son ordre, des préparatifs furent faits pour présenter le travers à l'ennemi, si celui-ci tentait de forcer la passe. Le 13 juillet 1793, la population toulonnaise n'avait eu d'autre objectif que le renversement du parti montagnard. Mais le but poursuivi, à cette époque, par la majorité des habitants, avait été promptement dépassé. Les membres du comité général, certains du sort qui les attendait, s'ils tombaient entre les mains des conventionnels, ne reculèrent devant aucune détermination pour échapper à cette extrémité. Ils déclarèrent qu'ils traiteraient l'escadre en ennemie, si elle voulait se soustraire à leur autorité. Les forts, dans lesquels on faisait ostensiblement chauffer des boulets, furent occupés par des hommes sûrs. D'autre part, de nombreux émissaires parcoururent les bâtiments, adjurant les équipages de faire cause commune avec les habitants. Sur les vaisseaux, armés à Toulon, les matelots étaient, pour la plupart, originaires de la Provence. Vivant, depuis plusieurs années dans le désordre et dans l'indiscipline, ils n'étaient capables d'aucun effort sérieux. Les uns, séduits par la promesse de toucher leur solde en numéraire et d'être renvoyés dans leurs foyers, cédèrent aux sollicitations des Toulonnais. D'autres, déclarant qu'ils ne voulaient ni tirer sur leur frères, ni être livrés honteusement à l'ennemi, désertèrent. Bientôt il fut facile de voir que le parti de la résistance ne s'appuierait que sur un petit nombre de matelots appartenant, pour la plupart, à des vaisseaux arrivés récemment de Brest. Les équipages étaient ce qu'on les avait faits. Depuis plusieurs années, on les poussait à la révolte, dans l'unique but de chasser les anciens officiers. Les matelots ne savaient plus qu'une chose, s'insurger. Le devoir, l'honneur étaient devenus pour eux des mots vides de sens. Le 27, la *Perle*, mouillée sous les murs de l'arsenal, arbora le pavillon de commandement du contre-amiral Trogoff. Les signaux, ordonnant à l'escadre de prendre poste dans la petite rade, montèrent aux mâts de cette corvette. Il y avait, sur la rade, dix-sept vaisseaux. Après un moment d'hésitation, le *Généreux* appareilla ; peu après le *Scipion* le suivit. A la chute du jour, il ne restait, auprès du *Commerce-de-Bordeaux*, portant le pavillon du contre-amiral Saint-Julien, que le *Commerce-de-Marseille* et le *Tonnant*. Ces trois vaisseaux avaient été abandonnés par la plus grande partie de leurs équipages, et les deux derniers par leurs capitaines. Dans la nuit du 27 au 28 août, le fort Lamalgue fut occupé par des troupes anglaises placées sous le commandement du capitaine de vaisseau Elphinstone. Cet officier envoya un parlementaire au contre-amiral Saint-Julien pour le prévenir qu'il avait reçu de lord Hood l'ordre de tirer sur les vaisseaux qui refuseraient soit de se rendre en petite rade, soit de débarquer leurs poudres. Jugeant toute résistance impossible, Saint-Julien abandonna son vaisseau et gagna la campagne. Des capitaines, parmi lesquels Cosmao, du *Duguay-Trouin*, Duchesne Gohet, de l'*Aréthuse*, Gassion, de la *Topaze*, des officiers de tout grade, des matelots, des ouvriers, l'accompagnèrent dans sa fuite. Le même jour, l'escadre britannique fit son entrée sur la rade. Don Juan de Langara, tenu par lord Hood au courant des événements, vint mouiller près des Anglais.

Le contre-amiral Saint-Julien s'était montré fort au-dessous du rôle qu'il avait assumé. En prenant la place du contre-amiral Trogoff, il avait contracté, envers lui-même et envers l'escadre, l'obligation d'empêcher, par tous les moyens en son pouvoir, l'ennemi de pénétrer dans la rade. Pour réussir dans cette entreprise, il devait, aussitôt après avoir été prévenu de la prochaine arrivée des Anglais, débarquer des troupes et occuper les forts qui dominaient ses vaisseaux. Par cette conduite, il eût donné une direction à tous ceux, officiers et matelots, qui voulaient résister au comité général, et il eût rallié les indécis, toujours nombreux en pareille circonstance. Au lieu de montrer cette résolution, il laissa aux émissaires du comité le temps d'agir sur l'esprit des équipages. Pendant qu'il perdait, en vaines démonstrations, un temps précieux, les moyens d'action dont il disposait lui étaient enlevés par ses adversaires. Est-ce à dire qu'il eût été plus heureux s'il avait déployé plus d'habileté et d'énergie? En d'autres termes, serait-il parvenu à entraîner des hommes inaccessibles, pour la plupart, au sentiment de l'honneur? Il est difficile de le dire. On peut seulement affirmer avec certitude que l'amiral n'avait quelque chance de mener à bien son entreprise qu'en déployant, dès le début de la crise, une extrême vigueur. Le contre-amiral Saint-Julien se cacha, pendant quelques jours, dans les bois de la Seyne. Craignant d'être pris par les patrouilles toulonnaises qui parcouraient la campagne, il rentra, de nuit, dans la ville, et se constitua prisonnier entre les mains des Espagnols. Si cet officier général avait rejoint l'armée de Carteaux, il eût été bien accueilli. Dans la séance du 7 septembre 1793, la Convention nationale décida qu'il serait fait mention honorable, dans son procès-verbal, de la conduite de l'amiral Saint-Julien ainsi que des marins et des ouvriers du port de Toulon qui s'étaient réunis sous les drapeaux de la République. Le même jour, elle rendit un décret par lequel Trogoff, commandant l'escadre de Toulon, Chaussegros, commandant des armes, et Puissant, ordonnateur de la marine du même port, étaient déclarés traîtres à la patrie et mis hors la loi. Il était ordonné à tous les bons citoyens de leur courir sus. Leurs biens étaient acquis à la nation.

Le 7 septembre, c'est-à-dire le jour où la Convention mettait hors la loi les chefs de service de la marine, le comité général des sections s'efforçait de rallier à sa cause les forces navales chargées de la protection de notre commerce sur les côtes de Provence. Trogoff écrivait au citoyen Lalonde, qui commandait la station de Villefranche, de se rendre à Toulon avec les navires placés sous ses ordres. La lettre de Trogoff montrait la tournure nettement monarchique que l'insurrection toulonnaise avait prise. Elle était ainsi conçue : « Je profite, monsieur, de l'occasion d'un parlementaire anglais pour vous faire part que la ville de Toulon a adopté la constitution de 1789 et a reconnu pour son roi légitime Louis XVII, fils de Louis XVI ; qu'il y a actuellement, à Toulon, deux armées navales d'Angleterre, d'Espagne, qui, avec une quantité assez prodigieuse de troupes, protègent Toulon et ses environs, ce qui rend inutile la sortie des bâtiments français. Je pense donc, monsieur, que tous ceux qui sont dans les mêmes principes et qui sont actuellement à Villefranche ou aux environs, doivent se rendre à Toulon. C'est d'après ces principes que vous voudrez bien donner des ordres aux bâtiments qui sont avec vous de se rendre ici. Un refus, de leur part, nous prouverait qu'ils ne sont pas dans les mêmes principes que nous. Le parlementaire anglais doit être chargé de remettre aux différents bâtiments qui viendront ici des sauf-conduits. » Cette tentative échoua complètement. Aucun des bâtiments détachés sur la côte ne vint à Toulon.

La conduite des états-majors de l'escadre de Toulon engageait la responsabilité du Comité de salut public. Qui avait nommé les amiraux, les capitaines et les officiers? Si le gouvernement actuel ne les avait pas nommés, pourquoi les avait-il maintenus? Telles étaient les questions qu'on se posait à Paris. Le Comité de salut public, qui n'entendait pas qu'on lui imputât le moindre tort, fit tout d'abord rendre par l'Assemblée un décret ordonnant l'arrestation du citoyen Taillevis-Périgny, ancien adjoint de Monge au ministère de la marine. Jean-Bon-Saint-André fut chargé de montrer que les choix dont on se plaignait étaient l'œuvre de la Constituante. Dans son rapport sur la trahison de Toulon, lu le 9 septembre à la tribune de la Convention, il dit : « Citoyens, appelés pour régénérer la France, vous aviez tout à faire pour son bonheur et pour sa gloire. L'armée et la marine étaient encore infectées des vices de l'ancien régime. Vos forces de mer et de terre étaient entre des mains vicieuses: on proposa de substituer à des chefs dangereux sinon le génie, au moins le courage et la vertu. Les prétendues réformes de l'Assemblée constituante étaient nulles, illusoires; tous les choix furent laissés au ministre. Périgny, l'adjoint de Monge, peupla votre marine de contre-révolutionnaires, et c'est ainsi que Trogoff parvint au commandement de l'escadre de Toulon. »

En étudiant les événements de cette époque, on reste toujours surpris, quelque habitude qu'on en ait, devant ces affirmations sans preuves, débitées, d'un ton solennel, par des orateurs bien convaincus, eux-mêmes, qu'ils ne disent pas la vérité. Si on les supposait de bonne foi que devrait-on penser de leur ignorance? Après le discours de Jean-Bon-Saint-André, on serait tenté de croire que les états-majors de l'escadre de Toulon n'étaient composés que d'officiers ayant appartenu au monde de la cour et notoirement connus par leurs sentiments royalistes. Tel n'était pas l'état des choses. Peu de mots suffiront à le démontrer. Les contre-amiraux Trogoff et Saint-Julien provenaient des gardes de la marine. D'autre part, ils appartenaient l'un et l'autre à la classe jouissant de privilèges sous l'ancien régime. La conduite de l'amiral Saint-Julien nous dispense de dire que ce choix ne pouvait être répudié par la Convention. Quant à Trogoff, on ne doit pas perdre de vue que la municipalité de Brest l'avait pris sous sa protection. C'était à la recommandation de ce corps électif qu'il avait été appelé au commandement du *Duguay-Trouin*, enlevé au capitaine de vaisseau de Lajaille à la suite d'une émeute qui avait éclaté à Brest. Trogoff avait donc donné des gages au nouvel ordre de choses. Quant au contre-amiral Chaussegros, ancien officier de port, c'était à la révolution qu'il devait son grade et la position de commandant des armes qu'il occupait à Toulon. Passons aux capitaines de l'escadre. Le vaisseau, qui le premier obéit au signal de la *Perle*, donnant ainsi l'exemple de la soumission aux volontés du comité général des sections, fut le *Généreux*. Le capitaine Cazotte, qui le commandait, après avoir débuté dans la marine par les rangs inférieurs, était devenu aide de port en 1770, enseigne de vaisseau de port en 1775, lieutenant de vaisseau de port en 1780. C'était le régime de 93 qui l'avait fait capitaine de vaisseau. Les autres vaisseaux de l'escadre étaient-ils commandés par des officiers de l'ancienne marine, suspects par leur naissance d'un attachement particulier à la monarchie? Les capitaines Imbert de Lebret, de Goy de Bègue et Duhamel du Désert, anciens gardes de la marine, qui commandaient l'*Apollon*, le *Scipion* et le *Thémistocle*, pouvaient être rangés dans cette catégorie. Le *Commerce-de-Bordeaux* n'avait pas à ce moment de capitaine. En conséquence, il restait les capitaines Causse du *Centaure*, Eyraud du *Destin*, Boubennec de l'*Entreprenant*, Héraud du *Héros*, Gavoty de l'*Heureux*, Pourquier du *Tricolore*, Puren Keraudren de l'*Orion*, Bouvet du *Patriote*, Poulain du *Pompée*, Racord du *Suffisant*, Pasquier du *Commerce-de-Marseille* et Amielh du *Tonnant*. Tous ces capitaines avaient été maîtres, pilotes, officiers de port ou sous-lieutenants de vaisseau. On voit combien peu Jean-Bon-Saint-André était en droit de dire que l'adjoint de Monge, Périgny, avait peuplé la marine de contre-révolutionnaires. Il eût même été juste de reconnaître que ce dernier avait pris une part très active à la désorganisation de la marine. Il est vrai que, dans la voie suivie par la Convention, si révolutionnaire qu'on eût été la veille, on était exposé à être un modéré du lendemain. Quoi qu'il en soit, quand Jean-Bon-Saint-André eut parlé, au nom du tout-puissant Comité de salut public, l'Assemblée, qu'elle fût ou non satisfaite des explications qu'on voulait bien lui donner, ne poussa pas les choses plus loin. Il ne fut question ni de l'indignité des autorités toulonnaises, ni du coup d'état fait à Paris par les Jacobins, circonstances qui avaient eu une grande part dans la conduite des officiers de l'escadre de Trogoff. On ne pouvait, d'ailleurs, entamer une semblable discussion qu'en accusant le Comité de salut public et la majorité de l'Assemblée, ce dont personne ne se serait avisé. Il demeura donc acquis que les Constituants étaient les véritables coupables.

VI

Le général Carteaux s'empara d'Avignon et rétablit l'autorité de la Convention dans le département de Vaucluse. Après avoir chassé les Marseillais au delà de la Durance, il prit possession d'Aix. Le 25 août, l'armée conventionnelle entra à Marseille; quelques jours après elle mit le siège devant Toulon. Dans cette ville, les équipages des bâtiments désarmés inspiraient de graves inquiétudes aux alliés. Les matelots bretons se faisaient particulièrement remarquer par leur attitude hostile. Lord Hood, craignant qu'ils n'allassent rejoindre les troupes républicaines, se décida, d'accord avec le comité général des sections, à les renvoyer dans les ports de l'Océan. Quatre vaisseaux, choisis parmi ceux qui étaient le moins propres à faire la guerre, l'*Orion*, le *Patriote*, l'*Apollon* et l'*Entreprenant*, furent désignés pour ce service. On ne laissa, sur ces bâtiments, que les canons nécessaires pour faire des signaux. Les commandants et les états-majors furent pris parmi ceux dont la présence semblait un danger pour les alliés. Le 13 septembre, les quatre vaisseaux et une gabarre, le *Pluvier*, mirent sous voiles emmenant cinq à six mille matelots. Cette division était placée sous les ordres du capitaine de vaisseau **Bouvet**.

Après la prise de Lyon, les républicains reçurent des renforts qui leur permirent de pousser leurs opérations avec plus de vigueur. Au commencement du mois de novembre, les alliés étaient réduits à la plus stricte défensive. Il y avait, dans Toulon, environ vingt mille hommes, comprenant, outre quelques Français, des Anglais, des Espagnols, des Sardes et des Napolitains. Les Anglais, préoccupés d'assurer, en cas d'échec, la retraite de leur escadre, s'étaient solidement établis sur les hauteurs qui dominent le fort de l'Aiguillette. Ils avaient creusé des fossés et élevé des retranchements défendus par des pièces de gros calibre. Par suite de l'accumulation des travaux, cette position, qui portait le nom officiel de fort Mulgrave, était appelée le Petit-Gibraltar. Le général Dugommier commandait l'armée républicaine. Le futur empereur des Français, le capitaine d'artillerie Bonaparte sut convaincre le général en chef que la clef de la position était sur les hauteurs de l'Aiguillette. L'attaque du fort Mulgrave fut résolue. Dans la nuit du 17 décembre, trois colonnes sortirent de notre camp. Favorisées par un temps sombre et pluvieux, elles s'approchèrent des ouvrages ennemis sans que l'alarme eût été donnée. Les soldats escaladèrent les parapets, renversant tous les obstacles qu'ils rencontraient devant eux. Après un combat sanglant, les Anglais furent rejetés sur Balaguier. Au même moment, le général Lapoype s'emparait des hauteurs de Faron. La ligne des alliés se trouvait coupée sur les deux points les plus importants. Déjà les boulets français arrivaient dans la rade, et les bâtiments ennemis étaient obligés de changer de mouillage. L'amiral Hood assembla immédiatement un conseil de guerre dans lequel l'évacuation de la ville et la destruction des bâtiments de guerre et de l'arsenal furent décidées. Le lendemain, les alliés replièrent leurs postes avancés et ils se concentrèrent dans la ville et au fort Lamalgue.

Le capitaine de vaisseau Sydney-Smith avait sollicité et obtenu la mission de porter la ruine et la dévastation dans notre port. Le 18, dans l'après-midi, les portes de l'arsenal furent gardées par un détachement de troupes anglaises et espagnoles, chargé d'en interdire l'entrée aux ouvriers et aux personnes de la ville. Les forçats se montrèrent, et il sembla qu'ils fussent animés de sentiments hostiles. Ils disparurent après que les Anglais eurent placé quelques chaloupes canonnières devant le bagne. Des hauteurs environnantes, les batteries républicaines tiraient sur la ville. Les projectiles qui tombaient dans l'arsenal éloignaient ceux qui auraient été tentés d'intervenir pour gêner Sydney-Smith dans l'accomplissement de son œuvre. Vers dix heures du soir, l'incendie commença. Les Anglais sortirent alors de la darse militaire et ils se portèrent dans le bassin situé devant la ville. Mais les ouvriers, les habitants et quelques canonniers de marine les accueillirent par un feu de mousqueterie tellement vif qu'ils battirent en retraite. Sydney-Smith se dirigea sur les vaisseaux le *Héros* et le *Thémistocle*, à bord desquels avaient été incarcérés des habitants de Toulon compromis dans les affaires antérieures. Après que le personnel en eut été retiré, le feu fut mis à ces deux bâtiments.

Dès que parurent les premières lueurs de l'incendie, les Anglais commencèrent l'embarquement des troupes. Ce fut alors qu'il se passa un des plus sombres épisodes de cette époque si féconde en événements tragiques. La vue des flammes s'élevant au-dessus du port, le feu des batteries républicaines, l'explosion successive de deux bâtiments sur lesquels avaient été disposées les poudres des vaisseaux de l'escadre française, jetèrent l'épouvante dans l'âme des Toulonnais. La vérité, dissimulée jusque-là, leur apparut dans toute son horreur. Ils étaient abandonnés par leurs alliés. Eperdus, redoutant les vengeances des Conventionnels, les habitants quittèrent leurs demeures, emportant ce qu'ils possédaient de plus précieux. Arrivés sur les quais, ils se précipitèrent dans toutes les embarcations qu'ils purent saisir, s'efforçant de rejoindre les escadres alliées qui terminaient, en ce moment, leurs préparatifs de départ. D'autres sortirent de la ville et errèrent à travers la campagne, cherchant quelque retraite ignorée. Dans le désordre d'une pareille fuite, des membres d'une même famille se trouvèrent séparés. Enfin, les projectiles lancés par les batteries républicaines faisaient, dans cette foule, circulant à travers les rues de la ville ou traversant la rade, de nombreuses victimes. D'Ollioules, où ils avaient établi leur quartier général, les représentants Robespierre, Fréron, Barras, Ricord et Salicetti assistaient à ces scènes de désolation. Dans la nuit même, ils écrivirent au Comité de salut public : « La ville infâme offre, en ce moment, le spectacle le plus affreux ; les féroces ennemis de la liberté ont mis le feu à l'escadre avant de s'enfuir ; l'arsenal est embrasé ; la ville est presque déserte : on n'y rencontre que les forçats qui ont brisé leurs fers, dans le bouleversement de Louis XVII. Les troupes de la République occupent en ce moment tous les postes : deux explosions qui se sont manifestées nous ont fait craindre quelque embûche. Nous différons de faire entrer l'armée jusqu'à la visite des magasins à poudre. Nous nous occuperons, dans le jour, des mesures à prendre pour venger la liberté et les braves républicains morts pour la patrie. L'escadre ennemie n'est pas encore sans inquiétude; les vents la contrarient : elle peut être forcée de rentrer sous la portée de nos batteries. La place a été bombardée depuis hier midi jusqu'à dix heures, ce qui a précipité la fuite des ennemis et des habitants criminels. On a trouvé deux cents chevaux espagnols sellés et bridés, qui n'ont pas pu être embarqués. L'embarquement s'est fait en désordre. Deux chaloupes chargées de fuyards ont été coulées par nos batteries. Pour peu que le temps prolonge la traversée de l'escadre, il est impossible qu'elle n'éprouve pas les plus grands fléaux, tous les bâtiments étant remplis de femmes et d'enfants, et l'ennemi ayant cinq mille malades au moins. »

Lorsque le jour se leva, les flottes alliées étaient sous voiles et hors de portée de canon. L'armée du général Dugommier, mise en défiance par les explosions qu'on entendait depuis la veille, craignant de trouver le sol miné sous ses pas, ne se mit pas immédiatement en mouvement. Elle ne fit son entrée, dans Toulon, que le 20, au point du jour. On rapporte que le commandant de l'armée républicaine, apercevant, dans la nuit du 18 décembre, la rade de Toulon couverte de canots qui portaient les habitants à bord des bâtiments ennemis, s'écria : « Les coupables s'en vont et les malheureux restent. » Ces paroles trahissaient la pensée du brave général. Il eût voulu qu'on usât d'indulgence envers ceux qui avaient eu assez de confiance dans les vainqueurs pour les attendre. Les Salicetti, les Ricord, les Fréron, les

Robespierre et les Barras n'étaient pas hommes à comprendre de tels sentiments. Il ne restait, dans la ville, que des officiers subalternes, des sous-officiers, des soldats, des matelots, des ouvriers et un petit nombre d'habitants. Ces derniers étaient de ceux qui avaient pris la part la moins active aux événements. Les personnages importants de l'insurrection étaient partis sur la flotte anglaise. Les représentants ne tinrent aucun compte de cette situation. Ils s'étaient engagés à faire, à Toulon, un exemple terrible, et leur unique préoccupation fut de satisfaire, sur ce point, le Comité de salut public. Le 20 décembre, c'est-à-dire le jour même où les troupes entrèrent dans la ville, ils écrivirent à Paris : « La vengeance nationale se déploie, l'on fusille à force : déjà tous les officiers de la marine sont exterminés ; la République sera vengée d'une manière digne d'elle, les mânes des patriotes seront apaisés. Comme quelques soldats, dans l'ivresse, se portèrent au pillage, nous avons fait proclamer dans toute la ville que le butin de tous les rebelles était la propriété de l'armée triomphante ; mais qu'il fallait déposer tous les meubles et effets dans un vaste local que nous avons indiqué pour être estimés et vendus sur-le-champ au profit de nos braves défenseurs, et nous avons promis en sus un million à l'armée. Cette proclamation a produit le plus heureux effet. » Dix-sept jours après l'entrée des troupes, on avait fusillé huit cents Toulonnais. A ces exécutions sommaires succédèrent des conseils de guerre qui firent de nouvelles victimes. Celles-là moururent sur l'échafaud. Des habitants avaient été tués ou blessés pendant le siège ; d'autres étaient parvenus à sortir de la ville. Enfin, près de quinze mille personnes, hommes, femmes et enfants, avaient trouvé un refuge sur les vaisseaux anglais et sur les bâtiments français sortis avec l'amiral Hood. Le chiffre de la population, qui, avant les événements, ne dépassait pas trente mille âmes, était donc considérablement réduit. Cependant, plus de mille personnes périrent par la fusillade ou par la guillotine. Dans ce nombre figuraient des femmes et des jeunes filles. Le Convention approuva toutes les mesures prises par les représentants du peuple avant et après l'entrée des troupes à Toulon. Elle rendit, le 24 décembre 1793, un décret ainsi conçu : « Le nom infâme de Toulon est supprimé. Cette commune portera désormais le nom de Port-de-la-Montagne. Les maisons de l'intérieur de cette commune seront rasées ; il n'y sera conservé que les établissements nécessaires au service de la guerre, de la marine, des subsistances et des approvisionnements de la République. » La nouvelle de la prise de Toulon et le décret du 24 décembre furent portés aux armées et aux départements par des courriers extraordinaires.

On se rappelle que l'incendie allumé par Sydney-Smith, dans la nuit du 18 décembre, avait réveillé, chez un grand nombre de personnes, habitants, soldats, matelots, le sentiment national. Les mêmes hommes, qui avaient empêché les Anglais de pénétrer dans le port marchand, s'étaient précipités dans l'arsenal, abandonné, à ce moment, par les troupes anglaises et espagnoles. Aidés par les forçats, ils étaient parvenus, si ce n'est à arrêter, du moins à limiter les ravages de l'incendie. Cette intervention avait sauvé les vaisseaux : le *Sans-Culottes*, de cent vingt canons, le *Ça-ira*, le *Tonnant* et le *Languedoc*, de quatre-vingts, le *Guerrier*, l'*Heureux*, le *Commerce-de-Bordeaux*, le *Peuple-Souve-*

rain, le *Conquérant*, le *Censeur*, le *Mercure*, l'*Alcide* et le *Généreux*, de soixante-quatorze, et les principaux établissements de l'arsenal. Le *Triomphant*, de quatre-vingts, le *Suffisant*, le *Dictateur*, le *Centaure*, le *Tricolore*, le *Destin*, le *Héros*, le *Duguay-Trouin* et le *Thémistocle*, de soixante-quatorze, avaient été la proie des flammes. A ces pertes, il fallait en ajouter d'autres. Le *Commerce-de-Marseille*, de cent vingt canons, sur lequel était arboré le pavillon de l'amiral Trogoff, capitaine Pasquier, les vaisseaux, de soixante-quatorze, le *Pompée*, capitaine Cazotte, et le *Puissant*, capitaine Féraud, les frégates l'*Aréthuse* et la *Perle*, de quarante, la *Topaze*, de trente-six, la corvette la *Poulette*, de vingt-huit, et le brick le *Tarleton*, de quatorze, avaient quitté la rade de Toulon avec la flotte anglaise. Ces bâtiments formaient une escadre distincte, placée sous le commandement de l'amiral Trogoff. Le *Scipion*, capitaine de Goy, était parti de Toulon pour remplir une mission en Italie, avant l'entrée des troupes républicaines. Le 28 novembre, sur la rade de Livourne, le feu se déclara à bord de ce vaisseau. Les secours qui lui furent envoyés par les bâtiments anglais et napolitains, près desquels il se trouvait, ne purent conjurer le danger. Le *Scipion* sauta avec quatre-vingt-six hommes. Le capitaine de Goy, qui n'avait pas voulu quitter son bâtiment avant que l'évacuation ne fût complètement terminée, périt dans cette catastrophe. Le capitaine de vaisseau de Goy, ancien aide de camp de Suffren, était un officier d'une très grande valeur. Le contre-amiral Chaussegros, commandant des armes, et quelques officiers, au nombre desquels se trouvaient les capitaines de vaisseau de Grasse, capitaine de la *Topaze*, Duhamel du Désert, Eyraud, Racord,

Imbert de Lebret, Amielh, anciens commandants du *Thémistocle*, du *Destin*, du *Suffisant*, de l'*Apollon* et du *Tonnant*, avaient quitté Toulon sur les bâtiments de l'amiral Trogoff. L'escadre française se rendit à Porto-Ferrayo, puis elle partit pour l'Angleterre en deux divisions. La première y arriva en mars 1794, et la seconde dans le mois de novembre de la même année. On désarma ces bâtiments, après que des inventaires, indiquant les objets de matériel existant à leur bord, eurent été dressés. Les capitaines Amielh, Eyraud, Duhamel du Désert rentrèrent en France, le premier en 1795, le second en 1802 et le troisième en 1803. Le capitaine Imbert de Lebret passa sur le continent en 1807 et plus tard en France. Les autres capitaines restèrent en Angleterre jusqu'à la Restauration.

Les contre-amiraux Trogoff et Chaussegros moururent au commencement de l'année 1794. Le troisième chef de service de la marine, l'ordonnateur Puissant de Molimont, qui n'était plus à Toulon au moment de la prise de cette ville par les troupes conventionnelles, revint en France en 1796. Arrêté et mis en prison, il déclara que, lors de l'entrée des Anglais à Toulon, il avait été, de leur part, l'objet des plus mauvais traitements. Conduit à bord d'un vaisseau de lord Hood, il avait été envoyé à Gibraltar et de là en Angleterre. Considéré comme prisonnier de guerre, il avait été régulièrement échangé avant d'être renvoyé en France. Ce récit présentait quelque obscurité. Comment le gouvernement avait-il pu ignorer aussi longtemps la véritable situation de l'ancien ordonnateur de Toulon. D'autre part, quelle sorte d'opposition avait-il faite aux Anglais pour expliquer leur conduite à son égard. Quoi qu'il en soit, traduit devant un conseil de guerre comme émigré, il fut acquitté. Maintenu quelque temps encore en prison, il fut rendu à la liberté et mis à la retraite.

L'occupation de Toulon par les Anglais est un des épisodes les plus douloureux de la guerre civile amenée par les journées du 31 mai et du 2 juin 1793. L'antagonisme existant, au sein de la Convention, entre les Montagnards et les Girondins, ne reposait sur aucun intérêt national. C'était la lutte de deux partis qui se disputaient la prééminence. La Montagne, composée d'hommes plus experts en révolution que leurs adversaires, appela la Commune de Paris à son aide. L'émeute triomphante chassa les Girondins de la Convention. Les départements répondirent à cette provocation en se soulevant contre la capitale. On voit la part de responsabilité incombant aux Robespierre, aux Danton et aux Saint-Just dans les événements que nous rapportons. Quant aux Toulonnais, ils commirent un crime envers la France en faisant intervenir l'étranger dans nos affaires intérieures. Cette trahison avait un lien étroit avec des faits antérieurs qu'il est utile de rappeler. Au mois de décembre 1789, c'est-à-dire quatre années auparavant, le chef d'escadre d'Albert de Rions, qui était alors commandant de la marine, avait été saisi par la foule, maltraité et conduit en prison. Ce chef d'escadre n'avait rien à se reprocher. C'était un homme distingué, très brave, ayant brillamment servi son pays pendant la guerre de l'Indépendance américaine. Nul n'était plus digne que lui de la place qu'il occupait. Son emploi, loin de constituer un privilège, était un de ceux qui sont nécessaires dans tous les temps et sous tous les régimes. C'était donc contre un chef militaire, exerçant un pouvoir régulier, constitutionnel, qu'on s'était insurgé. La garde nationale avait laissé faire, trouvant sans doute agréable le spectacle que lui offrait l'humiliation de ce chef d'escadre. Elle avait, par son attitude, autorisé les violences exercées contre un grand nombre d'officiers de marine. Mais, ainsi qu'il était facile de le prévoir, la garde nationale perdit sa popularité le jour où elle n'eut plus de concessions à faire. Devenue suspecte à son tour, elle fut persécutée par ceux-là mêmes qu'elle avait protégés. Pour se soustraire au despotisme honteux sous lequel elle était courbée, elle se révolta. Gardienne d'un de nos plus grands arsenaux maritimes, elle le livra au plus redoutable ennemi de la France. La garde nationale de Toulon, celle de 1789, composée de l'élite de la population, expia ses fautes, en 1793, dans une des catastrophes les plus épouvantables qu'une ville ait jamais subies.

LIVRE III

Insurrection de l'escadre commandée par l'amiral Morard de Galle. — Retour de cette escadre à Brest. — Mesures prises à son arrivée. — Les représentants Jean-Bon-Saint-André et Prieur sont envoyés en mission à Brest avec les pouvoirs les plus étendus. — Arrivée dans les ports de Brest, Lorient et Rochefort des navires partis de Toulon, le 13 septembre 1793. — Traitement infligé aux états-majors et aux équipages de ces bâtiments. — Les représentants Lequinio et Laignelot à Rochefort. — Mesures prises pour le rétablissement de la discipline à bord des vaisseaux venant de la baie de Quiberon. — Amiraux, capitaines et officiers destitués, emprisonnés ou envoyés devant les tribunaux révolutionnaires. — Nominations faites pour pourvoir aux vacances survenues dans les états-majors. — Le contre-amiral Villaret-Joyeuse est appelé au commandement en chef de l'escadre de Brest. — La France est menacée de la disette. — Violences exercées par les Anglais contre le commerce des neutres.

1

L'administration du Finistère avait appris, dans le courant du mois de mai 1793, par les députés du département, que des agitateurs menaçaient la Convention. Mue par un sentiment très vif d'indignation, elle avait levé des troupes destinées à marcher sur Paris et à protéger l'Assemblée. Brest s'était fait particulièrement remarquer dans ce mouvement d'opinion. Des représentants, en mission dans la ville, avaient vu leur existence menacée, et ils avaient été heureux qu'on leur permît de s'éloigner. Deux agents du ministre de la guerre avaient été incarcérés. Chargés, en apparence, d'inspecter les magasins de l'armée, ils remplissaient une mission de propagande politique favorable à la Montagne. Le parti, qui avait fait les journées des 31 mai et 2 juin, après avoir triomphé de ses ennemis sur les champs de bataille, résolut de châtier ceux qui avaient manifesté des sentiments hostiles à son égard. Le Finistère, quoiqu'il se fût hâté, à la nouvelle des événements de Pacy-sur-Eure, de rappeler les Fédérés brestois, ne fut pas oublié. La Convention ordonna la mise en liberté des agents qui avaient été emprisonnés et elle décréta d'accusation les administrateurs du département. Enfin, elle nomma une nouvelle administration dont le siège fut transporté à Landerneau. Au commencement du mois d'août, le maire de Brest et les principaux personnages municipaux furent mandés à la barre de la Convention. Le 25 août, Barère, parlant au nom du Comité de salut public, fit, à la tribune, un tableau lamentable de ce qui se passait à Brest « où la politique infâme de Pitt, disait-il, faisait des tentatives. Des rapports certains, ajoutait-t-il, nous apprennent qu'il y a, dans le port de Brest, des projets d'incendie. Les ennemis de la République ont égaré le peuple du département du Finistère. Les administrations sont corrompues, la faiblesse des chefs militaires a accru le mal....... Il s'agit, citoyens, de purger les ateliers de Brest des mauvais sujets qui y mettent l'indiscipline. »

Rien de tout cela n'était vrai et Barère l'ignorait moins que personne. Si la ville de Brest n'aimait pas la Montagne, elle avait, d'autre part, horreur de l'étranger. Mais les mensonges volontaires de l'orateur du Comité de salut public avaient pour but de persuader l'Assemblée que des mesures énergiques étaient nécessaires. Barère demanda l'envoi à Brest des représentants Bréard et Tréhouart « connaisseurs en marine et ayant de la fermeté. » L'assemblée s'empressa d'approuver cette mesure. Les deux conventionnels arrivèrent à Brest, le 11 septembre. Elever les partisans de la Montagne, abaisser leurs adversaires, telle était, en peu de mots, la mission qu'ils avaient à remplir. Tous ceux qui, dans la ville de Brest, étaient, depuis le commencement de la Révolution, à la tête du mouvement, devinrent suspects à leur tour. La partie de la population, contenue jusque-là, qui avait triomphé, par suite du coup d'État des 31 mai et 2 juin, voulut jouir de sa victoire. Les chefs entourèrent Bréard et Tréhouart pour les prévenir (ce qu'ils considéraient, disaient-ils, comme un devoir sacré), « des menées ourdies par des riches, des accapareurs, des négociants, la plupart promus, à force d'intrigues, à des autorités qu'ils compromettaient. » En d'autres termes, les vainqueur réclamaient les places des vaincus. C'était évidemment le côté le plus sérieux de la politique des Montagnards brestois. Ils demandaient avec instance la punition des traîtres. C'est ainsi qu'ils appelaient les adversaires dont ils tenaient particulièrement à se débarrasser. Ces derniers, considérés, jusque-là, comme de bons républicains, ne furent plus, après les journées des 31 mai et 2 juin, « qu'une horde d'aristocrates, voulant replonger la Fance dans l'esclavage le plus honteux ». Bréard et Tréhouart firent opérer de nombreuses arrestations, et ils donnèrent à leurs amis les satisfactions que ceux-ci attendaient avec une très vive impatience. Toutes choses semblaient donc aller fort bien lorsque des nouvelles alarmantes de l'escadre que commandait Morard de Galle parvinrent à Brest. Cet amiral, ainsi qu'on l'a vu plus haut, avait mouillé dans la baie de Quiberon pour faire de l'eau et embarquer des vivres. Il se proposait de reprendre la mer aussitôt que ces deux opérations seraient terminées. Son escadre comprenait, à ce moment, vingt-deux vaisseaux. Il reçut, le 4 septembre, l'ordre de croiser, avec toute l'armée, sur le passage d'un convoi hollandais qui devait prendre la mer, vers le 15, sous la protection d'une faible escorte. La destination de cette flotte marchande était l'Espagne, le Portugal et la Méditerranée. La plupart de nos vaisseaux avaient des avaries. En conséquence, l'amiral informa le ministre qu'il enverrait le contre-amiral Landais à la recherche du convoi avec la *Côte-d'Or*, l'*Achille*, le *Northumberland*, le *Jean-Bart*, le *Tigre* et quatre frégates. L'amiral se faisait des illusions sur son autorité. Il ne devait plus rien obtenir de ses équipages.

L'administration de la marine, désorganisée, comme l'étaient, à ce moment, tous les services publics, laissait nos navires dans le plus grand dénuement. La plupart des hommes étaient sans vêtements. Quoique comptant un grand nombre de scorbutiques, les équipages étaient au régime de la viande salée. Les instructions du Comité de salut public défendaient toute communication avec la terre. Des matelots qui, depuis quatre ans, vivaient dans un état de révolte permanent, ne pouvaient accepter ces sacrifices. Dans la nuit du 13 septembre, l'amiral reçut une adresse de la Convention relative à l'insurrection toulonnaise. La lecture de ce document fut faite, le lendemain, à bord de chaque vaisseau, à l'équipage assemblé. La connaissance des événements survenus à Toulon, en donnant un but aux réclamations des matelots, amena une explosion qui n'attendait qu'une occasion pour se produire. Le jour même, une députation de l'*Auguste*, ayant à sa tête, les aspirants Baron et Crevel, se présenta à bord du *Terrible*. Avec une grande insolence de langage, elle demanda le retour de l'armée à Brest. Une députation du *Suffren* lui succéda, montrant les mêmes exigences. Les orateurs de ces deux bâtiments, couvrant leur conduite du masque du patriotisme, disaient qu'en demandant à aller à Brest, ils n'avaient d'autre but que de défendre cette ville contre les ennemis de la Révolution. Ils prétendaient que, si on les envoyait à la mer, c'était avec l'intention de les livrer aux Anglais. Morard de Galle fit d'inutiles efforts pour apaiser la sédition. Toutefois, repoussant, avec fermeté, la demande qui lui était adressée, il renvoya les députations de l'*Auguste* et du *Suffren* en leur déclarant qu'il n'irait pas à Brest avant d'en avoir reçu l'ordre du gouvernement. Sa décision, sur ce point, ajouta-t-il, était irrévocable. Dans une des nombreuses pièces émanant de Morard de Galle et ayant trait à cette affaire, on lit : « L'après-midi, il vint, à bord du *Terrible*, une députation du vaisseau l'*Auguste* qui paraissait très animée et dont l'orateur, l'aspirant Crevel, me dit, d'un ton très arrogant, qu'ils voulaient aller à Brest pour défendre cette ville ; que Toulon ayant été livré par la trahison, ils ne voulaient pas qu'il en fût de même de Brest ; que les gens qui les tenaient à Quiberon les trahissaient. Il tint encore plusieurs propos semblables avec un ton qui me fit sortir de mon caractère. Je les traitai de lâches, de traîtres, de contre-révolutionnaires et parce qu'ils me dirent qu'ils appareilleraient, je répondis (je le croyais en ce moment) qu'il y avait vingt vaisseaux fidèles qui feraient feu sur eux, s'ils s'avisaient de faire un mouvement que je n'aurais pas ordonné, et que je les traiterais comme des lâches et des traîtres. » Trois vaisseaux, le *Téméraire*, l'*Indomptable* et la *Bretagne*, ayant montré des dispositions favorables, l'amiral crut que le mouvement ne s'étendrait pas. Cet espoir fut promptement déçu. Le 15 au point du jour, les huniers étaient hissés à bord de la *Convention*, du *Superbe*, du *Tourville*, de l'*Achille*, de l'*Auguste*, du *Northumberland*, de la *Révolution*. A bord du *Northumberland*, une partie du gréement fut coupée. L'amiral se transporta, à bord de chacun de ces bâtiments, avec les contre-amiraux Kerguelen et Landais. Il ne put ramener les équipages à l'obéissance. Exhortations, menaces, appel aux sentiments patriotiques, tout échoua. On jugera, par ce qui suit, de l'état moral de l'escadre. « Le capitaine Thomas, du *Northumberland*, écrivit l'amiral au ministre, m'a dit que son équipage était en révolution et non en insurrection ; qu'il lui avait demandé de hisser les huniers et qu'il avait répondu que si cela leur faisait plaisir il le voulait bien aussi. » L'amiral se vit obligé, pour maintenir une subordination apparente, de promettre que la question du retour à Brest serait examinée dans un conseil comprenant un membre de l'état major et un délégué de l'équipage de chaque vaisseau. Ce conseil eut lieu, le même jour, en présence des officiers généraux et des capitaines de l'armée. L'amiral fit une nouvelle tentative pour amener les équipages à rentrer dans le devoir. Ses efforts furent vains. Les matelots croyaient avoir conquis, avec la Révolution, le droit d'imposer leur volonté. Le conseil décida que des députés se rendraient auprès des représentants de la Convention dans le département du Morbihan pour leur exposer les demandes des équipages Le chef de timonerie Conord et le soldat d'infanterie de marine Verneuil furent désignés pour remplir cette mission. On convint, en outre, que l'escadre n'irait pas à Brest avant que la Convention en eût donné l'ordre. Cette motion ne réunit pas tous les suffrages. Les délégués de quelques vaisseaux sommèrent impérieusement l'amiral de faire route pour ce port sans attendre les instructions du gouvernement.

L'amiral ne se dissimulait pas que l'apaisement était plus apparent que réel. Il était convaincu que l'agitation se produirait de nouveau, si le vent venait à souffler d'une direction permettant de se rendre à Brest. En conséquence, en portant à la connaissance du ministre les événements qui venaient de se passer, il le prévint qu'il profiterait de la première circonstance favorable pour mettre sous voiles. L'amiral ajouta que, d'ailleurs, il n'était pas prudent de tenir la mer avec des vaisseaux ayant des mâtures avariées et des équipages très affaiblis. D'autre part, il informa Dalbarade qu'il ne pourrait exécuter les ordres du gouvernement relatifs à la poursuite du convoi hollandais. Il était convaincu que les équipages des vaisseaux désignés pour ce service crieraient à la trahison et refuseraient d'obéir. Le 16, malgré toutes les protestations faites la veille, l'équipage de l'*Indomptable* hissa le petit hunier et prit des dispositions d'appareillage. A bord du *Suffren*, on voulut couper les câbles. Le 20 septembre, le vent étant devenu bon, l'escadre mit sous voiles.

Les conventionnels Bréard et Tréhouart étaient à Brest, ainsi qu'on l'a vu plus haut, lorsqu'ils apprirent qu'une insurrection avait éclaté dans la baie de Quiberon. L'un d'eux, le représentant Tréhouart, se rendit à

Lorient où il s'embarqua sur la frégate la *Nymphe* pour rejoindre l'escadre. L'ayant rencontrée, le 20 septembre, il lui prescrivit d'aller à Belle-Ile où elle arriva le lendemain. Malgré les lettres pressantes de l'amiral sur les difficultés de sa position, le département de la marine ne semblait attacher aucune importance aux graves nouvelles qui lui venaient de la baie de Quiberon. Le jour même où l'escadre mouillait à Belle-Ile, l'amiral recevait l'ordre d'établir la croisière de l'armée à quinze ou vingt lieues au large d'Ouessant. Il communiqua cette dépêche au représentant Tréhouart. Après avoir pris l'avis des officiers généraux et des capitaines réunis en conseil, ce conventionnel prescrivit à l'amiral de rentrer à Brest. La situation était celle-ci : cinq vaisseaux, le *Jean-Bart*, le *Téméraire*, le *Trajan*, le *Neptune* et l'*Impétueux*, obéissaient aux ordres de leurs chefs ; quatre, le *Tigre*, l'*Audacieux*, l'*Aquilon* et le *Juste*, donnaient de graves motifs de plainte ; douze, le *Suffren*, l'*Auguste*, le *Tourville*, le *Northumberland*, la *Convention*, la *Révolution*, l'*Achille*, le *Superbe*, la *Côte-d'Or*, l'*Indomptable*, le *Terrible* et la *Bretagne*, étaient en pleine révolte. L'escadre mouilla, le 26 septembre 1793, entre Saint-Mathieu et Bertheaume. Le délégué de la Convention, passant sur un aviso, se rendit à Brest où l'escadre entra le lendemain. L'amiral, sur l'injonction des représentants, défendit aux vaisseaux de communiquer soit entre eux soit avec la terre. Cette interdiction fut levée, le 1ᵉʳ octobre, pour toute l'escadre à l'exception des vaisseaux l'*Auguste*, la *Côte-d'Or*, le *Northumberland* et le *Tourville*. Les capitaines Duplessis de Grénédan, de la *Côte-d'Or*, Coëtnempren, du *Jean-Bart*, Thomas, du *Northumberland*, des officiers, des maîtres, des matelots furent débarqués et mis en prison.

En apprenant que le représentant Tréhouart avait jugé nécessaire, à la suite des événements survenus dans la baie de Quiberon, de ramener l'escadre à Brest, le Comité du salut public montra une très vive irritation. Depuis 1789, les révoltes du personnel de la marine militaire étaient considérées, à Paris, où on fermait systématiquement les yeux, comme une légitime revendication des droits du peuple. Pour renverser les obstacles qui les séparaient du pouvoir, les Jacobins, favorisés par la faiblesse de leurs adversaires, avaient détruit la discipline. Lorsqu'ils se furent saisis du gouvernement, ils voulurent la rétablir. Mais ce n'est pas impunément que le désordre règne, depuis plusieurs années, dans un corps militaire. Le mal laisse des traces que la volonté la plus énergique ne fait pas disparaître en un jour. Les représentants Jean-Bon-Saint-André et Prieur (de la Marne) furent envoyés à Brest. Ils devaient prendre, de concert avec leurs collègues Bréard et Tréhouart, toutes les mesures que les circonstances rendraient nécessaires. Les deux nouveaux délégués de la Convention venaient d'arriver à leur poste, lorsque, le 13 octobre, le *Patriote* et l'*Entreprenant* entrèrent à Brest. Nous avons déjà dit que ces deux vaisseaux, ainsi que l'*Apollon*, l'*Orion* et le transport le *Pluvier*, étaient partis de Toulon, le 16 septembre, avec cinq ou six mille matelots. On devait croire que les officiers et les équipages de ces bâtiments seraient bien accueillis. Il n'en fut rien. Les représentants interdirent au *Patriote* et à l'*Entreprenant* toute communication avec la terre. Des embarcations armées vinrent se ranger auprès des deux vaisseaux, afin d'assurer l'exécution de cette mesure. Le lendemain, les commandants, les états-majors, les officiers passagers, et il y en avait un grand nombre sur chacun des bâtiments partis de Toulon, des maîtres, des matelots furent conduits en prison. Le commandant de l'*Orion*, tous les officiers, ainsi que des maîtres et des matelots de ce bâtiment, eurent le même sort. L'*Orion* était entré à Lorient où se trouvait le représentant Pricur qui probablement n'avait pas voulu se montrer moins sévère que ses collègues de Brest. Après une enquête sommaire, faite par le lieutenant de vaisseau Lucadou, nommé au commandement provisoire du *Patriote*, les représentants Tréhouart et Jean-Bon-Saint-André envoyèrent, à Paris, pour y être traduits devant le tribunal révolutionnaire, le lieutenant de vaisseau Fichet, l'enseigne de vaisseau de l'Ecluse, les seconds maîtres canonniers Michel Jacquelin et Gardinet, le chef de pièce Gille Blanchard et le canonnier de marine Vauson. Nous dirons immédiatement ce qu'il advint de ces malheureux. Tous comparurent devant le tribunal révolutionnaire. Lorsque les Anglais étaient entrés à Toulon, le lieutenant de vaisseau et l'enseigne faisaient partie de l'état-major du *Commerce-de-Marseille* ; un des seconds maîtres et le chef de pièce étaient embarqués sur l'*Orient*. L'autre second maître et le canonnier de marine appartenaient à l'équipage de la flûte, le *Mulet*. Il est facile de s'imaginer l'étonnement des accusés, et surtout des deux seconds maîtres, du chef de pièce et du canonnier de marine, lorsqu'on leur demanda comment ils ne s'étaient pas opposés par la force à l'horrible trahison qui avait livré Toulon aux Anglais. On remarquera qu'un des seconds maîtres et le canonnier de marine étaient embarqués sur une flûte, c'est-à-dire sur un bâtiment qui n'avait pas de canons. Comment enfin pouvait-on rendre des matelots, des seconds maîtres et même des officiers d'un grade inférieur responsables d'événements ayant une telle gravité ? On aurait pu croire que le tribunal avait, devant lui, non quelques subalternes mais Trogoff, Chaussegros et Puissant, c'est-à-dire les hommes qui, pendant l'insurrection toulonnaise, commandaient soit à terre soit sur la rade. Il ne fut articulé contre les accusés aucun grief particulier. Les questions qui leur furent posées, le président du tribunal aurait pu les adresser à tous les officiers, maîtres et matelots arrivés sur l'*Apollon*, l'*Orion*, le *Patriote* et l'*Entreprenant* et tous eussent été coupables, puisque pas un navire n'avait ouvert le feu contre les Anglais. Les six accusés avaient été envoyés devant le tribunal révolutionnaire, non parce qu'ils étaient coupables mais pour donner satisfaction aux passions du moment. Ils furent condamnés à mort et exécutés.

Il semblait que la vigilance des représentants en mission à Brest eût délivré la France de quelque grave péril. Dans un rapport, relatif à cette affaire, Jean-Bon-Saint-André écrivit au Comité de salut public: « Les précautions les plus sévères furent prises pour prévenir les effets de la contagion. Les officiers qui avaient eu la scélératesse de livrer la flotte de Toulon, ou, tout au moins, la lâcheté de ne pas la défendre, furent mis en état d'arrestation, en attendant que la justice nationale prononçât sur leur sort. Quelques-uns, dont le crime était notoire, furent envoyés au tribunal révolutionnaire. Ils ont payé de leur tête l'outrage qu'ils avaient fait à la liberté. » Le sort des officiers de l'*Apollon* fut le plus funeste. Ce vaisseau était entré à Rochefort. La ville et le port se trouvaient sous la domination de deux représentants du nom de Lequinio et Laignelot. L'*Apollon*, commandé par le lieutenant de vaisseau Brelay, avait un effectif de quatorze cent vingt hommes, parmi lesquels figuraient trente-deux officiers ou premiers maîtres. Le capitaine, l'état-major, la plupart des maîtres furent envoyés en prison. L'équipage resta à bord de l'*Apollon*, mais n'eut avec la terre aucune communication. Lequinio, Laignelot et leurs amis étaient traités, par la majorité des habitants du département, avec une extrême froideur. En suivant les formes ordinaires de la justice les représentants ne pouvaient rien contre les modérés. Avec un tribunal révolutionnaire ils les atteignaient facilement. Lequinio et Laignelot nourrissaient donc le secret désir d'établir ce tribunal, mais aucun prétexte ne s'était encore présenté, leur permettant de donner suite à ce projet. L'arrivée de l'*Apollon* fut l'occasion qu'ils attendaient impatiemment. Ils ordonnèrent la formation, dans les vingt-quatre heures, d'un tribunal révolutionnaire « pour juger tous les citoyens de ce département accusés de délit contre la liberté du peuple, la sûreté du gouvernement de la République, l'unité et l'indivisibilité de la République, de tout vol fait à la République et tendant à opérer son dépérissement par les dilapidations, en un mot de tous les crimes contre l'intérêt national ». Avec ce texte, il n'était personne qui pût désormais se croire en sûreté. Le tribunal était composé de trois juges, d'un accusateur public, d'un substitut et de douze jurés. L'accusateur public était Victor Hugues. Lequinio et Laignelot traduisirent l'état-major de l'*Apollon* devant le tribunal qu'ils venaient de créer et dont ils avaient, ainsi qu'ils le disaient eux-mêmes, dans une lettre adressée au Comité de salut public, nommé tous les membres. Ces derniers se montrèrent dignes de la confiance des représentants. Dix officiers, les lieutenants de vaisseau Jean Brelay, Louis Guérit, Joseph Crassous, les enseignes Etienne, Varenne, Jacques Compet, Michel Mage, les capitaines d'infanterie Henri Marizy, Antoine Daurt et le chirurgien de marine Claude Bordeau périrent sur l'échafaud. Deux officiers furent condamnés à la déportation et huit à six mois de détention. C'est ainsi que furent traités des gens que l'amiral Hood avait renvoyés, parce que leur présence lui semblait dangereuse pour la sûreté de ses troupes. Pour donner une base à l'accusation portée contre les officiers arrivant de Toulon, on prétendit qu'ils étaient venus dans les ports du Nord avec l'intention secrète de les livrer à l'ennemi. On serait tenté de croire qu'il s'agissait d'officiers de l'ancienne marine, profondément dévoués à la cause royale, et osant, au péril de leur vie, venir à Rochefort pour tenter un coup de main sur cette ville et la livrer aux Anglais. Rien de semblable n'existait. Les officiers, embarqués sur l'*Apollon*, étaient tous d'anciens maîtres, des pilotes ou des officiers auxiliaires. Ils étaient arrivés aux grades qu'ils occupaient, par suite de la désorganisation des cadres de la marine en 1790, 1791 et 1792. D'autre part, les officiers partis de Toulon pour se rendre dans les ports de l'Océan appartenaient à différents bâtiments de l'escadre de Trogoff. Il n'y avait, entre eux, aucune entente, et si, comme on le disait, ils poursuivaient un but en venant à Rochefort, Lorient et Brest, de qui pouvaient-ils tenir leur mission? Cependant les représentants Lequinio et Laignelot ne craignirent pas de dire que, sous prétexte de conduire, dans ces ports, les marins de l'arrondissement, ces vaisseaux « étaient chargés d'y répandre l'esprit d'insurrection, de fédéralisme, de fanatisme et de royalisme, en un mot d'agir, par toutes les voies, pour tromper le peuple, se rendre maîtres des principaux arsenaux et préparer les habitants à la réception des vaisseaux anglais ». Ce document n'était pas moins odieux que mensonger. On est donc obligé de conclure que les représentants commirent un abominable forfait dans le seul but de conquérir les suffrages du Comité de salut public et des sociétés révolutionnaires.

Si on veut savoir ce que valaient les Lequinio et les Laignelot, qu'on lise ce qui suit. « Nous avons formé un tribunal révolutionnaire comme celui de Paris, écrivaient les représentants au Comité de salut public, et nous en avons nous-mêmes nommé tous les membres, excepté celui qui doit clore la procédure, le guillotineur. Nous voulions laisser aux patriotes de Rochefort la gloire de se montrer librement les vengeurs de la République, trahie par des scélérats ; nous avons simplement exposé ce besoin à la société populaire ; moi, s'est écrié avec un noble enthousiasme, le citoyen Ance, c'est moi qui ambitionne l'honneur de faire tomber la tête des assassins de ma patrie. A peine a-t-il eu le temps de prononcer cette phrase, que d'autres se sont levés pour le même objet, et ils ont réclamé, du moins, la faveur de l'aider. Nous avons proclamé le patriote Ance guillotineur et nous l'avons invité à venir, en dînant avec nous, prendre ses pouvoirs par écrit et les arroser d'une libation en l'honneur de la République. Nous pensons qu'en peu de jours les juges le mettront à même de donner la preuve pratique du patriotisme avec lequel il vient de se montrer si au-dessus des préjugés qu'il fut toujours intéressant aux rois et aux tyrans d'entretenir, pour nourrir toutes les inégalités sociales sur lesquelles s'établissait leur puissance. »

II

Les représentants Bréard, Tréhouart et Prieur (de la Marne) s'étaient effacés devant la personnalité de Jean-Bon-Saint-André. Ce dernier, aussitôt arrivé à Brest, avait pris la direction supérieure du port et de la rade. Le Comité de salut public comptait d'une manière particulière sur l'énergie de ce représentant pour assurer le rétablissement de l'ordre dans l'escadre. A la fin du mois d'octobre, Jean-Bon-Saint-André fit connaître les résolutions qu'il avait prises pour punir les actes d'indiscipline commis dans la baie de Quiberon. On trouvera assez inattendu le résultat des méditations du représentant. L'amiral Morard de Galle perdit son commandement. Cet officier général, qui avait été fait capitaine de vaisseau après le combat de la Praya, le 16 avril 1781, sur la proposition du bailli de Suffren, était non seulement un officier de mérite mais un honnête homme et un véritable patriote. Il n'avait d'autre tort que de commander dans un temps où ces périlleuses fonctions, alors qu'elles faisaient peser sur la tête de celui qui en était chargé une responsabilité sans limite, ne lui donnaient aucun des droits nécessaires pour les remplir. Jean-Bon-

Saint-André écrivit à la Convention que le vice-amiral Morard de Galle « avait contre lui sa naissance et la méfiance de l'armée ». Dans l'opinion du représentant, cet amiral ne pouvait être soupçonné de trahison, mais il n'avait pas montré, dans le commandement de son escadre, une suffisante énergie. Il eût dû, au lieu d'assembler un conseil, agir de sa propre initiative. Tout ceci était facile à dire. Mais comment Morard de Galle aurait il ramené dans le devoir des équipages qui, depuis quatre ans, n'obéissaient plus à personne? Le représentant Bréard avait-il eu plus de succès que l'amiral? Lorsqu'il était passé, sur la *Nymphe*, au milieu de la flotte, il avait été salué des cris « A Brest, Brest! » jetés par les équipages. Après avoir examiné la situation en conseil, car lui aussi avait réuni un conseil, il avait fait ce que demandaient les mutins. On reprochait enfin à Morard de Galle de subir l'ascendant de son capitaine de pavillon. Ceci n'était pas sérieux. Morard de Galle reçut l'ordre d'aller à Paris pour rendre compte de sa conduite au Comité de salut public. Le terrible Comité le destitua, mais il lui permit de se retirer à Auxonne dans sa famille. Les contre-amiraux Le Large et Kerguelen, les capitaines de vaisseau Boissauveur et Thomas furent privés de leurs grades. On leur enjoignit de résider à vingt lieues des côtes et des frontières. Le contre-amiral Le Large, officier de l'ancienne marine, écrivait Jean-Bon-Saint-André, était d'un civisme douteux. On pouvait en dire autant, ajoutait-il, du contre-amiral Kerguelen, noble de l'ancienne marine, imbu de préjugés incompatibles avec les principes de la République et, par ces motifs, peu propre à la servir. Le contre-amiral Le Large n'était pas, et le représentant ne pouvait l'ignorer, un officier de l'ancienne marine dans le sens qu'on attachait alors à ce mot. Il avait été, il est vrai, nommé capitaine de vaisseau de port, en 1780. Mais c'était grâce aux réorganisations successives, faites depuis 1789, qu'il était entré dans le corps des officiers naviguants et qu'il avait été nommé contre-amiral. C'était donc à la Révolution qu'il devait la position qu'il occupait. Le contre-amiral Kerguelen avait appartenu à l'ancienne marine, dans laquelle il avait d'abord servi avec distinction. Parti, en 1772, pour un voyage de découverte aux terres australes, il avait donné, pendant cette campagne, les plus graves motifs de mécontentement. Traduit, à son retour, en 1775, devant un conseil de guerre, réuni à Brest, il avait été cassé de son grade et condamné à six années de détention. Rentré dans la marine, en 1793, comme capitaine de vaisseau, il avait été fait peu après contre-amiral. Il s'était montré, en toutes circonstances, dévoué au nouvel ordre de choses. On voit que l'accusation portée par le représentant contre ces deux contre-amiraux n'avait aucune base sérieuse. Le capitaine de vaisseau Boissauveur, commandant le *Superbe*, avait eu l'impudeur, suivant Jean-Bon-Saint-André, de donner un bal à Quiberon, le lendemain du jour où l'on y avait appris la trahison de Toulon. Disons immédiatement que cette assertion était contraire à la vérité. Le 13 septembre, pendant le séjour de l'escadre dans la baie de Quiberon, le capitaine de vaisseau Boissauveur avait passé la soirée chez le capitaine de port. Dans la nuit, l'amiral reçut la nouvelle de l'insurrection toulonnaise, nouvelle qui ne fut connue de l'escadre que le lendemain. Ainsi, le capitaine Boissauveur n'avait pas donné de bal; il avait été simple spectateur dans une soirée, d'ailleurs fort modeste, qui avait eu lieu chez le capitaine de port. A ce moment, il ignorait absolument et les personnes avec lesquelles il se trouvait ignoraient comme lui que Toulon s'était révolté. Quant au capitaine Thomas, du *Northumberland*, le représentant « estimait que son langage, bien que patriotique, n'était pas sincère ». Il s'agissait de ce capitaine qui, dans la baie de Quiberon, disait à Morard de Galle que son équipage n'était pas en insurrection mais en révolution. « Je pensais alors et je pense encore, écrivait le capitaine Thomas à Jean-Bon-Saint-André pour expliquer sa conduite, que toute insurrection partielle est un crime, car tout homme insurgé méconnaît le frein salutaire des lois, tandis que l'homme révolutionnaire manifeste son inquiétude sur les dangers de son pays, en conciliant son énergie avec ses devoirs, sans sortir de la sphère que lui assigne son respect pour les lois. » Ce n'était pas très clair. Dans tous les cas, ce commentaire, donné à sa réponse à Morard de Galle, ne modifia pas les sentiments du représentant. Le capitaine Thomas était loin d'être un ennemi du nouvel ordre de choses, mais le langage dont il s'était servi, excellent peut-être quelques années auparavant, avait fait son temps. Le parti montagnard était au pouvoir et voulait y rester. En conséquence, il n'admettait plus d'insurrection. Les capitaines de vaisseau Bonnefoux, Daugier et Richery furent mis en prison. Daugier, major de l'armée sur le *Terrible*, et Bonnefoux, capitaine de pavillon de l'amiral Morard de Galle, étaient « suspectés, sur une dénonciation du contre-amiral Landais, d'avoir, par des signaux convenus entre eux et les ennemis, communiqué avec ceux-ci ». Le contre-amiral Landais était de mauvaise foi.

ou son ignorance, à l'endroit du service des signaux dépassait toute mesure. Quoi qu'il en soit, l'accusation était inepte. C'est la seule expression dont on puisse se servir pour la caractériser, et il n'eût pas fallu à Jean-Bon-Saint-André une très grande perspicacité pour s'en apercevoir. Lorsque vint le moment où on put parler, les capitaines Bonnefoux et Daugier demandèrent que leur conduite fût examinée par un conseil de guerre. Une enquête eut lieu. Les dépositions recueillies dans l'escadre, dépositions parmi lesquelles figurait celle de Villaret, furent très sévères pour l'amiral Landais.

Ce qui suit fut plus grave. Les capitaines de vaisseau Duplessis de Grénédan, du *Jean-Bart*, Coëtnempren de la *Côte-d'Or*, les lieutenants de vaisseau Lebourg et Enouf, l'enseigne Leduc, le sous-chef d'administration Verneuil furent envoyés à Paris pour y être traduits devant le tribunal révolutionnaire « comme prévenus d'avoir conspiré contre l'unité et l'indivisibilité de la République et la sûreté du peuple français, en excitant, favorisant et soutenant les mouvements séditieux et contre-révolutionnaires qui ont eu lieu sur plusieurs vaisseaux de la république, à Brest, pour livrer le port aux ennemis de la République ». Mis en présence de véritables juges, ces officiers se seraient facilement disculpés d'une accusation qui ne reposait sur rien. Leur envoi à Paris, ordonné par Jean-Bon-Saint-André et Tréhouart, équivalait à un arrêt de mort. Les capitaines de vaisseau Coëtnempren, Duplessis de Grénédan, le lieutenant de vaisseau Lebourg et le sous-chef d'administration Verneuil comparurent, le 16 janvier 1794, devant le tribunal révolutionnaire. Ils se défendirent énergiquement, mais rien ne put prévaloir contre le parti pris du tribunal. Les capitaines de vaisseau Coëtnempren et Duplessis de Grénédan et le sous-chef Verneuil furent envoyés à l'échafaud. On reste confondu en lisant les considérants du jugement. « Il est constant, osaient dire les juges, qu'il a existé des intelligences avec les ennemis extérieurs de la République, tendant à protéger un convoi hollandais, composé de plus de cent voiles, destiné pour les ports d'Espagne et de Portugal, et faciliter l'entrée des ennemis sur le territoire français, en leur livrant les vaisseaux, magasins et arsenaux appartenant à la France. » Coffinhal présidait. Les juges étaient Charles Bravel, Gabriel Toussaint, Sallier et Pierre-Noël Subleyras. Un des accusés, le lieutenant de vaisseau Lebourg, eut une fortune rare, à cette époque, il fut acquitté. On doit croire que cet officier avait des amis influents. Dans tous les cas, sa conduite ultérieure montra qu'il n'appartenait pas au parti des vaincus. Lorsque le tribunal révolutionnaire de Brest fut créé, Lebourg se fit attacher au parquet de l'accusateur public Donzé Verteuil. Des six officiers, envoyés à Paris par les représentants, quatre seulement avaient comparu devant le tribunal révolutionnaire. Le lieutenant de vaisseau Enouf était mort en prison et l'enseigne de vaisseau Leduc, tombé malade, n'avait pu être mis en jugement.

Après avoir pris les mesures que nous venons d'indiquer, Bréard et Jean-Bon-Saint-André, satisfaits de leur œuvre, adressèrent une proclamation à l'escadre. Après avoir énuméré longuement les réformes qu'ils venaient d'opérer, ils disaient : « Il fallait un remède à tant de maux ; il fallait des punitions contre les coupables. Nous avons examiné avec toute l'impartialité de la justice ce que nous devions faire en cette circonstance. Tous les journaux, toutes les correspondances ont été mis sous nos yeux ; nous avons tout lu, tout discuté, et nous n'avons frappé que quand il a été évident pour nous que nous le devions. » Après la lecture de ce document on serait tenté de croire que la sévérité des conventionnels n'a atteint que des coupables. Il semble qu'il soit dû aux représentants en mission de la reconnaissance pour la vigilance et la fermeté dont ils ont fait preuve. Comment, d'ailleurs, supposer que, pendant le cours d'une guerre avec l'Angleterre, on ait sacrifié sans la nécessité la plus absolue un aussi grand nombre d'officiers de marine? Telle était cependant la vérité, et, quelle que soit l'attention qu'on apporte dans l'examen de cette affaire, il n'est pas possible d'arriver à une autre conclusion. Il n'y avait eu, dans la baie de Quiberon, ni conspiration, ni mouvements contre-révolutionnaires. Les équipages, fatigués de la croisière, voulaient rentrer à Brest où ils comptaient trouver du repos et une vie plus agréable. Habitués, depuis plusieurs années, à imposer leur volonté, ils s'étaient révoltés dès qu'on avait tenté de leur résister. C'était nier l'évidence que de prétendre le contraire. Comment alors qualifier la conduite des représentants qui avaient destitué ou emprisonné la plupart des amiraux et des capitaines, et qui enfin avaient envoyé au tribunal révolutionnaire de Paris, c'est-à-dire à la mort, des officiers qui étaient sans reproches. Si les amiraux et les capitaines n'étaient pas parvenus à apaiser la sédition, c'est qu'il y avait, par devers eux, un passé de faiblesse dont on ne triomphe pas en un jour. Les représentants étaient évidemment pénétrés de cette vérité. S'ils enlevaient autant d'officiers à l'escadre, ce n'était pas à cause de la révolte de Quiberon. D'autres mobiles

les dirigeaient. Ils favorisaient, au détriment des véritables intérêts de la France, les sentiments d'envie de ceux qui, se couvrant du masque du patriotisme, réclamaient l'expulsion des gens dont ils convoitaient les places. C'était pour arriver à ce résultat qu'on parlait du civisme douteux des uns et des agissements contre-révolutionnaires des autres. Des officiers, nouvellement entrés dans la marine, excitaient la défiance des états-majors et des équipages contre les amiraux et les capitaines dans le seul but de les remplacer. Ce parti, vers lequel penchait Jean-Bon-Saint-André, l'emporta. Les officiers qui furent soutenus par les représentants ou par les clubs résistèrent, qu'ils fussent de l'ancienne ou de la nouvelle marine, qu'ils eussent ou non donné des gages à la Révolution. Les autres durent céder la place aux amis du moment.

Après ce que nous venons de rapporter, on aurait pu croire qu'il ne serait plus question de la révolte des équipages dans la baie de Quiberon. Il n'en fut pas ainsi. A quelque temps de là, les représentants installèrent à Brest un tribunal révolutionnaire. L'accusateur public, un certain Donzé Verteuil, voulut, lui aussi, prouver qu'il y avait eu, dans l'escadre que commandait Morard de Galle, une conspiration contre la sûreté de l'État. En vertu d'un arrêté du Comité de salut public, rendu sur sa demande, Morard de Galle fut ramené à Brest. On voulut bien accorder à cet amiral, qui était malade, l'autorisation d'occuper un logement en ville, mais une sentinelle fut mise à sa porte et un gendarme dans sa chambre. Donzé Verteuil fit arrêter les contre-amiraux et les capitaines de vaisseau qui avaient été destitués et envoyés à vingt lieues des côtes. Une instruction, comprenant un grand nombre de prévenus, fut immédiatement commencée. Il est difficile d'imaginer quelque chose de plus révoltant que le spectacle de ce brave amiral et de ces officiers livrés à une aussi effroyable tyrannie. Si le Neuf Thermidor n'était pas survenu, tous auraient probablement péri sur l'échafaud.

Depuis 1789, le désordre avait pris, dans l'escadre de Brest, de telles proportions que, plusieurs fois déjà, les amiraux, les capitaines et les officiers s'étaient trouvés dans l'impérieuse nécessité de se démettre de leurs fonctions. Cet état de choses, devant lequel s'étaient inclinées la Constituante et la Législative, la Convention ne voulut pas l'admettre. Disposant de l'autorité, elle s'en servit. Le Comité de salut public et ses agents employèrent les moyens qui leur étaient propres, la violence, l'injustice et l'arbitraire, mais ils imposèrent leur volonté. Dans une proclamation adressée à l'escadre, Jean-Bon-Saint-André et Bréard prévinrent les équipages que toute nouvelle tentative de révolte serait punie avec une extrême rigueur. Cette proclamation traça la ligne de conduite que les officiers devaient suivre à l'égard de leurs chefs et de leurs inférieurs. Si toutes choses avaient pu s'arranger avec des paroles, l'escadre de Brest n'aurait rien laissé à désirer. Mais il ne suffit pas d'indiquer à des officiers les obligations qui leur incombent, il faut que ceux-ci soient préparés à les remplir par leurs habitudes et leur éducation militaire. Malheureusement ces conditions n'existaient pas. Les deux représentants prirent, le 20 novembre 1793, un arrêté, contenant des dispositions qui n'auraient dû figurer que dans une loi. Cet arrêté comprenait une série d'articles dont l'ensemble formait une sorte de Code pénal pour la marine. Les officiers généraux, les commandants, les officiers et les officiers-mariniers des vaisseaux de la République, les commandants des détachements, les officiers des canonniers et des soldats et tous ceux qui avaient quelque grade ou quelque emploi dans les armées navales apprirent que, désormais, ils avaient pour devoir étroit de maintenir la discipline parmi leurs subordonnés. Quant aux matelots, soldats, canonniers et autres composant les équipages, il leur était prescrit d'obéir ponctuellement aux ordres de leurs chefs. Ce langage, si naturel qu'on le suppose, était nouveau. La désobéissance, les refus de service, les pétitions, les démarches collectives, l'insulte et la violence envers les supérieurs, la révolte, toutes choses avec lesquelles on vivait familièrement depuis plusieurs années, furent frappés des peines les plus sévères et, dans la plupart des cas, punis de mort. La Convention décida, le 5 janvier 1794, que cet arrêté serait mis à exécution dans tous les ports de la République.

Depuis le commencement de la Révolution, les autorités municipales intervenaient dans les affaires dont la direction aurait dû appartenir exclusivement au pouvoir exécutif. Dans les villes maritimes, elles avaient pris un tel ascendant qu'elles modifiaient les instructions données par le ministre aux capitaines et aux amiraux. Des bâtiments qui se disposaient à mettre sous voiles étaient retenus au port; d'autres, que le gouvernement eût voulu conserver à sa disposition, étaient envoyés à la mer. Enfin, aucune opération, qu'elle fût relative au personnel ou au matériel, n'avait lieu sur les rades ou dans les arsenaux, sans que l'action des municipalités ne se manifestât. La Convention changea brusquement cette situation. Elle décida que les administrateurs de département et de district, ou toutes autres autorités civiles des villes maritimes de la République, ne pourraient, en aucun cas et sous aucun prétexte, « retenir les vaisseaux en relâche dans leurs ports ou qui auraient reçu l'ordre d'en partir. Les administrateurs qui se permettraient de donner des ordres pour arrêter, suspendre, accélérer le départ des vaisseaux, ou pour en changer la destination et ceux qui provoqueraient ou signeraient des actes tendant à s'immiscer dans la direction des forces navales de la République seraient traduits au tribunal révolutionnaire et punis de mort. » Des municipalités, dans le Finistère, avaient requis l'ordonnateur civil de ne mettre aucun embargo sur les corsaires et sur les bâtiments de commerce. Ces arrêtés, qui étaient contraires à une loi du 22 juin 1793, furent cassés. Les généraux et autres agents du pouvoir exécutif, fut-il dit dans un autre décret, « ne pourront s'autoriser d'aucun ordre particulier pour se refuser à l'exécution des arrêtés du Comité de salut public ». Les représentants eux-mêmes, envoyés en mission, furent tenus de se conformer strictement aux instructions venues de Paris.

Le contre-amiral Landais demandait à quitter son commandement ; on s'empressa de le lui accorder. « Le contre-amiral Landais, écrivait Jean-Bon-Saint-André, patriote, mais âgé, défiant, soupçonneux à l'excès, jaloux et antipathique aux officiers comme aux équipages, ne pouvait être maintenu dans son commandement, et l'intérêt national exigeait qu'on acceptât la démission qu'il offrait. » Les officiers nobles furent destitués. Parmi ceux qui furent victimes de cette mesure, on doit citer les capitaines de vaisseau Bruix et Terrasson. L'escadre se trouva, au point de vue du commandement, complètement désorganisée. Il n'y avait plus un seul amiral dans l'escadre, et la plupart des vaisseaux étaient sans capitaines. Il existait également de nombreux vides dans les états-majors. Il fallut procéder à de nouvelles nominations. Les capitaines de vaisseau, Martin, Cornic, Van-Stabel et Villaret-Joyeuse furent promus au grade de contre-amiral. Martin et Cornic étaient d'anciens sous-lieutenants de vaisseau. Lors de l'organisation du corps de la marine, faite en exécution de la loi du 10 mai 1791, ils avaient été, l'un et l'autre, nommés lieutenants de vaisseau. Van-Stabel, à la même date, avait été fait enseigne de vaisseau. Villaret-Joyeuse appartenait depuis longtemps à la marine militaire. Employé, dans l'Inde, comme capitaine de brulôt, pendant la guerre de l'Indépendance américaine, il s'était concilié, par sa conduite, l'estime du bailli de Suffren. A la fin de la campagne, il avait eu la croix de Saint-Louis et le grade de lieutenant de vaisseau. Sa nomination au grade de capitaine de vaisseau datait de 1791. Ce fut à lui que Jean-Bon-Saint-André confia le commandement de l'armée. Villaret s'était ménagé, parmi les officiers entrés dans la marine après 1789, des intelligences qui ne lui avaient pas été inutiles. Leurs suffrages, plus que le sentiment personnel du représentant, l'avaient porté à la première place. Peu après leur arrivée à Brest, Bréard et Jean-Bon-Saint-André avaient reçu une lettre ainsi conçue : « Citoyens représentants, les moments pressent ; il nous faut un chef pour commander l'armée et un chef qui, surtout, soit bien pénétré de l'amour sincère de la République. Nous sommes travaillés de toutes parts et nos plus cruels ennemis nous environnent. Hâtez-vous, citoyens représentants, de le nommer, hâtez vous, nous vous en conjurons, au nom de la patrie qui vous est aussi chère qu'à nous ; hatez-vous de donner à cette ville la dose d'émétique que donna votre collègue Dumon à celle de Boulogne pour la purger de ce venin qui, sans cesse, attaque les parties saines de la République. Levez-vous, dignes représentants sans-culottes, nous le sommes, et bientôt nous saurons disperser les traîtres et les méchants de toute espèce qui sont parmi nous. La fermeté et les talents du citoyen Joyeuse le rendent digne de votre choix : nous ne craindrons jamais un homme ferme, c'est ce qu'il faut pour commander une armée. Nous sommes de vrais sans-culottes et de ces républicains qui la veulent une et indivisible. » Parmi les signataires de cette lettre, se trouvaient les lieutenants de vaisseau Pillet, Lefrancq et Lucadou. Ces officiers ne furent pas oubliés dans la distribution des faveurs. Jean-Bon-Saint-André les fit capitaines de vaisseau, et il les appela au commandement de l'*Entreprenant*, du *Patriote* et du *Jean-Bart*. Des lieutenants de vaisseau, qui servaient comme officiers dans la marine militaire, les uns depuis quelques années, d'autres depuis quelques mois, devinrent capitaines de vaisseau. Les lieutenants et enseignes de vaisseau furent désignés, pour la plupart, par les sociétés populaires. Ces dernières eurent, d'ailleurs, une très grande part dans le mouvement de personnel que nous venons d'indiquer.

Les nominations, faites pour organiser les états-majors de l'escadre de Brest, furent présentées comme le résultat d'un travail aussi difficile que consciencieux. « Il fallait, écrivit Jean-Bon-Saint-André au Comité de salut public, des hommes courageux, qui eussent à la fois les talents et l'audace sans lesquels il n'y a pas de succès à la mer; nous nous environnâmes de tous les patriotes purs, incorruptibles et éclairés qui nous étaient connus. Nous leur demandâmes des observations, des renseignements, des faits qui pussent déterminer notre confiance ; nous fîmes en sorte d'éloigner les nobles, les suppôts de l'ancienne marine et les intrigants. » Les événements ultérieurs nous montreront si Jean-Bon-Saint-André avait été heureux dans les choix qu'il avait faits, et si c'était en consultant des patriotes purs, incorruptibles et éclairés qu'il avait désigné non seulement les amiraux, mais les capitaines et les officiers de l'escadre de Brest.

La disette était venue se joindre à toutes les calamités dont la France était alors accablée. Nous ne pouvions, à cause de la guerre continentale, introduire par nos frontières, les subsistances dont nous avions besoin. D'autre part, la voie de mer nous était fermée. Les Anglais, reprenant les habitudes de violence qui leur étaient familières, arrêtaient les navires, quel que fût leur pavillon, portant des vivres dans nos ports. La Convention, voulant user de représailles, rendit, le 9 mai 1793, un décret en vertu duquel les bâtiments de guerre et les corsaires français étaient autorisés à conduire dans les ports de la République les navires neutres chargés, en tout ou en partie, soit de comestibles appartenant à des neutres et destinés pour des ports ennemis, soit des marchandises appartenant aux ennemis. Les marchandises appartenant aux ennemis étaient déclarées de bonne prise et confisquées au profit des capteurs. Les comestibles appartenant à des neutres et chargés pour des ports ennemis, étaient payés sur le pied de leur valeur dans le lieu pour lequel ils étaient destinés. Le gouvernement français prenait l'engagement de relâcher les navires neutres, aussitôt que le déchargement des comestibles arrêtés ou des marchandises saisies serait effectué. Le fret était payé au taux stipulé par les chargeurs. Enfin, nous accordions une indemnité, dont la quotité devait être fixée d'après la durée de leur détention, aux bâtiments neutres amenés dans nos ports. Cette loi était applicable à toutes les prises faites depuis la déclaration de guerre. Toutefois, il était dit qu'elle cesserait d'avoir son effet le jour où les puissances ennemies déclareraient libres et non saisissables, quoique destinés pour les ports de la République, les comestibles qui seraient propriétés neutres et les marchandises, appartenant au gouvernement ou aux citoyens français, qui seraient chargés sur des navires neutres. Le décret du 9 mai devait nous créer des difficultés avec les États-Unis. En effet, nos relations avec cette puissance étaient réglées, au point de vue du droit maritime international, par le traité de commerce du 6 février 1778. Or, en vertu des dispositions de l'article XXIII de ce traité, nous n'avions même pas le droit de saisir les marchandises ennemies chargées sur des navires américains, à l'exception de la contrebande de guerre. Le gouvernement conventionnel, comprenant la nécessité de maintenir les bons rapports existant entre la République française et les États-Unis, décida qu'il ne serait pas fait application aux bâtiments américains des dispositions contenues dans le décret du 9 mai.

L'Angleterre saisit avec empressement l'occasion qui lui était donnée de légitimer sa conduite. Un ordre royal, s'appuyant sur le décret rendu par la Convention, prescrivit à la marine britannique d'arrêter et d'envoyer en Angleterre les bâtiments chargés, en totalité ou en partie, de blés ou de farines destinés pour un port de France ou pour un port occupé par nos armées. Après la vente desdits blés ou farines pour le compte du gouvernement anglais et le paiement d'un fret convenable, les navires neutres devaient être relâchés. Les autorités britanniques se réservaient le droit de permettre aux capitaines des bâtiments arrêtés de se rendre dans un port d'une nation amie de la Grande-Bretagne pour y vendre leurs chargements. Nous étions dans notre droit en exigeant que les neutres fissent respecter leur pavillon par les Anglais, s'ils voulaient que nous le respections nous-mêmes. Mais, en pareille matière, il ne suffit pas d'avoir raison, il faut être en mesure de défendre sa cause par les armes, si les circonstances rendent l'emploi de la force nécessaire. Telle n'était pas notre situation, et il eût été plus habile de ne rien faire qui pût mécontenter les nations avec lesquelles nous étions en paix. Le cabinet de Londres n'osa pas maintenir ouvertement les mesures qu'il avait prises en représaille du décret du 9 mai. L'ordre royal du 15 juillet fut rapporté peu de temps après avoir été promulgué, mais la marine britannique continuant à en exécuter toutes les dispositions, cet acte, d'apparente justice, n'eut pour les neutres et pour nous aucun résultat favorable. Le 27 juillet 1793, le gouvernement, revenant sur l'exception faite en faveur des États-Unis, déclara que le décret du 9 mai recevrait sa pleine et entière exécution, en ce qui concernait les navires neutres chargés de comestibles ou de marchandises appartenant aux puissances ennemies.

LIVRE IV

Décrets relatifs à la marine. — Arrêtés pris par Jean-Bon-Saint-André et Bréard. — L'amiral Villaret-Joyeuse appareille de Brest avec vingt-six vaisseaux. — Il doit protéger la rentrée d'un convoi attendu d'Amérique sous l'escorte du contre-amiral Van-Stabel.— Engagements des 28 et 29 mai 1794. — Bataille du 1er juin. — Sept vaisseaux restent entre les mains de l'ennemi.— L'un d'eux, le *Vengeur*, coule sur le champ de bataille. — Retraite de l'armée française. — Rencontre de l'amiral Montagu. — L'amiral Villaret-Joyeuse mouille, le 11 juin, sur la rade de Bertheaume. — Van-Stabel arrive, le 13 juin, avec le convoi. — Etude de la bataille du 1er juin. — Emprisonnement et destitution de plusieurs capitaines de l'escadre. — Discours de Barère à la Convention. —Episode du *Vengeur*. — Rapport du capitaine Renaudin.— Mesures prises par Jean-Bon-Saint-André au retour de l'escadre. — Prise du vaisseau l'*Alexander* par la division du contre-amiral Nielly. — L'amiral Villaret-Joyeuse prend la mer à la fin du mois de décembre 1794. — Rentrée de l'escadre de Brest. — Pertes qu'elle a essuyées sans avoir rencontré l'ennemi. — Rapport fait à la Convention sur la croisière de l'escadre de Brest. — Départ pour Toulon du contre-amiral Renaudin.

I

La Constituante et la Législative avaient porté le désordre dans tous les services de la marine militaire. Il y avait lieu de croire que, sur ce point, il ne restait plus rien à faire. La Convention montra que, dans la voie de la désorganisation, elle pouvait aller plus loin que les assemblées qui l'avaient précédée. Le 28 janvier 1794, Jean-Bon-Saint-André demanda, au nom du Comité de salut public, la suppression des régiments d'infanterie et d'artillerie. Ce représentant prononça, à cette occasion, un discours qui peut figurer parmi les documents les plus curieux de cette époque. Il ne craignit pas de dire que la situation faite à ces régiments était en contradiction formelle avec la base de nos institutions, l'égalité. Il s'indigna à la pensée que ces troupes avaient le privilège exclusif de défendre la République sur mer. Tous les soldats de la France avaient ce droit et ils le réclameraient, disait-il, si on ne le leur accordait pas. Ainsi, à entendre le représentant, un artilleur de la marine, c'est-à-dire un soldat, instruit dans l'art difficile de tirer du canon sur mer et spécialement affecté à ce service, devenait une sorte d'aristocrate, quelque chose comme un homme de l'ancien régime. Afin de montrer que nous n'exagérons pas, nous reproduisons ci-après un passage du discours de Jean-Bon-Saint-André. « La base essentielle de notre institution sociale, dit le représentant, est l'égalité ; vous devez y ramener toutes les parties du gouvernement, le militaire comme le civil. Dans la marine, il existe un abus dont le Comité de salut public vous demande la destruction par mon organe. Il y a, dans la marine, des troupes qui portent le nom de régiments de marine. Est-ce que ce corps de troupes aurait le privilège exclusif de défendre la République sur la mer ? Ne sommes-nous pas tous appelés à combattre pour la liberté ? Pourquoi les vainqueurs de Landau, de Toulon ne pourraient-ils pas aller sur nos flottes montrer leur courage à Pitt, et faire baisser le pavillon de Georges ? On ne peut leur contester ce droit ; ils le réclameraient eux-mêmes, si leurs bras ne servaient ailleurs la patrie. Puisqu'ils ne peuvent en jouir, il faut au moins leur laisser la perspective qu'ils pourront en user. »

Ce fut après ce discours, qui eût prêté à rire à des hommes ayant une connaissance, même médiocre, du sujet en discussion, que disparurent les régiments d'infanterie et d'artillerie de marine. Les corps, qui, jusque-là, en avaient porté le nom, furent placés sur le même pied et sous le même régime que les autres bataillons de volontaires. Les garnisons des places maritimes cessèrent d'être permanentes; le ministre de la guerre fut autorisé à les changer aussi souvent que les circonstances l'exigeraient. La Convention décida que, désormais, on prendrait, dans les bataillons de gardes nationaux, d'après une délibération du conseil exécutif, les détachements nécessaires pour former la garnison des vaisseaux. Les hommes, appelés à embarquer sur la flotte, devaient, disait le décret, être exercés au canonnage. C'était à eux que la nouvelle organisation confiait le service de l'artillerie sur nos bâtiments. Avant 1789, nous avions des canonniers-matelots; on les avait remplacés, sous la Constituante, par des artilleurs de la marine qui ne les valaient pas. La Convention renvoyait ces derniers pour mettre à leur place des bataillons de gardes nationaux. Avec de semblables mesures, quels succès pouvions-nous attendre dans la lutte engagée avec l'Angleterre. Depuis son arrivée à Brest, Jean-Bon-Saint-André était, en ce qui concernait la marine, le maître absolu des hommes et des choses. Toutes ses propositions, qu'elles fussent relatives au personnel ou au matériel, recevaient du Comité de salut public un accueil favorable. Il avait pu appliquer, sans rencontrer aucune opposition, les idées qu'il exprimait dans ses discours à la Convention. On lui avait laissé toute liberté d'action pour renvoyer les anciens officiers et procéder à leur remplacement dans les conditions qu'il indiquait comme les plus propres à donner à la France une bonne marine. Soit qu'il eût quelque doute sur la valeur de son œuvre, soit qu'il considérât la crainte comme le complément indispensable de toute organisation militaire, il voulut régler, d'une manière précise, la conduite que les commandants des bâtiments de guerre devaient tenir en présence de l'ennemi. Le 2 février 1794, parut un décret, rendu sur sa proposition, décidant que le capitaine et les officiers d'un vaisseau de ligne amenant son pavillon devant des navires ennemis, quel qu'en fût le nombre, seraient déclarés traîtres à la patrie et punis de mort, à moins que ce vaisseau ne courût le risque, par suite de ses avaries, de couler, et que, d'autre part, il ne restât que le temps nécessaire pour sauver l'équipage. Les capitaines et les officiers des frégates, corvettes et autres bâtiments légers se rendant à une force qui ne serait pas double de la leur, devaient être frappés de la même peine.

Jean-Bon-Saint-André eût voulu que la Convention décidât, avant le départ de l'escadre, que tout capitaine qui laisserait couper la ligne serait puni de mort. Il ne faut pas, disait-il, qu'au moment d'une action, les généraux de la République soient abandonnés comme l'ont été les Conflans, les d'Estaing et tant d'autres. Le général vous répond, sur sa tête, de l'exécution de vos ordres, c'est la règle. Mais sa responsabilité disparaît, si la loi ne lui garantit pas l'obéissance des instruments que vous mettez dans sa main. On n'eût jamais pu croire que M. de Conflans serait défendu par un conventionnel. Quant à d'Estaing, le représentant en était encore à la légende qui voulait que cet officier général eût été abandonné par ses capitaines. Nous avons montré dans l'histoire de la marine française pendant la guerre de l'Indépendance américaine ce qu'il fallait penser de cette assertion. Ainsi qu'on le verra plus loin, ce fut seulement après la bataille du 1er juin 1794, que la Convention rendit un décret conforme à la pensée du représentant.

Le 15 février 1794, la Convention avait décidé, sur la proposition de Jean-Bon-Saint-André, que le pavillon serait formé des couleurs nationales, disposées en trois bandes égales, posées verticalement. Le bleu était attaché à la gaule du pavillon, le blanc au milieu et le rouge flottait dans l'air. Il avait été enjoint au ministre de prendre les mesures nécessaires pour que le nouveau pavillon fût arboré, le 20 mai, sur tous les bâtiments de la République.

II

Notre agent diplomatique aux États-Unis avait reçu, à la fin de l'année 1793, l'ordre d'expédier en France de grandes quantités de farines. Un convoi considérable devait quitter New-York, dans les premiers jours d'avril, sous l'escorte d'une division de deux vaisseaux et de quatre frégates, commandée par le contre-amiral Van-Stabel. Le gouvernement décida que l'escadre de Brest se porterait au-devant du convoi. L'amiral Villaret-Joyeuse devait livrer bataille, si cela était nécessaire, pour assurer la rentrée des bâtiments attendus d'Amérique. L'exécution des ordres du Comité de salut public était placée sous la haute surveillance du représentant du peuple Jean-Bon-Saint-André, embarqué sur la

Montagne, vaisseau à trois ponts, à bord duquel flottait le pavillon du commandant en chef. Le 16 mai, l'armée sortit de Brest. L'ardeur des équipages était extrême, et si l'enthousiasme eût suffi pour assurer la victoire, on pouvait prédire de faciles triomphes à notre escadre. Mais la volonté de bien faire, aussi énergique qu'on la suppose, est impuissante sur mer, lorsqu'elle n'a pas pour base l'ordre, la discipline et le savoir. Or, sur la flotte républicaine, exposée à trouver l'ennemi, quelques jours après sa sortie du port, la plus grande partie des équipages était composée d'hommes qui n'avaient jamais été à la mer. C'était à peine si ces débutants, arrivés depuis quelques mois sur nos vaisseaux, avaient fait des exercices en rade. Ces mêmes hommes devaient remplacer les artilleurs de la marine, débarqués à la suite du décret rendu le 28 janvier 1794. Enfin, la plupart des officiers et des capitaines naviguaient en escadre pour la première fois. Cette flotte, qui constituait la principale force de la France dans la lutte engagée avec la Grande-Bretagne, était composée de vingt-cinq vaisseaux, dont quatre à trois ponts. Le contre-amiral Bouvet avait son pavillon sur le vaisseau de cent vingt le *Terrible.*

L'amiral Villaret avait l'ordre d'attendre le convoi conduit par Van-Stabel à cent lieues au large, par la latitude de Belle-Ile. Il fit route pour se placer dans cette position. Le contre-amiral Nielly, qui était en croisière, sur la côte, avec une division de cinq vaisseaux, devait rallier l'armée. Le 16 mai, il ventait une faible brise, la mer était belle et aucun incident ne troubla la sortie de nos vaisseaux. Jean-Bon-Saint-André très satisfait, écrivait, le 18 à Bréard : « Tout va bien, mon cher collègue, il y a dans la flotte, zèle, bonne volonté, attention. » Quelques jours après, le langage du représentant subissait une légère modification. « L'armée, disait-il, est bien disposée, le service s'y fait bien ; quelques officiers manquent d'instruction, je n'en connais pas qui manquent de bonne volonté. » Dans une lettre du 24 mai, il s'exprimait ainsi : « Il y a beaucoup d'ardeur dans l'armée, de l'instruction chez plusieurs capitaines, mais il en est trois ou quatre dont l'ignorance est vraiment au-dessus de ce que l'on pourrait en dire. » La *corvette*, la *Société-Populaire*, une des mouches de l'escadre, faisant très mal son service, Jean-Bon-Saint-André envoya un nouveau capitaine à bord de ce bâtiment, où il laissa le premier capitaine, celui qu'il venait de démonter, pour y remplir les fonctions de second. Cette mesure, empruntée aux procédés des pachas orientaux, montre jusqu'où s'étendait l'omnipotence des délégués de la Convention. Le 26 mai, le représentant consigna, sur son journal, les observations suivantes : « Au moment où le jour parut, les trois colonnes étaient mal formées et, en général, les capitaines n'avaient pas assez d'attention de serrer la ligne et les officiers de quart, ou peu instruits, ou négligents ou timides, se trouvaient à des distances beaucoup trop considérables. » Cette observation était très sensée, mais pourquoi ce représentant avait-il dit, à la tribune de la Convention, que « nos marins, dédaignant par esprit de réflexion et de calcul des évolutions savantes, jugeraient probablement plus convenable et plus utile de tenter ces combats à l'abordage où le Français fut toujours vainqueur et d'étonner ainsi l'Europe par des prodiges d'intrépidité. » Nous ne faisons pas ces citations avec le désir de mettre le représentant Jean-Bon-Saint-André en contradiction avec lui-même. Cela serait trop facile, et, on peut ajouter, sans aucun intérêt. Ce que nous voulons, c'est dégager du passé une leçon utile pour l'avenir, en montrant, par des exemples concluants, que le bruit, les grands mots, la déclamation et même le désir sincère de servir son pays ne peuvent pas suppléer au savoir.

Jean-Bon-Saint-André avait organisé l'escadre d'après les idées qu'il exposait à la Convention, et à peine était-il à la mer qu'il voyait les choses sous un aspect absolument contraire. Malheureusement la faute était commise et on ne pouvait plus la réparer. Quoique le temps fût très beau, les vaisseaux, par suite de la mauvaise composition des équipages et de l'inexpérience des états-majors, faisaient de continuelles avaries. Le *Scipion*, après avoir cassé, depuis le départ de Brest, sa vergue de misaine et sa vergue du grand hunier, signala des avaries dans son petit mât de hune qui l'obligeaient à le changer. « Je supposai que la mâture de ce vaisseau, ci-devant le *Saint-Esprit,* écrivait Jean-Bon-Saint-André sur son journal, déposée, depuis la dernière guerre, dans les magasins, y avait été mal soignée et que le bois s'était échauffé. Cette négligence, comme tant d'autres, appartenait au système de faire périr la marine française par l'incurie et l'abandon de toutes les parties qui la composaient. » Il n'était pas possible que Jean-Bon Saint-André regardât ce qu'il disait comme l'expression de la vérité. Cette accusation, quoique formulée d'une manière un peu vague, s'adressait évidemment au gouvernement de Louis XVI. Il fallait que le représentant eût une foi robuste dans l'ignorance de ceux qui étaient appelés à lire son journal, pour prétendre que le régime, auquel la France devait sa participation à la guerre de l'Indépendance américaine, poursuivait, par des voies détournées, la destruction du matériel de la marine. Si le plus capable de tous les délégués de la Convention sur nos flottes disait de telles pauvretés, quel langage devaient tenir les autres !

Le *Patriote*, qui s'était séparé de la division Nielly à laquelle il appartenait, fut aperçu dans l'après-midi du 26 mars. Ce vaisseau prit place dans l'escadre de l'amiral Villaret. Le *Patriote*, après être passé deux fois à poupe de la *Montagne* pour informer l'amiral qu'il avait des malades, sortit de la ligne. Son capitaine demanda à être dispensé de tenir son poste. L'ordre lui fut donné de le reprendre. Jean-Bon-Saint-André ne douta pas que le capitaine du *Patriote* n'eût quitté volontairement la division Nielly avec l'intention de rentrer à Brest. La rencontre de l'armée avait empêché l'exécution de ce projet. Le représentant fit exprimer à ce capitaine son mécontentement, et il consigna, sur son journal, la surprise qu'il éprouvait en voyant un officier, chargé d'un commandement important, manifester le désir de se séparer de l'armée et s'exposer ainsi à tomber entre les mains de l'ennemi. Le *Patriote* était commandé par le capitaine Lucadou dont nous avons déjà eu l'occasion de parler. C'était un des signataires de la lettre dans laquelle Villaret-Joyeuse était désigné comme l'officier le plus capable de commander l'escadre de Brest. L'initiative qu'il avait prise en cette circonstance, sa conduite à l'égard de l'état-major et de l'équipage d'un des vaisseaux venus de Toulon et plus encore la protection de la *Société-Populaire* de Brest lui avaient valu le grade de capitaine de vaisseau et le commandement du *Patriote*.

III

Lord Howe était sorti de Portsmouth, le 2 mai, avec vingt-cinq vaisseaux. Quelques jours après, il détacha l'amiral Montagu avec six vaisseaux pour escorter au large une flotte marchande. Après avoir rempli sa mission, cet officier général devait se porter au-devant des bâtiments que nous attendions d'Amérique. Le 5, lord Howe parut à l'entrée de l'Iroise. S'étant assuré que notre escadre était encore dans le port, il se dirigea vers le golfe de Gasgogne. Après quelques jours passés en croisière, les Anglais, n'apercevant aucune voile française, revinrent devant Brest. Ils apprirent alors que l'amiral Villaret avait gagné le large. Inquiet sur le sort des vaisseaux que commandait l'amiral Montagu, lord Howe força de toile pour nous rejoindre. Le 20, il sut, par des bâtiments neutres, dans quels parages nous nous trouvions. Le 28, dans la matinée, ses éclaireurs signalèrent notre escadre. Elle courait grand largue, venant du sud, avec une fraîche brise de sud-ouest. Les deux armées serrèrent le vent bâbord amures. Vers quatre heures, elles prirent les amures à tribord. L'amiral Villaret, qui voulait éloigner l'ennemi du passage présumé du convoi, courait sous toutes voiles. Lord Howe forma, avec ses meilleurs marcheurs, une division légère, chargée, sous la direction de l'amiral Pasley, de harceler notre arrière-garde.

A la fin du jour, un combat très vif s'engagea entre nos vaisseaux de queue et la division du contre-amiral Pasley. Le *Révolutionnaire*, désemparé, laissa arriver pendant la nuit et se dirigea sur Rochefort. L'*Audacious*, qui avait reçu de graves avaries dans ce combat d'arrière-garde, fit route pour un port anglais. Les deux armées conservèrent les mêmes amures pendant la nuit. Le 29, à sept heures du matin, les Anglais virèrent de bord vent devant par la contre-marche. Lord Howe espérait que ses vaisseaux les plus rapides s'élèveraient assez au vent pour combatre notre arrière-garde. L'amiral Villaret-Joyeuse déjoua le plan de son adversaire en imitant sa manœuvre. Ces évolutions successives diminuèrent rapidement la distance qui séparait les deux escadres. Un peu après neuf heures du matin, l'amiral français fit, à son avant-garde, le signal de serrer l'ennemi au feu. L'action s'engagea vers dix heures. On se battait depuis quelque temps déjà sans que l'amiral Villaret montrât l'intention de prendre part au combat avec le centre et l'arrière-garde. Lord Howe, croyant le moment favorable pour couper la ligne française, donna l'ordre à son armée de virer de bord vent devant par la contre-marche. Ce mouvement fut mal exécuté. Plusieurs vaisseaux, appartenant à l'avant-garde, se virent, par suite de leurs avaries, dans l'obligation de virer vent arrière. D'autre part, quelques capitaines comprirent mal le signal hissé à bord de la *Queen-Charlotte*. L'amiral anglais vira de bord avec son propre vaisseau, indiquant ainsi à son escadre le but qu'il poursuivait. Pendant le cours de cette évolution, l'amiral Villaret prescrivit un mouvement d'arrivée tout à la fois qui le rapprocha de l'ennemi, puis il serra de nouveau le vent bâbord amures. Les Anglais et les Français, se prolongeant à bord opposé, échangèrent quelques bordées. Plusieurs vaisseaux anglais, ayant en tête la *Queen-Charlotte*, qui portait le pavillon de lord Howe, firent de la toile et serrèrent le vent afin d'atteindre notre arrière-garde. Le trois-ponts anglais coupa notre ligne entre le septième et le huitième vaisseau, à partir du serre-file. Il fut suivi par le *Bellerophon*, le *Leviathan*, l'*Orion*, le *Barfleur*. Nos deux derniers vaisseaux, l'*Indomptable* et le *Tyrannicide*, furent entourés. Le trois-ponts, le *Terrible*, se trouvait également compromis. Ce vaisseau, qui avait démâté de son petit mât de hune dans un coup de tangage, était tombé sous le vent. L'*Indomptable* et le *Tyrannicide* se défendaient avec la plus grande énergie, mais ils ne pouvaient tenir longtemps s'ils n'étaient pas secourus. L'amiral Villaret, se rendant compte de la situation critique de ces vaisseaux, multipliait les signaux pour amener son escadre à former la ligne de bataille les amures à tribord. L'avant-garde, qui aurait dû commencer le mouvement, manœuvrait difficilement par suite des avaries qu'elle avait reçues dans l'engagement du matin. L'amiral Villaret donna l'ordre à son capitaine de pavillon de virer de bord, puis il signala de former une ligne de vitesse, sans avoir égard aux postes. Cette évolution, qui fut exécutée promptement, dégagea l'*Indomptable*, le *Terrible* et le *Tyrannicide* mais elle nous fit perdre l'avantage du vent. Le feu cessa vers trois heures.

Le *Montagnard*, chef de file de notre escadre, avait été très maltraité. Son capitaine n'avait pas osé prendre les amures à tribord dans la crainte que cette manœuvre n'amenât la chute de sa mâture. La frégate la *Seine* se tint près du *Montagnard* pour l'observer. L'*Indomp*-

table et le *Tyrannicide* avaient de graves avaries. Le premier de ces vaisseaux, remorqué par la frégate le *Brutus*, fit route pour Brest, sous l'escorte du *Mont-Blanc*. Plusieurs vaisseaux anglais avaient souffert, mais aucun d'eux ne s'éloigna. Cet engagement inspira à Jean-Bon-Saint-André les réflexions suivantes : « Je dois rendre justice aux officiers qui commandent les vaisseaux ; ils ont tous manifesté du courage ; s'ils y avaient joint un peu d'instruction, la journée eût été glorieuse pour eux et bien utile à la République. Mais la lenteur dans les manœuvres, des méprises continuelles, des petits moyens quand il faut concevoir avec force et exécuter avec audace, voilà ce qui nous a ravi le succès brillant que nous devions attendre. » Il était malheureux pour la France que Jean-Bon-Saint-André apprît aussi tard que les états-majors d'une escadre ne s'improvisent pas. S'il l'avait su plus tôt, on doit croire qu'il aurait mis moins de hâte à renvoyer les anciens officiers.

Le 30 mai, le contre-amiral Nielly rallia l'amiral Villaret avec trois vaiseaux, le *Trajan*, le *Sans-Pareil* et le *Téméraire*. Ce jour-là, une brume très épaisse enveloppa les deux armées. Lorsqu'elle se dissipa, le 31, dans l'après-midi, le *Montagnard* avait disparu. Le contre-amiral Nielly reçut l'ordre de mettre son pavillon sur le vaisseau à trois ponts, le *Républicain*, et de prendre le commandement de la troisième escadre. Le contre-amiral Bouvet, qui avait son pavillon sur le *Terrible*, commandait la deuxième. Le 1er juin, au jour, on aperçut l'ennemi manœuvrant pour se former. A huit heures du matin, les deux armées couraient, les amures à babord, avec des vents du sud au sud-est, les Anglais au vent des Français. Notre escadre était rangée dans l'ordre suivant : la *Convention*, le *Gasparin*, l'*America*, le *Téméraire*, le *Terrible*, l'*Impétueux*, le *Mucius*, l'*Eole*, le *Tourville*, le *Trajan*, le *Tyrannicide*, le *Juste*, la *Montagne*, le *Jacobin*, l'*Achille*, le *Vengeur*, le *Northumberland*, le *Patriote*, l'*Entreprenant*, le *Neptune*, le *Jemmapes*, le *Trente-et-un-Mai*, le *Républicain*, le *Sans-Pareil*, le *Scipion* et le *Pelletier*. Tous ces vaisseaux étaient des soixante-quatorze à l'exception du *Terrible*, du *Républicain* et de la *Montagne*. Les deux premiers portaient cent dix canons et le troisième cent vingt. La deuxième escadre ou l'avant-garde comprenait les neuf premiers vaisseaux, la première ou le centre les huit suivants, et la troisième ou l'arrière-garde les neuf autres. La flotte ennemie était disposée ainsi qu'il suit : le *Cesar*, de quatre-vingts, le *Bellerophon*, le *Leviathan*, le *Russel*, de soixante-quatorze, le *Royal Sovereign*, de cent, portant le pavillon du vice-amiral Graves, commandant l'avant-garde, le *Malborough*, la *Defence* de soixante-quatorze, l'*Impregnable* de cent, le *Tremendous* de soixante-quatorze, le *Barfleur* de cent, l'*Invincible*, le *Culloden*, le *Gibraltar*, de soixante-quatorze, la *Queen-Charlotte*, de cent, portant le pavillon du commandant en chef, le vice-amiral Howe, le *Brunswick*, le *Valiant*, l'*Orion*, de soixante-quatorze, la *Queen* de cent, le *Ramillies*, l'*Alfred*, le *Montagu*, de soixante-quatorze, le *Royal George*, de cent, portant le pavillon du commandant de l'arrière-garde, le vice-amiral Hood, le *Majestic*, le *Thunderer*, de soixante-quatorze, et le *Flory*, de cent.

A huit heures du matin, les Anglais laissèrent porter par un mouvement tout à la fois. Décidé à livrer un combat décisif, lord Howe donna à son armée l'ordre de traverser la flotte française. Les vaisseaux anglais devaient passer sur l'arrière des bâtiments qui leur correspondaient dans notre armée, puis loffer et former une ligne de bataille sous le vent de la nôtre. Les premiers coups de canon furent tirés par le *Cesar*, chef de file de la ligne anglaise, qui attaqua la *Convention* occupant le même poste dans notre armée. Le *Bellerophon*, le *Leviathan*, le *Russel*, le *Royal Sovereign*, le *Malborough* et la *Defence* engagèrent successivement le *Gasparin*, l'*America*, le *Téméraire*, le *Terrible*, l'*Impétueux* et le *Mucius*. Les vaisseaux anglais *Impregnable*, *Tremendous*, *Barfleur*, *Invincible*, *Culloden* et *Gibraltar* jouèrent un rôle un peu effacé. L'*Invincible* et le *Barfleur* combattirent le *Juste*. La *Queen-Charlotte* gouverna sur le vaisseau de l'amiral Villaret. Le trois-ponts anglais manœuvra pour passer entre la *Montagne* et son matelot d'arrière, le *Jacobin*. Le capitaine Bazire, de la *Montagne*, mit son grand hunier et son perroquet de fougue sur le mât, dans le but de barrer la route à la *Queen-Charlotte*. Au même moment, le capitaine Gassin, du *Jacobin*, forçait de voiles pour empêcher le trois-ponts anglais de passer sur son avant. Les deux vaisseaux, le *Jacobin* et la *Montagne*, se trouvèrent tout à coup très près l'un de l'autre. L'abordage semblait inévitable. Le capitaine Gassin fit une arrivée, ce qui permit à l'amiral anglais de couper la ligne. La position de la *Queen-Charlotte*, entre la *Montagne* et le *Jacobin*, était fort périlleuse. De l'aveu même des historiens anglais, lord Howe ne pouvait échapper à l'alternative d'amener son pavillon ou de voir son bâtiment couler sous ses pieds. Il n'en fut rien. Notre artillerie, mal dirigée, lui fit peu de mal. Peu après, les incidents de la bataille séparèrent la *Queen-Charlotte* de la *Montagne*. Le *Valiant* fut l'adversaire de l'*Achille* qui avait pris la place du *Jacobin*. Le *Brunswick* voulut couper notre ligne, mais le *Vengeur*, en forçant de voiles, l'obligea à tenir le vent. Ces deux vaisseaux tombèrent l'un sur l'autre. Ils se livraient, depuis plusieurs heures, un combat acharné, lorsque le *Ramillies*, qui avait à peine tiré quelques coups de canon, se joignit à l'adversaire du vaisseau français. Les bâtiments anglais, prenant leurs postes par un mouvement successif, ne purent tous se conformer aux ordres de l'amiral Howe et prêter le travers aux bâtiments qui leur correspondaient dans notre escadre. Ceux qui suivaient le *Brunswick* attaquèrent, lorsqu'ils arrivèrent à portée de canon, les vaisseaux qu'ils réussirent à découvrir au milieu de la fumée. L'*Orion*, qui avait le numéro dix-sept chez les Anglais, combattit le *Patriote* qui était le dix-huitième dans notre ligne ; l'*Alfred*, qui avait le numéro vingt, engagea l'*Entreprenant* qui avait le numéro dix-neuf. Le *Royal-George* eut pour adversaire le *Républicain*, et le *Glory* combattit le *Sans-Pareil*. A neuf heures l'action devint générale. Un tourbillon de fumée enveloppa les deux armées et les capitaines anglais et français furent livrés à leurs propres inspirations.

Vers dix heures et demie, il se produisit une éclaircie. Peu après, la fumée s'étant complètement dissipée, on put, de la dunette de la *Montagne*, saisir l'ensemble du champ de bataille. Les bâtiments de notre escadre occupaient les positions suivantes : le *Téméraire*, le *Terrible*, l'*Entreprenant*, le *Neptune* et le *Trente-et-un-Mai* étaient en ligne avec le vaisseau amiral soit sur son avant, soit sur son arrière. On apercevait, sous le vent et un peu de l'avant, quatre vaisseaux, au nombre desquels figurait le *Tyrannicide*, remorqué par le *Trajan*, et, un peu en arrière de ces bâtiments, le *Jacobin* et le *Patriote*. Enfin, trois vaisseaux, la *Convention*, le *Gasparin* et le *Pelletier*, qui avaient viré de bord pendant le combat, étaient en arrière et au vent des Anglais. Nous avons indiqué la position de quinze vaisseaux. Les autres, c'est-à-dire l'*America*, l'*Impétueux*, le *Juste*, l'*Achille*, le *Northumberland*, le *Sans-Pareil*, le *Mucius*, le *Jemmapes*, le *Scipion*, le *Républicain* et le *Vengeur* étaient, suivant l'expression employée par l'amiral Villaret-Joyeuse dans son rapport, « pêle-mêle avec les Anglais ». Il résulte de ce qui précède que dix-sept vaisseaux, en y comprenant ceux que l'ennemi entourait, s'étaient battus avec résolution. Ces bâtiments appartenaient à l'avant-garde, au centre et à l'arrière-garde. On pouvait également dire qu'il y avait eu, dans les trois escadres, des capitaines inférieurs au rôle qu'ils étaient appelés à jouer. Transportés au milieu d'incidents, auxquels leur éducation maritime ne les avait pas préparés, ils s'étaient trouvés hors d'état de prendre les décisions nécessaires. Les vaisseaux, formant un groupe sous le vent, étaient commandés par des officiers qui avaient continué à courir de l'avant pendant le combat, laissant porter pour doubler les vaisseaux démâtés en totalité ou en partie qu'ils rencontraient sur leur route. En résumé, les capitaines qui n'avaient pas été attaqués franchement, dès le début de l'action, n'avaient pas pris, lorsque la fumée leur avait dérobé l'amiral et l'ensemble du champ de bataille, une part intelligente et suffisamment active au combat.

La situation des vaisseaux qui se trouvaient près de l'ennemi était fort critique. L'amiral Villaret signala à son armée de virer de bord et, exécutant lui-même cette manœuvre, il courut les amures à tribord, suivi de quelques vaisseaux. Ce mouvement offensif dégagea le *Mucius*, le *Jemmapes*, le *Scipion* et le *Républicain*. Sept vaisseaux étaient encore au milieu de la flotte anglaise. Pour les secourir, il eût été nécessaire de s'élever au vent, et Villaret-Joyeuse estima que, dans l'état où était son escadre, il ne pouvait louvoyer jusqu'aux bâtiments désemparés. Le feu cessa vers deux heures. L'*America*, l'*Impétueux*, le *Juste*, l'*Achille*, le *Vengeur*, le *Northumberland*, le *Sans-Pareil* furent abandonnés. Le *Vengeur*, qui s'était battu avec acharnement, coula peu de temps après avoir été amariné, entraînant dans l'abîme non seulement les blessés mais une partie de son équipage. L'escadre française resta en panne sur le champ de bataille. A huit heures du soir, l'amiral Villaret se dirigea sur Brest avec dix-neuf vaisseaux dont cinq étaient remorqués. Le 9 juin, plusieurs grands bâtiments furent aperçus. C'était une escadre anglaise, forte de neuf vaisseaux, commandée par l'amiral Montagu. L'amirauté britannique, prévenue par l'*Audacious* que les flottes étaient en présence, avait donné à cet amiral, arrivé depuis quelques jours à Plymouth, l'ordre de reprendre la mer. Les Anglais firent route au sud-ouest poursuivis par les Français. Le représentant, l'amiral et le chef d'état-major de l'armée passèrent sur la frégate la *Proserpine*. « Les observations que j'avais faites au combat du 1er juin, écrivit Jean-Bon-Saint-André, m'avaient convaincu que le général ne devait pas demeurer dans la ligne au moment du combat. Il m'avait paru qu'après avoir fait ses dispositions générales, aussitôt que le feu commençait, il lui devenait impossible de saisir la position respective de deux armées pour prendre des déterminations promptes et utiles. Un pareil état de choses est évidemment absurde. » Ainsi, après quelques jours passés dans une escadre, Jean-Bon-Saint-André avait décidé que la place du commandant en chef, un jour de bataille, était non sur son propre vaisseau mais sur une frégate. Le représentant, s'il avait fait une étude plus approfondie de la question, ne serait pas arrivé à cette conclusion. La même mesure avait été prise par le maréchal de Castries, en 1782, mais cette disposition, désapprouvée par la marine, n'avait pas été maintenue. A six heures du soir, nous étions encore loin de l'ennemi. L'amiral Villaret, supposant que le but de son adversaire était de l'entraîner au large, reprit sa première route. L'escadre française mouilla sur la rade de Bertheaume, le 11 juin.

L'armée avait communiqué, le 3, avec le brick la *Mouche*, expédié par l'amiral Van-Stabel. Ce bâtiment était parti de la Chesapeack le même jour que le convoi. Conformément aux ordres de l'amiral, la *Mouche* était restée en croisière, pendant quinze jours, à la hauteur des Açores. La flotte marchande, quelle que fût la lenteur de sa marche, ne pouvait être loin. La retraite de notre escadre la livrait à l'armée de Howe ou à la division que nous avions chassée le 9. Nous avions trouvé sept vaisseaux sur la rade de Bertheaume. Parmi ceux que l'amiral Villaret ramenait, l'*Éole*, le *Tourville*, le *Jacobin*, le *Pelletier*, le *Téméraire* et le *Trajan* avaient peu souffert. Nous avions donc treize vaisseaux immédiatement disponibles. N'ayant aucun renseignement précis sur l'armée de Howe, nous ne pouvions les aventurer au large, mais il était du devoir du représentant et de l'amiral Villaret de défendre les abords de l'Iroise contre les forces de l'amiral Montagu. Quelques jours auparavant, alors que l'escadre française, renonçant à poursuivre la division anglaise, reprenait la route de Brest, Jean-Bon-Saint-André écrivait dans son journal : « La connaissance que nous venions d'avoir d'une escadre ennemie, croisant à l'ouvert de la baie de Brest, nécessitait les plus promptes mesures. Je croyais convenable de réunir aux vaisseaux de Bertheaume ceux de l'armée qui étaient en état de tenir la mer et d'aller sur-le-champ débarrasser nos côtes de cette incommode croisière. » Pourquoi Jean-Bon-Saint-André ne mit-il pas à exécution ce projet qui était fort sage ? On est également surpris que le représentant n'ait pas envoyé immédiatement à Brest les vaisseaux désemparés ainsi que les blessés. Quoi qu'il en soit, deux jours s'écoulèrent pendant lesquels l'armée ne fit aucun mouvement. Jean-Bon-Saint-André était parti pour Brest, laissant Villaret sans instructions. Dans la nuit du 12 au 13 juin, on aperçut un grand nombre de feux dans le raz de Sein. Au jour, le convoi apparut. Le contre-amiral Van-Stabel avait traversé, le 30 mai, les parages où les deux armées avaient eu, la veille, un engagement. Le 2 juin, rencontrant le trois-ponts le *Montagnard*, et la frégate la *Seine*, il avait donné à ces deux bâtiments l'ordre de le suivre. Craignant de trouver les Anglais à l'entrée de l'Iroise, il s'était dirigé sur les Penmarck qu'il avait reconnus, le 12, à six heures du soir. Dans la nuit, les bâtiments dont se composait son convoi, les prises et l'escorte franchirent le raz de Sein. Ce fut par cette belle manœuvre que Van-Stabel termina sa campagne.

Jean-Bon-Saint-André dit dans son journal que le

convoi des États-Unis mouilla, sur la rade de Bertheaume, vingt-quatre heures après l'escadre. D'après une dépêche officielle, adressée par l'amiral Villaret à la commission de marine, à Paris, le convoi arriva le 13 juin. Il ne peut s'élever aucun doute sur l'erreur commise par Jean-Bon-Saint-André. C'était bien pendant la journée du 11 et celle du 12 que nos vaisseaux étaient restés immobiles, alors que l'amiral Montagu croisait aux atterrages de Brest. Si la flotte marchande, attendue d'Amérique, avait échappé à ce dernier péril, ce n'était ni à Villaret ni au représentant, mais à Van-Stabel que l'honneur en revenait. Le 14 juin, le convoi et tous les bâtiments que nous avions à Bertheaume entrèrent à Brest.

IV

La bataille navale du 1er juin 1794 est une des plus importantes de cette guerre. Ses résultats ont exercé sur les événements maritimes ultérieurs une influence considérable. Enfin elle a été très diversement jugée dans notre pays, mal renseigné par les documents de cette époque. C'est pourquoi il convient de soumettre cette première rencontre de la marine républicaine avec les forces navales de la Grande-Bretagne à un examen attentif. Lord Howe nous attaqua le 1er juin, avec une très grande résolution. L'engagement du 29 mai lui avait donné la conscience de sa force et la mesure de notre faiblesse. Il n'avait plus devant lui les escadres qui avaient obligé l'Angleterre à reconnaître l'indépendance des Etats-Unis d'Amérique. Les signaux qu'il fit à son armée, au moment où celle-ci laissa porter sur la nôtre, indiquent le but qu'il se proposait d'atteindre. Chaque vaisseau devait couper la ligne française, en passant sur l'arrière du vaisseau qui lui correspondait dans notre escadre, puis loffer et combattre ce même vaisseau en se plaçant sous le vent. Si, d'une part, l'intention de livrer une bataille décisive était manifeste, d'autre part, il n'y avait, dans cette manœuvre, aucune combinaison tendant à porter sur une partie quelconque de notre ligne des forces supérieures afin de l'écraser avant qu'elle pût être secourue. Quelques vaisseaux traversèrent notre ligne ; d'autres tentèrent cette manœuvre sans parvenir à l'exécuter. Le plus grand nombre nous combattit au vent. Quoi qu'il en soit, on commettrait une erreur en attribuant à l'amiral Howe des combinaisons auxquelles il n'a pas songé et, dans tous les cas, que son armée n'a pas exécutées. La rencontre du 1er juin est, au contraire, un de ces combats de mer, très nombreux d'ailleurs, dans lesquels l'action des capitaines et la valeur des bâtiments jouent le rôle principal. Nous avons montré l'insuffisance manifeste des états-majors et des équipages de la flotte française, et, d'autre part, notre faiblesse au point de vue de la manœuvre. Il n'y a pas lieu de revenir sur ces deux points, mais il reste à examiner les effets de l'artillerie. Les Anglais comptaient, dans les combats des 28 et 29 mai et du 1er juin deux cent quatre-vingt-treize tués et huit cent cinquante-cinq blessés. Cinq mille hommes environ furent mis hors de combat sur notre escadre. Ce chiffre comprenait les pertes éprouvées par les bâtiments que l'amiral Villaret avait abandonnés à l'ennemi. Les coques et les mâtures de nos bâtiments subirent de grands dommages. Plusieurs vaisseaux français se trouvèrent réduits à l'impuissance, alors que les bâtiments contre lesquels ils luttaient n'avaient que de légères avaries et comptaient à peine quelques hommes tués ou blessés. Les vaisseaux anglais, rendus ainsi disponibles, rejoignirent leurs compagnons pour accabler ceux de nos vaisseaux dont la résistance se prolongeait. Nous allons montrer par des exemples, pris dans les incidents de la journée du 1er juin, que les choses se passèrent ainsi.

Aussitôt que les premiers coups de canon furent tirés, la *Queen-Charlotte* gouverna sur le vaisseau amiral français. Ce trois ponts fut exposé aux bordées des navires qui formaient notre centre, et particulièrement au feu du *Juste*, de la *Montagne* et du *Jacobin*. Après avoir traversé la ligne, la *Queen-Charlotte* combattit plusieurs vaisseaux. A la fin de la journée, ses pertes s'élevaient à quarante-deux hommes tués ou blessés. Le vaisseau amiral français comptait trois cents hommes hors de combat. Le *Royal-Sovereign*, portant le pavillon du contre amiral Graves, ayant le numéro cinq dans la ligne anglaise, attaqua le *Terrible*, vaisseau à trois ponts qui occupait le même rang dans la nôtre. Le pavillon du contre amiral Bouvet flottait à bord de ce dernier bâtiment. Le *Terrible* combattit avec la plus grande vigueur; néanmoins, après un engagement d'une heure, il s'éloigna démâté de son grand mât et de son mât d'artimon. Le *Royal-Sovereign* voulut poursuivre son adversaire, mais il fut arrêté par le vaisseau la *Montagne* avec lequel il échangea des boulets. Ainsi, le *Royal-Sovereign* après avoir obligé un vaisseau de sa force à battre en retraite, fut encore en mesure de combattre la *Montagne* et d'envoyer des bordées à quelques autres batiments. Ce trois-ponts eut, le 1er juin, six hommes tués et vingt-deux blessés. Si nous ajoutons à ces chiffres les pertes éprouvées, le 29 mai, par le *Royal-Sovereign*, un des quatre vaisseaux qui souffrirent le plus, ce jour-là, dans l'armée anglaise, nous arrivons à un total de quatorze tués et de quarante-quatre blessés pour les deux affaires. La manœuvre n'eut aucune part dans la lutte du *Terrible* et du *Royal-Sovereign*; le canon seul y joua un rôle. Nous pourrions facilement multiplier les faits de cette nature, car toute la bataille est là. Lorsqu'on rapproche le nombre d'hommes mis hors de combat dans les deux armées du décret de la Convention, supprimant, sur la proposition de Jean-Bon-Saint-André, le corps spécial chargé de servir l'artillerie de nos vaisseaux, la clarté se fait sur les événements que nous rapportons. On comprend combien la lutte était difficile pour nos marins dans les conditions déplorables où les plaçait une administration inintelligente. De justes critiques pouvaient être adressées à nos adversaires. Le capitaine du *Cesar*, chef de file de l'armée anglaise, ne s'était pas conformé à l'ordre qui prescrivait de combattre de près. Traduit devant un conseil de guerre, il perdit son commandement. Un vaisseau, qui n'eut pas un homme atteint, le *Thunderer*, fut aperçu, à onze heures du matin, au vent et à grande distance du champ de bataille, par un des navires amiraux qui lui fit le signal de se porter au feu. On a le droit de s'étonner que lord Howe, qui disposait d'un grand nombre de vaisseaux en état de combattre, n'ait pas empêché l'amiral Villaret de dégager le *Scipion*, le *Mucius*, le *Jemmapes* et le *Républicain*. Enfin, n'est-il pas surprenant que l'ennemi soit resté, depuis deux heures de l'après-midi jusqu'à la fin du jour, immobile en présence de notre escadre, se contentant du succès qu'il avait remporté. En résumé l'étude des engagements des 28 et 29 mai et de l'action générale du 1er juin montre les chances heureuses réservées à notre escadre, si elle avait été plus solidement organisée, et elle fait regretter davantage l'ignorance qui avait présidé à l'armement de nos vaisseaux.

Quelques historiens ont reproché à l'amiral Villaret de ne pas avoir dégagé les vaisseaux démâtés qui se trouvaient au milieu de la flotte anglaise. D'autres ont dit que le conventionnel Jean-Bon-Saint-André avait opposé son veto tout-puissant à la volonté formellement exprimée par l'amiral de se porter au secours des sept vaisseaux français qui restaient au vent de notre armée. Ces assertions ne nous semblent pas justifiées. L'amiral Villaret dit dans une lettre adressée au Comité de salut public : « Je fis virer sept à huit vaisseaux, qui étaient devant moi, pour revenir à la charge et rejoindre l'arrière-garde, dont je n'avais nulle connaissance. Le mouvement fut exécuté. Mais quelle fut ma surprise de voir tous les bâtiments qui formaient cette partie de l'armée démâtés, pêle-mêle avec les Anglais. Ne pouvant pas assez gagner le vent pour les couvrir, je mis en panne par leur travers, pour donner la facilité à ceux qui avaient déjà regréé quelques gaules d'arriver sur moi. » Que les vaisseaux, dont la mâture était en bon état, eussent la possibilité de se porter sur l'ennemi, cela n'était pas douteux. Ces bâtiments auraient promptement atteint, en louvoyant, un groupe de navires démâtés. Mais là n'était pas la question. Il s'agissait de savoir si l'amiral Villaret-Joyeuse était en mesure d'amener des forces suffisantes pour couvrir des vaisseaux qui étaient incapables de prendre part à un nouvel engagement. Le feu, commencé, vers neuf heures du matin, ainsi que nous l'avons dit, avait complètement cessé à deux heures de l'après-midi. A ce moment, les vaisseaux anglais, obéissant aux ordres de l'amiral Howe, manœuvraient pour entourer les bâtiments désemparés ou les prises, car quelques-uns des nôtres avaient amené leurs couleurs. Sur les dix-neuf vaisseaux qui restaient à l'amiral Villaret, le *Mucius*, le *Jemmapes* et le *Scipion* étaient démâtés. Le *Terrible*, qui portait le pavillon de l'amiral Bouvet, n'avait qu'un bas-mât. Le *Républicain*, que montait l'amiral Nielly, était dans la même situation. Le *Tyrannicide*, démâté le 29 mai, était remorqué par le *Trajan*. Enfin, le *Trente-et-un-Mai* et la *Montagne*, par suite de leurs avaries, étaient hors d'état de s'élever au vent. En conséquence, si l'amiral avait voulu dégager les bâtiments qui ne pouvaient pas le rejoindre, il n'eût disposé, pour cette tentative, que de douze ou treize vaisseaux. Quelle était la situation de nos adversaires? Sur les vingt-cinq vaisseaux composant l'armée anglaise, un, le *Brunswick* avait disparu. Ce vaisseau, à la suite de son combat avec le *Vengeur*, était tombé sous le vent. Le capitaine du *Brunswick* avait été grièvement blessé. L'officier appelé à le remplacer, désespérant de rejoindre son escadre, s'était dirigé vers le nord. Quatorze vaisseaux avaient leurs bas-mâts et leurs mâts de hune intacts. La *Queen-Charlotte* et le *Bellerophon* étaient sans mâts de hune. Deux vaisseaux anglais n'avaient plus de bas-mâts, et trois n'en conservaient qu'un seul. Voilà pour le matériel. Quant au personnel, les pertes faites par l'escadre anglaise n'étaient par assez grandes pour empêcher lord Howe de continuer la lutte. On peut même dire en se plaçant à ce point de vue qu'elles étaient insignifiantes.

Il résulte de ce qui précède que les vaisseaux ennemis, à l'exception du *Brunswick*, du *Malborough*, de la *Queen-Charlotte*, du *Defence* et du *Royal-George*, étaient en état de combattre. Cinq trois-ponts anglais pouvaient se mettre en ligne. Il est donc difficile de croire, ainsi que cela a été dit, qu'il eût suffi à l'amiral Villaret de faire un bord avec les navires en mesure de le suivre pour permettre aux vaisseaux désemparés de le rallier. A moins de supposer que la flotte anglaise resterait immobile, il fallait, pour obtenir ce résultat, livrer une seconde bataille dans les conditions que nous venons d'indiquer. L'amiral Villaret jugea-t-il qu'il ne réussirait pas dans cette entreprise? Il y a lieu de le croire. Dans tous les cas, on doit regarder comme certain qu'il céda à des considérations de cette nature lorsqu'il se résigna au cruel sacrifice d'abandonner sept vaisseaux à son adversaire. Toutefois, s'il ne crut pas possible de se porter de nouveau sur l'armée anglaise, il demeura sur le champ de bataille prêt à recevoir l'attaque de lord Howe, si celui-ci voulait recommencer le combat. Notre situation, dans cette dernière hypothèse, eût été meilleure puisque plusieurs vaisseaux, hors d'état de louvoyer, auraient pu tirer du canon. Il est inutile de dire que Villaret-Joyeuse ne renonça pas à l'offensive, dans l'après-midi du 1er juin, sans avoir préalablement consulté le délégué du Comité de salut public. Nous ne saurions dire ce qui se passa entre l'amiral et le représentant, et indiquer la part de responsabilité incombant à ce dernier dans la manœuvre de l'escadre. Mais, d'autre part, aucun témoignage, digne de foi, ne montre Villaret-Joyeuse cédant à l'injonction impérieuse de Jean-Bon-Saint-André qui ordonne la retraite. Il se peut que le représentant ait rappelé à l'amiral les instructions du gouvernement prescrivant d'éviter toute rencontre avec l'ennemi excepté dans le cas où le salut du convoi l'exigerait. Comme nous n'avions aucune nouvelle de Van-Stabel, cette considération était évidemment un des éléments de la question que le chef politique et le chef militaire de la flotte avaient à débattre, au moment où renoncer à un nouveau combat c'était déclarer la partie perdue. Mais il nous paraît hors de doute que cette décision, fondée sur des raisons purement maritimes, fut prise par l'amiral et le représentant, tous deux parfaitement d'accord sur ce point.

Peu après la rentrée de nos vaisseaux sur la rade de Brest, il se forma, dans les états-majors, un parti qui jugea très sévèrement les opérations de la campagne et la conduite des principaux officiers de l'armée. On dit que les fautes de l'amiral Villaret avaient amené la perte de la bataille livrée le 1ᵉʳ juin. Enfin, ainsi que cela se pratiquait, à cette époque, toutes les fois qu'on voulait agir fortement sur l'opinion, les mots de trahison et de lâcheté furent prononcés. Les ambitieux et les mécontents renouvelaient les manœuvres qui avaient si bien réussi au retour de l'escadre commandée par l'amiral Morard de Galle. Ils espéraient créer, à la tête de l'armée, des vacances qu'ils seraient appelés à remplir. L'union étroite de Jean-Bon-Saint-André et de Villaret déjoua ces calculs. Il était injuste d'attaquer les officiers généraux. Les contre-amiraux Nielly et Bouvet avaient donné l'exemple de la bravoure et du dévouement. Le commandant en chef avait fait, comme amiral, tout ce qui était en son pouvoir pour tirer parti d'une mauvaise escadre. D'autre part, la *Montagne*, sur laquelle flottait son pavillon, avait eu, le 1ᵉʳ juin, trois cents hommes hors de combat. Des critiques, s'adressant à l'inactivité de l'escadre, lors de sa rentrée à Brest, furent formulées. Celles-là étaient méritées, mais elles avaient d'autant moins de chances d'être accueillies que le coupable, en cette circonstance, était Jean-Bon-Saint-André.

V

Le moment critique était venu pour le représentant. Omnipotent pendant la sortie de l'escadre, il retrouvait des maîtres en rentrant au port. La flotte avait pris la mer sous les plus brillants auspices. Le Comité de salut public, très ignorant des choses de la marine, avait cru, sur les assurances données par Jean-Bon-Saint-André, que l'armée navale était invincible. Or, après une courte campagne, elle revenait ayant laissé sept vaisseaux entre les mains de l'ennemi. Comment avions-nous pu subir un tel désastre? Voilà ce qu'il fallait expliquer. Le représentant était responsable de notre défaite envers le Comité de salut public, puisque l'organisation de l'escadre était son œuvre. L'amiral, lui aussi, se trouvait dans une position difficile. Ayant été vaincu, il risquait sa tête. Villaret-Joyeuse avait adressé au ministre de la marine, pour l'informer des résultats de la bataille du 1ᵉʳ juin, un rapport renfermant de nombreuses inexactitudes. Il semblait que l'amiral se fut surtout préoccupé de sauvegarder sa personne et celle du représentant. La rédaction calculée de ce document faisait retomber sur les capitaines la responsabilité de la journée. Jean-Bon-Saint-André avait écrit, le 9 juin, à son collègue, Prieur (de la Marne) : « Le combat le plus terrible, le plus sanglant dont l'histoire de la marine fasse mention a eu lieu hier entre les deux armées. Les dispositions étaient bien prises, tout nous présageait un beau succès. Le capitaine du *Jacobin* a tout dérangé... Le général a parfaitement rempli son devoir. » Le 11 juin, Prieur de la Marne écrivait au Comité de salut public : « Il n'y a surtout qu'un cri contre le capitaine du *Jacobin*. Il est destitué ainsi que quelques autres dont la conduite sera examinée par le tribunal révolutionnaire. Il paraît que Villaret a montré la plus grande intrépidité et le plus grand sang-froid, et que, sans la lâcheté de l'avant-garde, loin de perdre des vaisseaux, nous aurions enlevé ceux des Anglais. Il est constant que trois vaisseaux anglais, dont un à trois ponts, ont coulé bas pendant le combat. » Il n'est pas nécessaire que nous fassions remarquer l'aisance avec laquelle Prieur de la Marne, qui n'a pas assisté à la bataille du 1ᵉʳ juin, parle de capitaines qui se sont montrés indignes du poste qui leur a été confié et de la lâcheté de l'avant-garde, sans laquelle, loin de perdre des vaisseaux, nous aurions enlevé ceux des Anglais qui étaient démâtés. Qui aurait osé, après cette violente attaque contre les capitaines de l'escadre, demander compte à ces conventionnels des mesures qu'ils avaient prises pour mettre notre flotte en état de lutter contre celle de l'Angleterre ? En s'emparant, après tout événement, du rôle facile d'accusateur, le Comité de salut public et ses délégués se plaçaient à une hauteur où nul ne pouvait les atteindre. Ils déconcertaient la critique et échappaient à toute responsabilité. Quoi qu'il en soit, la cause du représentant et de l'amiral triompha. Ce fut sur les capitaines que s'appesantit la sévérité du Comité. Le capitaine Bompard, du *Montagnard,* qui s'était séparé de l'armée, fut mis en prison. Il en fut de même du capitaine Gassin, du *Jacobin*, accusé par Jean-Bon-Saint-André d'avoir laissé couper la ligne. Les capitaines Langlois, du *Tourville,* Tardy, du *Gasparin,* Berrade, du *Pelletier,* Lucadou, du *Patriote*, Allary, de la *Convention*, Dumoutier, du *Trajan,* furent destitués. Les officiers ainsi frappés étaient, en général, peu dignes d'intérêt. La plupart d'entre eux avaient obtenu les grades dont on les privait, en prononçant, dans les clubs, des discours violents. On avait commis, en les nommant, une injustice beaucoup plus grande qu'en les renvoyant du service. Toutefois, le gouvernement, avec plus de réflexion, n'eût pas fait et défait des officiers avec cette facilité; il n'eut pas destitué, sans jugement, ceux dont il était mécontent. Le régime du bon plaisir, substitué à celui de la loi, enlevait au nouvel état-major la considération dont il avait d'autant plus besoin qu'il était moins capable.

Parmi les officiers destitués figurait le capitaine Lucadou. Nous avons dit comment celui-ci avait été nommé capitaine de vaisseau et commandant du *Patriote*. Pendant la courte campagne de l'escadre de Brest, le capitaine Lucadou ne s'était fait remarquer ni par son zèle pour le service, ni par son dévouement à la chose publique. Jean-Bon-Saint-André avait consigné, sur son journal, les réflexions fâcheuses que lui inspirait la conduite de son ancien protégé. Le capitaine Lucadou, loin d'accepter sa disgrâce avec résignation, ne cessa de protester contre le traitement qui lui était infligé. Dans une des nombreuses pétitions qu'il adressa au gouvernement pour obtenir d'être réintégré dans son grade, il citait les principaux événements maritimes survenus depuis le commencement de la guerre, et il expliquait nos échecs par la trahison des anciens officiers. Arrivé au combat du 1er juin 1794, il disait : « Faut-il vous tracer la lâche trahison de ce combat, sous Villaret-Joyeuse, toujours protégé par les bureaux de la marine, qui n'ont cessé de victimer les Républicains qui, par leur bravoure, avaient sauvé l'honneur du pavillon dans cette action. » Or, l'homme, qui tenait ce langage, était un des signataires d'une lettre déjà citée, dans laquelle les représentants en mission à Brest étaient vivement sollicités de confier le commandement de l'armée à Villaret-Joyeuse. Enfin, loin de sauver l'honneur du pavillon dans l'affaire du 1er juin 1794, ainsi qu'il le disait dans son mémoire, il s'était fort peu battu. Le capitaine Lucadou, qui se trouvait, à Paris, pendant les journées de vendémiaire, combattit les royalistes dans les rangs des troupes républicaines. Néanmoins, en 1814, il n'éprouva pas la moindre hésitation à adresser à Malouet, alors ministre de la marine, une nouvelle pétition dans le but d'obtenir sa réintégration dans le corps des officiers ou une place. Il ne parlait, dans son mémoire, que de son inaltérable attachement à l'autorité royale. Il avait, disait-il, conservé ces sentiments pendant la Révolution, et c'était pour les avoir manifestés avec trop de franchise qu'il avait été destitué de son grade par Jean-Bon-Saint-André. Il osa même ajouter qu'il avait refusé un trois-ponts qu'on lui offrait pour prendre le *Patriote* « par ce seul motif que l'infortuné monarque que la France venait d'immoler avait monté ce vaisseau à Cherbourg ».

Nous avons dit que le vaisseau le *Révolutionnaire* s'était séparé de l'armée, dans la nuit du 28 ou 29 mai, après avoir soutenu un combat d'arrière-garde contre plusieurs bâtiments ennemis. Ce vaisseau avait eu soixante-deux hommes tués et quatre-vingt-six blessés ; le capitaine Vandonghen et deux officiers avaient trouvé la mort dans cet engagement. Peu après que les vaisseaux anglais se furent éloignés, le *Révolutionnaire* démâta. Fort heureusement pour lui, les vents soufflaient du sud-ouest. Le nouveau capitaine fit route, vent arrière, vers la côte de France, avec une voile établie sur un tronçon de bas-mât. Rencontré, le lendemain par l'*Audacieux*, de la division Nielly, le *Révolutionnaire* fut pris à la remorque et conduit à Rochefort. Ainsi, d'une part, ce vaisseau avait bravement combattu ; d'autre part, en s'échappant pendant la nuit, il s'était soustrait à une capture inévitable. Au lieu de reconnaître que la conduite du capitaine, des officiers et de l'équipage avait été non seulement correcte mais digne d'éloges, Jean-Bon-Saint-André écrivit sur son journal, à la date du 29 mai : « En développant la ligne, nous nous aperçumes que le *Révolutionnaire* s'était séparé de nous. Ce vaisseau avait-il souffert de la canonnade de la veille et son état était-il tel qu'il ne pût pas continuer à suivre l'armée ?... D'ailleurs, pouvait-il se séparer de l'armée, sans en avoir demandé et reçu la permission et sans avoir fait connaître les besoins qui la nécessitaient. » La surprise que la disparition du *Révolutionnaire* semblait causer à Jean-Bon-Saint-André était fort étrange. Ce vaisseau avait supporté le feu de la division légère formée par l'amiral Howe pour harceler notre arrière-garde. Le combat ayant commencé plusieurs heures avant la fin du jour, l'amiral et le représentant ne pouvaient ignorer ce qui s'était passé. Il était de toute évidence, et personne n'en doutait dans l'armée, que ce vaisseau avait été abandonné. Au moment où avait lieu ce combat d'arrière-garde, l'armée française forçait de toile dans le but d'éloigner les Anglais du passage présumé du convoi. Il est probable que l'amiral et le représentant jugèrent plus conforme à l'esprit de leurs instructions de sacrifier ce vaisseau que de courir le risque d'un engagement dans les parages où nous nous trouvions. L'amiral et le représentant pouvaient avoir d'excellentes raisons pour en agir ainsi, mais il était contraire à la loyauté la plus vulgaire d'accuser le *Révolutionnaire* d'avoir quitté son poste. Cependant, les officiers (nous avons dit que le capitaine avait été tué) et les maîtres de ce vaisseau furent mis en prison. On les relâcha après cinq mois de détention, mais aucune satisfaction ne leur fut accordée.

Le 1er juin 1794, il y avait quatre jours que les escadres de la France et de l'Angleterre étaient en présence. Ni un officier ni un matelot, à bord de nos vaisseaux, n'ignorait la force véritable de l'ennemi. Cependant l'amiral Villaret écrivit à Paris que la flotte anglaise était forte de trente vaisseaux. « Le 1er juin, dit Jean-Bon-Saint-André dans son journal, l'armée anglaise parut au vent à nous, sur une ligne de front, faisant porter, vent arrière, sur l'armée de la République. Elle était formée alors de vingt-huit vaisseaux de ligne et on s'aperçut qu'il y en avait encore quelques-uns au vent, formant un corps de réserve. Le capitaine de la *Proserpine* nous a assuré en avoir compté trente-quatre dont huit à trois ponts. » Barère alla plus loin. Préoccupé de dégager la responsabilité du Comité de salut public, il ne craignit pas de dire que la flotte anglaise était plus forte que la nôtre de quatorze vaisseaux. N'ayant pas de victoire à annoncer, il voulait montrer notre escadre luttant héroïquement contre des forces écrasantes. Enfin, il parla des résultats de cette journée en termes assez vagues pour qu'il fût permis de croire que les pertes de l'ennemi n'étaient pas inférieures aux nôtres.

Le *Vengeur*, de soixante-quatorze, était au nombre des bâtiments français qui, dans l'après-midi du 1ᵉʳ juin 1794, n'étaient pas parvenus à se faire jour à travers l'escadre anglaise. Ce vaisseau avait soutenu contre le *Brunswick* un combat acharné. Il avait eu, en outre, à supporter le feu de deux vaisseaux dont un à trois ponts. Démâté de tous ses mâts, hors d'état de tirer un coup de canon, l'eau ayant envahi ses soutes à poudre, le *Vengeur* amena son pavillon. La position de ce vaisseau était tellement critique que son capitaine, ne se croyant pas le droit de sacrifier le reste de son brave équipage et ses blessés, fit mettre le pavillon en berne afin d'indiquer à l'ennemi qu'il avait un besoin pressant de secours. Lord Howe, dans son rapport à l'amirauté britannique, dit : « Le *Vengeur*, de soixante-quatorze, coula presque immédiatement après avoir été amariné ; les embarcations anglaises sauvèrent deux cent soixante-sept hommes. » Au moment où le *Vengeur* disparut dans les flots, le capitaine Renaudin était à bord d'un navire ennemi. A son arrivée en Angleterre, il fit dresser un procès-verbal des événements auxquels le *Vengeur* avait pris part depuis sa sortie de Brest. Un passage de ce document contenait ce qui suit : « Le vaisseau le *Vengeur* approchait sensiblement du moment où la mer allait l'engloutir. Le danger s'accroissait de la manière la plus alarmante, malgré les efforts de l'équipage à pomper et à puiser. Nous vîmes sortir du groupe ennemi deux de nos vaisseaux dont un, le *Trente-et-un-Mai*, passa près de nous. Il fit naître, parmi nous, quelques espérances de salut, mais elles furent bientôt évanouies. Il se disposait à nous prendre à la remorque, lorsque les Anglais se débrouillèrent et le forcèrent de s'éloigner en chassant de notre côte. L'eau avait gagné l'entrepont; nous avions jeté plusieurs canons à la mer et la partie de notre équipage qui connaissait le danger répandait l'alarme. Ces mêmes hommes, que tous les efforts de l'ennemi n'avaient pas effrayés, frémissaient à l'aspect du malheur dont ils étaient menacés. Nous étions tous épuisés de fatigue ; les pavillons avaient été amarrés en berne. Plusieurs vaisseaux anglais ayant mis leurs canots à la mer, les pompes furent bientôt abandonnées. Ces embarcations, arrivées le long du bord, reçurent tous ceux qui, les premiers, purent s'y jeter. A peine s'étaient-elles éloignées que le plus affreux spectacle s'offrit à nos regards : ceux de nos camarades qui étaient restés sur le *Vengeur*, les mains levées au ciel, imploraient, en poussant des cris lamentables, des secours qu'ils ne pouvaient plus espérer. Bientôt disparurent et le vaisseau et les malheureuses victimes qu'il contenait. Au milieu de l'horreur que nous inspirait ce tableau déchirant, nous ne pûmes nous défendre d'un sentiment mêlé d'admiration et de douleur. Nous entendîmes, en nous éloignant, quelques-uns de nos camarades former encore des vœux pour leur patrie. Les derniers cris de ces infortunés furent ceux de : Vive la République. Ils moururent en les prononçant. Plusieurs hommes revinrent sur l'eau, les uns sur des planches, d'autres sur des mâts et d'autres débris du vaisseau. Ils furent sauvés par un cutter, une chaloupe et quelques canots, et conduits à bord des vaisseaux anglais. » Ce procès-verbal portait la date du 19 juin. Le rapport de l'amiral anglais avait paru huit jours auparavant, c'est-à-dire le 11. Cependant, le 10 juillet, alors qu'il ne pouvait ignorer la vérité, Barère, en annonçant la catastrophe du *Vengeur*, dit à la tribune de la Convention : « Imaginez le vaisseau le *Vengeur* percé de coups de canon, s'entr'ouvrant de toutes parts et cerné de tigres et de léopards anglais, un équipage composé de blessés et de mourants, luttant contre les flots et les canons. Tout à coup le tumulte du combat, l'effroi du danger, les cris de douleur des blessés cessent ; tous montent ou sont portés sur le pont. Tous les pavillons, toutes les flammes sont arborés ; les cris de vive la République, vive la liberté et la France se font entendre de tous côtés ; c'est le spectacle touchant et animé d'une fête civique plutôt que le moment terrible d'un naufrage. Un instant, ils ont dû délibérer sur leur sort. Mais non, citoyens, nos frères ne délibérèrent plus, ils voient l'Anglais et la Patrie. Ils aimeront mieux s'engloutir que de la déshonorer par une capitulation ; ils ne balancent point ; leurs derniers vœux sont pour la liberté et pour la République, ils disparaissent. ». La légende du *Vengeur* est née de ce récit.

On voit, d'après ce qui précède, combien il est difficile, en ne consultant que les documents officiels, de connaître la vérité. A en croire Barère, l'escadre française s'est couverte de gloire. Suivant Jean-Bon-Saint-André, nous nous sommes battus avec acharnement ; toutefois, un vaisseau, le *Jacobin*, a fait une manœuvre compromettante pour l'armée. Prieur de la Marne attribue la perte de la bataille non seulement au capitaine du *Jacobin* mais à la lâcheté de l'avant-garde, et il annonce le prompt châtiment des coupables. Nous devons signaler ces excès de langage et ces inexactitudes calculées. La vérité suffit à expliquer notre défaite. Si on se rappelle la situation de l'escadre de Brest, au moment de son départ, la perte de la bataille du 1er juin n'est que trop facile à comprendre. Nous voulons tenir la mer sans marins, tirer du canon sans artilleurs et naviguer, en escadre, avec des officiers n'ayant, pour la plupart, aucune connaissance de la tactique navale, comment, dans de telles conditions, être surpris que le succès ne réponde pas à notre attente?

Jean-Bon-Saint-André pensait, à son arivée à Brest, que l'entraînement, la chaleur de l'âme, un coup d'œil rapide, ainsi qu'il le disait dans un discours prononcé, le 6 février 1793, à la Convention, devaient, chez des marins français, suffire à tout. Ses illusions, sur ce point, n'avaient pas été de longue durée. Non seulement il en était venu à reconnaître la nécessité de la méthode, mais il voulait tout réglementer. Il décida que désormais il y aurait, sur les bâtiments, un cours d'instruction pour les officiers. Chaque jour, à la mer, à moins que le service ne s'y opposât, il était prescrit aux capitaines de réunir dans la chambre du conseil les membres de leur état-major et de les interroger sur les principes de la tactique et sur les manœuvres d'escadre. La connaissance des lois relatives à la marine, des décrets de la Convention nationale et des arrêtés pris par les représentants du peuple, ayant pour objet le service des vaisseaux et des armées navales, étaient compris dans le programme tracé par Jean-Bon-Saint-André. Au mouillage, le même enseignement était donné aux commandants par le major général. Il était prescrit aux capitaines de tenir note des progrès faits par les officiers placés sous leurs ordres. La même recommandation était adressée aux majors généraux, en ce qui concernait les capitaines. Ces renseignements étaient transmis au ministre. Ce nouveau règlement, quoiqu'il ne dût exercer aucune influence, annonçait, de la part de celui qui en était l'auteur, un retour à des idées plus sages. Il y avait des capitaines, et c'était le plus grand nombre, qui ne savaient rien. Quelles leçons ceux-là pourraient-ils donner à leurs états-majors? Enfin, la plupart des officiers nommés depuis 1793, n'ayant aucun fonds d'instruction, étaient, par cela même, dans l'impossibilité de suivre avec fruit les cours établis par Jean-Bon-Saint-André. Ce représentant fit décider par le Comité de salut public que les officiers généraux, commandant en chef et en sous-ordre, seraient tenus de transporter leur pavillon, dans les combats et dans les grandes évolutions, ou même dans l'ordre de marche, s'ils le jugeaient convenable, sur l'une des frégates attachées à l'armée.

Jean-Bon-Saint-André, se souvenant de la manœuvre du *Jacobin* dans la journée du 1ᵉʳ juin, prit un arrêté ainsi conçu : « Aucun capitaine de vaisseau ne souffrira que la ligne soit coupée. Si l'ennemi manœuvrait pour la couper devant ou derrière lui, il manœuvrera pour l'empêcher, et il se laissera plutôt aborder que de le souffrir. Le commandant d'un vaisseau, au poste duquel la ligne se trouvera coupée, sera puni de mort. » Cet arrêté, soumis à la Convention, fut adopté par cette assemblée.

VI

La fin de l'année 1794 s'écoula sans amener de nouvelle rencontre entre les escadres des amiraux Howe et Villaret-Joyeuse. Peu de temps après le combat du 1ᵉʳ juin 1794, les Anglais reparurent sur nos côtes. Dans les premiers jours de septembre, l'amiral Howe se montra au large d'Ouessant avec trente-quatre vaisseaux de ligne. Des frégates se tinrent devant Brest pour surveiller nos mouvements. Toutefois, des bâtiments isolés et des divisions de notre escadre réussirent à prendre la mer. Au commencement du mois de novembre, le contre-amiral Nielly croisait, à cent lieues environ dans l'ouest du cap Finistère, avec les vaisseaux de soixante-quatorze, le *Tigre*, sur lequel il avait son pavillon, les *Droits-de-l'Homme*, le *Marat*, le *Pelletier* et le *Jean-Bart*. Le 6, pendant la nuit, cette division chassa deux bâtiments dans lesquels on reconnut, lorsque le jour se fit, des vaisseaux anglais. L'un deux parvint à s'échapper. L'autre, l'*Alexander*, de soixante-quatorze, canonné par les *Droits-de-l'Homme*, le *Marat* et le *Jean-Bart*, amena son pavillon. L'*Alexander* avait d'importantes avaries dans sa mâture, et ses pertes s'élevaient à une quarantaine d'hommes tués ou blessés. Les trois bâtiments français qui l'avaient combattu étaient fort endommagés, et chacun d'eux avait perdu autant d'hommes que le bâtiment anglais. Ce résultat indique ce que valaient nos canonniers. L'amiral Nielly se dirigea sur Brest où il entra quelques jours après avec le vaisseau capturé.

Le Comité de salut public insistait très vivement pour que la flotte que commandait l'amiral Villaret-Joyeuse reprît la mer. Le ministre écrivait de nombreuses dépêches pour hâter les travaux de réparation. Mais les autorités du port, par suite de l'insuffisance des approvisionnements, rencontraient les plus grands obstacles pour mettre nos vaisseaux en état d'appareiller. Au commencement du mois de décembre, le gouvernement décida que six vaisseaux, placés sous les ordres du contre-amiral Renaudin, seraient envoyés à Toulon. L'escadre de Brest devait sortir avec cette division. Dans une tentative d'appareillage, qui eut lieu, le 24 décembre, le vaisseau à trois ponts, le *Républicain*, se perdit sur la roche Maingan. Le 29, l'amiral Villaret-Joyeuse conduisit ses bâtiments à Camaret. Le lendemain, il prit la mer. L'armée comprenait trente-cinq vaisseaux, quatre à trois ponts, trois de quatre-vingts et vingt-huit de soixante-quatorze, treize frégates et quelques corvettes. Après avoir escorté, au large, la division du contre-amiral Renaudin, l'amiral Villaret-Joyeuse devait tenir la mer, sur nos côtes, pendant quinze jours. L'envoi en croisière, dans cette saison, de l'escadre de Brest, dénotait, de la part de ceux qui dirigeaient la marine, l'ignorance la plus complète de ce service. Parmi les vaisseaux réunis sous le pavillon de l'amiral Villaret, quelques-uns, par suite de l'insuffisance des ressources du port, n'avaient que très incomplètement réparé les avaries provenant de la bataille du 1er juin 1794. Plusieurs d'entre eux avaient des mâts jumelés et des gréements en mauvais état. D'autres étaient de vieux bâtiments qui n'avaient plus la solidité nécessaire pour supporter le mauvais temps. Ces derniers, il eût été possible de les employer mais à la condition de les réserver pour une campagne moins pénible. A la mauvaise situation du matériel venait se joindre l'inexpérience du personnel. Enfin, la pénurie des subsistances était telle que l'administration du port de Brest avait eu à vaincre les plus grandes difficultés pour donner un mois de vivres à tous les bâtiments. Les vaisseaux du contre-amiral Renaudin étaient les seuls qui eussent des approvisionnements pour plusieurs mois. Il n'y avait pas un détail de cette situation qui n'eût été porté à la connaissance du ministre. De plus, des officiers, appelés à Paris et consultés sur l'opportunité d'une nouvelle sortie, avaient énergiquement protesté contre toute mesure de ce genre. C'était alors que le Comité de salut public, mécontent de l'opposition qu'il rencontrait et voulant, d'autre part, empêcher toute objection nouvelle de se produire, avait envoyé à l'amiral Villaret l'ordre impératif de mettre sous voiles. L'escadre reçut plusieurs coups de vent du nord-est au sud-est qui la poussèrent au large. Sur ces bâtiments en mauvais état les avaries se succédèrent rapidement. Trois vaisseaux, le *Neuf-Thermidor*, le *Scipion* et le *Superbe* coulèrent au milieu de l'escadre. On parvint avec beaucoup de peine à sauver les équipages à l'exception de quelques hommes qui furent noyés. Le *Neptune* n'évita le même sort qu'en se jetant à la côte, sur les vases de Perros; il ne put être relevé. Le capitaine du *Téméraire* réussit à conduire à Saint-Malo son navire qui était sur le point de couler. Le *Fougueux* relâcha à l'île de Groix. Il fallut prendre des vivres aux vaisseaux qui allaient à Toulon pour en donner aux autres bâtiments. L'amiral Renaudin se trouva ainsi empêché de suivre sa destination. Les vents étant fort heureusement passés au nord-ouest, l'escadre put faire route sur Brest où elle mouilla le 2 février. Le *Majestueux* et le *Révolutionnaire* avaient sept pieds d'eau dans la cale. Si les vents de nord-ouest, qui avaient permis à l'escadre de regagner Brest, avaient soufflé vingt-quatre heures plus tard, ces deux vaisseaux auraient disparu comme le *Neuf-Thermidor*, le *Superbe* et le *Scipion*. La corvette la *Daphné*, soixante-dix navires marchands et quinze cents prisonniers furent les trophées de la croisière du grand hiver. Les marins désignèrent ainsi cette malheureuse sortie. De tels avantages étaient une faible compensation pour un aussi grand désastre.

Lorsque Jean-Bon-Saint-André, revêtu de pouvoirs extraordinaires, était arrivé à Brest, au mois d'octobre 1793, la plupart des capitaines avaient été, par son ordre, enlevés à leurs bâtiments. Les uns avaient péri sur l'échafaud révolutionnaire, les autres avaient été mis en prison ou destitués. Après avoir pourvu à leur remplacement, il s'était empressé d'informer le Comité de salut public que la République pouvait désormais compter sur l'escadre de Brest. Notre flotte avait pris la mer et elle était rentrée après avoir livré le combat du 1er juin. A ce moment, Jean-Bon-Saint-André n'était plus aussi satisfait de son œuvre. Ces officiers, dont naguère il vantait les mérites, il les dénonça à la vindicte publique. Huit capitaines de vaisseau furent emprisonnés ou destitués. De nouveaux officiers prirent la place de ceux qu'on venait de chasser aussi honteusement. Après cette seconde épuration, on devait croire que la composition des états-majors ne laissait plus rien à désirer. Or, à son retour de la croisière du grand hiver, l'amiral Villaret écrivit au ministre : « Je ne puis te cacher, et les représentants du peuple ne le céleront pas au Comité de salut public, que nous avons des capitaines de vaisseau au-dessous du médiocre. » Les officiers commandant les frégates étaient l'objet de plaintes très vives. Non seulement ils étaient incapables, mais on ne trouvait chez eux aucun esprit militaire. Leur seule préoccupation était de faire des prises sur le commerce ennemi. Des accusations de pillage pesaient sur la plupart d'entre eux. Nos frégates, disait Villaret, fuient tout bâtiment qui n'offre pas « quelque aliment à leur cupidité ». Il priait le ministre « de sévir contre les faibles et les pillards ». On peut juger, par ce qui précède, de la valeur des réformes faites dans le personnel par Jean-Bon-Saint-André. L'amiral Villaret disait aussi : « Le code pénal est insuffisant. Si on ne rend pas aux officiers mariniers les moyens d'activer les équipages, jamais on n'atteindra cette précision et cette célérité dans les manœuvres dont dépendent les succès des combats. » Conformément aux ordres venus de Paris, le port de Brest employa toutes ses ressources pour mettre les vaisseaux du contre-amiral Renaudin en état d'appareiller. Le 22 février, cet officier général se dirigea sur Toulon avec six vaisseaux. Lord Howe, qui commandait l'escadre du canal, était resté dans le port pendant les mauvais temps que notre flotte avait essuyés au large. Il prit la mer, le 14 février, à la tête de quarante-deux vaisseaux et d'un nombre à peu près égal de frégates et de corvettes. Sous la protection de cet immense armement, les convois destinés pour les Indes orientales et occidentales firent route pour leur destination. Après avoir acquis la certitude que nous étions rentrés à Brest, lord Howe ramena son armée dans les ports d'Angleterre.

Le 26 mai 1794, les membres du Comité de salut public, cédant à des sentiments de haine, difficilement explicables chez des hommes politiques, avaient soumis à la Convention un projet de décret ordonnant que, désormais, il ne serait plus fait de prisonniers anglais ou hanovriens. Cette proposition avait été votée par l'Assemblée. Nous ne nous étendrons pas sur le caractère de cette mesure qui fut rapportée le 30 décembre.

LIVRE V

L'amiral Martin sort de Toulon. Son entrée au Golfe Juan. — Prise du vaisseau de soixante-quatorze, le Berwick. — Belle conduite de la frégate l'Alceste. — L'amiral Hotham appareille de la rade de Livourne avec quatorze vaisseaux. — Rencontre des deux escadres à la hauteur du cap Noli. — Le Mercure et le Sans-culottes se séparent de l'armée. — Engagement du 16 mars. Nous perdons les vaisseaux le *Censeur*, de quatre-vingts, et le *Ça-Ira*, de soixante-quatorze. — Belle défense de ces deux vaisseaux. — Les Anglais retournent à Livourne et les Français à Toulon. — L'amiral Martin appareille, le 8 juin, avec dix-sept vaisseaux. — Engagement du 12 juillet. — Manœuvre audacieuse de l'Alceste. — Explosion de l'Alcide. — Mouillage de l'escadre française dans la baie de Fréjus. — Les Anglais vont en Corse et les Français rentrent à Toulon.

I

Le contre-amiral Martin était sorti de Toulon, le 5 juin 1794, avec les vaisseaux le *Sans-Culottes*, de quatre-vingts, l'*Heureux*, le *Timoléon* et le *Duquesne* de soixante-quatorze. Il avait l'ordre de croiser sur la côte. Les forces navales placées sous le commandement de l'amiral Hood appuyaient les opérations des troupes britanniques en Corse. Cet officier général, informé par ses frégates du départ de notre escadre, mit sous voiles avec les vaisseaux à trois ponts, *Victory*, sur lequel il avait son pavillon, *Britannia*, *Princess-Royal*, *Windsor-Castle*, *Saint-Georges*, et les vaisseaux de soixante-quatorze, *Alcide*, *Terrible*, *Egmont*, *Bedfort*, *Captain*, *Fortitude*, *Illustrious* et *Berwick*. Le 10 juin, les deux escadres se trouvèrent en présence. Les Anglais se couvrirent de toile pour nous atteindre. Le 11, au point du jour, les deux armées étaient à quelques lieues l'une de l'autre. La supériorité numérique de l'ennemi imposait à l'amiral Martin le devoir d'éviter tout engagement. Il se dirigea sur le golfe Juan où il mouilla dans l'après-midi. Un seul bâtiment anglais, la frégate de vingt-huit, la *Dido*, s'approcha à portée de canon de nos vaisseaux. L'amiral Hood résolut de suivre notre escadre et de la combattre à l'ancre. Le calme étant survenu, il ne put mettre ce projet à exécution. Les Français prirent immédiatement les dispositions nécessaires pour présenter le travers à l'ennemi, si celui-ci se décidait à entrer dans la baie. Des batteries, armées avec des canons débarqués des vaisseaux, furent construites pour défendre les extrémités de la ligne d'embossage. Quelques jours s'écoulèrent pendant lesquels le calme et les vents contraires retinrent les Anglais au large. Lorsque la brise devint favorable, notre position parut à l'amiral Hood beaucoup trop forte pour qu'il nous attaquât avec quelque chance de succès. Il fit route pour la Corse avec quatre vaisseaux. Son lieutenant, le vice-amiral Hotham, resta en observation devant le golfe Juan avec neuf vaisseaux, trois de cent canons et six de soixante-quatorze. Dans les premiers jours de novembre, un coup de vent d'est ayant obligé l'ennemi à s'éloigner, l'amiral Martin ramena son escadre à Toulon. Au début de cette croisière, la frégate l'*Alceste* était tombée entre nos mains.

Au commencement de l'année 1795, l'escadre placée sous le commandement de l'amiral Martin se trouvait sur la rade de Toulon. Par suite du désordre qui régnait dans les ports depuis le commencement de la Révolution et de l'indiscipline des gens de mer, les matelots avaient disparu. C'était à peine si, sur cette escadre, forte de quinze vaisseaux, il y avait trois mille matelots. Néanmoins, le Comité de salut public prescrivit à l'amiral Martin de se tenir prêt à appareiller. On voulait reprendre la Corse aux Anglais. Dix mille hommes s'embarquèrent sur des bâtiments de transport réunis à Toulon. L'escadre, accompagnant le convoi, devait se rendre dans la baie de Saint-Florent. La conquête de la Corse achevée, l'amiral avait l'ordre de prendre quatre mille hommes et de les débarquer sur la côte d'Italie pour renforcer l'armée de Shérer. Tel était le plan arrêté par le Comité de salut public. Le représentant Letourneur, de la Manche, chargé de la surveillance de cette entreprise, ne put se dissimuler qu'elle était d'une exécution difficile. Sortir avec le convoi, sans être maître de la mer, c'était s'exposer à de grands risques. Le représentant écrivit à Paris pour demander l'autorisation de se porter, avec l'escadre seule, à la rencontre des Anglais. Il ajoutait que le convoi ferait route pour sa destination, aussitôt que nous aurions battu l'ennemi, ce qui ne lui semblait pas douteux. Le représentant disait : « Il faut chercher l'ennemi et le combattre. La flotte anglaise est, au plus, forte de quatorze vaisseaux, dont les équipages sont épuisés et incomplets. La nôtre est de quinze vaisseaux, et au moyen des ressources extraordinaires que j'ai puisées dans notre armée de terre pour suppléer au défaut des équipages, le service est assuré. Enfin, nous avons nos moyens incendiaires, la présence des représentants du peuple, et plus encore le désir de vaincre et l'énergie des troupes républicaines. » Le représentant Letourneur s'était rendu à bord de plusieurs vaisseaux, dont il avait, c'était lui-même qui le disait, électrisé les équipages. Soldats et marins avaient juré « spontanément » de vaincre ou de mourir, si les circonstances l'exigeaient, pour soutenir l'honneur du pavillon tricolore. Le représentant, qui était fort ignorant des choses de la marine, et qui, peut-être aussi, n'était pas doué d'un coup d'œil très pénétrant, avait basé sa conviction sur ces témoignages. Il avait, dans le succès de la campagne, une confiance entière.

Pendant que le représentant informait le Comité de salut public qu'il avait réglé, d'une manière satisfaisante, la question du personnel, l'amiral Martin écrivait à Dalbarade, commissaire de la marine et des colonies : « L'escadre de la Méditerranée, au nombre de quinze vaisseaux, quatre frégates et trois corvettes, est au moment de son départ. Le représentant Letourneur vient de me donner l'ordre de mettre sous voiles dès que le vent le permettra. Nos équipages ont été complétés par deux mille quatre cents hommes pris dans le bataillon de la Corrèze, dans la cent quatrième demi-brigade et dans la dix-huitième. Il n'est pas possible d'avoir des vaisseaux plus mal armés en marins que ceux du port la Montagne. Le nombre de militaires et de novices, qui n'ont pas été à la mer, s'élève à sept mille cinq cents hommes, sur un effectif de douze mille hommes, formant l'armement des quinze vaisseaux. En diminuant, sur la totalité, treize cents hommes, officiers ou officiers-mariniers, il reste à peu près deux mille sept cent vingt-quatre matelots répartis sur tous les vaisseaux. Nous avons plusieurs vaisseaux qui ne peuvent avoir, à leurs canons de trente-six, deux marins canonniers, c'est-à-dire le chef et le chargeur. » La situation des vaisseaux, au point de vue du matériel, n'inspirait pas à l'amiral Martin des inquiétudes moins sérieuses. Il ne fut tenu aucun compte de ses observations et l'ordre d'envoyer l'escadre à la mer arriva à Toulon.

Le contre-amiral Martin appareilla, le 1ᵉʳ mars 1795, avec les vaisseaux le *Sans-Culottes* de cent-vingt, le *Ça-Ira* et le *Tonnant* de quatre-vingts, la *Victoire*, l'*Alcide*, le *Barras*, le *Censeur*, le *Conquérant*, le *Duquesne*, le *Généreux*, le *Guerrier*, le *Mercure*, l'*Heureux*, le *Peuple-Souverain* et le *Timoléon*, de soixante-quatorze. Le représentant Letourneur continuait à être satisfait de toutes choses. En faisant connaître au Comité de salut public la sortie de l'escadre, il exprimait la confiance la plus parfaite dans la victoire. « J'espère, disait-il, que, par le premier courrier, je pourrai vous annoncer la défaite des Anglais et la reprise de la Corse. » Quelques jours après son départ, l'escadre arriva en vue de cette île. Le 8, dans la journée, un grand bâtiment fut aperçu. C'était le vaisseau de soixante-quatorze, le *Berwick*, parti, le matin, du golfe de Saint-Florent. Joint par nos bâtiments avancés, le vaisseau anglais amena son pavillon. D'après le représentant Letourneur, le *Berwick* n'aurait eu d'autre adversaire que l'*Alceste*. « Trois de nos frégates, écrivit-il, ont reçu l'ordre de chasser. L'*Alceste*, commandée par le brave Lejoille, lieutenant de vaisseau, a pris les devants, et, manœuvrant avec habileté, a coupé la route au vaisseau ennemi, l'a attaqué avec intrépidité, et l'a tellement désemparé dans sa mâture et son gréement qu'après un quart d'heure de combat elle a forcé le *Berwick* d'amener son pavillon, en présence de toute notre armée qui chassait en masse et dont plusieurs vaisseaux étaient déjà sur le point de l'atteindre. Les Anglais disent que le *Berwick* fut attaqué par trois frégates et que ce fut seulement après avoir été joint par deux vaisseaux, dont il reçut les premières bordées, qu'il amena son pavillon. Quoi qu'il en soit, le *Berwick* n'eut qu'un seul tué, son commandant, et six blessés, ce qui ne semble pas indiquer qu'il ait prolongé longtemps sa résistance. L'officier, qui avait pris le commandement du *Berwick*, après la mort du capitaine Adam Little John, fut acquitté par le conseil de guerre devant lequel il comparut, à son retour dans son pays. Le lieutenant de vaisseau Lejoille et l'aspirant de 1re classe Florimond Rainval furent nommés, le premier capitaine de vaisseau et le second enseigne de vaisseau. Ces deux promotions furent confirmées par le gouvernement. Enfin, la Convention nationale décréta, sur le rapport du Comité de salut public, « la mention honorable de la conduite de l'équipage et de l'état-major de la frégate l'*Alceste*, dans le combat livré par elle, le 8 mars 1795, à l'entrée du golfe de Saint-Florent, au vaisseau anglais le *Berwick*, de soixante-quatorze canons, qui s'était rendu au bout d'un quart d'heure. » Après avoir expédié le *Berwick* à Toulon, l'amiral Martin fit route vers la côte d'Italie à la recherche de l'ennemi. Le représentant n'avait plus qu'une crainte, c'était que les Anglais ne voulussent pas accepter le combat.

Le vice-amiral Hotham avait remplacé lord Hood à la tête des forces navales de la Grande-Bretagne dans la Méditerranée. Cet officier général était sur la rade de Livourne avec quatorze vaisseaux, lorsque, le 8 mars, il fut prévenu, par un exprès, envoyé de Gênes, qu'une escadre française avait été aperçue, le 6, au large des Iles Sainte-Marguerite. Le même jour, une de ses corvettes parut au large, ayant, en tête de ses mâts, le signal suivant : « Une flotte dans le nord-ouest ». L'amiral

Hotham prit la mer, le lendemain, avec quatorze vaisseaux, treize anglais et un napolitain.

Le 10, l'escadre anglaise atteignit les parages du cap Noli. Elle courait au plus près, les amures à babord, avec des vents de sud-ouest. Dans la journée, ses frégates signalèrent les Français au vent, à toute vue. Quarante-huit heures s'écoulèrent pendant lesquelles les deux escadres restèrent à grande distance l'une de l'autre. Le 12, dans la matinée, elles s'étaient rapprochées. Conformément aux dispositions qui avaient été prises par le gouvernement conventionnel à la suite du combat du 1ᵉʳ juin 1794, l'amiral et le représentant passèrent sur la frégate la *Friponne*. Pendant un moment, on put croire que le commandant de l'armée et le délégué du Comité de salut public étaient décidés à livrer bataille. L'escadre fit un mouvement d'arrivée, mais, peu après, elle revint au vent. Pendant la nuit, le temps fut mauvais. Le *Mercure*, de soixante-quatorze, démâta de son grand mât de hune dans un grain. Il prit les amures à l'autre bord, et, au point du jour, il était hors de vue. Le 13, dans la matinée, le *Ça-Ira* aborda son matelot de l'avant, la *Victoire*. Le *Ça-Ira* perdit ses deux mâts de hune, et il tomba sous le vent de la ligne. Depuis le matin, l'escadre anglaise forçait de voiles pour s'élever au vent. La frégate l'*Inconstant* n'était pas éloignée du *Ça-Ira*. Avec un à-propos et une habileté qui lui faisaient le plus grand honneur, le capitaine de cette frégate passa sous le vent du vaisseau français en le canonnant, puis, virant de bord, il lui envoya de nouveau sa bordée. Une volée du *Ça-Ira*, qui était parvenu à dégager ses sabords encombrés par les débris de sa mâture et de son gréement, obligea la frégate à se retirer. Cette dernière avait dix-sept hommes hors de combat et de graves avaries dans sa coque. La frégate, la *Vestale*, qui avait reçu l'ordre de prendre le *Ça-Ira* à la remorque, exécuta très promptement cette manœuvre. Quelques vaisseaux anglais, bons marcheurs, s'approchaient rapidement. Nelson, sur l'*Agamemnon*, arriva le premier à portée de canon du *Ça-Ira*, et il ouvrit immédiatement le feu sur ce vaisseau. Le *Captain* ne tarda pas à se joindre à l'*Agamemnon*. L'armée française fit un mouvement d'arrivée pour couvrir le vaisseau désemparé. Le *Bedfort* et l'*Egmont*, qui suivaient le *Captain*, échangèrent des boulets avec notre arrière-garde. Le vice-amiral Hotham, par suite de son éloignement n'était pas en mesure de soutenir les bâtiments engagés. Il fit le signal de ralliement et l'action cessa. L'escadre anglaise reforma sa ligne de bataille les amures à bâbord.

Le 14, au point du jour, on s'aperçut de la disparition du *Sans-Culottes*. Ce vaisseau était tombé sous le vent pendant la nuit. Craignant d'être pris, il s'était dirigé sur Gênes. Il faisait calme et les Anglais étaient à quelques milles dans le nord-ouest des Français. Le *Ça-Ira*, remorqué par le *Censeur*, se trouvait près de l'avant-garde ennemie. C'était, il paraît, contrairement aux ordres de l'amiral Martin que le *Censeur* avait à la remorque le *Ça-Ira*. « Le vaisseau le *Censeur*, écrivit le représentant Letourneur, qui se trouvait en avant, reçut l'ordre de donner un prompt secours au *Ça-Ira*. Il n'en tint aucun compte. Nous passâmes à sa poupe pour le lui intimer de nouveau, et, par un malentendu difficile à concevoir, il crut entendre qu'il s'agissait d'aller donner la remorque au *Ça-Ira* qui s'était déjà dégagé. Inutilement on lui fit dire, par la frégate l'*Arthémise*, de reprendre son poste et de laisser la remorque à la *Vestale.* » Vers cinq heures et demie du matin, il s'éleva une légère brise de nord qui permit aux Anglais de s'approcher de ces vaisseaux. Le *Captain*, de soixante-quatorze, avait pris la tête des chasseurs. A six heures et demie, le combat s'engagea entre ce vaisseau et les deux bâtiments français. Vers huit heures, le *Captain*, ayant demandé par signal à être secouru, fut pris à la remorque par une frégate. Le *Bedfort*, arrivé peu après le *Captain* sur le lieu du combat, ne tarda pas à se trouver dans la même position. Un signal de détresse ayant paru en tête de ses mâts, une frégate le conduisit hors du feu. L'amiral et le représentant qui, depuis la rencontre de l'armée anglaise, montraient la plus grande irrésolution, se trouvaient dans la nécessité de prendre un parti. Il fallait défendre le *Censeur* et le *Ça-Ira*, en s'exposant au risque d'un engagement général, ou se résoudre à abandonner ces deux bâtiments. Lorsque la brise, que nos adversaires avaient reçue les premiers, arriva jusqu'à nous, l'amiral signala de suivre les mouvements du chef de file. Le *Duquesne* était chargé de conduire nos vaisseaux entre les Anglais et le *Censeur* et le *Ça-Ira*. Les deux escadres se seraient croisées, à bord opposé, les Français courant, les amures à tribord, sous le vent des Anglais qui tenaient le vent bâbord amures. Soit que le capitaine Allemand eût mal compris les ordres du commandant en chef, soit que ce dernier n'eût pas donné des instructions suffisamment précises pour l'exécution d'une manœuvre de cette importance, le *Duquesne* passa au vent des Anglais. La *Victoire* et le *Tonnant* le suivirent. Les autres vaisseaux, pris de nouveau par le calme, restèrent immobiles. Par suite des folles brises entremêlées de calme qui régnaient depuis le matin, la plupart des bâtiments n'étaient pas maîtres de leur manœuvre. Quelques navires anglais et français s'étaient rapprochés. Pendant le cours de son évolution, le *Duquesne* rangea de très près l'arrière d'une frégate anglaise, le *Lowestoffe*, sur laquelle il ouvrit son feu. Cette frégate, dans la position où elle se trouvait, ne pouvait diriger un seul de ses canons sur le vaisseau français. Le capitaine fit descendre son équipage. Les officiers et les hommes de barre restèrent sur le pont. Enfin, le *Duquesne* acheva son évolution et s'éloigna. Le *Lowestoffe* n'eut pas un homme atteint, mais son arrière ainsi que sa mâture et ses voiles reçurent un grand nombre de projectiles. Le *Duquesne*, la *Victoire* et le *Tonnant*, rejoints peu après par le *Timoléon*, eurent un engagement très vif avec l'*Illustrious* et le *Courageux* qui avaient pris la tête de l'armée anglaise, après la retraite du *Captain* et du *Bedfort*. L'action dura jusqu'à ce que nos vaisseaux, qui défilaient lentement, par suite de la faiblesse de la brise, eussent dépassé les deux navires anglais. Si l'engagement s'était prolongé, l'*Illustrious* et le *Courageux* auraient été dans l'obligation de se rendre. Ces deux vaisseaux étaient dans un état complet de délabrement. Le premier avait perdu son petit mât de hune, son grand mât et son mât d'artimon. Le mât de misaine et le beaupré étaient restés debout, mais l'un et l'autre, atteints par un grand nombre de projectiles, étaient sur le point de tomber. Le *Courageux* avait perdu son grand mât et son mât d'artimon. La brise étant devenue plus fraîche, les vaisseaux français prirent leurs postes dans les eaux du chef de file. Des coups de canon furent échangés entre les deux escadres qui se prolongèrent à bord opposé. Après avoir doublé la ligne ennemie, les Français firent route vers l'ouest sous toutes voiles. Le *Censeur*, capitaine Benoist, et le *Ça-Ira*, capitaine Coudé, démâtés, coulant bas d'eau, entourés d'ennemis, amenèrent leur pavillon. Tous deux s'étaient battus avec un héroïsme qu'il eût été difficile de surpasser. Le *Censeur* et le *Ça-Ira* avaient commis des fautes, mais, après la journée du 14 juillet, on devait les oublier et ne se souvenir que de leur gloire.

Le vice-amiral Hotham, préoccupé des avaries de plusieurs navires de son avant-garde, continua à courir, les amures à bâbord. Il fit route sur la Spezia, ayant à la remorque ses prises et les vaisseaux démâtés. L'*Illustrious*, qui était remorqué par la frégate le *Meleager*, se sépara de son escadre, dans la nuit du 17 mars. Peu après, la remorque cassa ; le vent soufflait du sud-est avec une grande violence. Le 18, dans la journée, la frégate disparut. Le vaisseau, hors d'état de tenir la mer, mouilla dans la baie de Valence, entre Livourne et la Spezia. Les câbles s'étant rompus, le vaisseau fut jeté à la côte. Des navires expédiés par l'amiral Hotham recueillirent l'équipage. L'*Illustrious* ne pouvant plus être relevé fut livré aux flammes. Les Français mouillèrent au golfe Juan où ils eurent la satisfaction de trouver le *Mercure* et le *Berwick*. Ce dernier vaisseau, la *Victoire*, le *Timoléon* et l'*Alceste* furent envoyés à Toulon pour réparer leurs avaries. L'amiral Martin prit la mer, avec dix vaisseaux, pour protéger la rentrée du *Sans-Culottes*. Ce bâtiment sortit de Gênes, le 16 mars, et il rallia l'escadre sur la rade des îles d'Hyères. L'amiral Martin ramena son escadre à Toulon. Il trouva, sur la rade, le contre-amiral Renaudin qui était arrivé de Brest avec les vaisseaux le *Jemmapes*, le *Montagnard*, le *Trente-et-un-Mai*, l'*Aquilon*, le *Tyrannicide* et la *Révolution*.

L'amiral Martin revenait de cette courte campagne très découragé. L'échec, qu'il avait essuyé au cap Noli, était fort grave, et il ne pouvait se dissimuler que l'abandon du *Censeur* et du *Ça-Ira* lui avait fait perdre la confiance de son escadre. L'amiral Martin était arrivé prématurément aux hauts grades. Nommé lieutenant de vaisseau, en 1792, il était devenu, en moins d'une année, capitaine de vaisseau et contre-amiral. Il déclarait, lui-même, qu'il n'avait pas la capacité nécessaire pour exercer le commandement d'une escadre dont l'importance augmentait chaque jour. Il écrivit dans ce sens au Comité de salut public, ajoutant qu'il n'avait accepté le commandement de nos forces navales dans la Méditerranée que « par pure obéissance aux ordres des représentants du peuple ». Il demanda que le contre-amiral Delmotte, l'ancien chef d'état-major de l'amiral Villaret, au combat du 1er juin 1794, fût désigné pour le remplacer. L'amiral Martin priait le Comité de salut public de le laisser dans l'escadre comme commandant en second, et il protestait du zèle et de l'activité qu'il apporterait dans l'exercice de cette fonction. On eut un moment, à Paris, la pensée de remplacer l'amiral Martin. Son successeur eût été non le contre-amiral Delmotte mais le contre-amiral Sercey. Il ne fut pas donné suite à ce projet, et l'amiral Martin resta à la tête de l'escadre de la Méditerranée.

II

Les Anglais avaient pris le *Ça-Ira* et le *Censeur*, mais l'*Illustrious* n'existait plus et nous avions capturé le *Berwick*. Les pertes semblaient donc égales de part et d'autre. Cependant il n'était pas permis de douter que nous n'eussions fait une campagne malheureuse. Le 12, nous n'avions pas attaqué, quoique nous fussions maîtres de le faire, puisque nous étions au vent. Nous avions quinze vaisseaux et les Anglais quatorze. Il est vrai que ceux-ci comptaient quatre vaisseaux à trois ponts, tandis qu'un seul vaisseau de ce rang figurait dans notre armée. La conduite de l'amiral Martin était peut-être sage, si on se reporte à la valeur réelle de notre escadre, mais elle trahissait, aux yeux de l'ennemi, le peu de confiance que nous avions dans nos propres forces. Le *Mercure* et le *Sans-Culottes* s'étaient séparés de l'armée, alors que celle-ci était en présence des Anglais. Aucun incident de ce genre ne s'était produit chez nos adversaires. Le 14, le *Censeur* et le *Ça-Ira* s'étaient mis dans une mauvaise position par leurs fausses manœuvres. La tentative, faite pour les dégager, n'avait pas réussi. En résumé, nous n'avions pas livré de bataille générale et deux vaisseaux étaient restés entre les mains de l'ennemi. Ces résultats étaient loin de répondre aux espérances hautement manifestées par le gouvernement avant le départ de l'escadre. Le Comité de salut public avait quelque peu perdu de son terrible prestige. Le règne des Robespierre et des Saint-Just était déjà loin. Cependant le représentant Letourneur n'était pas sans appréhension sur la manière dont seraient accueillis les événements de cette campagne. Son embarras était d'autant plus grand que, cédant à un enthousiasme irréfléchi, il avait écrit à Paris comme un homme absolument certain que l'escadre anglaise serait battue et la Corse reprise. Dans le rapport qu'il adressa au Comité de salut public, le représentant rappela les divers incidents survenus depuis le jour où les Anglais avaient été aperçus jusqu'au moment où l'escadre française s'était éloignée du champ de bataille. Il attribua l'échec que nous venons d'éprouver aux fausses manœuvres du *Ça-Ira* à l'abordage de ce vaisseau avec la *Victoire*, à la faute commise par le *Duquesne*, chef de file de l'armée, qui n'avait pas exécuté les ordres de l'amiral, enfin à l'infériorité de nos forces. Selon le délégué de la Convention, l'escadre anglaise comprenait seize vaisseaux. Or, celle-ci était composée de quatorze vaisseaux, treize anglais et un napolitain. Il était difficile de croire qu'on ne connût pas très exactement, dans notre armée, le nombre des bâtiments ennemis, puisque nous étions restés pendant trois jours en leur présence. Le représentant déclara que la bonne volonté chez les officiers n'était soutenue ni par l'expérience ni par une capacité suffisante. Il ajouta : « La loi ordonnait à l'amiral Martin de passer sur une frégate au moment du combat ; j'ai dû l'y suivre. Le désir de pouvoir, par lui-même, donner des ordres plus précis, nous a souvent mis à portée de canon de l'ennemi. Mais les circonstances l'exigeaient et j'aurais été le premier à l'engager de mettre de côté toute considération particulière. » On voit, par ces dernières lignes, à quel point le représentant prenait au sérieux son propre personnage. Il croyait nécessaire de dire qu'il n'avait pas voulu que sa grandeur empêchât l'amiral de remplir son devoir. Cependant, si quelque chose pouvait défendre les représentants contre le ridicule attaché au rôle qu'ils jouaient sur les escadres, c'était qu'ils courussent quelque danger.

Le Comité de salut public avait le devoir d'informer la Convention des résultats de la sortie faite par l'escadre de la Méditerranée. L'orateur, chargé de porter la parole en son nom, aborda la tribune avec la confiance d'un homme assuré, à l'avance, qu'il ne sera pas contredit. Le but principal de cette sortie, dit-il à l'Assemblée, était de rencontrer l'armée navale de l'Angleterre, de la combattre partout où on la trouverait, de la chasser de la Méditerranée et d'y établir la liberté de la navigation. A l'entendre, toutes les mesures avaient été prises par le Comité et par les divers représentants du peuple dans le Midi pour assurer l'exécution de ce projet. Le Comité de salut public restait fidèle à la tradition. Sa conduite ne méritait que des éloges. Le but qu'il poursuivait était excellent, et les moyens mis à la disposition du commandant de l'escadre de la Méditerranée permettaient à celui-ci de tout entreprendre. Après avoir dit que notre échec n'avait d'autre cause que les fautes commises par plusieurs capitaines, l'orateur promit à la Convention qu'il serait fait bonne et prompte justice des coupables. De la composition du personnel, de son peu d'instruction, au point de vue maritime et militaire, des observations faites, avant le départ, par le commandant de l'escadre, il n'en fut pas question. Les équipages recevant des félicitations, les personnes étrangères à la marine devaient croire qu'ils étaient au moins suffisants. Les marins ne pouvaient se faire cette illusion. Ils savaient que, pour se battre, il faut des vaisseaux en bon état, des matelots capables, des canonniers habiles et des états-majors habitués à l'ordre, aux dispositions militaires et aux manœuvres d'escadre. Ces éléments, sans lesquels on ne peut mener à bien aucune opération militaire, nous ne les possédions pas. Il était heureux que les circonstances n'eussent pas permis à l'amiral Hotham d'attaquer l'escadre française avec toutes ses forces. Dans un engagement général, nous aurions couru le risque d'être détruits. L'amiral Hotham avait montré une extrême circonspection. Cet officier général n'était probablement pas fait aux flottes improvisées de la République. Peut-être aussi les souvenirs de la guerre d'Amérique protégeaient-ils encore nos escadres. La défense du *Censeur* et du *Ça-Ira* avait sauvé notre honneur militaire. Mais nous aurions obtenu un résultat bien différent, si la capacité des équipages avait été à la hauteur de leur intrépidité, et combien on doit regretter le peu d'intelligence de ceux qui faisaient verser tant de sang inutilement.

La perte de l'ennemi, portant sur tous les bâtiments qui avaient pris part à l'action, s'élevait à soixante-quatorze tués et deux cent soixante-dix blessés. L'*Illustrious* et le *Courageux* avaient supporté le feu d'une partie de nos vaisseaux. Le premier avait vingt tués et soixante-dix blessés, et le second quinze tués et trente-trois blessés. Il était difficile de comprendre que le *Captain* et le *Bedford*, qui avaient combattu seuls, pendant un temps assez long, le *Censeur* et le *Ça-Ira*, n'eussent le premier que trois tués et dix-neuf blessés, et le second sept tués et dix-huit blessés. D'autre part, le *Captain* et le *Bedfort*, après un engagement qui avait duré une heure environ, s'étaient retirés du feu, ayant perdu une partie de leur mâture. Ce résultat était-il dû au hasard qui faisait porter, dans les mâts, les coups que des canonniers inhabiles dirigeaient dans la coque, ou était-ce parce que les chefs de pièce du *Censeur* et du *Ça-Ira* avaient reçu l'ordre de pointer leurs canons dans la mâture et dans la voilure des vaisseaux ennemis? Nous ne savons pas de quelle nature étaient les instructions données par les capitaines du *Censeur* et du *Ça-Ira* aux officiers commandant les batteries. Mais quelle que soit l'hypothèse à laquelle on s'arrête, il y a un point qui ne peut être considéré comme douteux, c'est l'impuissance de nos vaisseaux, au point de vue de l'artillerie. Après la destruction de l'arsenal de Toulon et la dispersion des équipages appartenant à l'escadre mouillée sur cette rade, au moment de l'occupation de la ville par les Anglais, la France pouvait être réduite à n'avoir qu'un petit nombre de vaisseaux dans la Méditerranée. Mais on ne saurait blâmer trop sévèrement ces armements qui ne se préoccupaient que de la quantité et jamais de la qualité. Or, en marine, la quantité est sans valeur si la qualité n'y est pas jointe.

Le représentant Letourneur avait porté contre le capitaine de vaisseau Allemand, commandant le *Duquesne*, chef de file de l'armée, une grave accusation. Il avait dit dans son rapport : « Le général, voulant profiter d'un souffle de vent que nous commencions à recevoir, signala à l'armée de se former en bataille sur le *Duquesne* pour dégager les deux vaisseaux assaillis. Mais le *Duquesne*, qui était chef de file, loin d'exécuter l'ordre, a tenu le vent et a passé au vent de l'escadre anglaise, au lieu d'arriver entre nos deux vaisseaux et l'armée ennemie, ce qui les aurait probablement sauvés. » Les reproches adressés au chef de file de l'armée ne nous semblent pas sincères. La tentative, faite pour dégager le *Censeur* et le *Ça-Ira*, n'avait pas été sérieuse. Elle avait permis à l'amiral et au représentant de dire qu'ils avaient voulu sauver ces deux vaisseaux. Il était difficile de lui accorder une autre valeur. Quoi qu'il en soit, le rapport du représentant Letourneur faisait peser sur le capitaine de vaisseau Allemand, commandant le *Duquesne*, une lourde responsabilité. Un jury, nommé conformément aux dispositions de la loi de 1790, fut chargé d'examiner la conduite de cet officier. Le commandant Allemand était accusé de ne pas avoir obéi aux signaux du général. Cette affaire dura plusieurs jours. Cinquante témoins, appartenant aux vaisseaux le *Duquesne*, le *Timoléon*, la *Victoire* et le *Tonnant*, furent entendus. Quarante-sept déposèrent en faveur du capitaine Allemand. Le jury déclara, à l'unanimité, qu'il n'y avait pas lieu à inculpation contre le commandant du vaisseau le *Duquesne*, lequel devait être immédiatement mis en liberté et rendu à ses fonctions. Le jury décida, en outre, que ce jugement serait imprimé à cent cinquante exemplaires. Le même verdict fut rendu en faveur des capitaines Cattefort, du *Mercure*, et Lapalisse, du *Sans-Culottes*, qui s'étaient séparés de l'armée, à la suite d'avaries survenues dans la mâture de leurs bâtiments. Les capitaines du *Duquesne*, du *Mercure* et du *Sans-Culottes* reprirent possession de leurs commandements que les représentants, en mission à Toulon, n'osèrent pas leur enlever.

Le Comité de salut public se montra fort irrité de ces acquittements et surtout de celui du capitaine Allemand. En déclarant qu'il n'y avait pas lieu à inculpation contre ce capitaine, le jury infligeait un démenti à l'amiral Martin et au représentant Letourneur. En effet l'un et l'autre avaient dit que le *Censeur* et le *Ça-Ira* auraient été sauvés si le capitaine du *Duquesne* s'était conformé aux ordres qu'il avait reçus, Si le capitaine Allemand ne méritait aucun reproche, l'abandon des deux vaisseaux retombait sur l'amiral. Le Comité de salut public, craignant de froisser le sentiment général de l'escadre, ne prit, à l'égard des trois capitaines, aucune mesure de sévérité, mais il donna l'ordre de les surveiller et de les démonter de leurs commandements s'ils se montraient « ignorants ou indisciplinés ». La conduite des officiers commandant les deux vaisseaux, restés entre les mains des Anglais, fut soumise à l'examen d'un jury militaire. Le capitaine Benoist, du *Censeur*, avait mal manœuvré. Il ne s'était rendu compte ni de la situation de l'armée ni de la portée des ordres qu'on lui donnait. Il était évident que cet officier n'avait pas la capacité nécessaire pour commander un vaisseau de ligne. D'autre part, son navire s'était défendu héroïquement et ce fut sur ce point que porta le verdict du jury. Celui-ci déclara, à l'unanimité, « que la conduite du citoyen Benoist était irréprochable, et qu'au contraire le jury croyait que ce capitaine de vaisseau, ayant défendu le vaisseau de la République avec la plus grande bravoure, avait bien mérité de la patrie ». Le jury traita mieux encore le brave capitaine Coudé ; nous reproduisons sa déclaration : « Le jury légalement assemblé, pénétré de la situation critique où se trouvait le vaisseau le *Ça-Ira* commandé par le citoyen Coudé, dans la journée du 24 ventôse dernier, a déclaré et déclare, à l'unanimité, que la bravoure, l'intelligence et la sagesse qu'a mises ce capitaine de vaisseau dans ce combat et dans toutes ses opérations, lui ont valu l'estime et la vénération de tous ses camarades, ce qui doit lui obtenir le titre honorable de brave défenseur de la patrie. »

III

Les ordres du gouvernement prescrivaient de presser les réparations des vaisseaux qui avaient pris part à l'engagement du 12 mars 1795. Le Comité de salut public voulait que l'amiral Martin, emmenant avec lui les six vaisseaux arrivés de Brest, retournât à la mer le plus promptement possible. Il se serait mis à la recherche de l'amiral Hotham qu'il aurait combattu avec l'avantage du nombre. De nouveaux troubles, qui éclatèrent à Toulon peu après la rentrée de l'escadre, arrêtèrent les travaux de l'arsenal et désorganisèrent encore une fois les équipages. Depuis que l'armée conventionnelle avait repris Toulon sur les Anglais, l'élément terroriste dominait dans la ville. Le 9 thermidor produisit, parmi les habitants et les ouvriers de l'arsenal, une grande agitation. Les chefs du parti révolutionnaire ne s'abusèrent pas sur la portée des événements qui venaient de s'accomplir. Comprenant que le pouvoir leur échappait, ils résolurent d'employer la violence pour le ressaisir. Les représentants en mission à Toulon, et ils étaient nombreux en ce moment, avaient le devoir de s'opposer à toute manifestation hostile à l'esprit du nouveau gouvernement. Quelques-uns jouèrent ce rôle avec des sympathies plus ou moins avouées pour les insurgés. Quoi qu'il en soit, les délégués de la Convention s'étaient montrés trop souvent partisans de la violence pour que leur appel à la sagesse et au respect de la loi pût être entendu. Ce langage, qui surprenait dans leur bouche, n'exerçait aucune influence sur les esprits. Le 18 mai, la foule força les portes de l'arsenal et enleva les armes. Les agitateurs procédèrent ensuite à la réorganisation de la garde nationale. La garnison de Toulon n'avait qu'un faible effectif, et les troupes, depuis longtemps en contact avec la population, n'étaient pas très sûres. Les Jacobins se considéraient comme maîtres de la ville, mais ce résultat ne leur suffisait pas. Ils se proposaient de marcher sur Marseille et de donner la main aux insurgés du midi. Une telle entreprise exigeait des forces considérables. Dans le but d'augmenter celles dont ils disposaient, les chefs du parti résolurent de s'opposer à la sortie des bâtiments qui étaient en rade.

Depuis le commencement de la révolution, les hommes de désordre avaient trouvé, dans les marins, de précieux auxiliaires. Après la rentrée des vaisseaux de l'amiral Martin, les Jacobins n'avaient rien négligé pour établir de bonnes relations avec les équipages. Ils y avaient réussi, sauf en ce qui concernait les vaisseaux venus de Brest. La division du contre-amiral Renaudin, mouillée par le travers de la passe et prête à défendre l'entrée de la rade, si l'ennemi se présentait, avait peu de communications avec la terre. Il n'en était pas de même des équipages appartenant aux vaisseaux armés dans la Méditerranée. Les matelots, sous prétexte de délibérer sur les dangers de la patrie, menacée, disaient-ils, par les menées des royalistes et des émigrés, abandonnaient leurs navires et prenaient part à toutes les manifestations populaires. Ils formaient un des éléments les plus solides du parti de la résistance au nouvel ordre de choses. On répandit le bruit que les ennemis de la Révolution, soit à l'intérieur soit à l'extérieur, n'attendaient que l'appareillage des vaisseaux de l'amiral Martin pour rentrer dans Toulon et égorger les patriotes. Ces rumeurs, comme les meneurs s'y attendaient, causèrent une grande agitation. Le 20 mai, la foule se porta à l'Hôtel de ville, et elle somma la municipalité d'empêcher le départ de l'escadre. Le représentant Niou avait remplacé Letourneur de la Manche comme délégué de la Convention auprès de l'armée navale. Il accueillit fort mal la députation chargée de lui exprimer la volonté de la population. Il se rendit à l'Hôtel de ville où il tenta de persuader à ses auditeurs qu'il ne lui était pas permis de transgresser les ordres du gouvernement. Les Jacobins étaient fort sceptiques à cet endroit. En possession, depuis plusieurs années, de la toute-puissance, il leur semblait fort singulier que la souveraineté du peuple, dont on leur avait tant parlé et au nom de laquelle ils avaient exercé l'autorité, ne fût plus qu'un vain mot. Le représentant, poursuivi jusqu'à sa demeure par des huées, eût été fort maltraité sans le dévouement de quelques habitants et l'intervention des officiers de l'armée et de la marine qui l'accompagnaient. Un bataillon de garde nationale s'établit à sa porte, et la permission de sortir lui fut refusée. La fermeté dont il avait fait preuve l'abandonna. Il apposa sa signature au bas d'un arrêté portant que le départ de l'escadre était suspendu. Ce résultat obtenu, les insurgés se disposèrent à marcher sur Marseille.

Par suite de la faiblesse de la garnison et du mauvais esprit qui l'animait, les autorités restées fidèles à la Convention assistaient impuissantes à toutes ces violences. Les représentants Isnard, Cadroy, Chambon, en mission dans le Midi, déployèrent beaucoup d'énergie et d'activité pour rétablir l'ordre. Ils levèrent des bataillons de garde nationale, rassemblèrent quelques soldats et entrèrent dans Marseille. De là, ils s'avancèrent sur Toulon. Des détachements de l'armée d'Italie vinrent se joindre aux troupes conventionnelles. Le 25 mai, les Toulonnais, battus au Beausset, abandonnèrent leur artillerie et rentrèrent en désordre dans la ville. Quelques jours après, les représentants se trouvèrent à la tête de forces considérables. La population toulonnaise était en proie à une grande effervescence. Il fallait se hâter de la désarmer. Des proclamations, rappelant les habitants et les ouvriers au sentiment de leur devoir, furent affichées dans Toulon. Les troupes, ayant les représentants à leur tête, firent leur entrée dans la ville, le 30 mai. La nouvelle de la victoire remportée, le 20, à Paris par la Convention, exerça sur les esprits une influence salutaire. La plupart des ouvriers rendirent leurs armes et retournèrent à leurs travaux. Depuis le début de l'insurrection, un grand nombre de matelots avaient abandonné leurs bâtiments. Des détachements de troupes furent chargés de les rechercher et de les arrêter.

On n'avait pas abandonné, à Paris, la pensée de combattre de nouveau l'amiral Hotham. Aussitôt que le calme fut rétabli à Toulon, et sans donner le temps de compléter et de réorganiser les équipages, le Comité de salut public prescrivit à l'escadre de prendre la mer. L'amiral Martin appareilla, le 7 juin, avec dix-sept vaisseaux, un à trois ponts, deux de quatre-vingts, et quatorze de soixante-quatorze. Le 7 juillet, l'escadre française chassa une division ennemie, composée de l'*Agamemnon*, de soixante-quatre, portant le guidon du commodore Nelson, d'une frégate et de quelques bâtiments d'un rang inférieur. Les Anglais firent route sur le cap Corse. Le lendemain, au jour, nos éclaireurs aperçurent une escadre dans la baie de Saint-Florent. Peu après, les frégates signalèrent vingt-deux vaisseaux. L'amiral Martin cessa la poursuite et revint vers l'ouest. L'escadre anglaise faisait de l'eau et exécutait des travaux de réparations. L'amiral Hotham ordonna de rappeler les embarcations et de se préparer à appareiller. Dans la journée, il mit à la voile avec vingt-trois vaisseaux, cinq à trois ponts, deux de quatre-vingts, quatorze de soixante-quatorze et deux de soixante-quatre.

L'escadre française était à quelques lieues dans le sud des îles d'Hyères, lorsque, dans la nuit du 11 juillet, l'amiral Martin fut informé par ses frégates de l'approche de l'ennemi. Au point du jour, on aperçut les Anglais dans le nord-nord-ouest de notre armée, courant les amures à tribord. Il ventait forte brise de nord-ouest. La nuit précédente, plusieurs vaisseaux anglais avaient eu des voiles emportées. Voulant leur donner le temps de les remplacer, et, d'autre part, désirant reformer sa ligne qui était en désordre, l'amiral Hotham continua sa bordée. Après avoir reconnu la force de l'ennemi, l'amiral Martin se dirigea sur le golfe Juan en forçant de voiles. A six heures du matin, les deux armées faisaient route, les amures à babord, les Anglais en arrière et un peu au vent des Français. L'amiral Hotham, s'apercevant, un peu tard, qu'il nous avait laissé prendre une grande avance, fit le signal de chasser en avant. La brise, que nous trouvions plus faible, à mesure que nous nous rapprochions de la terre, restait fraîche au large, et la distance qui nous séparait des Anglais diminuait rapidement. A midi, notre arrière-garde commença à échanger des boulets avec les bâtiments les plus avancés. L'*Alcide*, exposé au feu du *Victory*, du *Cumberland* et du *Culloden*, souffrit beaucoup. Vers une heure, ce vaisseau, déjà très dégréé, ne put se maintenir à son poste. Son matelot de l'avant mit son grand hunier sur le mât afin de ne pas s'éloigner, mais le nombre des navires qui attaquaient notre arrière-garde augmentant rapidement, il fit de la voile pour ne pas être coupé. Les frégates, la *Justice*, la *Sérieuse* et l'*Alceste*, voulurent sauver l'*Alcide*. L'une d'elles, l'*Alceste*, excita l'admiration des deux escadres. Le capitaine de cette frégate, le lieutenant de vaisseau Hébert, manœuvrant avec autant de calme que s'il eût été hors de la présence de l'ennemi, se plaça, à petite distance, sur l'avant de l'*Alceste*. Après avoir mis en panne, il amena une embarcation qu'il expédia à bord du vaisseau désemparé. Les bâtiments ennemis, à la vue de cette frégate, osant leur disputer une proie qu'ils regardaient déjà comme assurée, dirigèrent sur elle tous leurs coups. Le capitaine du trois-ponts, le *Victory*, sur lequel flottait le pavillon du contre-amiral Robert Mann, descendit, lui-même, dans les batteries, pour ordonner aux canonniers de concentrer leur feu sur l'*Alceste*. Le canot de la frégate française, atteint par un boulet, disparut avec ceux qui le montaient. Toute tentative pour sauver l'*Alcide* étant devenue inutile, le capitaine de l'*Alceste* dut songer à sa propre sûreté. Comme si le Dieu des armées eût étendu sa main sur les braves gens qui montaient cette frégate, celle-ci ne souffrit pas du feu de l'ennemi. Après avoir réparé quelques avaries sans importance, elle se couvrit de voiles et s'éloigna. Vers deux heures un quart, le feu se déclara dans la hune de misaine de l'*Alcide*. L'incendie se propagea avec une grande rapidité et bientôt le vaisseau fut en flammes. Les embarcations anglaises avaient déjà sauvé trois cents hommes, lorsqu'une explosion se fit entendre. L'*Alcide* sautait avec le reste de son équipage. L'amiral Hotham, sur le *Britannia*, était loin des vaisseaux qui combattaient. Il ne se rendait aucun compte de la situation ; d'autre part, il craignait que son avant-garde ne s'approchât trop de la terre en nous poursuivant. Un peu avant trois heures, il donna l'ordre de cesser le feu et il rappela les bâtiments avancés. Les vents, qui étaient au nord-ouest dans la matinée, avaient passé au sud-est, et, à midi, ils s'étaient fixés à l'est. Ne pouvant plus gagner le golfe Juan, l'amiral se dirigea sur la baie de Fréjus qu'il atteignit le soir. Les dispositions nécessaires furent immédiatement prises pour présenter le travers à l'ennemi, si celui-ci nous attaquait au mouillage.

Dans sa relation des événements de la journée du 12 juillet, l'amiral Martin rapporta, ainsi qu'il suit, la catastrophe arrivée à l'*Alcide*. « On s'aperçut, à une heure trois quarts, que l'*Alcide* : était en feu dans sa partie de l'avant. La frégate l'*Alceste* l'avait quitté. L'ennemi même semblait s'en éloigner. Dès lors, je perdis l'espoir de le secourir et ne songeai plus qu'à gagner le mouillage de Fréjus avec l'armée qui ne paraissait pas avoir beaucoup souffert. A trois heures et demie, l'*Alcide*, ayant son pavillon et sa flamme, a fait explosion et a disparu. » Les relations anglaises disent que l'*Alcide* amena son pavillon vers deux heures. Le *Cumberland*, qui le combattait à ce moment, ne s'arrêta pas pour l'amariner. Il continua sa route pour se joindre aux vaisseaux qui harcelaient notre arrière-garde. Il n'y avait pas lieu de craindre que le vaisseau français s'échappât, puisqu'il était au milieu de l'armée anglaise. En effet, neuf vaisseaux ennemis le précédaient et quatorze étaient derrière lui. Dans ces conditions, on ne peut être surpris que l'*Alcide* se soit rendu. D'autre part, les Anglais auraient-ils envoyé des embarcations pour sauver l'équipage du vaisseau français, si celui-ci n'avait pas indiqué qu'il renonçait au rôle de combattant. Il y a donc quelque raison de penser que l'amiral se trompait en disant que l'*Alcide* avait disparu avec sa flamme et son pavillon. Nous n'affirmons pas que le commandant de l'escadre française ait commis volontairement cette erreur. Toutefois, il est une remarque que nous devons faire. Dans l'Océan comme dans la Méditerranée, lorsque survenait un malheureux événement, chacun s'efforçait de dissimuler la part de responsabilité qui lui incombait. Les amiraux de même que les représentants ne voulaient pas se compromettre. Le Comité de salut public jouait le même rôle à l'égard de la nation. Il pouvait être très pénible pour l'amiral Martin de reconnaître que l'infériorité de son escadre lui avait fait un devoir d'abandonner l'*Alcide*. Mais, si telle était la vérité, il fallait la dire. Il n'existait aucun autre moyen d'éclairer l'opinion et d'amener le gouvernement à modifier la direction qu'il imprimait à la marine.

Nous devions nous estimer heureux de n'avoir perdu, dans cette malencontreuse sortie, qu'un vaisseau. Avec des adversaires plus entreprenants, la journée du 13 juillet aurait eu pour nous de plus graves conséquences. Au point du jour, les Anglais étaient près de nous et au vent. Au lieu de nous attaquer immédiatement, l'amiral Hotham perdit un temps précieux, soit pour reformer sa ligne, soit pour donner à quelques vaisseaux le temps de remplacer des voiles emportées pendant la nuit. Après cette première faute, il en commit une seconde non moins grave, en donnant l'ordre, à trois heures de l'après-midi, de cesser le combat. A ce moment, nous étions à quatre lieues du mouillage. Les bâtiments anglais les plus avancés, s'ils n'avaient pas été arrêtés par les signaux hissés sur le *Britannia* et répétés par le *Victory*, seraient certainement parvenus à dégréer plusieurs vaisseaux de notre arrière-garde. Ces derniers ne se seraient pas maintenus à leurs postes, ce qui eût placé le commandant de l'escadre française dans l'alternative de les abandonner ou d'engager une affaire générale. On peut donc justement reprocher à l'amiral Hotham d'avoir laissé échapper deux fois, dans la même journée, l'occasion de combattre dix-sept vaisseaux avec vingt-trois. Les Anglais avaient, outre cette supériorité numérique, l'avantage très grand de posséder cinq trois-ponts, tandis que nous n'avions qu'un seul vaisseau de ce rang. Quelques jours après cet engagement les Anglais retournèrent à Saint-Florent et les Français revinrent à Toulon. Nous avions, en arrivant dans ce port, quatorze cents malades.

Au commencement du mois d'août, l'amiral Hotham parut, au large du cap Sepet, avec vingt-trois vaisseaux. Après s'être assuré que l'escadre française était au mouillage, il fit route à l'est. Le commodore Nelson, avec l'*Agamemnon*, quelques frégates et des corvettes, fut envoyé en croisière sur la côte d'Italie. Sa division devait appuyer les opérations des Autrichiens et des Sardes contre les troupes françaises.

LIVRE VI

Situation de l'escadre de Brest. — Le contre-amiral Vence est envoyé en croisière avec trois vaisseaux pour protéger les mouvements de notre cabotage sur les côtes de l'Océan. — Chassé par des forces supérieures, il mouille à Belle-Ile. — L'amiral Villaret se porte à son secours avec neuf vaisseaux. — Les deux amiraux opèrent leur jonction à la hauteur des Penmarcks. — L'amiral Villaret poursuit une division ennemie de cinq vaisseaux. — Après un engagement avec l'arrière-garde anglaise qui ne donne pas de résultat, l'escadre française reprend la route de Brest. — Elle reçoit un coup de vent qui la repousse au large. — Chassé par lord Bridport, l'amiral Villaret fait route pour l'île de Groix. Combat du 23 juin. — Nous perdons le *Tigre*, l'*Alexandre* et le *Formidable*. — Circonspection de lord Bridport. — Plaintes portées par l'amiral Villaret contre quelques-uns de ses capitaines. — Jugement rendu par un conseil de guerre siégeant à Lorient. — Situation de l'escadre de Toulon. — Appareillage de la division Richery. — Cette division s'empare, sur les côtes d'Espagne, d'un vaisseau, le *Censeur*, et de trente bâtiments marchands. — Départ de la division Ganteaume, envoyée en croisière dans l'Archipel. — Nouveau système de guerre adopté par le Comité de salut public. — Loi de brumaire an IV. — Fin du régime conventionnel.

1

La croisière du grand hiver avait porté un coup fatal à l'escadre que commandait l'amiral Villaret-Joyeuse. Quelques mois après le départ du contre-amiral Renaudin pour Toulon, nous n'avions, sur la rade de Brest, que douze vaisseaux pouvant prendre la mer. Et encore convient-il d'ajouter que la plupart de ces vaisseaux avaient des mâts jumelés et des gréements en mauvais état. Les équipages n'avaient pu être complétés. Dans les premiers jours du mois de mai 1795, le contre-amiral

Vence sortit avec les vaisseaux de soixante-quatorze, le *Nestor*, capitaine Monnier, sur lequel il avait son pavillon, le *Fougueux*, capitaine Giot-Labrier, et le *Zélé*, capitaine Aved-Magnac. Cette division devait protéger notre commerce sur les côtes de l'Océan. Le 8 juin, l'amiral Vence se dirigeait sur Brest avec un convoi venant de la rivière de Bordeaux, lorsque, à la hauteur des Penmarcks, ses frégates signalèrent cinq vaisseaux. C'était une escadre anglaise, placée sous le commandement du vice-amiral Cornwallis. Cet officier général était parti, le 30 mai, de Spithead, pour croiser devant Ouessant. Après s'être assuré de la force de l'ennemi, l'amiral Vence gouverna sur Belle-Ile, et, le soir, il mouilla sur la rade du Palais. Huit bâtiments du convoi tombèrent entre les mains des Anglais. Le lendemain, l'amiral Cornwallis fit route vers le nord, ayant ses prises à la remorque. Le 11, étant dans le sud des Sorlingues, il les expédia en Angleterre, sous la conduite d'un de ses bâtiments. L'amiral anglais revint alors dans le sud, avec l'intention de se mettre à la recherche des trois vaisseaux qu'il avait chassés, le 8 juin. Lorsqu'on apprit, à Brest, que l'amiral Vence, poursuivi par des forces supérieures, avait été obligé de se retirer à Belle-Ile, les représentants décidèrent que l'escadre se porterait à son secours.

Le 11 juin, l'amiral Villaret, ayant à son bord, le représentant Topsent, appareilla avec les vaisseaux le *Peuple*, de cent vingt, le *Redoutable*, l'*Alexandre*, les *Droits-de-l'Homme*, le *Formidable*, le *Jean-Bart*, le *Mucius*, le *Wattignies* et le *Tigre*, de soixante-quatorze. Le 16, à quelques lieues de l'île de Groix, l'amiral Villaret-Joyeuse opéra sa jonction avec l'amiral Vence. Ce dernier, n'apercevant plus les Anglais, s'était décidé à faire route pour

Brest. Quelques heures après, nos frégates signalèrent cinq vaisseaux au vent de l'armée. Il soufflait, à ce moment, une légère brise d'ouest. Nous étions en présence de l'escadre du vice-amiral Cornwallis. Celle-ci était composée des vaisseaux le *Royal-Sovereign* de cent vingt, le *Bellerophon*, le *Brunswick*, le *Triumph* et le *Mars*, de soixante-quatorze. Les Anglais, après nous avoir reconnus, prirent chasse les amures à tribord. Le *Bellerophon* et le *Brunswick*, s'apercevant qu'ils retardaient la marche de leur escadre, jetèrent à la mer leurs ancres, leurs embarcations et une partie de leur eau. Le *Bellerophon* se débarrassa, en outre, de plusieurs caronades, de leurs affûts et d'une grande quantité de boulets. Il ne se produisit, jusqu'à la fin du jour, aucun incident particulier. Pendant la nuit les vents passèrent au nord-ouest. Le 17, au lever du soleil, les deux escadres couraient au plus près, les amures à tribord. Nous avions, sur nos adversaires, l'avantage du vent. L'ennemi formait une ligne régulière et très serrée. Les bâtiments français n'observaient aucun ordre. Les meilleurs marcheurs s'étaient rapprochés de l'ennemi, mais le gros de l'escadre était en arrière et très loin. Dans ces conditions, nos efforts devaient tendre à désemparer les vaisseaux de queue de la ligne anglaise. Ceux-ci, restant en arrière de leur escadre, ne pouvaient manquer de tomber entre nos mains. Si l'amiral Cornwallis laissait porter pour les secourir, il retardait la marche de sa division et il donnait à l'amiral Villaret le temps d'arriver sur le champ de bataille avec toutes ses forces. A neuf heures du matin, le *Zélé* commença à tirer sur le *Mars*. Le *Tigre*, les *Droits-de-l'Homme*, le *Formidable* et le *Jean-Bart*, survenant peu après, attaquèrent le *Mars*, le *Triumph* et le *Bellerophon*. Le capitaine de la frégate la *Virginie*, le lieutenant de vaisseau Bergeret, manœuvra avec autant d'habileté que d'audace. Il se plaça, dès le début de l'action, par la hanche de dessous le vent du *Mars*, et faisant des embardées, il lui envoya des volées entières. Il est fort heureux, dit un historien anglais, pour le *Mars* et le *Triumph* et on peut ajouter pour toute l'escadre anglaise, car l'amiral Cornwallis n'aurait abandonné aucun de ses vaisseaux, que les capitaines des bâtiments les plus avancés de la flotte française n'aient pas tous été des Bergeret. L'amiral Cornwallis ayant signalé au *Bellerophon* de passer sur son avant, la ligne ennemie se trouva formée ainsi qu'il suit: *Brunswick*, *Bellerophon*, *Royal-Sovereign*, *Triumph* et *Mars*. Le *Mars*, qui avait eu des manœuvres coupées et des voiles déchirées, tomba sous le vent. Le *Royal-Sovereign* fit une arrivée et ouvrit le feu de ses trois batteries sur nos vaisseaux avancés. Ceux-ci tinrent le vent, et le serre-file de la ligne anglaise, après avoir réparé quelques avaries, reprit son poste dans les eaux de son matelot de l'avant.

Jusque-là l'escadre française n'avait remporté aucun avantage. De tous les bâtiments qui avaient combattu, le *Tigre* et les *Droits-de-l'Homme* étaient ceux qui avaient le plus souffert. Le *Formidable*, moins bon voilier, n'avait pu se tenir aussi près de l'ennemi que ces deux vaisseaux. Quant au *Zélé*, qui marchait fort bien, il s'était placé, vers dix heures, c'est-à-dire après un engagement d'une heure, derrière le *Formidable*. Il avait dû, pour se maintenir dans cette position, mettre plusieurs fois son perroquet de fougue sur le mât. A six heures du soir, le *Zélé* se décida à faire de la toile. Suivi du *Jean-Bart* il se rapprocha de l'ennemi. Une variation dans la direction de la brise facilita cette manœuvre. Il semblait, à ce moment, que les Français fussent en mesure d'envelopper les derniers vaisseaux de la division anglaise. Nous avions, au vent, le *Zélé*, le *Formidable* et le *Jean-Bart*, et, sous le vent, le *Tigre*, les *Droits-de-l'Homme* et la *Virginie*. Malheureusement, le *Tigre* et les *Droits-de-l'Homme* avaient des avaries de mâture qui ne leur permettaient plus de suivre l'ennemi. D'autre part, notre ligne s'allongeait. Le *Peuple* et l'*Alexandre* étaient hors de vue ; le *Redoutable* commençait à disparaître à l'horizon. Plusieurs vaisseaux, quoique placés sur l'avant du *Redoutable*, étaient encore fort loin. Si les Anglais, ce qui devait nécessairement arriver, faisaient, pendant la nuit, plusieurs fausses routes, le ralliement de nos bâtiments devenait impossible. Or, d'après les renseignements parvenus à l'amiral Villaret, il y avait, à la mer, dans les parages où nous nous trouvions, une escadre ennemie, forte de quinze à vingt vaisseaux, sous le commandement de lord Bridport. Enfin, nous avions quitté Brest avec quinze jours de vivres et six jours s'étaient écoulés depuis notre départ. Dans ces conditions, Villaret jugea que la retraite était nécessaire. L'ordre fut donné de cesser le feu.

Le *Peuple* marchant fort mal, l'amiral Villaret-Joyeuse avait mis son pavillon sur la frégate la *Fraternité*. Le *Redoutable* et le *Nestor*, sur lesquels se trouvaient les contre-amiraux Vence et Kerguelen, n'avaient pu, par suite de leur éloignement, prendre part au combat. On doit regretter que parmi les vaisseaux engagés il n'y en ait pas eu un portant le pavillon d'un officier général. L'attaque eût probablement été conduite avec plus d'ensemble. Quoi qu'il en soit, si le *Zélé*, ainsi que le disait l'amiral, dans son rapport, n'avait pas fait son devoir, plusieurs vaisseaux, parmi lesquels il faut citer le *Tigre*, le *Formidable* et les *Droits-de-l'Homme*, avaient combattu avec vigueur. A quels résultats étions-nous arrivés après cette longue canonnade? On comptait treize blessés sur le *Mars*, serre-file de la ligne anglaise. Quant au *Triumph*, longtemps exposé à notre feu, il n'avait éprouvé aucune perte. On pourrait croire que, préoccupés de retarder la marche des Anglais, nous nous étions surtout proposés de dégréer les vaisseaux que nous combattions. En admettant que ce plan eût été le nôtre, nous n'avions pas été heureux dans son exécution. Les avaries du *Mars* et du *Triumph* étaient sans importance. Ce qui ressort clairement de ce qui précède, c'est l'impuissance complète, absolue de notre artillerie. La retraite du vice-amiral Cornwallis fut regardée, en Angleterre, comme un fait de guerre extrêmement remarquable. Les deux chambres votèrent des remerciements à l'heureux amiral. Cet officier général avait montré, le 13 juin, de la décision et du sang-froid. A en juger par sa manœuvre, il était décidé à n'abandonner aucun de ses vaisseaux. Mais on peut ajouter que, devant la faiblesse de notre attaque, il ne lui avait pas fallu une grande énergie pour persister dans son attitude.

Après avoir levé la chasse, l'amiral Villaret-Joyeuse força de voiles pour atteindre Brest. A l'atterrage, un coup de vent de nord-est, très violent, le rejeta au large. Le 22, au point du jour, des bâtiments furent aperçus dans le nord-ouest. A ce moment, nous faisions route, sans ordre, sur la terre avec une faible brise de sud-est. La frégate la *Virginie*, chargée de reconnaître les navires en vue, signala dix-sept vaisseaux. L'escadre, en présence de laquelle nous nous trouvions, avait quitté Spithead, le 12 juin, sous le commandement de lord Bridport. Elle était forte de quatorze vaisseaux, huit à trois ponts, un de quatre-vingts et cinq de soixante-quatorze. Lord Bridport avait reçu l'ordre d'escorter les bâtiments que le gouvernement anglais envoyait dans la baie de Quiberon. Le commodore sir John Borlase Waren était chargé de la direction particulière de cette opération. Il avait, sous ses ordres, outre la frégate l'*Inconstant* qu'il montait, les vaisseaux de soixante-quatorze, le *Robert* et le *Thunderer*, le vaisseau de soixante-quatre le *Standard* et cinquante bâtiments de transport. La flotte expéditionnaire était arrivée, le 9, en vue de Belle-Ile. Le temps étant très beau et la brise soufflant de l'ouest, lord Bridport avait laissé le commodore continuer sa route. Quant à lui, il s'était établi en croisière sur la côte afin de surveiller l'escadre de Brest. Le jour même où lord Bridport s'était éloigné, les découvertes de sir John Borlase Waren avaient aperçu les vaisseaux de l'amiral Villaret. Le commodore avait immédiatement expédié un aviso bon marcheur à l'amiral Bridport pour l'informer de cette nouvelle, et il s'était mis, lui-même, à la recherche de l'escadre anglaise afin de se placer sous sa protection. Telle était la situation au moment où les deux escadres se trouvèrent en présence. L'amiral Villaret, le major de l'escadre Bruix et le représentant Topsent passèrent sur la frégate la *Proserpine*. Les contre-amiraux Vence et Kerguelen mirent leur pavillon, le premier sur la *Fraternité* et le second sur la *Dryade*. Les frégates reçurent l'ordre d'envoyer une partie de leurs équipages à bord des bâtiments de la division Vence, auxquels il manquait beaucoup de monde.

L'amiral français, préoccupé d'assurer le ralliement

de son escadre, signala la ligne de bataille, les amures à tribord, en se formant sur le vaisseau le moins bon marcheur, l'*Alexandre*. Il donna l'ordre de forcer de voiles. Le capitaine Guillemet, de l'*Alexandre*, ne comprit pas ce que voulait l'amiral. Au lieu de tenir le vent, il laissa porter pour rejoindre les bâtiments qui étaient sous le vent de son vaisseau. Les Anglais couraient au plus près, les amures à tribord. Lord Bridport, s'apercevant que nous manœuvrions pour éviter toute rencontre, ce à quoi, d'ailleurs, nous obligeait notre infériorité numérique, fit à son armée le signal de chasser en avant. Dans la journée, la brise, en passant à l'ouest, donna à nos adversaires l'avantage du vent. L'*Alexandre* et le *Redoutable*, qui étaient arriérés, furent pris à la remorque par les frégates la *Régénérée* et la *Virginie*. Quelques vaisseaux anglais nous gagnant rapidement, l'amiral Villaret conçut de sérieuses inquiétudes pour l'arrière-garde. Voulant que tous ses bâtiments eussent la possibilité de présenter le travers à l'ennemi, il signala « de passer de l'ordre de marche, sur la ligne du plus près tribord, à l'ordre de front sur la perpendiculaire du vent, les vaisseaux gouvernant à l'est-nord-est. » « Ce mouvement très simple, dit l'amiral dans son rapport, avait l'avantage, sans retarder notre marche, de nous mettre dans une position qui nous permettait de présenter tous à la fois le travers à l'ennemi, d'un bord ou de l'autre; mais cet ordre ne fut pas formé, malgré les signaux particuliers que je fis, malgré les ordres verbaux qui prescrivaient à chaque vaisseau ce qu'il avait à faire. » Au coucher du soleil, le calme se fit. Vers une heure du matin, il s'éleva une légère brise de sud que nos adversaires reçurent les premiers. Au jour, les Anglais, qui avaient continué à chasser en avant, formaient une ligne très allongée. Les vaisseaux les plus avancés, au nombre desquels se trouvait le trois-ponts, la *Queen-Charlotte*, n'étaient pas à trois milles de l'*Alexandre*.

L'escadre française était sans ordre. Malgré les instructions très précises du commandant en chef, transmises, pendant la nuit, par les frégates, la plupart des vaisseaux n'avaient pas réglé leur vitesse sur celle des mauvais marcheurs. L'armée fut prévenue que l'amiral allait chercher le mouillage de Groix où il laisserait tomber une grosse ancre avec une embossure pour présenter tribord à l'ennemi. L'amiral prescrivit de nouveau à tous les vaisseaux de régler leur marche sur celle des plus mauvais voiliers. Enfin, il fit le signal de former l'ordre de marche, sur la ligne du plus près tribord, la route à l'est-nord-est. « Si cet ordre eût été exécuté, écrivit plus tard l'amiral, l'avant-garde ennemie n'aurait jamais pu ni même osé nous attaquer. L'insubordination de plusieurs capitaines et l'ignorance extrême de quelques autres rendirent nulles toutes nos mesures ; les signaux, les ordres au porte-voix, tout fut inutile. Le cœur du représentant Topsent et le mien furent navrés du malheur que nous préságeâmes dès ce moment. » La frégate la *Régénérée* prit de nouveau l'*Alexandre* à la remorque. Les bâtiments ennemis s'approchant rapidement de ce vaisseau, l'amiral Villaret prescrivit à l'armée de laisser porter. Trois vaisseaux seulement, le *Peuple*, le *Redoutable* et le *Tigre*, se conformèrent aux ordres du commandant en chef. Vers une heure du matin, l'*Alexandre* et le vaisseau qui le précédait dans la ligne, le *Mucius*, ouvrirent le feu sur les

Anglais avec leurs canons de retraite. Peu après, l'*Alexandre* fut attaqué par deux vaisseaux de soixante-quatorze, l'*Irrésistible* et l'*Orion*. La frégate la *Régénérée*, sur le point d'être enveloppée, largua la remorque. Le *Mucius* se couvrit de toile et s'éloigna. L'amiral Villaret fit alors le signal « de former sur l'*Alexandre* une ligne de bataille de vitesse sans avoir égard aux postes. » Les capitaines du *Tigre* et du *Formidable* furent les seuls qui exécutèrent ce mouvement. La *Queen-Charlotte*, dépassant l'*Alexandre*, attaqua le *Formidable*. Le trois-ponts anglais fut rallié par un vaisseau de quatre-vingts, le *Sans-Pareil*. Le vaisseau français soutenait, avec le plus grand courage, ce combat inégal, lorsque le feu éclata sur son gaillard d'arrière. L'incendie se propageant avec une très grande rapidité, le *Formidable*, qui n'avait plus de secours à attendre de son escadre, amena son pavillon. La *Queen-Charlotte* vint alors se joindre aux deux vaisseaux, l'*Orion* et l'*Irrésistible*, contre lesquels luttait l'*Alexandre*. La situation de ce vaisseau semblait désespérée. L'amiral Villaret, comme s'il eût voulu tenter un dernier effort pour le sauver, signala de former la ligne de bataille très serrée pour aller dégager le vaisseau entouré. Il ne fut tenu aucun compte de ce signal. L'*Alexandre*, coulant bas d'eau, ayant une partie de ses canons démontés et un grand nombre d'hommes hors de combat, subit le sort du *Formidable*.

Après la reddition de ce dernier bâtiment, le *Sans-Pareil* se porta sur le *Tigre*, devenu le serre-file de la ligne française. Le *Tigre* répondait avec vigueur au feu du vaisseau anglais, lorsque deux vaisseaux de cent canons, la *Queen* et le *London*, vinrent l'assaillir. L'amiral signala à l'armée de mettre en panne et au *Zélé* de prendre le *Tigre* à la remorque. Ces ordres ne furent pas exécutés. Le *Tigre* était arrivé à un mille environ dans l'ouest de la pointe de Groix, lorsqu'un boulet coupa la mèche de son gouvernail. Épuisé par plusieurs heures de combat, n'ayant plus aucun espoir de s'échapper, il amena son pavillon. Le *Peuple*, le *Mucius*, le *Redoutable*, les *Droits-de-l'Homme* et le *Nestor* continuèrent leur route en échangeant des boulets avec les vaisseaux qui les poursuivaient. Le *Zélé*, le *Fougueux*, le *Jean-Bart* et le *Wattignies*, qui étaient en tête de l'armée et fort loin, ne prirent aucune part à cette canonnade. Vers neuf heures, lord Bridport donna l'ordre de cesser le feu.

L'amiral Villaret avait formé le projet de jeter l'ancre sous l'île de Groix. Il comptait se mettre en position de recevoir l'attaque de l'ennemi au mouillage. L'escadre se trouvant réduite à neuf vaisseaux, il se demanda s'il serait en état de résister aux forces supérieures de lord Bridport. Les renseignements, fournis par les pêcheurs, lui ayant donné la certitude que l'île était sans défense, il appela les officiers généraux à son bord. Après avoir examiné la situation, le conseil déclara que l'escadre ne serait en sûreté que dans le port de Lorient. L'amiral Villaret se préoccupait à tort des desseins de lord Bridport. Celui-ci ne songeait pas à nous attaquer. On doit reconnaître que son extrême circonspection sauva les restes de notre escadre. S'il nous avait suivis, nos vaisseaux auraient été pris ou contraints de se jeter à la côte. Dans la journée, les Anglais se dirigèrent vers le large ayant leurs prises à la remorque. L'opinion émise par les amiraux Villaret, Vence et Kerguelen ayant été adoptée par le représentant Topsent, l'escadre entra à Lorient.

Les vaisseaux placés sous les ordres de l'amiral Villaret-Joyeuse étaient, pour la plupart, en mauvais état. Des avaries, reçues au combat du 1ᵉʳ juin 1794 ou dans la croisière du grand hiver, n'avaient pas été réparées. Les équipages étaient non seulement incomplets mais absolument insuffisants au point de vue de la qualité. Le nombre des matelots de profession était fort au-dessous du nécessaire et nous n'avions pas de canonniers. « Tous nos coups, écrivit l'amiral, portaient dans l'eau. » Enfin, sauf d'honorables exceptions, les états-majors n'avaient pas d'instruction militaire. En conséquence, l'escadre était hors d'état d'exécuter les manœuvres auxquelles un général habile pouvait avoir recours en présence d'un ennemi supérieur en nombre. Ces points établis, examinons les divers incidents du combat de l'île de Groix. Le 23 juin, à six heures du matin, le dernier vaisseau de la ligne, l'*Alexandre*, qui marchait fort mal, était attaqué par l'*Orion* et l'*Irrésistible*, de soixante-quatorze. Il y avait, non loin de ces deux navires, cinq vaisseaux dont trois de cent canons. Au même moment, un vaisseau à trois ponts, la *Queen-Charlotte*, était non pas en arrière de l'*Alexandre* mais sur son avant. Nous venons d'indiquer la position de huit vaisseaux sur les quatorze dont se composait l'escadre anglaise. Les six autres suivaient les premiers à petite distance. Le commandant de l'escadre française ne pouvait dégager l'*Alexandre* qu'en se portant à son secours avec tous ses bâtiments. Cette manœuvre, par suite de la position de l'ennemi, entraînait une affaire générale. L'amiral Villaret recula devant cette détermination. Cependant, quelque temps après il signala de former la ligne de bataille très serrée pour se porter au secours du vaisseau engagé.

Or, à ce moment, suivant ses propres expressions, l'*Alexandre* était coupé et entièrement désemparé par le feu de trois vaisseaux dont deux à trois ponts. Il n'était pas permis de croire que nous sauverions l'*Alexandre*.

L'amiral voulut empêcher le *Tigre* de tomber entre les mains de l'ennemi, mais, lorsqu'il forma ce projet, ce vaisseau était sur le point de succomber. Il prescrivit à l'armée de mettre en panne et au *Zélé* de donner la remorque au vaisseau désemparé. Nous n'entendons pas atténuer la gravité de la faute commise par les capitaines qui n'ont pas obéi aux signaux du chef de l'escadre. Le capitaine du *Zélé* a manqué à son devoir en ne tentant pas de conduire le *Tigre* hors du feu, puisqu'il en avait reçu l'ordre. Mais il est évident qu'il ne pouvait s'acquitter de sa mission. Le *Tigre* se battait contre trois vaisseaux, un de quatre-vingts, le *Sans-Pareil*, et deux de cent canons, le *London* et la *Queen*. Plusieurs vaisseaux, parmi lesquels le *Royal-George*, portant le pavillon de lord Bridport, étaient déjà sur son avant. Dans ces conditions, le capitaine du *Zélé*, alors même qu'il eût été un excellent officier et en supposant son vaisseau en très bon état, n'aurait eu aucune chance de mener à bien cette entreprise. Quand on examine la situation des deux escadres, le 23 juin, à six heures du matin, on est conduit à penser que l'abandon de l'*Alexandre* était commandé par les circonstances. L'amiral Villaret-Joyeuse manœuvra d'abord comme s'il se résignait à ce sacrifice, puis il parut revenir sur cette détermination. A partir de ce moment, il existe, entre les ordres qu'il donne et le but qu'il se propose, une continuelle contradiction. En réalité, il abandonne l'*Alexandre*, mais il ne veut pas que cela soit dit. La perte du *Formi-*

dable et du *Tigre*, dont les capitaines se conforment strictement à ses ordres, est la conséquence de cette conduite. Il semble que l'amiral ait principalement pour but de dégager sa responsabilité et celle du délégué de la Convention. Le rapport, dans lequel l'amiral fit connaître au commissaire de la marine et des colonies les différentes péripéties du combat de l'île de Groix, est écrit dans le même esprit.

La défense des trois vaisseaux pris par les Anglais avait été héroïque. Mais il ne suffit pas de se battre avec vigueur, il faut faire du mal à l'ennemi. Quelles pertes avions-nous infligées à l'escadre de lord Bridport? Les vaisseaux anglais, *Queen-Charlotte*, *London* et *Royal-George*, de cent canons, *Sans-Pareil*, de quatre-vingts, *Colossus*, *Russel*, *Orion* et *Irresistible*, de soixante-quatorze, avaient tiré du canon le 23 juin. Le total des tués et des blessés, sur ces huit vaisseaux, était de cent quarante-quatre hommes. D'après les relations anglaises, les trois vaisseaux pris avaient six cent soixante-dix hommes hors de combat, savoir: l'*Alexandre* cent trente, le *Formidable* deux cent vingt et le *Tigre* trois cent vingt. D'autre part, les neuf vaisseaux français, qui avaient à peine combattu, comptaient deux cent vingt-deux hommes hors de combat, répartis ainsi qu'il suit : les *Droits-de-l'Homme* quarante, le *Fougueux* cinq, le *Wattignies* trois, le *Peuple* soixante, le *Redoutable* soixante, le *Nestor* vingt-six, le *Jean-Bart* vingt-trois et le *Zélé* cinq. Le *Mucius* n'avait pas eu un seul homme atteint par le feu de l'ennemi. Les divers incidents du combat de l'île de Groix faisaient clairement ressortir l'erreur que la Convention avait commise, en décidant, sur la proposition de Jean-Bon-Saint-André, que les officiers généraux, commandant en chef et en sous-ordre, passeraient sur des frégates au moment du combat. Si les amiraux Villaret, Vence et Kerguelen étaient restés à bord de leurs vaisseaux, la retraite eût été mieux conduite. L'amiral Villaret, mécontent des autres, peut-être aussi de lui-même, réduit au commandement de quelques vaisseaux délabrés, demanda à être remplacé dans son commandement. Il était prêt, disait-il au ministre, à servir en sous-ordre, si la République avait besoin de lui, et « il donnait sa parole d'honneur qu'il prêcherait par l'exemple et par la soumission la plus passive. »

Il fallait informer la Convention des événements survenus depuis le jour où notre escadre était sortie de Brest jusqu'au moment où elle avait mouillé sous l'île de Groix. Le représentant Doulcet, chargé de cette mission, quoiqu'il appartînt à la fraction de la Convention qui avait triomphé en thermidor, employa, en parlant des affaires de la marine, les mêmes procédés que Barère et Jean-Bon-Saint-André. Ce fut le même air, avec de très légères variantes auxquelles l'intérêt de la marine n'eut aucune part. Lorsque Barère et Jean-Bon-Saint-André avaient à apprendre à la Convention quelque mauvaise nouvelle, ils débutaient par une attaque vigoureuse dirigée contre le gouvernement monarchique qu'ils accusaient d'avoir désorganisé la marine. Après quoi, l'un et l'autre se trouvaient en règle envers la nation et dispensés de parler de la conduite des représentants en mission sur nos flottes ou des mesures prises par le Comité de salut public. Cette fois, l'anathème, réservé jusque-là au gouvernement de Louis XVI, fut lancé, avec non moins de vigueur, contre les vaincus de thermidor. Les grands mots de lâcheté et de trahison suffirent, comme par le passé, à tout expliquer. L'orateur, fidèle à la tradition, en même temps qu'il apprit à la Convention l'issue défavorable de cette sortie, maintint intacts les droits du gouvernement à la reconnaissance de la nation. Les dispositions étaient bien prises et le but poursuivi excellent. Si le personnel avait fait son devoir, les plus grands succès auraient répondu aux efforts du Comité de salut public.

La Convention entendit sans sourciller et sans y reprendre un mot le discours du représentant Doulcet. Soit ignorance des choses de la marine, soit que cette assemblée n'eût point encore, en juillet 1795, secoué le joug de la rude discipline à laquelle le régime de la terreur l'avait assujettie, aucune voix ne s'éleva pour protester contre ce langage. Personne ne demanda ce que les délégués du Comité de salut public faisaient sur nos flottes et quelles mesures avaient été prises, depuis le retour de notre escadre, après la fatale croisière du grand hiver, pour l'instruction des équipages et la réparation des coques, des mâts et des voiles. Que signifiait, d'ailleurs, cette dernière sortie, faite sur l'ordre des représentants en mission à Brest, pour débloquer les trois vaisseaux du contre-amiral Vence mouillés sous Belle-Ile? Ne savait-on pas que cette division, en choisissant un moment favorable, pouvait facilement gagner un de nos ports? Ce qui le prouvait c'était la jonction opérée, en mer, entre l'escadre sortie de Brest et cette division. Pourquoi donc compromettre inutilement les quelques vaisseaux qui nous restaient? On se plaignait sans cesse des officiers, mais le gouvernement actuel était aux affaires depuis la fin de juillet 1794. S'était-il efforcé de modifier un état de choses qu'il dénonçait lui-même et auquel il attribuait nos revers ?

Nous avons dit que l'amiral Villaret s'était plaint très sévèrement de quelques-uns de ses capitaines. Ces derniers répondirent aux accusations dont ils étaient l'objet en blâmant publiquement la conduite de leur chef. Les choses s'étaient passées ainsi après le combat du 1ᵉʳ juin 1794. Il n'y avait pas lieu d'être surpris que des faits de cette nature se produisissent dans un corps d'officiers qui n'avait ni tradition ni homogénéité. Ces tentatives, d'ailleurs, n'avaient aucune chance de succès. La position de Villaret à Paris était très solide. L'amiral avait vécu en fort bons termes avec les terroristes, et ses relations avec leurs successeurs étaient excellentes. Peu après son arrivée à Lorient, le ministre lui donnait l'assurance qu'il possédait toute la confiance du gouvernement. « Continuez, écrivait le ministre à Villaret, à servir la République, comptez sur sa reconnaissance et foulez aux pieds les intrigues et les intrigants. » Cependant, il était indispensable que la lumière se fît sur les événements de cette campagne. Trois vaisseaux étaient restés entre les mains de l'ennemi et on ne savait pas s'il avait été fait des efforts suffisants pour les dégager. S'était-on trouvé en présence d'un cas de force majeure ? Le commandant en chef avait-il quelques reproches à se faire, ou ce résultat était-il dû aux fautes commises par quelques capitaines ? Telles étaient les questions qu'il fallait résoudre pour donner satisfaction au sentiment général.

Après avoir pris l'avis du Comité de salut public, le représentant Topsent ordonna la formation d'un jury militaire chargé d'examiner la conduite des capitaines du *Zélé*, du *Fougueux*, du *Jean-Bart*, du *Mucius*, du *Wattignies* et des *Droits-de-l'Homme* et du lieutenant de vaisseau Beaullon qui avait remplacé le capitaine Legouardun, du *Jean-Bart*, blessé pendant le combat. Ces officiers étaient prévenus de lâcheté ou de désobéissance dans les affaires qui avaient eu lieu, les 17 et 23 juin, entre l'escadre de la République et l'armée anglaise. Le jury, présidé par le capitaine de vaisseau Molini, major général, était composé des capitaines de vaisseau Boissauveur, Lebrun, Maistral, Leroy et des lieutenants de vaisseau Marphy, Rolland et L'Hermitte. Après avoir tenu plusieurs séances, le jury rendit son verdict. A la majorité de six voix sur sept, le capitaine du *Zélé* fut déclaré coupable dans la journée du 17 juin, coupable mais excusable dans la journée du 23. Cinq voix sur sept reconnurent la culpabilité du capitaine Giot-Labrier dans la journée du 23 juin. Les capitaines Larréguy et Domat, quoique convaincus du fait qui leur était reproché, ne furent pas considérés comme criminels. Quant aux capitaines Legouardun et Sébire et au lieutenant de vaisseau Beaullon, le jury déclara qu'ils n'étaient pas coupables. Les prévenus comparurent alors devant un conseil martial, composé des contre-amiraux Vaultier, Bouvet François, Nielly et des capitaines de vaisseau Mallès, Gourio, Puren, Deniau, Vignot, Longer, Bailliard et Legrand. Le capitaine du *Zélé* fut cassé, déclaré incapable de servir et condamné à six mois de prison au fort la Loi à Brest. Le capitaine du *Fougueux* fut cassé et déclaré indigne de servir. Les capitaines de vaisseau Legouardun et Sébire, du *Jean-Bart* et des *Droits-de-l'Homme*, ainsi que le lieutenant de vaisseau Beaullon furent déchargés de l'accusation portée contre eux. Ce jugement fut rendu le 21 août 1795. Le Comité de salut public destitua les capitaines du *Mucius* et du *Wattignies* quoique le jury eût admis leur non-culpabilité. Les capitaines Legouardun et Sébire furent maintenus dans leurs commandements. La décision les concernant devait être lue en présence des officiers de l'escadre et du port assemblés. Le jugement rendu contre le capitaine du *Zélé*, soumis, en 1799, à un conseil de revision, fut cassé pour vice de forme et fausse application de la loi. Le ministre prescrivit au commandant des armes, à Brest, de convoquer un jury devant lequel devait comparaître l'ancien capitaine du *Zélé*. Il l'invita, en outre, à demander directement à Lorient les documents concernant cette affaire. Les recherches faites dans ce port n'aboutirent qu'à la découverte de pièces sans importance. Le temps s'écoula et le capitaine du *Zélé* ne fut pas jugé.

II

Depuis l'engagement du 14 juillet 1795, l'escadre de l'amiral Martin n'avait pas repris la mer. Elle avait perdu, par la désertion, la presque totalité de ses matelots. Ceux-ci mal nourris, à peine vêtus, découragés par des insuccès continuels, n'avaient qu'une pensée, fuir le service de la marine. Le nombre des malades était considérable. Au mois de septembre, dix mille hommes eussent été nécessaires pour compléter les effectifs des bâtiments mouillés sur la rade de Toulon. Le ministre prescrivit de préparer, dans ce port, deux divisions, comprenant ensemble sept vaisseaux, six frégates et deux corvettes. Ce fut avec les plus grandes difficultés qu'on parvint à donner à ces bâtiments les vivres et le matériel dont ils avaient besoin. Pour compléter les équipages, on désarma la plupart des navires qui étaient sur la rade.

Le 14 septembre, le capitaine de vaisseau Richery, nommé au commandement de la plus forte de ces deux divisions, appareilla avec les vaisseaux la *Victoire* de quatre-vingts, le *Jupiter*, le *Barras*, le *Berwick*, la *Révolution* et le *Duquesne* de soixante-quatorze. L'amiral Hotham apprit, le 22 septembre, au mouillage du golfe de Saint-Florent, dans le nord de la Corse, que six vaisseaux français avaient pris la mer. Il ne mit aucune hâte à détacher une division de son armée à leur poursuite. Ce fut seulement, le 5 octobre, que le contre-amiral Robert Mann, chargé de cette mission, mit à la voile avec six vaisseaux, un à trois ponts et cinq de soixante-quatorze. Le commandant Richery se dirigea vers le détroit qu'il eut la bonne fortune de franchir sans apercevoir l'ennemi. Ses instructions lui prescrivaient de ruiner les établissements de la Grande-Bretagne sur les côtes de la Nouvelle Angleterre et de Terre-Neuve. Le 7 octobre, la division française était à cinquante lieues dans l'ouest du cap Saint-Vincent. Ce jour-là, elle chassa un convoi qui faisait route pour l'Angleterre, sous l'escorte des vaisseaux de soixante-quatorze, la *Fortitude*, le *Bedfort* et le *Censeur* et de quelques frégates. Après un engagement de peu de durée, le *Censeur* amena son pavillon. Ce vaisseau avait été pris par les Anglais, au combat du cap Noli, le 14 mars 1795. La *Fortitude*, le *Bedfort* et les frégates ne purent être rejoints. Il n'en fut pas de même du convoi. Sur les trente et un navires dont il se composait, un seul s'échappa. Le 13 octobre, le commandant Richery entra à Cadix avec ses prises.

Nous avons dit que le port de Toulon avait reçu l'ordre d'armer deux divisions, en employant les ressources de l'arsenal et celles que pourrait offrir l'escadre, à peu près désarmée, de l'amiral Martin. La première de ces divisions était celle du commandant Richery. La seconde, comprenant le vaisseau de soixante-quatorze, le *Républicain*, et les frégates la *Justice*, la *Junon* et l'*Artémise*, était placée sous le commandement du capitaine de vaisseau Ganteaume. Celui-ci devait croiser dans l'archipel afin d'intercepter, sur ce point, le commerce de l'ennemi. Cette division appareilla de Toulon, le 10 octobre. A la même époque, une division de frégates, sous le commandement du capitaine de vaisseau Moultson, s'empara, à la hauteur du cap Finistère, de dix-huit bâtiments richement chargés, faisant partie d'un convoi qui se rendait de la Jamaïque en Angleterre.

Après l'affaire de l'île de Groix et la rencontre, dans la Méditerranée, de l'escadre de l'amiral Martin avec les forces britanniques, on parut s'apercevoir, à Paris, de la voie mauvaise dans laquelle la marine était depuis longtemps engagée. Il se produisit, dans les conseils du gouvernement, un changement complet relativement à la ligne de conduite qu'il convenait de suivre pour continuer la lutte avec la Grande-Bretagne. La destruction du commerce ennemi devint notre seul objectif. Le Comité de salut public, blâmant sévèrement ce qui avait été fait jusque-là, résolut de substituer la guerre de course à la guerre d'escadre.

Un des membres du Comité fut chargé d'exposer à la Convention les nouveaux projets du gouvernement. Le représentant, auquel cette mission incomba, dit que le Comité faisait les plus grands efforts pour réparer le mal que le régime de la Terreur et les agents ignorants ou traîtres dont il se servait avaient fait à la marine. Il affirma que le Comité parviendrait à régénérer, c'était le mot de l'époque, cette partie importante des forces nationales. Déjà le gouvernement avait porté son attention sur les arsenaux. Il les avait trouvés dans l'état le plus affligeant, mais nos ressources étaient grandes et tout donnait lieu de croire que cette situation serait promptement améliorée. Le gouvernement, disait l'orateur, s'est entouré d'une administration capable, d'officiers généraux instruits et expérimentés. On rappelait au service « les officiers qui, patriotes depuis la Révolution, distingués par leurs talents, n'avaient été destitués et incarcérés que par l'effet du système désorganisateur qui avait trop longtemps régné. Ces officiers, éprouvés par le malheur, rentraient avec le désir de contribuer aux triomphes maritimes de la République. » La Convention apprit que désormais nous n'aurions d'autre but que de détruire le commerce de l'ennemi et de porter le ravage dans ses colonies. C'est ainsi, ajouta l'orateur, qui ne semblait douter de rien, « que nous forcerons les Anglais à faire une banqueroute honteuse. digne fin d'un gouvernement orgueilleux et despotique. »

Ce langage ne différait pas de celui que la Convention entendait depuis quelques années. Jean-Bon-Saint-André, lui aussi, avait annoncé la régénération de la marine et la défaite de l'Angleterre. On sait ce qu'il était advenu de ces promesses. Quoi qu'il en soit, la légèreté de l'orateur, sa présomption, la désinvolture avec laquelle il parlait des désastres passés, son assurance au sujet des succès réservés au nouveau système de guerre ne soulevèrent aucun murmure sur les bancs de l'assemblée. Personne ne parut surpris que le gouvernement affichât aussi publiquement ses projets. La Convention, toujours docile, approuva les propositions qui lui furent soumises. Elle vota les dispositions que réclamait l'orateur pour favoriser les armements en course. Ainsi, la ruine du commerce anglais par les corsaires et les divisions légères devenait la tâche imposée au département de la marine. Lorsque les prises faites par les bâtiments placés sous les ordres des capitaines de vaisseau Richery et Moultson furent connues, le Comité de salut public se considéra comme ayant atteint le but qu'il se proposait. Le représentant, chargé de porter ces événements à la connaissance de la Convention, les présenta comme la conséquence du nouveau système de guerre et un gage de nos futurs succès. Il se faisait de grandes illusions. Les événements dont il parlait ne pouvaient avoir cette portée. Nous avions fait la guerre d'escadre trop tôt et nous faisions la guerre de course trop tard. Pour le premier cas, la preuve n'était plus à faire ; quant au second, l'avenir devait se charger de la démonstration. Par suite des fautes commises depuis le commencement de la Révolution, notre établissement maritime était anéanti. Telle était la vérité et, au mois d'octobre 1795, ce n'était pas par de vains discours qu'on pouvait sérieusement modifier cette situation.

III

Les ordonnances promulguées, en 1786, sous le ministère du maréchal de Castries, régissaient la marine au moment où éclata la Révolution. La Constituante les modifia, le 21 septembre 1791. Pendant toute la durée du régime conventionnel, lois et règlements disparurent. On peut également dire qu'à cette époque il n'y eut pas de ministres. Monge, Dalbarade et Redon n'exercèrent aucune influence sur les affaires de leur département. Dans les ports, les fonctionnaires, quel que fût leur rang, se trouvèrent dans la même situation. Toutes choses furent tranchées souverainement par les arrêtés des représentants en mission, les décisions du Comité de salut public et les décrets de la Convention. Il en résulta, dans la marche des affaires, la confusion la plus complète. Les plaintes qui s'élevèrent dans les ports furent si vives qu'il fallut essayer de porter un remède au mal. Le comité de la marine, près duquel fut placée une commission consultative, prépara la réorganisation des différents services de la marine. Les 24 et 25 octobre, la Convention vota les projets de lois formant l'ensemble de la nouvelle législation. Les troupes d'artillerie de marine, supprimées le 30 janvier 1794, sur la proposition de Jean-Bon-Saint-André, furent rétablies. Le nouveau corps, dont l'effectif pouvait, en temps de guerre, s'élever jusqu'à vingt-cinq mille hommes, était destiné à la défense des ports et des côtes. Il était, en outre, chargé du service de l'artillerie, à bord des bâtiments de la République, concurremment et par moitié, était-il dit, dans la loi, avec les canonniers marins. Quatre cent quatre-vingts hommes, provenant de l'inscription maritime, étaient répartis dans les ports et placés sous l'autorité des directeurs d'artillerie. Ces marins devaient être renvoyés dans leurs quartiers, après avoir passé un an dans les écoles de canonnage. Il y avait loin de là aux mesures promptes et énergiques qu'il eût été nécessaire de prendre pour donner immédiatement à notre flotte des chefs de pièce capables de lutter contre les canonniers anglais.

La loi sur l'organisation de l'état-major de la flotte se ressentait de l'esprit du temps. Elle faisait table rase de ce qui existait. La Convention déclarait le corps des officiers dissous. La nouvelle formation comprenait huit vice-amiraux, seize contre-amiraux, cinquante chefs de division, cent capitaines de vaisseau, cent quatre-vingts capitaines de frégate et quatre cents lieutenants de vaisseau. Il y avait, en outre, deux cents aspirants divisés en deux classes. Les jeunes gens réunissant certaines conditions de navigation, qui passaient, avec succès, un examen sur des matières déterminées par les règlements, étaient nommés aspirants. Se conformant à l'esprit qui avait prévalu jusque-là, la Convention décida que les aspirants n'appartiendraient pas d'une manière permanente à la marine militaire. Après un certain temps d'embarquement sur les bâtiments de l'État, ces jeunes gens étaient renvoyés du service. La loi prescrivait de nommer, avant le 21 décembre 1795, cinq vice-amiraux, huit contre-amiraux, quarante chefs de division, quatre-vingts capitaines de vaisseau et cent quarante capitaines de frégate. A la date du 19 juin 1796, les cadres devaient être complets. Une disposition fort sage permettait de rappeler les officiers de tout grade et les aspirants qui ne se trouvaient pas actuellement employés. Les uns et les autres pouvaient concourir à la nouvelle formation, d'après le grade dont ils étaient titulaires et le rang qu'ils occupaient sur la liste, le jour où ils avaient quitté le service. En résumé, on ne rétablissait pas les écoles. Non seulement la Convention ne croyait pas à l'utilité de cette mesure, mais elle la regardait comme incompatible avec les principes du nouveau gouvernement. Cependant, il n'y avait aucun autre moyen d'assurer le recrutement de l'état-major de la flotte. Tout se réduisait donc à une nouvelle réorganisation, venant après toutes celles qui avaient été décrétées depuis 1793. Comme cette réorganisation ne pouvait être faite qu'à l'aide des éléments existants, la valeur de la loi sur le personnel, votée le 25 octobre, devait dépendre de ceux qui seraient chargés de l'appliquer.

Lorsque la Constituante avait fait une loi sur l'administration des arsenaux, elle avait complètement sacrifié les officiers militaires. Les positions que ceux-ci occupaient, en vertu des ordonnances de 1786, leur avaient été enlevées. La faveur publique s'était, à cette époque, portée sur les administrateurs. C'était à eux que la loi avait remis la direction supérieure des ports. La Convention trouva les choses dans cet état. Cette situation devait convenir à une assemblée qui professait pour le pouvoir civil une prédilection particulière. Il y avait donc lieu de croire que les administrateurs trouveraient, dans le nouveau régime, un solide appui. Mais les représentants en mission dans les ports étaient des maîtres difficiles à servir. Le 28 septembre 1792, la Convention, sur la proposition du Comité de salut public, décida que « les mouvements des ports, attribués, par la loi du 12 octobre 1791, aux ordonnateurs civils de la marine, ne feraient plus partie de leurs fonctions, et s'exécuteraient, à l'avenir, sous les ordres des commandants des armes. » Le dissentiment que nous venons d'indiquer s'aggrava. Jean-Bon-Saint-André, mécontent des chefs des bureaux civils de la marine, dont il ne trouvait pas les allures suffisamment révolutionnaires, voulut amoindrir leur situation personnelle et diminuer l'étendue de leur autorité. Le Comité de salut public ayant approuvé les idées de ce représentant, un décret, rédigé dans ce sens, fut présenté à la Convention qui l'adopta. Le chef principal des bureaux civils de la marine disparut du service des ports. Ses attributions furent partagées entre deux nouveaux fonctionnaires, appelés l'un agent maritime et l'autre inspecteur civil. Tous deux correspondaient directement avec le ministre. Le Comité de salut public poussa les choses plus loin. La Convention décida, sur sa proposition, « qu'il ne pourrait y avoir, dans la même branche d'administration civile d'un port, ni dans toutes les différentes branches dont l'administration est composée dans le même port, plus de deux individus de la même famille, jusqu'au degré de cousin germain inclusivement ; les beaux-frères et les gendres étaient compris dans la même disposition. » Les administrateurs, qui avaient été longtemps les favoris de la Révolution, étaient devenus suivant l'expression de Jean-Bon-Saint-André, « des hommes dangereux » Les lois des 24 et 25 octobre 1795 ne maintinrent pas les dispositions adoptées, en 1794, sur la proposition de Jean-Bon-Saint-André.

D'après la nouvelle législation, le commandant des armes était le seul représentant des officiers militaires dans les ports. Il exerçait son autorité sur les officiers de marine de tout grade et sur les troupes d'artillerie. Il n'avait pas le droit de s'occuper des navires en réparation ou en armement, et son action, sur ceux qui étaient en rade, était à peu près nulle. La direction des mouvements du port ne lui appartenait pas. Ce service était placé sous les ordres d'un administrateur. Le comité, chargé de préparer les lois sur la marine, avait cru nécessaire de recourir aux lumières des hommes spéciaux. Il avait, dans ce but, appelé, auprès de lui, une commission consultative. Celle-ci comprenait quatre ingénieurs, trois administrateurs de la marine, quatre capitaines de commerce, trois armateurs et deux capitaines de vaisseau. Il est inutile d'appeler l'attention sur la composition de cette commission, dans laquelle les officiers de marine, c'est-à-dire l'élément véritablement important, étaient à peine représentés. L'esprit, qui avait inspiré les auteurs du décret du 21 septembre 1791, se retrouvait tout entier dans la nouvelle loi. « Il y a incompatibilité, était-il dit dans un des articles, entre les fonctions des divers agents de l'administration dans les ports et les fonctions militaires. » La Convention avait voulu lier les mains du nouveau gouvernement, et l'empêcher de confier la place d'ordonnateur à un officier de marine. Cette assemblée avait voté la nouvelle législation maritime, les 24 et 25 octobre 1795. Le 26 elle terminait sa carrière.

LIVRE VII

Entrée en fonctions du Directoire. — L'amiral Truguet est nommé ministre de la marine. — Message du Directoire relatif à l'administration des ports. — Le gouvernement demande que des modifications soient apportées aux lois sur la marine votées par la Convention. — Rejet de ces propositions par les Conseils. — Sollicitude du Directoire pour les colonies. — Des bâtiments sont envoyés dans les Antilles et dans l'Inde. — Combat de la division du contre-amiral Sercey avec les vaisseaux l'*Arrogant* et le *Victorious*. — Réunion, sur la rade de Brest, des vaisseaux entrés à Lorient après le combat de l'île de Groix. — Croisière faite par le commandant Ganteaume dans la Méditerranée. — Proclamation de l'amiral Truguet aux marins de l'Ouest et du Midi. — La République française signe avec l'Espagne un traité d'alliance offensive et défensive. — L'Espagne déclare la guerre à l'Angleterre. — La division du contre-amiral Richery part de Cadix, escortée par une escadre espagnole. — Le général Bonaparte est placé à la tête de l'armée d'Italie. — Événements militaires qui modifient notre situation dans la Méditerranée. — Les troupes britanniques évacuent la Corse. L'amiral don Juan de Langara entre dans la Méditerranée. — L'escadre anglaise se retire à Gibraltar. — Retour de la division du contre-amiral Richery. — Résultats de la campagne faite par cet officier général sur les côtes de l'Amérique du Nord. — Sir John Jervis mouille devant Lisbonne avec quatorze vaisseaux.

I

En entrant en fonctions, le Directoire adressa au peuple français une proclamation dans laquelle il exposa la situation du pays. Après avoir montré les difficultés de sa tâche, le nouveau gouvernement promit de ne rien négliger pour assurer la paix et la prospérité nationale. Quoique le Directoire eût le très vif désir de rétablir l'ordre à l'intérieur, les affaires du dehors appelèrent d'abord son attention. Nos armées achevèrent la conquête de la Hollande. Le Stathouder se réfugia en Angleterre et la République batave fut proclamée. La Prusse signa la paix, à Bâle, le 5 avril 1795. L'Espagne, alarmée des progrès que nous faisions sur son territoire, suivit cet exemple. Le 22 juillet 1795, le cabinet de Madrid conclut un traité de paix avec la République française. Notre position militaire devenait, chaque jour, meilleure, mais les avantages obtenus n'étaient pas assez grands pour amener l'Europe à déposer les armes. Au point de vue de la lutte qu'elle soutenait contre la Grande-Bretagne, la France avait peu gagné. Cependant nous avions infligé un échec à cette puissance, en lui enlevant, par notre union étroite avec la République batave, le pied-à-terre qu'elle avait eu jusque-là sur le continent.

L'amiral Truguet, appelé au ministère de la marine, le 4 novembre 1795, se trouva en présence de l'organisation maritime léguée par la Convention. Il protesta immédiatement contre des institutions qui ne lui permettaient pas de remplir les obligations de sa place. Il était chargé d'envoyer à la mer des bâtiments en état de se mesurer avec ceux de l'ennemi. C'était alors, comme c'est aujourd'hui, le dernier mot des dépenses faites pour la marine. Le ministre demandait qu'on écartât toute combinaison ne conduisant pas directement à ce résultat. Il estimait qu'il n'était pas possible de l'atteindre, en plaçant, sous les ordres d'un fonctionnaire civil, la construction, l'entretien et le radoub des bâtiments, leur armement, la fabrication des câbles et des manœuvres et autres objets destinés aux navires, la direction des mouvements du port et le service de l'artillerie. Le Directoire adopta la manière de voir du ministre. Il adressa, le 3 décembre 1795, au Conseil des Cinq-Cents, un message sur l'administration des ports et des arsenaux. Le Directoire parlait, en termes fort sévères, de l'organisation maritime que lui avait léguée la Convention nationale. Cette organisation, disait-il, décrétée, au milieu des orages, des événements et des travaux de tout genre qui avaient assailli cette assemblée, à la fin de sa session, « ne présentait au gouvernement que des entraves et l'enchaînait dans tous ses moyens d'exécution. » Le Directoire se proposait de créer un ordonnateur général, pouvant être choisi dans tous les grades, dans toutes les professions civiles, militaires ou administratives, mais devant avoir, au moins, dix années de navigation sur les vaisseaux de l'Etat. L'ordonnateur général, qui correspondait seul avec le ministre de la marine, avait, sous ses ordres, tous les chefs de service du port.

Dans le projet du Directoire, l'administration soumise à l'ordonnateur général était divisée en deux grandes directions, l'une ayant, à sa tête, un militaire et l'autre un civil. La direction militaire comprenait les officiers, les troupes, la police et la garde du port, la construction, l'entretien et le radoub des vaisseaux, leur armement et leur équipement, la fabrication des câbles, manœuvres et autres ouvrages destinés aux vaisseaux et les mouvements du port. L'artillerie relevait de la direction militaire. La direction civile avait, dans ses attributions, les approvisionnements, la comptabilité de l'arsenal en journées et matières, le bureau des armements, les répartitions des prises, les revues des entretenus civils et militaires, l'administration et la police des bagnes et hôpitaux, la comptabilité, le contrôle des fonds et l'inspection des vivres.

Le Conseil des Cinq-Cents, après avoir entendu la lecture du message, chargea une commission d'examiner les observations présentées par le Directoire. Il décida, en outre, qu'il serait sursis à l'exécution des lois existantes. Le Conseil des Anciens approuva cette résolution. Il se trouvait malheureusement, dans les Conseils, des membres de la Convention qui avaient présenté et fait adopter les lois dont le nouveau gouvernement demandait la suppression. Ceux-là combattirent, avec une très grande vivacité, les idées du Directoire. La commission nommée par le Conseil des Cinq-Cents se montra ouvertement hostile aux projets qui lui étaient soumis. Le rapporteur signala avec indignation les tendances du gouvernement qui, oublieux des leçons du passé, voulait introduire, dans la nouvelle législation, l'esprit des ordonnances de 1776 et de 1786. La création d'un ordonnateur général, chargé de la direction militaire et administrative et correspondant seul avec le ministre, semblait lui inspirer une véritable horreur. Il disait, à propos de ce nouveau fonctionnaire : « Il faudrait mettre à sa disposition tout ce qui existe dans les ports, et lui donner un pouvoir capable de faire fléchir devant lui toutes les autorités des villes maritimes : en un mot, l'on aurait un tyran tel que Louis XIV. Le monarque le mieux obéi et le despote le plus redoutable auraient rougi de le créer. » Il fallait se hâter, ajoutait l'orateur, de revenir aux principes posés par la Constituante. Le décret du 21 septembre 1791, rendu par cette assemblée, avait fait disparaître les ordonnances de 1776 et de 1786 que le rapporteur appelait « un amas informe d'ordonnances et de règlements incohérents et contradictoires. » Il ne niait pas que la marine n'eût jeté, à cette époque, un vif éclat, mais il prétendait que ses succès avaient été obtenus « aux dépens de l'économie, base de toute bonne administration. »

Les représentants envoyés en mission dans les ports, sous le régime conventionnel, avaient une prédilection marquée pour l'autorité civile. Toutefois, voyant les choses de près, reconnaissant les erreurs commises en 1791, les délégués du Comité de salut public avaient touché, très légèrement d'ailleurs, à quelques-unes des règles établies par la Constituante. Il se trouva un orateur qui attribua à ces modifications les désastres que nous avions essuyés sur mer. Il dit : « Si nous avons eu quelque intervalle lucide, si quelques succès nous ont appris ce que nous pouvions faire, c'est quand, en 1791, on changea le système d'administration ; c'est quand on cessa de distraire nos marins par des occupations qui leur sont étrangères ; c'est quand on rendit aux officiers civils leurs attributions. Mais nos avantages disparurent bientôt avec ce régime, et nos catastrophes revinrent avec le système de Castries qui ne tarda pas à être produit. Qu'ont fait quinze vaisseaux de ligne entretenus pendant si longtemps dans la Méditerranée, où l'ennemi était sans force ? Rien. Qu'est devenue notre communication avec Gênes et l'Italie ? Elle est interceptée. Quelle protection ont obtenue nos transports d'approvisionnements ? Ils sont devenus la proie de quelques misérables barques d'Oneille. Quel a été notre sort dans les batailles ? La défaite. Qu'est devenu notre commerce maritime ? Nul. Que sont devenues la Corse et nos colonies ? Elles sont envahies. Quel a été le sort de nos forces navales ? Le dépérissement. Quelle est la situation de nos arsenaux? Le dénuement. » On cherche inutilement l'intervalle lucide et les succès signalés par l'orateur. On est également très surpris d'apprendre que, pendant la période révolutionnaire, la marine était revenue au régime en vigueur sous le ministère du maréchal de Castries. La critique s'arrête devant tant d'ignorance. Les orateurs qui parlèrent en faveur du message furent peu nombreux. Toutefois, quelques membres du Conseil des Cinq-Cents défendirent avec talent les idées du ministre. Mais rien ne put prévaloir contre les préjugés et les passions de cette époque. La garde des arsenaux, leur sûreté, la discipline des troupes, le commandement des forces navales, telles furent les limites assignées à la compétence des officiers militaires. Au delà, tout appartint à des fonctionnaires de l'ordre civil. L'Assemblée décida, le 19 janvier 1796, que la loi du 25 octobre 1795, concernant l'organisation maritime, recevrait sa pleine et entière exécution. Le 29 janvier 1796, le Conseil des Anciens, après des débats très vifs, dans lesquels la conduite du Directoire fut jugée en termes fort sévères, approuva la décision prise par l'autre assemblée.

Les efforts, faits par le Directoire, étant restés impuissants, le ministre de la marine fut obligé de prendre les mesures nécessaires pour appliquer la nouvelle législation. Mécontent de l'échec qu'il avait éprouvé, et, d'autre part, usant du droit que lui conférait le décret sur l'organisation des ports, l'amiral Truguet nomma quatre ingénieurs constructeurs aux places d'ordonnateur. MM. Sané, Groignard, Chevillard et Segondat furent envoyés, le premier à Brest, le second à Toulon, le troisième à Rochefort et le quatrième à Lorient. Du moment, disait le ministre, dans une lettre adressée au Directoire, que la direction des mouvements du port, la construction, l'armement et les réparations des bâtiments sont placés sous les ordres de l'ordonnateur, je ne puis faire un meilleur choix. La Convention, en adoptant une disposition établissant l'incompatibilité des fonctions militaires avec la position d'ordonnateur, avait eu surtout en vue de placer des administrateurs à la tête des ports. L'amiral Truguet était parvenu à éluder cette intention qu'il n'ignorait pas. Sa conduite souleva dans les Conseils une très vive irritation. Le 6 avril 1796, le gouvernement fit connaître au Conseil des Cinq-Cents que l'ordre avait été envoyé dans tous les ports de mettre la nouvelle législation en vigueur. Aussitôt que la lecture de ce message fut terminée, plusieurs membres de l'Assemblée prirent la parole pour accuser l'amiral Truguet de ne s'être conformé ni au texte ni à l'esprit de la loi. « Le ministre, dirent les opposants, s'est fait un jeu de la loi, parce qu'elle lui déplaît ; il a affecté de nommer aux places importantes de commissaires ordonnateurs des ingénieurs constructeurs, qu'il aurait dû laisser occupés à la construction des vaisseaux. Quant aux habiles administrateurs, il les a entièrement laissés dans l'oubli, au moment où tout lui faisait un devoir de s'entourer de leurs lumières. Législateurs, n'oubliez jamais, ajouta l'un d'eux, que la Constitution vous a chargés de surveiller l'exécution des lois. Assurez-vous si celle de la marine a été exécutée comme elle le devait. Je demande que le Directoire soit tenu de vous adresser la liste des administrateurs nouvellement élus, et que vous sachiez s'ils réunissent les conditions prescrites. » Un membre de l'Assemblée parvint à convaincre ses collègues que ce mode de procéder, acceptable sous la Convention, alors que celle-ci exerçait la souveraineté, était inadmissible avec la forme actuelle du gouvernement. Le Conseil des Cinq-Cents, adoptant cet avis, passa à l'ordre du jour. Ces discussions ne firent que rendre plus profond l'antagonisme existant entre le ministre de la marine et les Conseils. Les membres des deux Assemblées, qui avaient fait partie du comité de marine, sous la Convention, avaient lutté avec un véritable acharnement pour le maintien des lois votées les 24 et 25 octobre 1795. Malheureusement les institutions dont ils s'étaient faits les défenseurs ne pouvaient être utiles qu'à nos ennemis.

La situation des finances apportait de continuels obstacles aux opérations de la marine. Les administrateurs n'avaient à offrir aux fournisseurs, en échange des approvisionnements nécessaires à nos arsenaux, que du papier. Or les assignats étaient tombés, à la fin de l'année 1795, dans un tel discrédit que douze cents francs en papier valaient à peine vingt francs en argent. Sous le régime conventionnel, les représentants du peuple en mission s'emparaient, dès qu'ils en connaissaient l'existence et quelque part qu'ils fussent, de tous les objets nécessaires au service de l'Etat. Le prix des marchandises, établi d'après des tarifs illusoires, était payé en assignats. Ce mode d'acquisition n'exposait même pas le gouvernement aux réclamations des intéressés. Ceux-ci, sachant à quels périls ils s'exposeraient en se plaignant, se taisaient. Ces jours-là n'ont pas de lendemain. Les négociants, dépouillés par ces procédés sommaires, laissaient leurs magasins vides, attendant, pour les remplir, des temps plus favorables à la liberté des transactions. Lorsque le Directoire entra en fonctions, le commerce n'offrait plus que des ressources insignifiantes. D'autre part, l'opinion publique se montrait ouvertement hostile à l'emploi des mesures ayant le caractère de l'époque qu'on venait de traverser. Les assignats, le cours forcé et la loi du maximum constituaient des moyens dont il n'était plus possible de se servir. La vente des objets de matériel cessa donc d'être obligatoire; d'autre part, le gouvernement continuant à payer avec du papier, peu de négociants consentaient à entrer en relations avec la marine. A Paris et dans les ports, l'administration se trouvait en présence d'hommes sans consistance. Ceux-ci, sachant que le dénuement des arsenaux ne nous permettait pas d'être exigeants, n'exécutaient pas ou exécutaient mal les clauses de leurs marchés. D'autres conséquences fâcheuses découlaient de la pénurie du Trésor. Les ouvriers, étant payés en assignats, touchaient une solde illusoire. Il avait été décidé que la ration leur serait allouée. Les officiers à terre et les employés s'étaient empressés de solliciter la même faveur. La ration de pain leur avait été accordée. Le personnel en service dans les ports était hors de proportion avec les forces navales que la France entretenait. Le luxe des établissements à terre, mis en regard d'une situation modeste pour la marine véritablement utile, celle qui va à la mer, est un spectacle que donnent souvent les puissances chez lesquelles l'esprit maritime n'est pas très développé. Quoi qu'il en soit, l'administration dépensait la plus grande partie de ses ressources à assurer la subsistance journalière des nombreux rationnaires qui vivaient sur le budget de la marine.

II

Depuis le commencement de la guerre, les forces navales de la France avaient été employées dans les mers d'Europe. Le gouvernement conventionnel s'était quelquefois préoccupé des colonies, mais les projets, faits pour les défendre ou les ravitailler, avaient été abandonnés aussitôt que conçus. C'était à peine si, dans ce but, il était sorti de nos ports quelques rares frégates, portant des secours insignifiants en hommes et en munitions. Le Directoire montra une vive sollicitude pour nos possessions d'outre-mer. Ces dernières étaient considérées, à cette époque, comme une source de richesses. L'opinion publique n'eût pas volontiers admis que nos finances pussent jamais être restaurées et le crédit public rétabli, si, à la fin de la guerre, nous nous trouvions sans colonies. On croyait tellement à leur utilité que le Directoire avait exigé de l'Espagne, en échange des conquêtes que nous avions restituées à cette puissance, lors de la conclusion de la paix, la cession du territoire qu'elle possédait dans l'île de Saint-Domingue. Le système de protection exclusive du commerce et de l'industrie nationale dominait alors. Le surplus de notre production était consommé dans les colonies. La navigation entre nos possessions d'outre-mer et la métropole était complètement réservée à notre pavillon. Elle formait le principal élément du commerce, en même temps qu'elle constituait une pépinière de marins. Malgré l'acharnement de la lutte engagée entre la France et la plupart des puissances européennes, la cessation des hostilités était considérée, en 1795, comme très prochaine. Dans notre pays aussi bien que de l'autre côté du détroit, on ne perdait pas de vue cette éventualité. Ce n'était pas seulement pour enlever à ses ennemis des ports de refuge ou de ravitaillement que l'Angleterre mettait tant de hâte à conquérir les colonies de la Hollande et de la France. Cette puissance savait que les restitutions qu'on exigerait d'elle, le jour où on discuterait les conditions de la paix, seraient d'autant moins grandes qu'elle aurait fait plus de conquêtes. La France ne devait donc rien négliger pour traverser la période de guerre, en conservant ses possessions coloniales.

Le 19 janvier 1796, le Directoire chargea le ministre de la marine de procéder, dans le plus bref délai, à l'organisation des troupes destinées à tenir garnison dans les colonies. Les cadres de ce corps furent fixés ainsi qu'il suit : deux généraux de division, huit généraux de brigade, huit adjudants généraux, douze commissaires des guerres et trente-deux mille soldats. Le 25 janvier 1796, les Conseils donnèrent au Directoire l'autorisation d'envoyer des agents à Saint-Domingue, à la Guadeloupe, à Sainte-Lucie, à Cayenne, à l'île de France et à la Réunion. Si l'adoption de ces mesures ne présentait aucune difficulté, il n'en était pas de même de leur exécution. L'ennemi avait acquis une telle supériorité que toutes nos entreprises rencontraient les plus grands obstacles. Les Anglais avaient, à la mer, au début des hostilités, cent trente-cinq bâtiments de tous rangs, montés par quarante-quatre mille cinq cents hommes; en 1794, deux cent soixante-dix-neuf navires et quatre-vingt-huit mille cinq cents hommes; enfin, en 1795, trois cent vingt-six navires et cent mille marins. Il se produisit, en 1796, une nouvelle augmentation. L'Angleterre compta, cette année, à la mer, trois cent soixante-seize navires. Le nombre des hommes embarqués, marins ou soldats de marine, atteignit le chiffre de cent dix mille hommes. A la même époque, les cadres de l'état-major comprenaient cent cinq officiers généraux, sept cents officiers supérieurs et deux mille deux cent quatre-vingts officiers subalternes. Cette situation, rapprochée du tableau que nous avons tracé de notre marine, à la fin de l'année 1795, montre combien était lourde la tâche assumée par la nouvelle administration.

Deux divisions navales furent expédiées à Saint-Domingue. La première, forte de deux vaisseaux de soixante-quatorze et d'une frégate, partit de Rochefort. La seconde, composée d'une frégate de quarante, d'une corvette et de huit transports, sortit de Brest. Elles portaient des troupes, des armes, des munitions, les généraux de division Rochambeau et Desfourneaux, quelques fonctionnaires civils et les agents auxquels le Directoire confiait la mission de réparer les désastres que nos fautes avaient accumulés sur cette colonie autrefois si florissante. Les deux divisions arrivèrent sans encombre au Cap Francais. A la fin de l'année 1796, les bâtiments qui en faisaient partie rentrèrent dans nos ports, à l'exception de la *Méduse*. Cette frégate, coulant bas d'eau, fut livrée aux flammes; l'équipage passa sur un bâtiment qui la convoyait. L'île de France et la Réunion avaient échappé à tous les maux que les déplorables mesures, prises par le gouvernement conventionnel, avaient infligés à nos colonies des Antilles. Elles étaient restées en dehors du mouvement révolutionnaire. La distance qui les séparait de la métropole et la sagesse des habitants avaient amené ce résultat. Les colons, sachant ce qui s'était passé à Saint-Domingue, à la Martinique et à la Guadeloupe, avaient résolu de se soustraire eux et leurs familles à des éventualités aussi redoutables. La population blanche, qui s'était maintenue dans une étroite union, avait refusé de proclamer la liberté des noirs. Les deux îles n'obéissaient plus au gouvernement. Elles eussent voulu interrompre toute communication avec la métropole. Le bruit de l'arrivée d'une escadre ou de troupes venant de nos ports, soulevait les craintes les plus vives. Dans chacune de ces colonies, l'autorité appartenait à une assemblée dont les décisions avaient force de loi lorsqu'elles avaient été sanctionnées par le gouverneur. Ce dernier, qui était en parfaite communauté d'opinion avec les habitants, exerçait tous les droits appartenant au pouvoir exécutif. Il était, en outre, chargé du commandement des troupes. De nombreux corsaires harcelaient le commerce de l'ennemi ; leurs prises faisaient affluer dans les deux îles des marchandises et de l'argent. A la fin de l'année 1795, les frégates la *Cybèle*, la *Prudente* et la *Preneuse* et la corvette le *Coureur* étaient les seuls bâtiments représentant la marine de l'Etat dans les mers de l'Inde. L'Ile de France avait une trop grande importance, au point de vue maritime et militaire, pour ne pas appeler l'attention du Directoire. Le nouveau gouvernement décida que des renforts y seraient expédiés.

Au mois de mars 1796, le contre-amiral Sercey fit route pour cette destination avec les frégates la *Forte*, sur laquelle il avait son pavillon, la *Régénérée*, la *Seine* et les corvettes la *Bonne-Citoyenne* et la *Mutine*. Ces bâtiments portaient quelques troupes, des munitions et les agents Baco et Burnel nommés gouverneurs de l'Ile de France et de la Réunion. Peu de jours après avoir pris la mer, les deux avisos firent des avaries et se séparèrent de la division. L'un et l'autre tombèrent entre les mains des Anglais (1). L'amiral Sercey mouilla devant Santa-Cruz, principale ville de l'île de Palma, une des Canaries, pour attendre la frégate la *Vertu*, dont l'armement n'était pas terminé lorsqu'il avait quitté l'île d'Aix. Après avoir été rallié par ce bâtiment, il continua sa route. La division arriva, le 18 juin, en rade de Port-Louis. Elle avait pris, pendant sa traversée, plusieurs navires marchands richement chargés. Le contre-amiral Sercey trouva, sur la rade, les frégates la *Prudente* et la *Cybèle*, et le brick le *Moineau*. Ce dernier bâtiment était parti de Rochefort, au mois de février, pour porter, à l'Ile de France, la nouvelle de la prochaine arrivée d'une division de quatre frégates.

1. La *Bonne-Citoyenne* fut conduite à Portsmouh. Le chef de timonerie Zélis et le pilote cotier Thierry, appartenant à l'équipage de cette corvette, étaient en captivité depuis sept mois lorsqu'ils tentèrent de s'évader. Arrêtés, ils furent mis en prison. A quelque temps de là, on les conduisit, avec six autres français, au dépôt des prisonniers pour Botany-Bay. Ils résolurent de se soustraire, par la fuite, au sort misérable qui les attendait. Ils furent repris encore une fois. Après huit mois d'une détention rigoureuse, on les embarqua sur un navire de cinq cents tonneaux, armé de vingt-deux pièces de canons, du nom de *Lady Shore*, sur lequel se trouvaient déjà cent dix-neuf prisonniers. Il y avait, à bord de ce bâtiment, qui était monté par vingt-six hommes d'équipage, une garnison de cinquante-huit soldats. Le *Lady Shore* prit la mer, le 28 mars 1796. Le 1er août Zélis et Thierry étaient maîtres du navire anglais. Zélis, après avoir débarqué une partie de ses prisonniers sur les côtes du Brésil, mouilla devant Montevideo, le 31 août 1796. Il y a peu d'exemples d'hommes ayant déployé une semblable énergie pour recouvrer leur liberté.

Les agents Baco et Burnel descendirent à terre. Bien accueillis par les autorités militaires et administratives, ils purent croire qu'ils occuperaient sans difficulté le poste auquel les avait appelés la confiance du gouvernement. Cette espérance fut promptement déçue. L'assemblée coloniale chargea quelques-uns de ses membres de voir les représentants du Directoire et de s'enquérir de leurs dispositions, en ce qui concernait la question de l'esclavage. Ceux-ci ne dissimulèrent pas leur intention de proclamer la constitution de l'an III et d'en faire l'application immédiate dans les deux colonies. Lorsque cette nouvelle fut connue, il régna dans la ville une telle agitation qu'il fallut prendre des mesures énergiques pour assurer la sécurité des deux agents. Un soulèvement général de la population blanche était imminent. Il ne s'était pas écoulé trois fois vingt-quatre heures depuis que les envoyés du Directoire avaient mis le pied sur le sol de la colonie, qu'ils étaient obligés l'un et l'autre de se réfugier sur le brick le *Moineau*. Le capitaine de ce bâtiment reçut l'ordre de mettre immédiatement à la voile. Il devait conduire ses deux passagers à Manille. Cet événement priva l'amiral Sercey des services du *Moineau*, le seul aviso qu'il eût à sa disposition. Un mois après son arrivée, le contre-amiral Sercey appareilla avec les frégates la *Forte*, la *Régénérée*, la *Vertu* et la *Cybèle*, de quarante, la *Prudente* et la *Seine*, de trente-six, et le brick corsaire l'*Alerte* qui avait été mis en réquisition pour remplacer le brick le *Moineau*.

L'amiral Sercey se proposait de surprendre les nombreux bâtiments de commerce anglais répandus sur la côte de Coromandel. Lorsqu'il était entré à Port-Louis, la croisière ennemie, qui se tenait habituellement sur ce point, avait disparu. En conséquence, l'amiral pouvait terminer l'opération projetée avant que la présence de la division française fût connue, et que des forces suffisantes eussent été envoyées à sa recherche. Un incident regrettable nous priva des chances heureuses que présentait cette expédition. Après avoir tenu la mer dans le sud de l'île de Ceylan et capturé quelques navires, la division fit route vers le nord. En approchant de terre, l'*Alerte* fut envoyé en reconnaissance, avec l'ordre de rapporter à l'amiral les renseignements qu'il pourrait se procurer sur l'état des forces ennemies et sur le nombre des bâtiments qui se trouvaient aux différents mouillages de la côte de Coromandel. Le capitaine de l'*Alerte* n'avait, à aucun degré, le sentiment de ses devoirs. Sa seule préoccupation était de prendre quelque navire richement chargé. Dans la nuit du 19 août, il aperçut un grand bâtiment. Sans prendre le temps de le reconnaître, il courut sur lui et l'aborda. Ce prétendu navire marchand était une frégate anglaise, de vingt-huit canons, qui captura le corsaire. Le capitaine de l'*Alerte* n'ayant pas détruit ses instructions, l'ennemi fut informé de notre présence ; les Anglais, n'étant pas en force pour nous combattre, eurent recours à la ruse pour conjurer les dangers que courait leur commerce. Ils firent tomber entre nos mains des dépêches annonçant que la côte de Coromandel était gardée par un grand nombre de bâtiments de guerre. L'amiral, dont la mission consistait surtout à faire du mal au commerce ennemi, abandonna ces parages. Il se dirigea sur le détroit de Malacca avec l'intention de détruire l'établissement anglais de Pulo-Pinang.

Le 8 septembre, après avoir fait quelques prises à Achem, sur la côte nord de Sumatra, nos frégates se trouvèrent en présence de deux grands navires. L'un d'eux était l'*Arrogant*, de quatre-vingts, et le second, le *Victorious*, de soixante-quatorze. Le 9, au point du jour, le combat s'engagea. A 9 heures du matin, l'*Arrogant*, très maltraité, s'éloigna. Nos bâtiments dirigèrent alors leur feu sur le second vaisseau. Vers dix heures, celui-ci laissa porter pour rallier sa conserve qui était déjà à plus d'un mille du champ de bataille. Deux de nos frégates, arrêtées par le calme, n'avaient pris qu'une très faible part à l'action. Si, après l'éloignement de l'*Arrogant*, tous nos bâtiments avaient pu combattre le *Victorious*, il y a lieu de penser que ce vaisseau aurait amené son pavillon. Une légère brise, qui se leva avant que ses avaries fussent assez considérables pour le mettre hors d'état d'en profiter, le sauva. L'amiral ne jugea pas à propos de pousser plus loin son avantage. Il craignit, en continuant la lutte, d'exposer ses bâtiments à des avaries qui les eussent mis, pendant un temps, peut-être très long, dans l'impossibilité de rien entreprendre. Dans cet engagement deux frégates, la *Vertu* et la *Seine*, souffrirent particulièrement. La première reçut de graves avaries et la seconde perdit beaucoup de monde. Sur les six frégates, cent quarante-six hommes furent mis hors de combat. Ces pertes se trouvaient réparties ainsi qu'il suit : la *Seine*, dix-huit tués, au nombre desquels figurait son commandant, et quarante-quatre blessés ; la *Forte*, six tués et dix-sept blessés ; la *Cybèle*, quatre tués et treize blessés ; la *Vertu*, neuf tués et quinze blessés ; la *Prudente*, trois tués et neuf blessés ; la *Régénérée*, deux tués et six blessés. Suivant les rapports anglais, l'*Arrogant* eut sept tués et trente-sept blessés et le *Victorious* dix-sept tués et cinquante-sept blessés. Ces deux vaisseaux éprouvèrent, en outre, de grands dommages dans leurs coques et dans leurs mâtures. L'amiral Sercey fit route pour l'Archipel de Merguy et il mouilla, le 15 décembre, à l'île du Roi. Après avoir fait les réparations les plus urgentes, la division française reprit la mer. Plusieurs mois s'étaient écoulés depuis que nous avions quitté Port-Louis. Il était nécessaire de songer au ravitaillement de nos bâtiments dont les vivres et les rechanges s'épuisaient. L'Ile de France n'offrant pas de ressources suffisantes, l'amiral se dirigea sur Batavia. Il y arriva après avoir fait plusieurs prises sur sa route.

Quelques écrivains ont blâmé la conduite de l'amiral Sercey dans la journée du 9 septembre. Il aurait dû, ont-ils dit, poursuivre l'*Arrogant* et le *Victorious*. En toutes choses, et surtout à la guerre, il faut savoir ce que l'on veut. On estimait, à cette époque que, dans l'état où se trouvait notre marine, le seul moyen de faire du mal à l'ennemi était d'attaquer son commerce. On ne pouvait, à la fois, approuver cette doctrine, et blâmer l'amiral Sercey de l'avoir appliquée. Cet officier général avait reçu l'ordre de poursuivre le commerce anglais et de défendre l'Ile de France et de la Réunion. Il ne lui était pas permis, sans manquer à son devoir, de perdre de vue ces deux points. Or, derrière les six frégates placées sous son commandement, il n'y avait, dans les mers de l'Inde, que deux bâtiments, une frégate, la *Preneuse*, et une corvette, le *Brûle-Gueule*, pour représenter notre pavillon. En conséquence, l'amiral regardait comme nécessaire de ménager les moyens d'action sans lesquels il ne pouvait pas se conformer aux ordres du gouvernement. Les Anglais, couvrant les mers de leurs navires de guerre et s'efforçant de joindre les nôtres, étaient dans leur rôle. En faisant disparaître la cause, ils supprimaient l'effet, c'est-à-dire la destruction de leur marine marchande. Les capitaines de l'*Arrogant* et du *Victorious* eussent été coupables s'ils n'avaient pas livré combat aux frégates françaises. Ils étaient certains qu'à la suite de ce combat, celles-ci, obligées de chercher un port pour réparer leurs avaries, laisseraient la mer libre au commerce de la Grande-Bretagne. Par contre, nos bâtiments devaient se dérober à la poursuite de l'ennemi et courir sans relâche sur son commerce. Si donc, le 9 septembre, l'amiral Sercey considéré, à juste titre, comme un officier de mérite, pensait que l'action, en se prolongeant, le mettrait dans l'impossibilité de continuer sa mission, il avait eu raison de ne pas poursuivre les deux vaisseaux et le succès, remporté par sa division, lui restait tout entier.

III

On se rappelle que l'amiral Villaret-Joyeuse, après le combat du 23 juin 1796, ne se trouvant pas en sûreté sous l'île de Groix, était entré à Lorient. Ce port était tellement dépourvu de subsistances qu'il ne put nourrir le personnel de cette escadre. D'autre part, celle-ci, avant de reprendre la mer, avait un besoin pressant de réparations. Le ministre donna l'ordre de désarmer les vaisseaux et de congédier les équipages. On garda quelques hommes pour contribuer, avec la garnison, à la défense de la ville. Au moment où notre marine donnait cette preuve d'impuissance, l'Angleterre faisait un débarquement sur nos côtes. Elle tentait de rallumer, dans la Vendée, la guerre civile que la conduite non moins que les succès de Hoche avaient terminée. Lorsque les vaisseaux, placés sous les ordres de l'amiral Villaret, furent réparés, le ministre prescrivit de les envoyer à Brest. L'administration du port de Lorient n'étant pas parvenue à réunir le nombre de matelots nécessaires pour les réarmer, on les partagea en trois divisions. La première partit pour sa destination. A son arrivée, la plus grande partie de son personnel revint à Lorient pour compléter les équipages de la seconde division. On procéda de la même manière pour la troisième. Ce fut seulement dans le courant du mois de mai 1796 que les neuf vaisseaux de l'amiral Villaret se trouvèrent réunis sur la rade de Brest. Nous n'insisterons pas sur le peu de valeur de bâtiments soumis à de pareilles alternatives. On sait toute la différence existant entre un navire qui vient de recevoir son équipage et celui dont l'armement remonte à plusieurs années. Ces deux bâtiments n'ont entre eux aucun point de comparaison. Les affaires de guerre et de navigation, que le premier abordera avec réserve, seront résolues avec autant de calme que de confiance par le second. Avec ces armements et désarmements successifs, il devait s'écouler quelque temps avant que le gouvernement possédât, dans l'Océan, une force maritime en état de tenter, avec des chances de succès, quelque entreprise utile.

On a vu que le port de Toulon avait reçu, au mois de

juillet 1795, l'ordre d'armer deux divisions. La première de ces divisions était celle du commandant Richery. Nous avons fait connaître son heureuse sortie de la Méditerranée, et son entrée, à Cadix, avec les prises qu'elle avait faites au large du cap Saint-Vincent. La seconde division, composée d'un vaisseau de soixante-quatorze, de quatre frégates et de deux corvettes, était placée sous le commandement du capitaine de vaisseau Ganteaume. Les instructions remises à cet officier lui prescrivaient de croiser dans l'Archipel, afin d'intercepter, sur ce point, le commerce de l'ennemi.

Parti de Toulon, le 10 octobre, le commandant Ganteaume parvint heureusement à sa destination. Il fit, avec sa division, quelques prises appartenant à la marine marchande de l'Angleterre, de la Russie et des Deux-Siciles. Enfin, il débloqua une frégate et deux corvettes françaises, retenues, depuis plus d'un an, sur la rade de Smyrne, par une division ennemie. Notre présence amena la capture de la frégate de vingt-huit canons, la *Némésis*. Celle-ci, dans l'ignorance où elle était de nos mouvements, laissa tomber l'ancre au large de Smyrne, croyant être en parfaite sûreté. Deux bâtiments français, une frégate et une corvette vinrent mouiller près d'elle pendant la nuit. Le lendemain, au point du jour, la *Némésis*, sommée de se rendre, amena son pavillon. Après une croisière de cinq mois, nos bâtiments rentrèrent à Toulon. Le commandant Ganteaume avait eu l'heureuse fortune, dans une mer aussi resserrée, de dérober sa marche aux détachements chargés de le poursuivre. Les deux opérations dont nous venons de parler remontaient au régime conventionnel, puisque les divisions Richery et Ganteaume avaient quitté

Toulon, la première, le 14 septembre, et la seconde, le 10 octobre 1795.

L'absence de personnel était un des plus grands obstacles que rencontrait le département de la marine, pour réorganiser nos forces navales. On ne trouvait plus de matelots. Les uns étaient tombés entre les mains des Anglais, dans les combats disproportionnés que nous avions livrés depuis le commencement de la guerre. D'autres avaient fui le sol de la patrie. Ceux qui étaient encore en France se cachaient, et toutes les tentatives faites pour les amener, de gré ou de force, sur les bâtiments de guerre, restaient sans résultat. L'amiral Truguet adressa une proclamation aux marins du Midi et de l'Ouest. Après avoir promis aux déserteurs qu'ils ne seraient pas inquiétés, il déclara que ceux d'entre eux qui se rendraient de bonne volonté à Toulon ou à Brest toucheraient, à leur arrivée, six mois d'avances en numéraire. Leurs familles recevraient, pendant la durée de leur embarquement, outre des secours en argent, la ration accordée aux familles des ouvriers employés dans les ports et arsenaux. Les gens de mer et leurs familles avaient été si souvent trompés que les promesses du ministre ne produisirent aucun effet. Un arrêté du Directoire, en date du 10 septembre 1796, édictant les peines les plus sévères contre les marins qui se dérobaient aux recherches des agents de l'inscription maritime et contre les autorités municipales accusées de favoriser leur désobéissance, n'eut pas plus de succès. Comment les marins auraient-ils cru à la sincérité du ministre, déclarant qu'ils obtiendraient à leur arrivée, soit à Brest, soit à Toulon « six mois d'avance en numéraire », alors que les hommes présents sur les bâtiments de l'Etat ne touchaient rien de ce qui leur était dû depuis plusieurs années. Le Directoire portait le poids des fautes commises par le régime qui l'avait précédé. L'amiral Truguet ne pouvait modifier cet état de choses qu'en acquérant des titres personnels à la confiance des gens de mer. Payer les équipages, distribuer les parts de prises auxquelles les marins avaient droit, secourir leurs familles, telles étaient les mesures qui eussent ramené des matelots sur la flotte. Quoi qu'il en soit, on éprouvait, à Brest, les plus grandes difficultés pour compléter les équipages des vaisseaux commandés par l'amiral Villaret. A Toulon, nous n'avions aucune force disponible. Depuis le départ des divisions Richery et Ganteaume, rien n'avait été fait pour mettre les vaisseaux de l'amiral Martin en état de reprendre la mer. Le port de Toulon avait à pourvoir à l'entretien d'une flottille qui portait à l'armée d'Italie des munitions, de l'artillerie et des approvisionnements. Notre intérêt, au point de vue militaire, exigeait que la navigation de cette flottille ne fût ni suspendue ni même ralentie. Le ministre prescrivit de consacrer toutes les ressources qui ne seraient pas nécessaires pour cet objet à l'armement de cinq vaisseaux. Ces bâtiments, placés sous le commandement du contre-amiral Villeneuve, devaient franchir le détroit et rallier, à Brest, l'escadre du vice-amiral Villaret-Joyeuse.

Depuis son entrée en fonctions, le Directoire faisait de grands efforts pour nouer une coalition contre l'Angleterre. Le 19 août 1796, l'ambassadeur de la République, le général de division Pérignon, signa, avec l'Espagne, un traité d'alliance offensive et défensive. Chacune des deux puissances avait le droit de requérir l'autre de mettre, à sa disposition, une escadre et des troupes. L'escadre comprenait quinze vaisseaux de ligne, dont trois à trois ponts ou de quatre-vingts, et douze de soixante-quatorze, six frégates, quatre corvettes ou bâtiments légers. Tous ces navires devaient être équipés, armés et approvisionnés de vivres pour six mois. Le nombre des soldats était fixé à vingt-cinq mille. Ces troupes pouvaient être employées en Europe ou à la défense des colonies que les puissances contractantes possédaient dans le golfe du Mexique.

L'alliance de la France et de l'Espagne ne visait que l'Angleterre, puisque cette puissance était la seule contre laquelle la cour de Madrid eût des griefs. Il était donc stipulé que l'Espagne conserverait la neutralité à l'égard de toutes les nations, à l'exception de la Grande-Bretagne, armées contre la République. Les Conseils ratifièrent ce traité, le 12 septembre 1796. Expédié immédiatement à Madrid, il fut signé par le roi. Pendant le cours de ces négociations, et avant que le traité qui devait nous lier aussi étroitement avec l'Espagne fût conclu, nous avions demandé à cette puissance qu'elle fît escorter, au large, la division de l'amiral Richery. Le cabinet de Madrid y avait consenti et nos bâtiments étaient sortis de Cadix, le 4 août, en même temps qu'une escadre espagnole placée sous le commandement de l'amiral don Juan de Langara. Le détachement de la flotte anglaise, qui se trouvait habituellement en observation devant Cadix, avait quitté son poste depuis plusieurs jours. Lorsque l'armée espagnole fut en dehors des passes, dix vaisseaux et six frégates, sous les ordres du contre-amiral Solano, furent désignés pour naviguer de conserve avec nos bâtiments. Il était prescrit à l'amiral Solano de joindre ses forces aux nôtres dans le cas où nous serions attaqués. Après avoir fait cent lieues dans la direction de l'ouest, les amiraux Solano et Richery se séparèrent. Le premier revint à Cadix et le second se dirigea vers l'Amérique septentrionale. La division française était composée de la *Victoire*, de quatre-vingts, et des vaisseaux de soixante-quatorze, le *Jupiter*, le *Barras*, le *Berwick*, la *Résolution*, le *Censeur* et le *Duquesne*.

Au moment où le traité, signé, le 19 août 1796, par le général Pérignon et le prince de la Paix arriva à Paris, il y avait quelque temps déjà que la cour de Londres se préoccupait du caractère d'intimité que prenaient nos relations avec l'Espagne. Toutefois, elle n'était pas parvenue à connaître le but auquel nous tendions. La discussion qui eut lieu dans les Conseils, lorsque le traité fut soumis à l'approbation de ces Assemblées, apprit aux Anglais ce qu'ils ignoraient. Ils mirent immédiatement l'embargo sur les navires espagnols qui se trouvaient dans leurs ports. Le cabinet de Madrid répondit à cette mesure par une déclaration de guerre. Il l'accompagna d'un manifeste dans lequel furent longuement énumérés les griefs que l'Espagne avait contre la Grande-Bretagne.

IV

De grands événements militaires modifièrent notre situation dans la Méditerranée. Le général Bonaparte, placé, le 23 février 1796, à la tête de l'armée d'Italie, entra en campagne le mois suivant. En quelques jours le Piémont n'eut plus d'armée. Le 15 mai, la cour de Turin signa la paix avec la République. Elle céda à la France le comté de Nice et la Savoie. Quelques mois plus tard, les armées de Beaulieu et de Wurmser furent détruites et les Autrichiens chassés de toutes leurs positions. Le royaume des Deux-Siciles se soumit à l'obligation d'interdire ses ports aux parties belligérantes. Vers la fin de juin, les Français entrèrent à Livourne. En apprenant leur présence dans cette ville, les Anglais prêtèrent au général Bonaparte l'intention de faire la conquête de l'île d'Elbe. Lord Elliot, qui gouvernait la Corse en qualité de vice-roi, résolut de nous devancer sur ce point. Dans les premiers jours du mois de juillet, les Anglais occupèrent la citadelle de Porto-Ferrajo. L'officier, qui commandait, au nom du grand-duc de Toscane, n'opposa aucune résistance. Cette opération affaiblit les forces britanniques en Corse. D'autre part, les victoires de l'armée d'Italie excitèrent, parmi les habitants, un très grand enthousiasme. Le nombre des mécontents devint, chaque jour, plus considérable et des insurrections ne tardèrent pas à éclater. Les Anglais, trop peu nombreux pour tenir la campagne, se renfermèrent dans les villes. Aussitôt que Livourne fut en notre possession, le général Bonaparte donna l'ordre de faire secrètement les préparatifs d'une expédition qui devait être concertée avec les réfugiés corses. Le 19 octobre, malgré la surveillance des bâtiments ennemis, le général Casalta aborda dans l'île avec un détachement de troupes régulières. Il fut suivi, à quelques jours de là, par le général Gentili qui franchit non moins heureusement la croisière anglaise. Ces deux généraux s'emparèrent, avec le concours des habitants, de Bastia, d'Ajaccio et de Bonifacio. Les garnisons anglaises, laissant des prisonniers entre nos mains, s'échappèrent par mer. Telle était la situation lorsque lord Elliot et le commandant en chef de l'escadre de la Méditerranée, sir John Jervis, recurent l'ordre d'évacuer la Corse. La résolution de la cour de Londres était la conséquence de la nouvelle attitude du cabinet de Madrid. Pour prendre de telles précautions, il fallait que les Anglais se fissent de grandes illusions sur la portée du concours que la marine de l'Espagne devait apporter à la nôtre. Sir John Jervis rappela les bâtiments en croisière sur les divers points de la Méditerranée, en leur prescrivant de rallier son pavillon dans la baie de Saint-Florent.

L'amiral don Juan de Langara était parti de Cadix, le 25 septembre 1796, avec dix-neuf vaisseaux. Quelques jours après, il franchissait le détroit de Gibraltar. Le 1er octobre, au point du jour, les éclaireurs de son armée signalèrent sept vaisseaux. C'était l'escadre du contre-amiral Mann, venant de la baie de Saint-Florent et faisant route pour l'Angleterre. Trois transports et un brick marchand l'accompagnaient. La supériorité numérique des Espagnols ne permettait pas à l'amiral anglais de courir les risques d'un engagement. Il prit chasse en se couvrant de voiles. Le 3 octobre, vers le soir, l'escadre anglaise atteignit le mouillage de Gibraltar, ne laissant, entre les mains de ses adversaires, qu'un transport et le brick marchand. Les Espagnols, écrivait Nelson, en 1795, « font de beaux navires, mais ils ne feront pas si facilement des hommes. Leur flotte n'a que de mauvais équipages. D'ailleurs, ils sont lents et manquent d'activité. On prétend, disait-il, en 1796, que l'Espagne a consenti à fournir à la République française quatorze vaisseaux de ligne prêts à prendre la mer. Je suppose qu'il s'agit de vaisseaux sans équipages, car les prendre avec un pareil personnel serait, pour la République, le plus sûr moyen d'en être promptement débarrassée. Dans le cas où ce traité amènerait la guerre entre nous et les Espagnols, je suis sûr que l'affaire de leur flotte sera bientôt faite, si elle ne vaut pas mieux que celle qu'ils possédaient quand ils étaient nos alliés. » Si les Espagnols, ainsi que le disait Nelson, avaient de beaux vaisseaux, on doit croire que les dispositions adoptées pour le gréement, la mâture et la voilure de ces bâtiments faisaient disparaître les avantages dûs à la forme de leurs carènes. Il est, en effet, difficile de comprendre qu'un certain nombre de bâtiments, sur les dix-neuf vaisseaux et les dix frégates dont se composait l'armée de don Juan de Langara, ne soient pas parvenus, dans une poursuite de plus de quarante-huit heures, à joindre les mauvais marcheurs de l'escadre anglaise. Ce qui semble encore plus extraordinaire, c'est que, sur trois transports, deux aient réussi à s'échapper. Don Juan de Langara, après avoir levé la chasse, reprit sa première route. Quelques jours après, il entra à Carthagène où il trouva sept vaisseaux de ligne, ce qui porta à vingt-six le nombre des vaisseaux placés sous son commandement.

La flotte espagnole croisa dans les parages compris entre la côte d'Espagne et la Corse. Elle eut connaissance, vers la fin d'octobre, de l'escadre anglaise, alors mouillée dans la baie de Saint-Florent. Celle-ci achevait l'embarquement des hommes et du matériel du corps d'occupation. Depuis le départ du contre-amiral

Mann, que les Espagnols avaient inutilement chassé, l'escadre de sir John Jervis était réduite à quinze vaisseaux. L'amiral don Juan de Langara avait, sur les Anglais, une très grande supériorité. Au lieu de profiter de cette situation pour les attaquer, il s'éloigna. On se demande pourquoi cet amiral ne tenta pas de détruire, avec ses vingt-six vaisseaux, les quinze vaisseaux encombrés de troupes et de munitions de son adversaire. Si le commandant en chef de l'armée espagnole s'était décidé à combattre les Anglais dans la baie de Saint-Florent, il aurait eu l'heureuse fortune de les surprendre sans ordre sur une rade qui n'était pas protégée du côté de la terre. Il pouvait, s'il le jugeait préférable, attendre cette escadre à la mer. L'amiral don Juan de Langara resta inactif. Avait-il le sentiment de la faiblesse de son escadre, ou était-ce que les ordres de son gouvernement lui prescrivaient de ne pas rechercher l'ennemi et de ne combattre que s'il était attaqué? Quoi qu'il en soit, abandonnant les chances favorables qui s'offraient à lui, l'amiral ramena sa flotte à Toulon. Dans les premiers jours de novembre, sir John Jervis, ayant acquis la certitude que l'escadre espagnole n'était pas à la mer, mit sous voiles avec quinze vaisseaux, des frégates et quelques transports. Au commencement de décembre il atteignit Gibraltar.

L'Angleterre était sans cesse préoccupée des armements que nous faisions à Brest. Toute force réunie sur cette rade lui inspirait les appréhensions les plus vives. Le ministère redoutait, chaque jour, d'apprendre qu'une escadre française, après avoir échappé aux forces échelonnées sur sa route, avait jeté, sur le sol de la Grande-Bretagne, une armée de ces vaillants soldats qui avaient déjà porté si haut la gloire de nos armes. La situation de notre marine, à la fin de 1795, c'est-à-dire après le combat de l'île de Groix, avait calmé les appréhensions de l'Angleterre. Mais, depuis le commencement de 1796, elle suivait, d'un œil inquiet, les efforts que nous faisions pour augmenter de quelques vaisseaux l'escadre de l'amiral Villaret-Joyeuse. Les Anglais connaissaient trop bien leur supériorité numérique pour croire que nous tenterions le sort des armes dans un combat d'escadre. Ils supposaient que ces préparatifs avaient trait à quelque expédition à la fois maritime et militaire. On pensait, à Londres, que nous hésitions entre les projets suivants : prendre Gibraltar, forcer l'entrée du Tage et dicter la paix au Portugal sous les murs de Lisbonne, ou envahir l'Irlande. Notre alliance avec l'Espagne donnait quelque vraisemblance à la première de ces suppositions. D'autre part, l'attaque de Gibraltar présentait, au point de vue maritime, de telles difficultés que l'amirauté anglaise ne pouvait croire que ce fût vraiment là le but que nous poursuivions. Il n'en était pas de même des deux autres hypothèses. Pénétrer de vive force dans le Tage, avec une escadre sortie de Brest, en trompant la surveillance des Anglais, était un plan de campagne qui avait été publiquement discuté en France. Enfin, venait l'expédition d'Irlande qui touchait plus directement aux intérêts de nos adversaires. Les forces navales de la Grande-Bretagne occupaient des positions leur permettant de faire face à ces diverses éventualités. Une première escadre croisait devant Brest ; une seconde se tenait au large. Cette dernière devait intercepter toute expédition, à destination d'Irlande, réussissant à tromper la surveillance de l'escadre de blocus. L'embouchure du

Texel était gardée par l'amiral Duncan. Une escadre de réserve, commandée par l'amiral Bridport, était à l'ancre à Spithead, prête à appareiller pour se porter là où sa présence serait nécessaire. Sir John Jervis était à Gibraltar. Il observait Cadix et il était en mesure de se porter soit à l'entrée du Tage soit devant Brest.

L'amiral Richery, ainsi que nous l'avons dit plus haut, était sorti de Cadix, le 4 août, escorté par une escadre espagnole. Aussitôt après s'être séparé de l'amiral Solano, il avait fait route vers l'Amérique septentrionale. Il détruisit plusieurs établissements anglais sur le littoral de l'île de Terre-Neuve et il captura quatre-vingts bâtiments marchands. Persuadé que ses prises ne pourraient atteindre nos ports, il les brûla. L'amiral Richery mouilla, sur la rade de l'île d'Aix, le 5 novembre 1796. Dans les premiers jours du mois de septembre, il avait détaché le commandant Allemand, avec les vaisseaux le *Duquesne* et le *Censeur*, et la frégate la *Friponne*, sur les côtes du Labrador. Une vingtaine de bâtiments marchands furent pris par cette division. Enfin, notre présence obligea les Anglais à évacuer plusieurs points qu'ils occupaient dans la baie des Châteaux. Le commandant Allemand, échappant aux escadres qui croisaient aux atterrages de nos ports pour l'intercepter, mouilla, sous l'île de Groix, le 10 novembre 1796. Les Anglais n'éprouvèrent pas seulement les dommages que nous venons d'indiquer, ils perdirent les bénéfices de cette saison de pêche.

Vers la fin de novembre, l'amiral Truguet fut prévenu que les cinq vaisseaux et la frégate, placés sous les ordres de l'amiral Villeneuve, avaient terminé ce que les bureaux appelaient leur armement. En réalité, ces navires, à peine approvisionnés, étaient montés par des équipages dont la plus grande partie n'avait jamais navigué. Or, il ne s'agissait pas, pour l'amiral Villeneuve, de gagner le large, avec l'espoir de rester plusieurs mois sans rencontrer l'ennemi, ce qui lui eût donné le temps d'organiser sa division. Il se rendait à Brest, au milieu de l'hiver, avec la presque certitude de trouver des forces considérables sur sa route. Le 5 décembre, l'escadre espagnole, après être restée trente-cinq jours sur la rade de Toulon, appareilla en même temps que la division de l'amiral Villeneuve. Cette dernière était composée des vaisseaux le *Formidable*, de quatre-vingts, le *Jean-Jacques-Rousseau*, le *Jemmapes*, le *Tyrannicide* et le *Mont-Blanc*, de soixante-quatorze, et de la frégate la *Vestale*, de trente-deux. Les Espagnols firent route sur Carthagène tandis que nos vaisseaux se dirigeaient vers le détroit de Gibraltar qu'ils franchirent, le 10 décembre, dans l'après-midi, avec des vents de l'est à l'est-sud-est soufflant en tempête. Ils furent aperçus par les bâtiments de sir John Jervis. Cet amiral jugea inutile de poursuivre des bâtiments fuyant devant le temps. Si le vent avait été moins violent, l'amiral Villeneuve n'eût pas osé se présenter, en plein jour, dans le détroit. D'autre part, avec un temps maniable, l'amiral français, quelques précautions qu'il eût prises, serait difficilement parvenu, même pendant la nuit, à tromper la surveillance de l'ennemi. Dans cette hypothèse, des forces supérieures auraient été envoyées à sa poursuite. S'il avait été joint, il eût été pris avec tous ses bâtiments. On ne doit pas craindre, dans certaines circonstances, de s'exposer à de pareils risques. Mais alors que l'Espagne était notre alliée, on se demande pourquoi l'amiral don Juan de

Langara n'avait pas accompagné nos vaisseaux jusque dans l'Atlantique. Après avoir franchi aussi heureusement le détroit de Gibraltar, la division française continua sa route vers le nord.

Sir John Jervis, supposant que l'amiral Villeneuve allait aux Antilles, expédia un aviso aux amiraux commandant les stations de la Jamaïque et de la Barbade pour leur porter cette nouvelle. Le coup de vent, qui permit à nos vaisseaux de passer le détroit de Gibraltar, à la vue de l'ennemi, fut funeste à l'escadre anglaise. Le *Courageux*, de soixante-quatorze, se perdit. Le *Gibraltar*, de quatre-vingts, et le *Culloden*, de soixante-quatorze, furent sur le point de subir le même sort. La frégate la *Vestale*, appartenant à la division de l'amiral Villeneuve, avait fait des avaries dans le coup de vent du 10 décembre. Elle se dirigeait vers Cadix pour se réparer, lorsque, le 18, elle rencontra la frégate anglaise la *Terpsichore*. Après deux heures d'un combat très vif, la *Vestale* amena ses couleurs. Avant que l'ennemi eût pris possession de la frégate française, la mâture de cette dernière tomba. Le commandant, deux officiers et vingt-sept hommes avaient été tués; le nombre des blessés s'élevait à trente-huit. La *Terpsichore* comptait quatre hommes tués et dix-huit blessés. Les avaries de cette frégate n'avaient pas d'importance. Les deux bâtiments étaient de force égale. L'engagement, commencé alors que les deux bâtiments se trouvaient par le travers et très près l'un de l'autre, s'était poursuivi dans les mêmes conditions. Il n'avait été fait aucune manœuvre pouvant avoir quelque influence sur l'issue de la lutte. C'était donc un combat d'artillerie. La mousqueterie avait eu une part dans le résultat, mais seulement du côté des Anglais. La frégate française possédait quelques fusils, mais ils étaient dans un tel état qu'il n'avait pas été possible de s'en servir. On voit les faciles triomphes que nous préparions à nos ennemis. Au moment où le combat avait pris fin, les deux frégates étaient près de terre. L'officier, chargé du commandement de la *Vestale*, mouilla ; la *Terpsichore* gagna le large. Le lendemain, le capitaine de la frégate anglaise s'approcha de sa prise, mais l'état de la mer ne lui permettant pas de la prendre à la remorque, il s'éloigna de nouveau. Les Français firent l'équipage ennemi prisonnier, et ils entrèrent à Cadix, avec l'aide de bateaux envoyés à leur rencontre.

L'ordre d'évacuer la citadelle de Porto Ferrayo, qui était encore occupée par les troupes britanniques, parvint à sir John Jervis quelques jours après son arrivée devant Gibraltar. Le commodore Nelson, auquel cette mission fut confiée, partit avec les frégates, la *Minerve*, portant son guidon, et la *Blanche*. Le 16 décembre, sir John Jervis appareilla de Gibraltar et il mouilla, le 21, sous les murs de Lisbonne avec quatorze vaisseaux. L'amiral anglais ne trouva pas les renforts qu'il attendait. La Cour de Londres, préoccupée de la destination des bâtiments mouillés sur la rade de Brest, n'osait diminuer le nombre des navires placés sous les ordres des amiraux Colpoys et Bridport. Le premier bloquait le port de Brest et le second commandait l'escadre de réserve. Celle-ci, mouillée à Portsmouth, devait, ainsi que nous l'avons déjà dit, se tenir constamment prête à prendre la mer.

LIVRE VIII

Projet de débarquement en Irlande. — Le général Hoche est placé à la tête des forces de terre et mer destinées à cette expédition. — Morard de Galle remplace l'amiral Villaret-Joyeuse dans le commandement de l'escadre de Brest. — Arrivée de la division Richery. — Appareillage de la flotte. — Naufrage du *Séduisant*. — Les bâtiments sont dispersés dans la nuit du 16 décembre. — Ralliement, près de la côte d'Irlande, de la presque totalité des navires de l'expédition. — L'amiral Bouvet se dirige sur la baie de Bantry. — Nouvelle dispersion de la flotte. — Quelques navires reviennent dans la baie de Bantry. — Retour des bâtiments de l'expédition à Brest. — Navigation de la frégate la *Fraternité* qui porte le général Hoche et l'amiral Morard de Galle. — Rencontre de la *Révolution* et du *Scevola*. — La *Fraternité* et la *Révolution* mouillent sur la rade de l'île d'Aix. — Bâtiments perdus ou pris par l'ennemi. — Combat du vaisseau les *Droits-de-l'Homme*. — Part revenant à la marine dans l'insuccès de l'expédition. — Mouvements des escadres commandées par les amiraux lord Bridport et Colpoys.

I

D'après la marche des événements militaires en Italie, nous pouvions prévoir une prompte conclusion de la paix avec l'Autriche. Une seule puissance, l'Angleterre, restait hors de notre atteinte. Parmi les plans de campagne présentés à Paris pour compenser la faiblesse relative de notre marine par quelque combinaison habile, figurait un projet de descente en Irlande. Les habitants de ce malheureux pays gémissaient sous le poids d'une tyrannie insupportable. Aucune des promesses qui leur avaient été faites par Guillaume III, lors de la signature du traité de 1694, n'était respectée. Des vexations de toutes sortes les atteignaient dans la liberté de leur culte et dans la paisible jouissance de leurs biens. Gouvernée despotiquement par un vice-roi, soumise à des lois d'exception, l'Irlande était traitée en pays.conquis. Les habitants, vaincus mais non soumis, avaient tenté plusieurs fois de secouer le joug de la Grande-Bretagne. Ces rébellions, faites partiellement, sans aucune entente préalable entre les mécontents, avaient été réprimées avec cette implacable sévérité que déploient les Anglais pour maintenir leurs possessions dans l'obéissance. A des sociétés secrètes agissant séparément, les Irlandais avaient substitué une vaste association dans laquelle étaient entrés presque tous les habitants. Les aspirations n'étaient pas les mêmes chez tous les Irlandais. Une réforme parlementaire et l'émancipation des catholiques eussent satisfait les uns, tandis que d'autres rêvaient l'indépendance absolue de leur pays. Au début de la guerre entre la France et l'Angleterre, le comité, placé à la tête de l'association, avait envoyé des émissaires à Paris pour plaider la cause de l'Irlande. Ceux-ci demandaient quelques troupes, des généraux, des armes et des munitions. Ils affirmaient qu'à la première nouvelle du débarquement des Français, tous les hommes, en état de porter les armes, se rangeraient sous nos drapeaux.

La Convention avait eu trop à faire en France et sur le continent pour penser à l'Irlande. D'ailleurs, depuis le retour de l'escadre qui avait fait la croisière du grand hiver, nous étions dans l'impossibilité de rien tenter sur mer. Les succès éclatants de l'armée d'Italie, les avantages remportés en Allemagne et la situation de notre pays, au commencement du Directoire, ranimèrent les espérances des Irlandais. Dans le courant de l'année 1796, de nouveaux émissaires vinrent à Paris avec la mission de renouveler, auprès de notre gouvernement, les instances faites précédemment. Ces envoyés donnèrent de nouveau l'assurance que nos troupes rencontreraient, de la part de la population, le concours le plus dévoué. Depuis quelque temps déjà, le Directoire caressait ce projet. Il croyait, en le mettant à exécution, trouver l'occasion de frapper un coup décisif sur un ennemi jusque-là insaisissable. Néanmoins, les difficultés de l'entreprise étaient si grandes, qu'on n'osait, à Paris, se prononcer d'une manière définitive. L'alliance de l'Espagne et les promesses des agents irlandais firent cesser les hésitations. L'expédition fut résolue

Le gouvernement confia le commandement en chef de cette difficile entreprise au général Hoche. Celui des forces navales destinées à porter l'armée en Irlande, fut donné à l'amiral Villaret. Hoche avait les pouvoirs les plus étendus. Les autorités du port de Brest et le commandant de l'escadre étaient placés sous ses ordres. On consacra toutes les ressources de la marine à ce nouveau plan de campagne. Il avait été question, dans les conseils du Directoire, d'envoyer une escadre dans l'Inde. Huit vaisseaux, pris parmi ceux qui se trouvaient à Brest, avaient été désignés pour ce service. Le gouvernement ajourna, jusqu'au retour de la flotte, l'exécution de ce projet. Truguet supposait que l'amiral Villaret, prenant la mer au commencement de novembre et revenant à Brest aussitôt après le débarquement des troupes, serait en mesure de partir pour l'Inde dans le courant du mois de décembre.

Avant de se battre en Irlande, il fallait y aller. Or, le transport des troupes, en présence des forces anglaises échelonnées sur la route, présentait les plus grandes difficultés. L'indifférence la plus absolue, en ce qui concernait la valeur des bâtiments, était la marque particulière des opérations maritimes de cette époque. L'amiral Truguet avait, à sa disposition, l'escadre de Brest que commandait Villaret-Joyeuse, les vaisseaux de l'amiral Richery, rentré à l'île d'Aix après sa croisière sur les côtes de l'Amérique du Nord, et la division de l'amiral Villeneuve qui se trouvait à Toulon. Cela suffit pour que la question maritime fût considérée comme résolue. Des troupes, provenant de l'armée qui avait pacifié la Vendée, se mirent en mouvement pour se rendre à Brest. Le ministre prescrivit d'armer tous les bâtiments qui se trouvaient dans ce port. La plus grande activité fut recommandée à tous les fonctionnaires du département. On sait quelle était alors la portée de cette expression. Sur des navires, réparés à la hâte, on embarquait les rares marins de l'inscription maritime que les autorités parvenaient à saisir. Les équipages étaient complétés par des conscrits, n'ayant, pour la plupart, jamais été à la mer, et l'administration s'empressait d'informer le ministre que ses ordres étaient exécutés. La marine, par suite des désastres qu'elle avait subis depuis le commencement de la Révolution, était frappée d'un très grand discrédit. L'amiral Truguet désirait vivement qu'elle reconquît la faveur publique par des actions éclatantes. Ses intentions étaient évidemment très bonnes, mais resté à Paris, depuis son expédition de Sardaigne, en 1793, il ignorait la véritable situation de nos flottes et de nos arsenaux. Il paraissait croire que l'enthousiasme tenait lieu de tout, et que, pour aller en Irlande, il suffisait de le vouloir. « Tout le monde, écrivait Truguet à Villaret, le 18 octobre

1796, a des préventions contre la marine et peut-être contre le ministre qui la dirige. C'est donc à nous tous, ministre, généraux et officiers, à nous conduire avec un zèle, un dévouement et une loyauté qui imposent silence à tous nos ennemis. » Le ministre accorda toute liberté à l'amiral Villaret pour le choix des officiers généraux appelés à le seconder. Il lui envoya des ordres en blanc, afin qu'il pût, lui-même, nommer au commandement des bâtiments qui devaient être adjoints à son escadre.

L'amiral Villaret ne partageait pas les vues du ministre. L'optimisme de Truguet lui semblait exagéré. Il ne croyait pas que la marine fût en état de faire face aux difficultés de la tâche qu'on lui imposait. Villaret ne cacha pas à Truguet sa manière de voir. Toutefois, il l'assura que ses efforts seraient consacrés au succès de cette opération. « Vous pouvez, lui écrivit-il, compter sur moi comme sur un autre vous-même. » Le Directoire ne connaissait pas la position singulière de ce chef d'escadre, appelé à jouer un rôle important dans une affaire de guerre qu'il désapprouvait. Truguet maintenait Villaret parce qu'il le jugeait, plus que tout autre amiral, propre à mener à bien cette entreprise. Toutefois, il comprit que sa responsabilité serait gravement engagée si Hoche se plaignait au Directoire que le commandement de nos forces navales eût été confié à un adversaire de l'expédition. En conséquence, il informa le général, au nom du gouvernement, que, dans le cas où, par suite de son état de santé ou pour toute autre cause, l'amiral Villaret renoncerait à son commandement, il avait l'autorisation de mettre, à la tête de l'escadre, le contre-amiral qu'il regarderait comme le plus digne de remplir les vues du gouvernement. Il pourrait également choisir les généraux et les capitaines appelés à servir sous les ordres de ce nouveau chef. On ne tarda pas à apprendre, à Paris, que la plupart des officiers de l'escadre se prononçaient ouvertement contre l'expédition d'Irlande. On attribua ce mouvement d'opinion à l'amiral Villaret dont la révocation fut décidée. Le ministre, extrêmement mécontent, prit des mesures sévères à l'égard de plusieurs capitaines. Quant à l'amiral Villaret, il lui écrivit : « Le Directoire exécutif, mon cher général, tourmenté des délais apportés à une expédition qu'il regarde comme essentiellement liée à la gloire de la République, d'où dépend peut-être une paix glorieuse, m'a demandé de lui rendre compte de tous les détails relatifs à l'armement de cette expédition. Je n'ai pu lui dissimuler que tous les esprits n'étaient pas également portés à approuver ce mouvement de nos forces navales menacées par l'ennemi qui croise sur nos côtes. Je n'ai pu, par conséquent, lui dissimuler que toujours vous m'aviez témoigné la plus grande répugnance pour cette expédition dernière et que ce n'était que par un excès de dévouement que vous consentiez à vous en charger. Je n'ai pas été étonné que le Directoire ait trouvé impolitique et dangereux de confier une mission aussi délicate en même temps aussi audacieuse à un général partagé entre son devoir et son opinion. Je pensais comme lui depuis longtemps et j'ai eu tort d'attendre qu'il me privât, par son arrêté, d'une mesure que j'aurais dû lui proposer moi-même. » Ce fut sur l'amiral Morard de Galle, commandant des armes à Brest, que se porta le choix du Directoire pour remplacer Villaret.

Le nouveau commandant en chef se montra très surpris d'une faveur qu'il n'avait pas sollicitée. Habitué à obéir, il prit immédiatement le commandement de l'escadre, mais il écrivit, à Paris, que sa santé affaiblie ne lui permettait pas de l'exercer. Enfin, il déclara qu'il ne se croyait pas à la hauteur de la tâche que le gouvernement voulait lui confier. En conséquence, il priait, avec les plus vives instances, les Directeurs et le ministre de lui donner un successeur. Le gouvernement n'accepta pas sa démission. Homme de devoir, Morard de Galle se soumit. Afin de le rassurer sur les conséquences que pourrait avoir, pour lui, l'issue de l'expédition, Truguet lui écrivit : « Je vous déclare, mon cher général, en marin qui connaît toutes les chances des combats et de l'élément de la mer, en ministre juste et loyal, qu'aucun malheur ne vous sera imputé puisque l'audace et le zèle auront toujours cherché à les prévenir et que je me rends responsable de tous les accidents, comme je vous réserve exclusivement toute la gloire de la réussite. » Le ministre chargea Morard de Galle de désigner son successeur comme commandant des armes à Brest. Il lui donna la liberté de conserver ou de remplacer les officiers généraux et les capitaines qui servaient dans son escadre. Le contre-amiral Vence quitta son commandement ; plusieurs capitaines furent remplacés. Le chef de division Daugier, qui commandait le *Fougueux*, passa sur la *Cocarde-Nationale*. Morard de Galle donnait une frégate à cet officier, dont il connaissait le zèle et la capacité, tant il attachait d'importance à être exactement informé des mouvements de l'ennemi. Le gouvernement, voulant montrer le cas qu'il faisait du nouveau commandant en chef, décida qu'il porterait, pendant la campagne, le titre d'amiral.

Le ministre pressait le départ de l'escadre. Malheureusement l'armement des bâtiments ne marchait pas aussi vite qu'on le souhaitait à Paris. L'amiral Truguet ne faisait pas les choses autrement que ses prédécesseurs. Il donnait des ordres sans se préoccuper de savoir s'il était possible de les exécuter. Morard de Galle se plaignait très vivement de l'extrême faiblesse de ses équipages, au point de vue du nombre et de la qualité. Il écrivit, le 29 novembre, au ministre : « La composition des équipages est si faible par l'espèce d'hommes, qu'il y a tout à craindre, en cas de rencontre avec l'ennemi, que l'armée soit compromise, tant par le défaut de précision, dans l'exécution des manœuvres, malgré le zèle et la bonne volonté dont je suppose tout le monde animé. Malheureusement cela ne supplée pas au défaut de force et d'intelligence. » Le ministre, trop engagé pour reculer, écartait ces avertissements qui contrariaient ses projets et il continuait, dans ses dépêches, à prescrire de terminer le plus promptement possible les préparatifs de l'expédition. Morard de Galle arbora son pavillon sur la frégate la *Fraternité*. Les contre-amiraux Bouvet et Nielly, commandant en sous-ordre, quittèrent leurs vaisseaux et passèrent le premier sur l'*Immortalité* et le second sur la *Résolue*. Ces dispositions furent prises, en vertu d'un arrêté signé Hoche et Morard de Galle. On ne s'explique pas cette détermination.

Il avait été décidé, en 1794, sur la proposition de Jean-Bon-Saint-André, que les amiraux mettraient leur pavillon sur une frégate pendant le combat. L'année suivante, des représentants, répétant ce qui se disait dans les ports, ou frappés des inconvénients qui s'étaient produits dans la Méditerranée, au combat du 12 juillet 1795, et, dans l'Océan, au combat de l'île de Groix, dénoncèrent ce décret comme préjudiciable au bien du service. La Convention eut à se prononcer de nouveau sur ce point. Cette assemblée aurait dû abandonner le soin de régler cette question à un comité d'officiers généraux dont elle eût confirmé la décision. Mais la Convention, habituée à approuver toute proposition émanant du Comité de salut public, adopta, le 5 juin 1795, un nouveau décret, d'après lequel les amiraux, commandant en chef les escadres, pouvaient, s'ils le jugeaient nécessaire, se transporter sur une frégate, à la condition d'en rendre compte au Comité de salut public. On remarquera que ce décret ne tranchait pas la question. Il n'avait probablement pas d'autre but que de concilier les opinions contraires de Jean-Bon-Saint-André, qui avait provoqué l'arrêté du 12 juin 1794, et des représentants qui, l'année suivante, en demandaient la suppression. Il résulte de ce qui précède que l'amiral Morard de Galle pouvait légalement passer sur une frégate. Quant aux contre-amiraux, commandant en sous-ordre, aucune disposition du décret rendu en 1795 ne le leur permettait. Le ministre de la marine n'avait pas été consulté. Toutefois, prévenu par le port que des travaux étaient faits, à bord de la *Résolue*, pour mettre cette frégate en état de recevoir un officier général, il écrivit à Morard de Galle pour lui rappeler que les deux contre-amiraux, servant en sous-ordre dans son escadre, n'avaient pas le droit de quitter leurs vaisseaux. Lorsque cette lettre, qui portait la date du 27 novembre, arriva à Brest, il y avait plusieurs jours que la mesure, contre laquelle s'élevait le ministre, avait reçu son exécution. Les observations de Truguet n'amenèrent aucun changement.

Il était évident que l'armée, après son débarquement en Irlande, n'aurait, avec la France, que de rares et difficiles communications. Toutes les forces navales dont pourrait disposer la Grande-Bretagne, placées entre Brest et l'Irlande, empêcheraient les secours de parvenir au corps expéditionnaire. Il était nécessaire que nos troupes fussent, au moment du départ, en nombre suffisant pour agir, pendant quelque temps au moins, sans recevoir de renforts. Pénétré de cette idée, le général en chef demandait que de nouveaux navires fussent adjoints à la flotte. D'autre part, le temps s'écoulait et l'escadre allait se trouver à la mer pendant les plus mauvais mois de l'année. Cette condition, très favorable pour tromper la surveillance de l'ennemi, eût très bien convenu à une bonne escadre. Elle pouvait être désastreuse pour des navires mal armés et encombrés de troupes. La fin du mois de novembre arriva sans que les préparatifs fussent terminés. Le 8 décembre, l'amiral Richery appareilla de l'île d'Aix avec cinq vaisseaux et trois frégates. On ne pouvait plus compter sur l'amiral Villeneuve qui était encore à Toulon au commencement de décembre. L'amiral Richery entra à Brest, le 11, dans la matinée, après avoir rejeté au large les frégates anglaises qui croisaient à la vue du port. Quant à l'escadre de l'amiral Colpoys, il l'avait aperçue au loin, à toute vue. Les troupes étaient embarquées et la flotte expéditionnaire se tenait prête à mettre à la voile. Les vents soufflaient de l'est, circonstance heureuse dont il fallait profiter. Le général en chef, constamment préoccupé d'augmenter le nombre des soldats qu'il emmenait avec lui, voulut utiliser les bâtiments de la division Richery. Deux vaisseaux seulement, le *Pégase* et la

Révolution, sur les cinq qui la composaient, furent jugés en état de prendre la mer. Le 15 décembre, ces deux bâtiments n'avaient pas terminé leurs préparatifs. L'escadre leva l'ancre et vint mouiller à Camaret.

Deux points, la baie de Bantry et l'entrée de la rivière Shannon, avaient été choisis pour opérer le débarquement des troupes. C'était vers le premier que l'amiral avait l'ordre de se diriger. Il devait faire route sur le second, si quelque obstacle ne lui permettait pas d'atteindre la baie de Bantry. Cette baie, qui a environ vingt milles de profondeur et dont la plus petite largeur n'a pas moins de trois à quatre milles, est située sur la côte sud-ouest de l'Irlande, à petite distance du cap Clear. Des falaises escarpées bordent la côte sud-est. Dans la partie nord et dans le fond de la baie, quelques découpures, protégées par des îlots, offrent des mouillages abrités contre les vents du large. La baie est ouverte à l'ouest. Trois mouillages avaient été arrêtés, en prévision des circonstances qui pouvaient se présenter. Avec des vents d'est la flotte jetait l'ancre à Bear-Haven. Si les vents soufflaient de l'ouest, elle continuait sa route jusqu'au fond de la baie. Une partie des vaisseaux mouillait devant Glengary-Harbour, et le reste de l'escadre prenait position à l'entrée du Havre de Bantry. Si la flotte trouvait un très beau temps, elle laissait tomber l'ancre à l'entrée de la rivière Cumbola. Des dispositions de même nature avaient été arrêtées pour le cas où le débarquement aurait lieu dans la rivière Shannon. Des cartes à grands points portaient l'indication des différents mouillages que devaient occuper les bâtiments de l'expédition dans la baie de Bantry ou dans la rivière Shannon. L'amiral fit imprimer diverses instructions, les unes relatives à l'atterrage de la baie de Bantry et de la rivière Shannon, les autres réglementant le débarquement des troupes. Les officiers généraux et les capitaines reçurent des paquets cachetés contenant les documents que nous venons d'énumérer. Ils ne devaient les ouvrir que sur un ordre de l'amiral ou en cas de séparation. Il était prescrit à tout capitaine séparé de l'armée de reconnaître le cap Misen-Head, situé au sud-ouest de l'Irlande. Il était dit que ce capitaine croiserait, pendant cinq jours, dans l'ouest de ce cap à une distance variant entre quatre et huit lieues. Ce temps écoulé, s'il ne paraissait aucun bâtiment lui apportant des ordres, il reconnaîtrait l'entrée de la rivière Shannon. Si, après être resté trois jours en croisière, au large du cap Loops, il n'avait aucun renseignement sur la position de la flotte expéditionnaire, il effectuerait son retour à Brest. Là, il rendrait compte au commandant des armes des diverses circonstances de sa navigation depuis le jour où il aurait perdu l'armée de vue jusqu'à son arrivée.

L'unique objectif poursuivi par le Directoire étant le débarquement des troupes, la recommandation la plus expresse était faite à l'amiral Morard de Galle d'éviter tout engagement même avec des forces inférieures. Après avoir accompli sa mission, l'amiral devait rentrer en France, ne laissant que des frégates à la disposition du général Hoche. Le 16 décembre, le *Pégase* et la *Révolution* sortirent du port. Ces deux vaisseaux mirent immédiatement sous voiles pour rallier l'armée au mouillage de Camaret. Aussitôt qu'ils furent en vue, le commandant en chef donna l'ordre d'appareiller. Le contre-amiral Richery, qui avait son pavillon sur le *Pégase*, prit le commandement de l'escadre légère. La flotte expéditionnaire était composée de dix-sept vaisseaux, treize frégates, des corvettes, des avisos et des navires armés en flûte, formant un total de quarante-cinq bâtiments, portant environ dix-sept mille soldats. L'escadre de l'amiral Colpoys, en croisière devant Brest, avait été signalée, le 16, à toute vue, dans l'ouest d'Ouessant. Les vents, qui soufflaient bon frais de l'est au sud-est, la rejetaient dans le nord-ouest. Si la flotte expéditionnaire se trouvait hors des dangers de l'entrée, aux premières heures de la nuit, il suffisait qu'elle courût entre l'ouest et le sud-ouest pour que, le lendemain, au point du jour, elle n'eût aucune préoccupation au sujet de l'amiral Colpoys. Celui-ci pouvait apprendre, par ses frégates, qu'une escadre française était sortie de Brest, mais il devait ignorer la route qu'elle avait prise, et par conséquent la direction dans laquelle il fallait la poursuivre. L'amiral informa ses capitaines qu'il se proposait, après avoir gagné le large, de faire quarante lieues dans la direction de l'ouest. Ce chemin parcouru, l'armée viendrait sur tribord pour reconnaître le cap Mizen-Head. Des vents contraires, des circonstances imprévues ou de nouveaux renseignements sur la position des Anglais pourraient seuls, disait l'amiral à ses capitaines, modifier cette détermination. Afin d'augmenter ses chances d'éviter l'ennemi, ce qui était la première condition du succès, Morard de Galle prit le parti de sortir par le passage du raz. Il en prévint l'armée par un signal. Toutefois, il donna au capitaine de vaisseau Durand Linois, commandant le *Nestor*, chef de file de l'armée, l'ordre de continuer sa route par l'*Iroise*, si arrivé à l'entrée du raz il ne trouvait pas les vents favorables pour donner dans ce passage.

A trois heures, l'armée était sous voiles. Peu après, la formation en ligne de convoi fut signalée. Le soleil était sur le point de se coucher et il régnait encore dans l'escadre une grande confusion. Peu de navires étaient parvenus à prendre leurs postes. Le temps était sombre et à grains et le vent augmentait en halant le sud-est. Ces considérations agirent sur l'esprit du commandant en chef. Il vit toutes les difficultés que présentait la sortie par le passage du raz. Convaincu qu'il ne courait plus le risque d'être aperçu par l'ennemi, puisque celui-ci était hors de vue, et que, d'autre part, la nuit s'approchait rapidement, il voulut éviter à ses bâtiments les dangers auxquels les exposait sa première décision. En conséquence, il fit, à coups de canon, le signal de courir vent arrière. Il était alors cinq heures et demie du soir. La *Fraternité* mit immédiatement le cap à la nouvelle route. Une corvette, l'*Atalante*, reçut la mission de se porter au milieu de la flotte pour communiquer, par signal ou à la voix, les nouveaux ordres du commandant en chef. Soit que le signal fait par la *Fraternité* n'eût pas été compris, soit que le temps fût trop obscur pour que le changement de route des navires de tête pût être remarqué, peu de bâtiments suivirent la frégate amirale. A six heures et demie, la *Fraternité* rallia le *Nestor*. Le capitaine Durand Linois informa Morard de Galle que, cédant aux instances répétées de son pilote, qui regardait la sortie par le raz comme dangereuse, il avait donné dans l'Iroise. Quelques navires seulement avaient imité sa manœuvre. La plus grande partie de l'armée se dirigeait vers le raz de Sein. Le passage par le raz, avec une forte brise d'est, variant dans la direction du sud-est, et un temps sombre et à grains, était, pour une escadre aussi peu exercée, une route pleine de périls. Un événement funeste vint ajouter aux difficultés de cette situation. Le vaisseau, de soixante-quatorze, le *Séduisant*, toucha sur le grand Stévenec. La mer était grosse, et la position de ce bâtiment fut immédiatement désespérée. Il se couvrit de feux et il tira du canon pour appeler du secours. Ces coups de canon et ces feux, se joignant aux signaux faits avec des feux et à coups de canon par les navires répétiteurs, augmentèrent le désordre qui régnait dans l'escadre. Peu après, des coups de canon se firent entendre dans une direction opposée. Ceux-ci étaient tirés par une frégate anglaise qui se trouvait, vers sept heures et demie du soir, à petite distance des bâtiments sortant par l'Iroise. Des frégates, appartenant à l'escadre de blocus, se tenaient habituellement à l'entrée de Brest. L'amiral Morard de Galle avait fait chasser ces bâtiments, le 15, par un vaisseau et cinq frégates, afin de dérober à l'ennemi les mouvements de la flotte française qu'il conduisait, le même jour, au mouillage de Camaret. Mais, le 16, deux frégates anglaises étaient revenues près d'Ouessant. Aussitôt qu'elles aperçurent nos bâtiments sous voiles, l'une d'elles se détacha pour porter cette nouvelle à son amiral, et la seconde, le vaisseau rasé l'*Indefatigable*, continua à nous observer. A la faveur de la nuit, qui vient très vite, en décembre, par cette latitude, son commandant, sir Edward Pelew, s'approcha de nos bâtiments sans être reconnu. Employant une ruse de guerre aussi hardie qu'elle était intelligente, il fit tirer du canon, hisser des feux et lancer des fusées pour troubler la marche de notre escadre, surprise par des signaux dont elle ne comprenait pas la signification.

Lorsque la frégate anglaise vit plusieurs bâtiments au large de la chaussée de Sein, elle s'éloigna. Sir Edward Pelew fit route pour un port anglais afin d'informer l'amirauté britannique de notre départ.

Par suite des divers incidents que nous venons de rapporter, la flotte expéditionnaire se trouva, peu d'heures après son appareillage, complètement dispersée. La détermination que l'amiral Morard de Galle avait prise, à la chute du jour, de sortir par l'Iroise était une des principales causes de ce résultat. Avec une escadre solide, ayant de bons équipages et des états-majors expérimentés, l'amiral aurait pu, sans inconvénient, modifier ses premiers ordres. Il oublia qu'il n'était pas à la tête d'une escadre, dans le sens que ce mot comporte. Les capitaines n'étaient pas plus heureux que l'amiral, et les navires qu'ils commandaient n'étaient pas des bâtiments de guerre. Un navire, qui a des canons et sur lequel on embarque les premiers hommes venus, jusqu'à ce qu'on atteigne un chiffre, appelé l'effectif réglementaire, n'est pas un navire de guerre. Il est absolument incapable de lutter avec un autre bâtiment de même force nominale, armé par les procédés en usage chez les nations maritimes. A l'exception du *Pégase* et de la *Révolution* qui venaient de la mer, et peut-être de deux ou trois autres navires, ayant conservé quelques hommes de leur premier armement, en 1794, la valeur maritime et militaire de cette flotte était nulle.

Depuis l'arrivée au ministère de l'amiral Truguet, on apportait plus d'attention que sous le régime précédent dans le choix des officiers destinés à commander les bâtiments de la marine militaire. Durand Linois, Bedout,

Moncousu, les anciens capitaines du *Formidab e*, du *Tigre* et du *Redoutable*, au combat de l'île de Groix, Lacrosse, qui devait se distinguer, pendant cette campagne, par le combat qu'il livra, avec son vaisseau, les *Droits-de-l'Homme*, à deux navires ennemis, étaient au nombre des capitaines. Si, en choisissant ceux qui avaient fait leurs preuves, pendant cette guerre, on avait trouvé quelques hommes ayant les qualités nécessaires pour commander des vaisseaux, il n'avait pas été possible de réunir un nombre d'officiers suffisant pour former les états-majors d'une aussi grande flotte. Le gouvernement avait décidé que les vaisseaux et les frégates porteraient le corps de débarquement. Tout bâtiment de guerre, sur lequel il y a des troupes passagères, perd de sa valeur. L'expérience a démontré, depuis longtemps, que ce système devait être proscrit. Cependant, dans cette circonstance, on ne pouvait trouver mauvais qu'il eût été adopté. Atteindre l'Irlande, sans être aperçue, était, pour notre flotte, la première condition du succès. Il y avait donc un grand intérêt à ce qu'elle ne comptât qu'un petit nombre de navires. Les vaisseaux, qui faisaient partie de l'expédition, étaient de soixante-quatorze canons. Ils avaient de six cent cinquante à sept cents hommes d'équipage. Si, à ce chiffre, nous ajoutons six cents soldats, nous arrivons à un total de douze à treize cents hommes par vaisseau. Cet encombrement rendait plus difficile la conduite des navires. L'amiral perdit de vue cette situation, lorsque, revenant sur sa première décision, il voulut gagner le large par l'Iroise.

II

L'*Immortalité*, portant le pavillon de l'amiral Bouvet, était sortie par le raz de Sein. Le 17, au point du jour, cette frégate se trouvait complètement isolée. Dans la matinée, quelques navires furent aperçus. Peu après, l'*Immortalité* ralliait les vaisseaux l'*Indomptable*, les *Droits-de-l'Homme*, la *Constitution*, le *Trajan*, le *Patriote*, le *Tourville*, l'*Eole*, le *Cassard*, le vaisseau rasé le *Scevola*, les frégates la *Tartu*, la *Coquille*, la *Bellone*, la *Sirène*, l'*Impatiente*, la *Charente* et un transport. Tous ces bâtiments se rangèrent sous le pavillon de l'amiral Bouvet. Celui-ci, pour se conformer aux ordres de l'amiral Morard de Galle, devait reconnaître Mizen-Head. Voulant s'écarter des croisières anglaises, l'amiral courut à l'ouest pendant la journée du 17 et celle du 18. Le 19, arrivé sur le méridien du cap en vue duquel il lui était enjoint de croiser, il fit route au nord. Le même jour, les frégates détachées en avant pour éclairer la marche de l'escadre signalèrent plusieurs voiles. Les navires aperçus étaient les vaisseaux, le *Pégase*, sur lequel le contre-amiral Richery avait son pavillon, la *Révolution*, le *Fougueux*, le *Mucius*, le *Pluton*, le *Wattignies*, le *Redoutable*, les frégates la *Résolue*, à bord de laquelle se trouvait le contre-amiral Nielly, la *Bravoure*, quatre avisos et des transports. L'amiral Bouvet prit, en vertu de son ancienneté, le commandement des navires qui se trouvaient réunis. Les circonstances plaçaient, sous ses ordres, quinze vaisseaux, un vaisseau rasé, dix frégates, quatre avisos et cinq transports. Si nous exceptons le vaisseau le *Séduisant*, qui s'était perdu dans le raz de Sein, les seuls bâtiments qui n'eussent pas encore rallié le gros de la flotte, le 19 décembre, étaient le vaisseau le *Nestor*, trois frégates, la *Romaine*, la *Cocarde* et la *Fraternité*, deux corvettes, l'*Atalante* et la *Mutine*, et un transport. L'armée continua à courir sous toutes voiles pour rallier la côte d'Irlande dont elle était distante de quarante lieues. La journée du 20 fut très brumeuse. Le lendemain, au point du jour, les frégates signalèrent la terre.

L'escadre avait, ce qui était fort regrettable, atterri un peu sous le vent. On reconnut l'île Dursey et Mizen-Head. Les vents, qui avaient passé au sud-ouest, peu après la sortie de Brest, étaient revenus à l'est. Le 21, ils soufflèrent bon frais et le temps prit une mauvaise apparence. L'amiral Bouvet n'avait pas d'instructions spéciales pour le cas qui se présentait. Mais se trouvant en vue de la baie de Bantry, avec la presque totalité de la flotte, il résolut de conduire l'armée au mouillage. L'ordre fut donné de serrer le vent et de se préparer à jeter l'ancre. Les pilotes s'approchèrent sans défiance de l'escadre qu'ils croyaient anglaise. Ils furent arrêtés et conduits sur nos bâtiments. Au moment où nous arrivions par le travers de l'entrée, le vent augmenta. Le temps était froid et il tombait de la neige. Nos équipages, composés en très grande partie de conscrits, faibles, mal vêtus, confondus avec les soldats passagers, ne manœuvraient pas avec la vigueur que les circonstances exigeaient. Le 22, à la fin du jour, l'escadre, après avoir louvoyé pendant plus de vingt-quatre heures, avait peu gagné. Le temps conservait une mauvaise apparence. Les pilotes, redoutant un coup de vent, insistaient pour que l'escadre ne restât pas sous voiles. L'amiral fit mouiller sa frégate, près de l'île Bear, par trente-cinq brasses de fond. Craignant que plusieurs bâtiments, qui étaient encore éloignés, ne fussent par des fonds trop grands pour laisser tomber l'ancre, il laissa chaque capitaine libre d'agir comme il le jugerait convenable pour la sûreté de son bâtiment. Huit vaisseaux, six frégates ou corvettes et un transport imitèrent la manœuvre de l'*Immortalité*. Les autres navires prirent la cape.

Le 23, le temps fut très mauvais et les bâtiments restèrent au mouillage. Le 24, la brise tomba. Un conseil de guerre fut tenu à bord de la frégate l'*Immortalité*, sur laquelle se trouvait le général Grouchy que son ancienneté, en l'absence de Hoche, appelait au commandement de l'armée. Le débarquement fut résolu. Aucun des navires qui avaient pris le large, le 22, n'ayant reparu, le total des troupes présentes sur la rade était de six mille hommes avec quelques pièces de canon. Voici en quels termes le contre-amiral Bouvet consigna, sur son journal, les événements de la matinée du 24 décembre : « J'ai fait appareiller, écrivit l'amiral, différents vaisseaux qui étaient très éloignés. N'ayant absolument aucune connaissance du reste de l'armée et voulant prendre un parti dans les circonstances présentes, que chaque instant rendait plus critiques, j'engageai le général Grouchy commandant les troupes de débarquement, en l'absence du général Hoche, à se concerter avec les autres officiers généraux de terre et à déterminer enfin si on tenterait la descente avec le peu d'hommes qui restaient, ou si nous sortirions de la baie pour aller à la recherche de l'armée. J'avais appris, d'ailleurs, par les pilotes irlandais, que j'avais à bord, qu'il y avait, à Cork, six frégates anglaises, et je devais présumer qu'au moment de notre apparition, sur la côte, ces frégates avaient été expédiées pour l'Angleterre ou pour l'armée ennemie. Ces généraux ayant décidé que cette descente serait tentée, je fis faire de suite le signal d'appareiller avec la plus grande célérité au reste des vaisseaux, et j'y joignis celui de forcer de voiles pour tâcher de prendre le mouillage désigné dans le plan. » A dix heures, l'escadre mit sous voiles. Le lougre, l'*Affronteur*, à bord duquel se trouvait un aide de camp de l'amiral Bouvet, reçut la mission de chercher, sur la côte septentrionale, quelque havre suffisamment abrité des vents actuels pour que plusieurs embarcations pussent y accoster à la fois, en toute sécurité. A quatre heures du soir, l'amiral, après avoir échangé des signaux avec ce bâtiment, fit connaître à l'armée que les troupes seraient mises à terre dans une anse placée au nord-quart-nord-est de la position que sa frégate occupait à ce moment. L'*Immortalité* mouilla, à cinq heures, dans le sud et un peu à l'est de l'île Bear, par trente et une brasses de fond. Les autres navires laissèrent tomber l'ancre aussi près que cela leur fut possible du point indiqué pour le débarquement. Le temps fut très mauvais pendant la nuit du 24. Le 25, dans la matinée, la brise augmenta, et peu après elle souffla en coup de vent. Toute communication entre les bâtiments fut interrompue. Plusieurs navires chassèrent. Un des câbles du vaisseau les *Droits-de-l'Homme* se rompit. A quatre heures et demie du soir, le *Pluton*, affalé sur la côte, coupa ses câbles et appareilla. Vers cinq heures, un des câbles de l'*Immortalité* cassa. La frégate vint à l'appel du second, mais l'ancre ne tint pas. Les vents et la mer jetaient l'*Immortalité* sur l'île Bear où elle se serait perdue corps et biens. L'amiral se décida à prendre le large. Le câble fut coupé et l'*Immortalité* se dirigea vers la pleine mer. L'amiral fit, à coups de canon, le signal d'appareiller, et il répéta cet ordre, à la voix, aux navires auprès desquels il passa. Aucun des bâtiments mouillés dans la baie n'imita la manœuvre de l'*Immortalité*. Quelques capitaines ne comprirent pas les signaux faits par l'amiral; les autres reculèrent devant la perte de leurs ancres qui eût été la conséquence d'un départ immédiat. Pendant la nuit, plusieurs vaisseaux chassèrent. L'un d'eux, l'*Indomptable*, avait, à la mer, trois ancres, et, sur chacune d'elles, cent brasses de câble.

Le 26, dans la matinée, le vent, qui continuait à souffler avec violence, ne permit pas de songer au débarquement. Dans l'après-midi, le temps s'améliora. Le commandant de l'*Indomptable*, le chef de division Bedout, remplaçait, en vertu de son ancienneté, l'amiral Bouvet. Il ordonna à tous les bâtiments de lever leurs ancres à l'exception d'une seule et de se tenir prêts à appareiller, soit pour prendre le large soit pour s'approcher de terre. Le 27, dans la matinée, le vent tomba. Les officiers généraux des troupes de terre, réunis en conseil, décidèrent qu'on ne pouvait effectuer la descente. Le nombre de soldats dont on disposait ne dépassait pas quatre mille. Enfin, nous n'avions ni canons, ni argent, ni vivres, ni munitions. Le chef de division Bedout dit dans son journal: « Le 27, à neuf heures du matin, le vent ayant calmé, les vaisseaux communiquèrent avec moi. Les officiers généraux des troupes tinrent conseil. Le résultat fut que, avec quatre mille hommes, dénués de tout, sans bouches à feu, vivres, argent, ni munitions, ils ne pouvaient faire la descente. » Vers midi, les vents passèrent au sud, puis au sud-ouest, et le temps prit une mauvaise apparence. Le commandant Bedout, regardant la situation comme très périlleuse avec un coup de vent venant de cette direction, prit le large suivi de tous les bâtiments qui étaient dans la baie. Il eut d'abord la pensée de faire route sur le second point de rendez-vous, l'entrée de la rivière Shannon. Mais les vents soufflant grand frais du sud-ouest, il craignit, ainsi qu'il le dit dans son journal, « d'être affalé sur cette côte avec des navires dépourvus d'ancres ». Le chef de division Bedout se dirigea sur Brest où il mouilla, le 12, avec les vaisseaux l'*Indomptable*, qu'il commandait, le *Wattignies*, l'*Eole*, le *Cassard*, le *Patriote*, la *Constitution*, les frégates la *Coquille*, l'*Atalante* et les lougres le *Vautour* et l'*Affronteur*.

Le *Mucius* entra à Brest, le même jour. Ce vaisseau était du nombre des bâtiments qui avaient mouillé, le 22 décembre, dans la baie de Bantry. Ayant chassé pendant la nuit, il s'était trouvé en danger de se perdre. Le capitaine du *Mucius* avait coupé son câble et mis sous voiles. Après avoir capeyé quelques jours au large, ne rencontrant aucun bâtiment de l'armée, il était revenu à Brest. Quatre bâtiments de l'expédition avaient précédé, sur la rade, les navires qui avaient suivi le chef de division Bedout. C'étaient le *Pluton*, le *Pégase*, la *Résolue* et l'*Immortalité*. On se rappelle que le *Pluton* avait quitté la baie de Bantry, le 25 décembre, en coupant son câble. Ce vaisseau, qui était en fort mauvais état, faisait beaucoup d'eau. Des avaries, survenues pendant le mauvais temps, aggravèrent cette situation. Le capitaine réunit ses officiers en conseil; le retour à Brest fut décidé. La *Résolue*, portant le pavillon du contre-amiral Nielly, se trouvait, le 22 décembre, à quelque distance en arrière de l'*Immortalité*, lorsque cette dernière frégate mouilla dans la baie de Bantry. La *Résolue*, voulant s'élever dans l'est, continua à louvoyer. Vers dix heures du soir, elle courait, les amures à bâbord, ayant ses feux allumés, lorsqu'un bâtiment fut aperçu sur l'avant. C'était le vaisseau le *Redoutable* venant à contre-bord. La faible distance qui séparait les deux bâtiments rendait l'abordage inévitable. La *Résolue* fut presque complètement démâtée; elle ne conserva que son grand mât sans une vergue. Cette frégate mouilla trois ancres, puis elle travailla à faire une mâture de fortune. Lorsque survint le coup de vent du 25 décembre, la *Résolue* appareilla en coupant ses câbles. Prenant en considération l'état dans lequel se trouvait cette frégate, le contre-amiral Nielly donna l'ordre de faire route sur Brest. Quelques jours après, la *Résolue* rencontra le vaisseau le *Pégase* qui la prit à la remorque. Le *Pégase*, qui portait le pavillon du contre-amiral Richery, n'avait pu mouiller, le 22 décembre, dans la baie de Bantry. Resté en cape au large, il avait fait de graves avaries. Ce vaisseau, qui venait de faire une campagne très pénible à Terre-Neuve, était en fort mauvais état. Le contre-amiral Richery, estimant que le *Pégase* ne pouvait tenir la mer plus longtemps sans danger, s'était dirigé sur Brest.

L'*Immortalité*, qui avait quitté la baie de Bantry, le 25 décembre, à cinq heures du soir, en coupant ses câbles, était restée en cape pendant trois jours. Le 29, la brise tomba et tourna à l'ouest. L'*Immortalité* pouvait revenir très promptement dans la baie de Bantry. Cependant cette frégate fit route sur Brest. Le contre-amiral Bouvet motiva, ainsi qu'il suit, dans son journal, la grave détermination qu'il prenait : « Le vent se décidant de cette partie (de l'ouest) et ne présumant pas rencontrer désormais les vaisseaux séparés, le 23, ni ceux qui étaient avec moi dans la baie de Bantry ; étant d'ailleurs, au quatrième jour de croisière et à près de soixante lieues dans le sud-ouest du cap Misen-Head ; ne me restant plus environ que dix-huit jours de vivres en biscuit; ne pouvant plus faire de pain par la démolition du four; me trouvant avec une seule ancre, celle de la cale ne pouvant en être ôtée sans démolir la chaloupe, et un mauvais câble et les restes de ceux qu'on avait coupés, je ne crois pas devoir, dans la circonstance critique où je me trouve, retourner dans la baie de Bantry où je ne retrouverais certainement aucun de nos vaisseaux. Les mêmes raisons subsistent pour le rendez-vous à la rivière Shannon où les vents du sud à l'ouest-nord-ouest par l'ouest battent en côte comme dans la précédente baie. Toutes ces considérations me déterminent à faire mon retour à Brest. J'ordonne en conséquence au capitaine de la frégate de se diriger sur ce port. »

Nous avons dit ce qu'il était advenu des vaisseaux l'*Indomptable*, le *Wattignies*, l'*Eole*, le *Cassard*, le *Patriote*, le *Mucius*, le *Pégase* et le *Pluton*. Il nous reste à parler des vaisseaux le *Tourville*, le *Fougueux*, le *Redoutable*, le *Nestor*, le *Trajan*, les *Droits-de-l'Homme*, la *Révolution* et la *Constitution* et de quelques frégates, en tête desquelles il faut placer la *Fraternité* sur laquelle se trouvaient le vice-amiral Morard de Galle et le général Hoche. Le *Tourville* et le *Fougueux* n'avaient pu, le 22 décembre, mouiller sous l'île Great-Bear, ainsi que l'avaient fait l'*Immortalité* et quelques autres bâtiments. Rejetés au large par les vents d'est, ces deux vaisseaux firent route sur la baie de Bantry, aussitôt que le temps devint favorable. Ils y arrivèrent, le *Tourville*, le 30 décembre, et le *Fougueux* le 31. Le *Redoutable*, dans son abordage avec la *Résolue*, le 22 décembre, à dix heures du soir, avait fait de graves avaries. Ce vaisseau, après s'être réparé à la mer, se dirigea sur la baie de Bantry où il laissa tomber l'ancre le 30. Plusieurs frégates, parmi lesquelles la *Cocarde*, commandée par le chef de division Daugier, se trouvaient sur la rade. La *Surveillante*, complètement déliée, faisant beaucoup d'eau, était dans une situation inquiétante. Les capitaines des vaisseaux le *Fougueux*, le *Tourville*, le *Redoutable*, et des frégates la *Surveillante* et la *Romaine*, réunis en conseil à bord de la *Cocarde*, sous la présidence du commandant Daugier, décidèrent, à l'unanimité, qu'on devait couler la *Surveillante* et retourner en France. Telle était la situation lorsque, le 1er janvier, le *Nestor*, capitaine Durand Linois, parut à l'entrée de la baie. Dans la nuit du 20 au 21, ce vaisseau, resté jusque-là le fidèle compagnon de la *Fraternité*, s'était séparé de cette frégate dans un grain. Aussitôt que le temps le permit, c'est-à-dire le 25, le *Nestor* fit route sur la baie de Bantry. Le commandant Durand Linois prit, en vertu de son ancienneté, le commandement des navires qui étaient dans la baie. Le 2 janvier, il réunit, à son bord, le général de division Lemoine, les généraux de brigade Watrin et Mermet, les adjudants généraux

Evrard et Gatines et les chefs de division Maistral et Daugier. Le commandant du *Nestor*, après avoir fait connaître au conseil qu'on disposait de quatre mille hommes pour effectuer la descente présenta, à propos de l'exécution de ce projet, des objections, consignées, dans les termes suivants, sur son journal : « 1° l'improbabilité d'une plus grande réunion de forces ; 2° le risque de blocus par les vents et par l'ennemi ; 3° le défaut de vivres qui obligeait les vaisseaux à partir pour Brest, aussitôt après le débarquement des troupes ; 4° le général Hoche possédait seul les plans de la campagne ; 5° la nouvelle d'un camp de treize mille hommes formé par les Anglais pour s'opposer au débarquement et la certitude de la station d'une escadre de six vaisseaux à Cork. » Après un examen attentif de la situation, le conseil déclara qu'il n'y avait pas lieu de débarquer les troupes. Prendre la mer, croiser, pendant deux jours, à la hauteur de la baie, et faire route sur Brest, si, ce temps écoulé, on n'avait aucune nouvelle de l'armée, telles furent les résolutions auxquelles s'arrêtèrent les officiers généraux et supérieurs assemblés à bord du *Nestor*. Le 3 janvier, un vent très fort du sud-sud-ouest ne permit pas d'appareiller. Le lendemain, le *Nestor*, le *Redoutable*, le *Tourville*, le *Fougueux*, la *Cocarde*, la *Romaine*, la *Sirène*, la *Fidèle* et le lougre le *Renard* mirent sous voiles. Le 5, ces bâtiments, naviguant en bon ordre, firent route sur Brest où ils entrèrent le 13 janvier. La frégate la *Bellone* y arriva le même jour. Le *Trajan*, parti de la baie de Bantry, le 27 décembre, avec le chef de division Bedout, s'était séparé des bâtiments avec lesquels il naviguait. Ce vaisseau se dirigea sur l'entrée de la rivière Shannon, second point de rendez-vous assigné par l'amiral Morard de Galle dans ses instructions. Le 28, le commandant Leray rencontra la *Charente*. Cette frégate, qui était sur le point de manquer de vivres, revenait en France. Le *Trajan* et la *Charente* mouillèrent dans la baie de Kilkadia. Le vaisseau donna des vivres à la frégate. Le chef de brigade Lochet demanda à être mis à terre avec les soldats embarqués sur le *Trajan* et la *Charente*. Il se proposait de rejoindre le corps expéditionnaire qu'il supposait déjà dans l'intérieur de l'Irlande. Le capitaine Leray, loin de partager cette opinion, regardait comme très improbable que les troupes eussent quitté nos bâtiments. D'autre part, la situation des vivres, à bord de son vaisseau, ne lui permettait pas de rester sur la côte. Quel serait le sort du chef de brigade Lochet et de ses soldats si l'escadre avait opéré son retour en France? Le projet de débarquement fut abandonné. Le *Trajan* reprit la mer, le 2 janvier. Le 8, il fut chassé par deux vaisseaux et deux frégates à la poursuite desquels il parvint à se soustraire. Par les renseignements qu'il avait obtenus, sur la côte, le commandant Leray savait que les forces anglaises commençaient à se montrer dans ces parages. D'autre part, il n'avait plus de vivres que pour seize jours. Enfin, le gréement et la mâture du *Trajan* exigeaient les plus grandes précautions. Dans ces conditions le commandait Leray assembla ses officiers en conseil. Il fut décidé qu'on rentrerait à Brest où le *Trajan* mouilla le 14 janvier.

Le 17 décembre, c'est-à-dire le lendemain du jour où la flotte expéditionnaire avait appareillé, la *Fraternité*, sur laquelle se trouvaient le général Hoche et le vice-amiral Morard de Galle, n'était accompagnée que du *Nestor*. Dans la journée, la *Cocarde* et la *Romaine* rallièrent la *Fraternité*. Le 20 décembre, cette frégate qui n'avait plus, auprès d'elle, que le *Nestor*, était très près de l'armée, et, sans la brume, très épaisse ce jour-là, l'amiral et le général Hoche auraient pu voir la presque totalité des bâtiments de l'expédition gouvernant au nord pour reconnaître Mizen-Head. Pendant la nuit, le vent passa à l'est avec un temps sombre et à grains. Le lendemain matin, le *Nestor* n'était plus en vue. Le 24 décembre, la frégate de l'amiral Morard de Galle faisait route sur Mizen-Head lorsqu'un bâtiment, ayant l'apparence d'un vaisseau de ligne, fut aperçu. Ce navire n'ayant pas répondu aux signaux de reconnaissance, hissés à bord de la frégate amirale, celle-ci prit chasse à l'ouest-nord-ouest. Le bâtiment inconnu se mit à sa poursuite, en faisant de la toile. « Je donnai l'ordre, dit Morard de Galle dans son journal, de mettre successivement toutes voiles dehors. Cette manœuvre a eu lieu très lentement, tant à cause du délabrement dans lequel était le gréement que par le défaut d'intelligence et la maladresse de l'équipage qui larguait les ris du grand hunier. Cette toile a été déchirée. » Si les choses se passaient ainsi sur la frégate amirale, quelle devait être, au point de vue des équipages, la situation des autres bâtiments de l'armée? Le navire inconnu se rapprochant de la *Fraternité*, l'amiral fit jeter à la mer les canons de la batterie des gaillards et un canot. Lorsque le navire français eut été allégé, sa marche devint à peu près égale à celle de son adversaire. La *Fraternité* fit plusieurs fausses routes pendant la nuit. Le lendemain, au jour, aucune voile n'était en vue. La *Fraternité* reprit sa course vers les côtes d'Irlande. Mais le coup de vent d'est, qui faisait dérader nos bâtiments de la baie de Bantry, vint l'assaillir et la rejeter au large. Le 28, le vent ayant molli et étant passé à l'ouest, l'amiral gouverna de nouveau sur la terre. Les deux commandants en chef, dont on comprend facilement la cruelle situation, commençaient à espérer que le terme de leurs anxiétés était proche. Raisonnant d'après le temps que la *Fraternité* avait eu, et supposant, d'autre part, que l'escadre n'avait pas perdu de terrain, ainsi que cela était arrivé à la *Fraternité*, par suite de sa rencontre inopinée avec un navire ennemi, le général Hoche et l'amiral Morard de Galle pensaient trouver la presque totalité des bâtiments réunis dans la baie de Bantry. Le 29 décembre, deux navires furent aperçus. C'étaient la *Révolution* et le *Scevola*. L'amiral s'approcha de ces bâtiments qui n'obéissaient pas au signal de ralliement flottant aux mâts de la *Fraternité*. La *Révolution* et le *Scevola* étaient en panne. Le premier de ces navires avait des canots à la mer pour sauver l'équipage du second qui coulait bas d'eau. La *Fraternité*, venant en aide à la *Révolution*, prit une partie des matelots et des soldats que portait le *Scevola*. L'amiral apprit que la *Révolution*, étant à l'ancre, le 22 décembre, dans la baie de Bantry, avait été abordée par la *Constitution*. La *Révolution*, obligée de couper son câble pour éviter de graves avaries, avait appareillé. Ce vaisseau faisait route vers les côtes d'Irlande, lorsqu'il avait rencontré le *Scevola*. Son mât de beaupré était craqué et il ne lui restait plus qu'une ancre et un câble. Enfin, avec le supplément d'hommes, provenant du *Scevola*, la *Révolution* n'avait plus que dix jours de vivres. La *Fraternité*, accompagnée de ce vaisseau, reprit sa course vers l'Irlande. Le 31 décembre, c'est-à-dire deux jours après, le commandant de la *Révolution*, le capitaine Dumanoir Lepelley, écrivit à l'amiral pour lui exprimer les inquiétudes que lui faisait éprouver la situation de son vaisseau. Si un coup de vent se déclarait, la rupture du beaupré exposait la *Révolution* aux plus graves avaries. Ce vaisseau portait deux mille deux cents hommes. Il en résultait un encombrement aussi nuisible pour la manœuvre que pour le combat. Enfin, la *Révolution* n'avait plus de vivres que pour huit jours. Ainsi, ces deux bâtiments, ayant l'un deux mille deux cents hommes, et l'autre, la *Fraternité*, huit cents, étaient exposés au double risque de rencontrer l'ennemi en nombre supérieur et de se trouver, sans vivres, en plein hiver, dans les parages de l'Irlande. L'ordre fut donné de faire route sur nos côtes. Cependant ce n'était pas vers un port français, mais sur la baie de Bantry qu'il eût fallu se diriger. L'amiral savait que les bâtiments de l'expédition, battus par les vents d'est qui avaient soufflé en tempête, avaient été rejetés dans l'ouest. Mais d'autre part, les vents ayant passé à l'ouest, ces mêmes navires devaient, en ce moment, revenir vers les côtes d'Irlande. La présence de l'amiral et du général était indispensable pour soustraire les capitaines à l'indécision dans laquelle ils allaient se trouver. Telles étaient les réflexions que ne pouvaient manquer de faire les deux commandants en chef. On doit croire qu'ils cédèrent à une nécessité impérieuse, lorsqu'ils se décidèrent à mettre le cap sur nos côtes. L'un et l'autre reculèrent devant la perspective soit de manquer de vivres, soit de voir, s'il survenait un coup de vent, la *Révolution* s'engloutir avec les deux mille deux cents hommes qu'elle portait. L'amiral Morard de Galle fit connaître au ministre, dans les termes suivants, les causes qui l'amenaient à prendre cette détermination. « Le compte que me rend le commandant Dumanoir Lepelley de la position où se trouvait la partie de l'armée qui avait mouillé à la baie de Bantry; le signal de se préparer à mettre sous voiles et le très mauvais temps qui avait régné le portant à croire que les vaisseaux avaient mis sous voiles et n'avaient pu le faire sans perdre des ancres ; la situation du vaisseau la *Révolution* et la presque certitude qu'aucun des vaisseaux manquant d'ancres ne serait rentré dans la baie de Bantry ; d'autre part, la petite quantité de vivres restant pour les troupes, et quelques vaisseaux n'en étant pourvus que pour six semaines ou deux mois pour les équipages ; toutes ces circonstances affligeantes m'ont déterminé, après avoir pris l'avis du général Hoche, à faire route pour retourner à Brest, ne pouvant pas laisser la *Révolution* faire sa route seule, sans l'exposer beaucoup, si son mât de beaupré lui manquait. » La *Fraternité* prit cent hommes à la *Révolution* afin de diminuer la consommation des vivres sur ce vaisseau. A bord des deux navires, la ration journalière fut diminuée. Après avoir été contraint de changer plusieurs fois de route pour échapper aux croiseurs anglais, l'amiral Morard de Galle mouilla, le 13 janvier, sur la rade de l'île d'Aix avec la *Révolution* et la *Fraternité*. Quoique, depuis plusieurs jours, on ne délivrât aux équipages qu'une faible partie de la ration réglementaire, le vaisseau et la frégate n'avaient, à leur arrivée, que quatre jours de vivres. La *Révolution* avait son gréement et sa voilure dans le plus mauvais état ; le beaupré était cassé et le mât de misaine craqué. Le commandant des armes à

Rochefort, l'amiral Martin, écrivit au ministre : « La *Révolution* a actuellement, à son bord, deux mille cent hommes et il ne lui restait que pour quatre jours de vivres lorsqu'elle a mouillé. Ce vaisseau a son beaupré cassé, son mât de misaine hors d'état de servir, point de voiles, le gréement dans le plus mauvais état. » Nous ajouterons que la *Révolution*, arrivée, le 11 décembre, à Brest, avec la division Richery, en était repartie, le 16, sans avoir subi de réparations, quoiqu'elle en eût le plus pressant besoin. On avait pris ce vaisseau tel qu'il était sans tenir compte de sa situation.

III

A la date du 14 janvier, quinze vaisseaux, dix frégates, cinq corvettes ou avisos et trois transports étaient revenus en France. La flotte expéditionnaire comptait quarante-cinq bâtiments, le 16, jour où elle avait quitté la rade de Camaret. Quel était le sort des douze navires qui n'avaient pas encore reparu ? Nous connaissons la fin malheureuse du vaisseau de soixante-quatorze, le *Séduisant*, et du vaisseau rasé le *Scevola*. La frégate l'*Impatiente* s'était perdue près du cap Clear par un temps de brume. L'équipage et les passagers, à l'exception de sept hommes, avaient trouvé la mort dans ce naufrage. La *Surveillante*, adjointe à la flotte expéditionnaire quoiqu'elle fût en très mauvais état, avait été coulée dans la baie de Bantry ainsi qu'on l'a vu plus haut. La frégate la *Tartu*, la corvette l'*Atalante* et quatre transports étaient tombés entre les mains des Anglais. Enfin un transport avait sombré en pleine mer. Nous n'avons plus à parler que d'un seul bâtiment, les *Droits-de-l'Homme*, capitaine Lacrosse. Ce vaisseau avait appareillé de la baie de Bantry pendant le coup de vent du 25 décembre. Lorsque le temps lui permit de faire route, il se dirigea vers l'embouchure du Shannon où il supposait que les bâtiments de l'expédition se réuniraient. Le 5 janvier, après avoir croisé, pendant huit jours, en vue du cap Loops, le capitaine Lacrosse, n'ayant aucune nouvelle de l'armée, prit le parti de rentrer en France. Il se dirigea sur Belle-Isle. Le 13 janvier, dans la matinée, le temps était couvert. La position du vaisseau, qui n'avait pas eu d'observations depuis plusieurs jours, était incertaine. Le commandant estimait qu'il était à vingt-cinq lieues de terre, par la latitude des Penmarks. Voulant attendre un moment favorable pour atterrir, en se maintenant en dehors des croisières ennemies, il courut au sud, sous petites voiles. Dans l'après-midi, un navire fut aperçu par tribord, c'est-à-dire au vent. Peu après, on signala un second bâtiment naviguant dans les eaux du premier. Le commandant Lacrosse fit de la toile et il gouverna au sud-est afin de s'écarter de ces voiles suspectes. On les distinguait mal à travers la brume, mais elles présentaient l'apparence de grands bâtiments. Avant la fin du jour, deux nouvelles voiles furent signalées. L'une d'elles était le vaisseau rasé l'*Indefatigable*, de quarante-quatre, capitaine sir Edward Pelew, et l'autre, la frégate de trente, l'*Amazone*, capitaine Robert Reynolds. Les deux bâtiments anglais manœuvrèrent pour couper la route du vaisseau français. Le commandant Lacrosse supposa que ces frégates appartenaient à la même division que les navires aperçus quelques heures auparavant.

En conséquence, il continua à courir sous toutes voiles, pour diminuer le nombre de ses adversaires, dans le cas où il ne parviendrait pas à leur dérober sa marche. Vers quatre heures et demie, le vent soufflant bon frais de l'ouest-nord-ouest, variant à l'ouest-sud-ouest, le vaisseau démâta de ses deux mâts de hune. Cette avarie, survenant dans un pareil moment, était un événement d'une extrême gravité. La chute des deux mâts de hune n'était pas le résultat d'une imprudence. L'*Indefatigable*, qui était à quelques milles, portait plus de toile que les *Droits-de-l'Homme*. On doit donc penser que ce bâtiment avait été envoyé à la mer, avec une mâture établie dans des conditions insuffisantes. L'*Indefatigable* ne tenta pas de profiter de la position du vaisseau français, en se plaçant sous le vent et en le canonnant, alors que l'amas de voilure et les débris de mâture qui encombraient ce côté ne lui eussent pas permis de se servir de son artillerie. Cette frégate, qui était sous toutes voiles, rentra ses bonnettes et prit des ris dans ses huniers. Lorsqu'elle fut sous une voilure aisée pour manœuvrer et combattre, elle continua sa route. L'*Amazone*, éloignée de sept à huit milles, s'avançait rapidement. Le vaisseau, après s'être débarrassé des mâts, des vergues et du gréement qui traînaient le long du bord, se dirigea vers la terre, sous ses basses voiles et le perroquet de fougue, avec une vitesse de cinq nœuds à l'heure. En toute autre circonstance, le commandant Lacrosse eût envisagé avec beaucoup de calme la perspective d'un engagement avec l'*Indefatigable* et l'*Amazone*. Mais il craignait, à tout instant, de voir surgir, à l'horizon, des bâtiments appartenant aux divisions anglaises en croisière sur nos côtes. Il considérait donc comme un devoir de se soustraire à toute rencontre pouvant retarder sa marche. Le combat étant devenu inévitable, il se prépara à le soutenir avec la plus grande énergie. A cinq heures et demie, l'*Indefatigable* arrivait à portée de voix des *Droits-de-l'Homme* Venant alors brusquement sur tribord, elle lui envoya sa bordée. Celui-ci, imitant cette manœuvre, présenta le travers à son adversaire et répondit immédiatement à son feu. Dès le début de l'action, la disproportion apparente de force, entre un vaisseau de soixante quatorze et une frégate de quarante-quatre, disparut. L'état de la mer, l'amplitude des roulis, le peu de hauteur de la batterie basse, moins élevée de trente-cinq centimètres environ que sur les bâtiments du même rang, ne permirent pas au vaisseau les *Droits-de-l'Homme* de se servir de ses canons de trente-six. L'*Indefatigable* était un navire puissamment armé, portant vingt-six canons de vingt-quatre dans sa batterie, et, sur les gaillards, dix-huit caronades de quarante-deux. Un peu avant sept heures, l'*Amazone*, arrivée à portée de canon, ouvrit son feu sur les *Droits-de-l'Homme*. Vers sept heures et demie, les deux frégates s'éloignèrent pour repasser des manœuvres. Le vaisseau français profita de ce répit pour consolider ses tronçons de mâts et réparer le désordre qu'un canon de dix-huit, placé sur la dunette pour tirer en retraite, avait causé en éclatant. A huit heures trente minutes, le combat reprit avec une nouvelle vigueur. Les deux frégates, passant l'une après l'autre sur l'avant du vaisseau, lui envoyèrent des bordées d'enfilade. Il y avait, sur les *Droits-de-l'Homme*, outre l'équipage composé de six cent cinquante hommes, près de six cents soldats passagers. La présence de ce nombreux personnel permit d'entretenir un feu très vif.

Le commandant Lacrosse amena plusieurs fois ses adversaires à lui présenter l'arrière et à recevoir tout son feu dans cette position. Mais le peu d'habileté de nos canonniers rendit à peu près inoffensives des bordées qui auraient dû être désastreuses pour les frégates anglaises. A dix heures et demie, le mât d'artimon du vaisseau, coupé par les boulets, tomba à la mer. A ce moment, les frégates se laissèrent culer. Après une heure, employée à réparer leurs avaries et à assujettir leurs mâts, elles vinrent se placer sur l'arrière du vaisseau et le canonnèrent en hanche. Vers deux heures du matin, le commandant Lacrosse, blessé au genou, fut porté au poste. Son second, le capitaine de frégate Prévost Lacroix, le remplaça. « Ce brave officier, écrivit le commandant Lacrosse, continua le combat avec la même chaleur que je l'avais commencé. » L'action se poursuivait, de part et d'autre, avec une extrême vivacité, lorsque, vers six heures du matin, la terre se dressa menaçante sur l'avant des trois bâtiments. Dans l'ardeur de la lutte, les capitaines ne s'étaient pas préoccupés de la position de leurs navires. Devant l'imminence du péril, le feu cessa. On connaît la situation des *Droits-de-l'Homme*. Les frégates anglaises, sans avoir autant souffert que le vaisseau français, étaient cependant en fort mauvais état. Elles avaient l'une et l'autre quatre pieds d'eau dans la cale et de graves avaries dans leurs mâtures. Les pertes en hommes étaient très faibles, surtout comparées aux nôtres. L'*Indefatigable* avait sept blessés dont un officier et douze hommes contusionnés. L'*Amazone* comptait trois tués et quinze blessés. Le chiffre des tués, sur les *Droits-de-l'Homme*, s'élevait à cent et celui des blessés à cent cinquante. Trois officiers de la légion des Francs étaient au nombre des morts. Sept officiers de marine et plusieurs officiers de l'armée figuraient parmi les blessés. L'équipage des *Droits-de-l'Homme* avait vaillamment combattu. L'état-major, suivant l'expression du commandant Lacrosse, « avait suppléé par son intelligence et son courage aux moyens qui manquaient ». L'honneur de la défense n'appartenait pas seulement aux marins. Il était partagé par les officiers et soldats passagers auxquels les généraux Humbert, Régnier, Corbineau avaient donné l'exemple de la bravoure et du dévouement.

Un nouveau danger, plus grand peut-être que celui auquel ils venaient d'être exposés, menaçait les trois bâtiments. Le vent, qui soufflait de l'ouest grand frais, et la mer les poussaient à la côte. C'était à la clarté douteuse de la lune, qui s'était montrée pendant un moment, que les contours un peu vagues de la terre avaient été aperçus. On ne distinguait encore aucun point, et le commandant Lacrosse, qui s'était fait porter sur le pont, ignorait où il se trouvait. Les trois navires tinrent le vent, le vaisseau et l'*Indefatigable* les amures à tribord, et l'*Amazone* les amures à babord. Dans l'état où était sa mâture, le vaisseau les *Droits-de-l'Homme* tentait, contre les éléments, une lutte impossible. Le grand mât, le mât de misaine, le mât de beaupré, les seuls qu'il eût encore, étaient traversés par les boulets. A peine le vaisseau fut-il en travers que le beaupré et le mât de misaine tombèrent à la mer. Le vaisseau, auquel il ne restait que sa grande voile, trouée par les boulets et déchirée par le vent, dériva rapidement vers la côte. Deux ancres avaient été perdues dans la baie de Bantry et les câbles de celles qui étaient aux bossoirs avaient été coupés par les boulets. Une petite ancre, mouillée par douze brasses, ne tint pas. Le vaisseau, après avoir touché par l'arrière, vint en travers. Au premier coup de talon, le grand mât tomba le long du bord. Le grelin de l'ancre qui était au fond fut coupé, et le navire évita l'avant vers le rivage. Des canons furent jetés à la mer pour soulager le bâtiment qu'on s'efforça de maintenir droit. Le jour se leva, un jour gris de la côte de Bretagne dans le mois de janvier, éclairant de ses teintes sombres la position des trois combattants. Le vaisseau, rasé de tous ses mâts, était échoué dans la baie d'Audierne, sur un banc de sable, à la hauteur du village de Plouzenet. L'*Amazone* était à la côte, dans le nord des *Droits-de-l'Homme*, à environ deux milles de distance. L'*Indefatigable*, qu'on apercevait, dans le sud, à un mille, courait, sous quelques lambeaux de voiles, les amures à tribord, s'efforçant de doubler les Penmarcks. Si cette frégate, doutant du succès de cette entreprise, prenait la bordée du nord, le sort de sa conserve lui était probablement réservé. En persistant à passer au vent des Penmarcks, elle s'exposait à être jetée sur cet écueil. Si cette hypothèse se réalisait, aucun de ceux qui la montaient n'échappait à la mort. L'équipage de l'*Indefatigable* sortit sauf de cette épreuve. La frégate anglaise doubla, en la rangeant de très près, cette ligne de roches redoutable. Le vent, en augmentant de violence, rendit très critique la position du vaisseau français qui était échoué loin de terre. Entre ce malheureux bâtiment et la plage, les vagues, déferlant avec furie, ne formaient qu'un brisant. L'arrière des *Droits-de-l'Homme*, troué par les boulets, défoncé par les lames, ouvrit un libre passage à l'eau de la mer. La cale fut inondée. Ce malheureux bâtiment n'avait plus d'eau douce et il était à peu près sans vivres. L'équipage de l'*Amazone* eut une meilleure fortune ; il gagna la côte quelques heures après l'échouage. Six hommes, qui s'étaient jetés imprudemment dans un canot, manquèrent seuls à l'appel. La journée du 14 se passa sans que le vaisseau les *Droits-de-l'Homme* pût communiquer avec la terre. Le 15, quelques hommes atteignirent la côte sur des ras ; d'autres périrent dans cette entreprise. Le même jour, le grand canot arriva à la plage. Le 16, on se décida à mettre la chaloupe à la mer. Des blessés, ainsi que des femmes et des enfants, provenant des navires de commerce capturés par les *Droits-de-l'Homme*, furent placés dans cette embarcation, alors qu'elle était encore suspendue le long du bord. Aussitôt que se présenta un moment favorable, l'ordre fut donné d'amener la chaloupe. A peine celle-ci touchait-elle à la mer que, malgré les efforts les plus énergiques des officiers de marine et des officiers de la légion des Francs, un grand nombre d'hommes, soixante ou quatre-vingts environ, se jetèrent dans cette embarcation. Une lame souleva la chaloupe et la porta avec violence contre le vaisseau. L'embarcation fut brisée et tout ce qu'elle portait disparut ; ce fut à peine si quelques hommes parvinrent à regagner le bord. Le lieutenant de vaisseau Chatelin, les enseignes Joubert et Muller, le maître d'équipage Tonnerre trouvèrent la mort dans cette fatale circonstance. Les vents d'ouest, qui soufflaient encore très frais, ne permettaient pas de venir au secours du vaisseau. Dans la nuit du 16 janvier, les vents passèrent à l'est. Le 17, cinq chaloupes de pêche, venues d'Audierne, prirent les blessés et cent hommes. Deux cent cinquante marins ou soldats s'embarquèrent sur le cutter l'*Aiguille*. Il restait, à bord des *Droits-de-l'Homme*, outre le commandant Lacrosse, le capitaine de frégate Prévost-Lacroix, l'enseigne de vaisseau Helone, le capitaine d'artillerie de marine Bourlot et quatre cents hommes, officiers mariniers, sous-officiers de l'armée, marins et soldats. Tous étaient épuisés de fatigue et de besoin. Vingt bouteilles d'eau, laissées par le côtre l'*Aiguille*, sauvèrent la vie du commandant Lacrosse et de quelques malheureux tombés en défaillance. La nuit fut très froide. Les hommes, qui depuis plusieurs jours portaient des vêtements mouillés, souffrirent cruellement. Un grand nombre d'entre eux furent en proie à une fièvre ardente. Le délire s'empara de ces infortunés. Soixante hommes expirèrent dans les convulsions.

Le 18, dans la matinée, les survivants des terribles scènes que nous venons de rapporter s'embarquèrent sur le côtre l'*Aiguille* et la canonnière l'*Arrogante*. A une heure de l'après-midi, il ne restait plus personne à bord du vaisseau les *Droits-de-l'Homme*. Le capitaine de frégate Prévost-Lacroix le quitta le dernier, après avoir fait jeter les morts à la mer. « Comme homme, écrivit le commandant Lacrosse, j'ai donné des consolations à mon équipage ; comme capitaine, j'ai rempli mon devoir en ne l'abandonnant jamais. Une partie a été transportée à Audierne et l'autre m'a suivi à Brest où je suis arrivé sur le cutter l'*Aiguille*. » Sur treize cent cinquante hommes, y compris cinquante prisonniers, qui se trouvaient sur ce vaisseau, quatre cents avaient péri. Le commandant Lacrosse appela la bienveillance du gouvernement sur ses officiers et principalement sur le capitaine de frégate Prévost-Lacroix, les lieutenants de vaisseau

Descormiers et Seguin, les enseignes Hellouin, Gouin, Panisson et Léance et l'aspirant Bastide. Le Directoire nomma contre-amiral le brave commandant Lacrosse.

Les Anglais, prisonniers à bord des *Droits-de-l'Homme*, s'étaient très bien conduits pendant le naufrage de ce vaisseau. Deux capitaines marchands avaient donné l'exemple du courage et du dévouement. Le premier s'était jeté quatorze fois à la mer pour ramener au rivage des hommes qui étaient sur le point de se noyer. Le second, aidé de ses matelots, avait construit des radeaux sur lesquels un certain nombre de soldats étaient parvenus à gagner la terre. Le gouvernement rendit la liberté à tous les prisonniers, et il les renvoya dans leur pays sur un parlementaire. Les deux capitaines reçurent, en outre, une gratification en argent.

Le combat des *Droits-de-l'Homme* et le naufrage de ce bâtiment, dans les circonstances dramatiques que nous venons de rapporter, furent les derniers épisodes de l'expédition d'Irlande. Deux vaisseaux, le *Séduisant* et les *Droits-de-l'Homme*, le vaisseau rasé le *Scevola*, trois frégates, l'*Impatiente*, la *Surveillante*, la *Tartu*, la corvette l'*Atalante* et cinq transports, soit douze bâtiments, coulés en pleine mer, jetés à la côte ou capturés par les Anglais, tel fut, pour la marine, en ce qui concernait le matériel, le résultat de cette opération. Les pertes du personnel furent les suivantes : quinze cents hommes se noyèrent sur le *Séduisant*, les *Droits-de-l'Homme* et l'*Impatiente*. Il y eut cent tués et cent cinquante blessés sur les *Droits-de-l'Homme*. La prise de la *Tartu*, de l'*Atalante*, de quelques transports et la perte de la *Sémillante*, sur le cap Clear, firent tomber trois mille trois cents hommes, marins ou soldats, entre les mains de l'ennemi. L'*Amazone* perdue, son équipage prisonnier, six hommes de cette frégate noyés au moment du naufrage, trois tués, vingt-deux blessés et douze hommes contusionnés sur les deux frégates, pendant le combat, quelques navires marchands capturés furent les seules compensations que la fortune nous accorda pour tant de malheurs.

Peu de temps après leur arrivée à Brest, les troupes embarquées sur les vaisseaux de l'amiral Morard de Galle reçurent l'ordre de se rendre dans l'intérieur. Le gouvernement comptait poursuivre ses projets de descente sur les côtes de la Grande-Bretagne. Avant leur départ, les soldats de Hoche apprirent, par une proclamation de leur général, que l'exécution de ce plan de campagne n'était que différée. Le ministre de la marine restait dévoué à cette entreprise. Il prescrivit de mettre le plus promptement possible l'escadre de Brest en état de reprendre la mer.

IV

Nous avons à examiner la part revenant à la marine dans l'insuccès de cette entreprise. Le commandant en chef de la flotte expéditionnaire devait prendre la mer, avec quarante-cinq bâtiments, alors que l'amiral Colpoys bloquait Brest à la tête d'une forte escadre. Cette difficulté, la première qui se présentait, fut résolue habilement. L'amiral Morard de Galle gagna le large, dans la nuit du 16 décembre, pendant que l'amiral Colpoys, qui était à trente-cinq ou quarante mille dans l'ouest-nord-ouest d'Ouessant, luttait inutilement contre les vents de l'est au sud-est pour se rapprocher de terre. Ce fut là malheureusement que se borna le rôle de l'amiral Morard de Galle. La *Fraternité*, après avoir navigué quelques jours, en compagnie de plusieurs navires, se trouva seule, le 21 décembre. Le 22, elle fut obligée, pour éviter un combat inégal, de courir dans l'ouest avec de grands vents d'est, s'éloignant de la baie de Bantry et perdant ainsi un temps précieux. Quelques jours après, la *Fraternité* s'approcha des côtes d'Irlande, mais ce fut pour assister au spectacle de la *Révolution* transbordant, en toute hâte, l'équipage et les passagers du *Scevola* qui coulait bas d'eau. Le 30 décembre, le général Hoche et l'amiral Morard de Galle ordonnèrent de mettre le cap sur nos côtes. Ils revinrent en France, alors que vingt-quatre heures à peine les séparaient de la baie de Bantry, parce que la *Fraternité*, sur laquelle ils se trouvaient, et le vaisseau la *Révolution* étaient, quatorze jours après leur départ de Brest, sur le point de manquer de vivres. L'isolement dans lequel s'était trouvée la frégate la *Fraternité*, qui portait le général Hoche et l'amiral Morard de Galle, était un des incidents les plus malheureux de cette campagne. L'opinion s'émut de la présence des deux commandants en chef sur ce bâtiment. Le gouvernement crut nécessaire de donner une explication à ce sujet. Une note, ainsi conçue, parut au *Journal officiel* du 9 janvier 1797 : « A la sortie du port de Brest, l'amiral Morard de Galle et le général Hoche, qui pouvaient s'attendre à un combat avec l'escadre anglaise, étaient montés à bord de la frégate la *Fraternité*. » Quoi qu'il en soit, le rôle des deux chefs de terre et de mer cessa, aussitôt que la flotte fut sous voiles, et celui de l'amiral Bouvet, qui probablement ne recherchait pas tant d'honneur, commença. Cet officier général, après avoir rallié, le 17, dans la matinée, les bâtiments qui étaient en vue de sa frégate, fit route de manière à éviter l'ennemi.

Le 19 décembre, lorsqu'il rencontra les amiraux Nielly et Richery, il se trouva à la tête de tous les bâtiments de l'expédition, à l'exception d'un vaisseau et de trois frégates. Jusqu'ici la conduite de l'amiral Bouvet ne peut soulever la moindre critique. L'île Dursey fut la première terre reconnue par les bâtiments réunis sous son pavillon. L'escadre avait atterri à quelque distance sous le vent de l'entrée de la baie de Bantry. Le vent soufflait grand frais de l'est et le temps était à grains. Le même jour, la *Fraternité*, le *Nestor*, la *Cocarde* et la *Romaine*, luttant contre la même brise, ne parvenaient pas à s'approcher de terre. Les bâtiments que conduisait l'amiral Bouvet s'élevèrent fort peu au vent. Rien ne permet de supposer que ce fâcheux résultat puisse être légitimement attribué soit à une mauvaise direction provenant de l'amiral, soit à la négligence volontaire des commandants. On peut être convaincu que les capitaines, chargés de conduire des bâtiments offrant aussi peu de ressources au point de vue maritime, ne souhaitaient rien tant que de mettre à terre les troupes qu'ils portaient. Ils étaient, par conséquent, particulièrement intéressés à ce que l'escadre arrivât le plus promptement possible dans la baie de Bantry. D'autre part, on ne pouvait s'élever au vent qu'à la condition de manœuvrer avec rapidité et précision, pour virer de bord, augmenter ou diminuer de voiles, ou pour changer les voiles emportées par le vent. Un grand nombre d'hommes, sans aucune habitude de la mer, transis de froid, restèrent confondus au milieu des troupes passagères. Quelques rares matelots portèrent, avec les officiers-mariniers, le poids de cette rude navigation. Il y eut là une cause de retard dont la responsabilité doit retomber non sur les officiers, mais sur ceux qui avaient envoyé à la mer des navires aussi mal armés. Le 22, dans la soirée, le temps étant devenu très mauvais, l'*Immortalité* mouilla, en laissant chaque capitaine libre de sa manœuvre pour la sûreté de son bâtiment. Le 24, le débarquement ayant été résolu, tous les navires mirent sous voiles pour s'enfoncer dans la baie. Avant la fin de la journée, les vents, qui étaient restés à l'est, ayant fraîchi, il ne fut pas possible de mettre les troupes à terre. L'escadre mouilla de nouveau. Le 25, dans la soirée, l'*Immortalité* prit la mer pour se soustraire au danger de se perdre corps et biens. Après avoir capéyé au large, pendant trois jours, l'amiral fit route directement sur Brest. Le manque de vivres fut le motif qu'il allégua pour expliquer sa conduite. On ne peut le regarder comme suffisant. Le 29 décembre, c'est l'amiral, lui-même, qui le dit dans son rapport, l'*Immortalité* avait dix-huit jours de biscuit. Elle avait, en outre, de la farine qu'elle ne pouvait, il est vrai, utiliser, puisque le four était démoli. Mais à son arrivée dans la baie de Bantry, l'*Immortalité* aurait échangé cette farine contre du biscuit pris sur un navire ayant son four en bon état. L'*Immortalité* n'avait plus qu'une ancre. Il en existait une seconde, mais celle-là était la cale, et, à la mer, disait l'amiral, on ne pouvait la mettre au bossoir. Dans la baie de Bantry, cette opération eût été facilement exécutée.

L'amiral Bouvet désespéra trop tôt du succès de l'expédition. Les intérêts en jeu exigeaient un effort qu'il ne sut ou ne voulut pas faire. Ce n'est pas à dire que le retour de l'*Immortalité* dans la baie de Bantry eût exercé une grande influence sur les événements. L'amiral Bouvet, arrivant le 30 ou le 31 décembre, aurait trouvé, sur la rade, le *Redoutable,* le *Tourville*, le *Fougueux* et quelques frégates. Vingt-quatre heures après, le *Nestor* eût augmenté le nombre des bâtiments placés sous son pavillon. Or, les officiers de terre et de mer, réunis à bord de ce vaisseau, le 2 janvier, avaient pensé qu'il était imprudent, en raison du petit nombre de troupes dont on disposait, de faire un débarquement. On pouvait mettre à terre quatre mille hommes. L'arrivée de l'*Immortalité* n'eût ajouté à ce chiffre que deux cent cinquante soldats. Il y a lieu de croire que la décision du conseil assemblé par le commandant Durand Linois eût été maintenue. Dans cette hypothèse, la question des vivres se serait imposée à l'amiral Bouvet comme elle s'était imposée au commandant Durand Linois, et la *Fraternité* eût appareillé, ainsi que l'avaient fait le *Nestor* et les bâtiments qui suivirent ce vaisseau jusqu'à Brest. Le retour de l'*Immortalité* dans la baie de Bantry n'aurait eu d'importance que si cette frégate avait été accompagnée ou suivie, à bref délai, par les bâtiments avec lesquels elle se trouvait quelques jours auparavant dans la baie de Bantry. C'était l'absence de ces bâtiments qui compromettait définitivement l'expédition. Cependant tous les capitaines étaient en position de revenir dans la baie, puisque les vents avaient passé à l'ouest. Or, les uns s'étaient dirigés sur Brest, comme s'ils avaient la certitude que l'expédition était abandonnée, les autres avaient reconnu le cap Loops. Ces derniers, ne rencontrant aucun navire chargé de leur porter des ordres, et contraints, d'ailleurs, de prendre une prompte détermination, par suite du manque de vivres, ramenèrent leurs navires en France. Le vaisseau les *Droits-de-l'Homme*, commandé par un officier brave, énergique, résolu à faire son devoir, resta plusieurs jours devant l'entrée de la rivière Shannon. Le vaisseau le *Trajan* et la frégate la *Charente* croisèrent dans les mêmes parages. D'après les ordres de l'amiral, tout capitaine devait, en cas de séparation, croiser, pendant quelques jours, sous Misen-Head. L'amiral Morard de Galle aurait, en passant devant ce point, rallié les bâtiments qui y seraient arrivés avant lui. S'il n'avait pas rencontré, sous Misen-Head, la totalité des navires séparés de l'armée, il aurait continué sa route, en laissant derrière lui une frégate pour indiquer aux retardataires les parages où ils pourraient le rejoindre. Ces instructions supposaient, et on ne peut s'en étonner, que la *Fraternité* ne cesserait pas un instant d'être accompagnée par la plus grande partie des bâtiments, si ce n'est par tous. Les inconvénients, résultant de l'absence du commandant en chef pendant la première partie de l'expédition, n'avaient pas eu l'occasion de se produire, puisque l'amiral Bouvet avait conduit l'escadre dans la baie de Bantry. Mais, après la dispersion de la flotte, commencée le 22 décembre et définitivement consommée le 25, chaque capitaine se trouva sans indications précises pour le cas qui se présentait. On voit alors que les conséquences fâcheuses, provenant de l'absence de la *Fraternité*, auraient pu être conjurées par l'amiral Bouvet. Il appartenait à ce dernier, lorsqu'il eut l'heureuse fortune de réunir, sous son pavillon, la presque totalité de la flotte, de prévoir toute séparation nouvelle. Arrivé à l'ouvert de la baie de Bantry, il aurait dû penser à quelles perplexités fâcheuses il livrerait les capitaines, s'il ne fixait pas un rendez-vous. C'est ce que n'aurait pas manqué de faire l'amiral Morard de Galle. Il était de toute évidence que le moment était venu de décider le point où aurait lieu le débarquement. L'amiral Bouvet ne pouvait pas ne pas signaler un rendez-vous, quel qu'il fût, le 22 décembre, alors qu'il laissait chaque capitaine libre de sa manœuvre pour la sûreté de son bâtiment. Dans cette circonstance, aussi bien que pendant le coup de vent du 25 décembre qui fit chasser et dérader plusieurs navires, il avait l'obligation stricte de dire où il voulait qu'on le ralliât. La baie de Bantry, dans laquelle il avait déjà pénétré avec sa frégate et un certain nombre de bâtiments, se trouvait naturellement indiquée comme le rendez-vous général de la flotte. Si l'amiral Bouvet avait pris cette précaution, d'ailleurs bien naturelle de la part d'un chef d'escadre, les vents d'ouest auraient ramené, du 31 décembre au 2 janvier, les navires ayant la possibilité ou la volonté de revenir. Le nombre de ces navires eût-il été suffisant pour que le débarquement fût décidé? Avec une escadre aussi mal armée et faisant de continuelles avaries, il est difficile de le dire. Quoi qu'il fût advenu, l'amiral Bouvet aurait eu la conscience d'avoir tout fait pour assurer le succès de cette entreprise. Cet officier général oublia que, des circonstances imprévues l'ayant placé à la tête de la flotte expéditionnaire, il ne devait s'inspirer que des grands intérêts remis entre ses mains.

Nous rappellerons, avant de terminer, l'état de cette flotte à laquelle le Directoire n'avait pas craint de confier cette difficile entreprise. Jetons d'abord un coup d'œil sur le personnel. L'amiral Morard de Galle voulut, en rade de Brest, changer la route de l'escadre; il ne put y parvenir. On ne fit nulle attention à ses signaux; on ne suivit même pas le chef de file de l'armée. Celui-ci, d'ailleurs, ne s'engagea dans l'Iroise qu'à la demande de son pilote et non par suite des signaux de l'amiral qu'il ne comprit pas. Le désordre et la confusion régnèrent dans cette escadre. Chaque capitaine, préoccupé des difficultés que présentait la sortie avec un vent violent et des équipages aussi peu exercés, ne songea qu'à son bâtiment. Toute unité, toute cohésion, disparurent. Les bâtiments de l'expédition gagnèrent le large, mais ils laissèrent derrière eux un vaisseau, le *Séduisant*, qui se perdit sur le grand Stévenec. A l'ouvert de la baie de Bantry, la *Résolue* perdit tous ses mâts dans un abordage avec le *Redoutable*. La *Constitution*, qui se dirigeait sur le mouillage, aborda la *Révolution*. Ce dernier vaisseau, fort endommagé, appareilla en coupant son câble pour éviter de plus grandes avaries. La *Fraternité* se trouva dans l'obligation de forcer de voiles pour échapper au bâtiment qui la poursuivait. Cette manœuvre fut exécutée avec une lenteur et une ignorance dont se plaignit vivement, ainsi qu'on l'a vu, l'amiral Morard de Galle. Après le retour en France de l'expédition, on fit, par ordre du gouvernement, un résumé des rapports que les capitaines avaient adressés au ministre. On lit dans ce document : « Tous les capitaines s'accordent à dire que leurs équipages, soit mauvaise volonté, soit qu'ils ne fussent pas assez vêtus contre le froid et la neige, remplirent extrêmement mal leur devoir. . . . . Quelques bâtiment même perdirent leurs voiles faute de ne pouvoir les serrer. » On voit ce que valaient les matelots. Quant aux canonniers, le peu de mal fait par les *Droits-de-l'Homme* aux frégates anglaises qu'il combattait, montre ce que nous devons penser de leur habileté. La situation, au point de vue du matériel, était peut-être encore plus fâcheuse. Le *Pégase*, quelques jours après son départ, revint à Brest; il était hors d'état de tenir la mer plus longtemps. On se rappelle que ce vaisseau, venant de faire une campagne à Terre-Neuve, avait été adjoint à la flotte de l'amiral Morard de Galle, quoiqu'il eût un besoin pressant de réparations. La rentrée du *Pégase* rendit inutiles les services que le contre-amiral Richery, officier d'un grand mérite, aurait pu rendre. Le *Pluton*, parti avec une voie d'eau qui augmenta rapidement, se décida, dès le 29 décembre, à effectuer son retour en France. La *Surveillante* coula dans la baie de Bantry et le *Scevola* en pleine mer. Quelques bâtiments n'avaient pas de voiles de rechange. Sur tous, les manœuvres cassaient. Le capitaine Lacrosse voulut faire de la toile, afin que deux bâtiments, entrevus dans la brume, ne vinssent pas se joindre à l'*Indefatigable* et à l'*Amazone* qui le poursuivaient. Or, voici ce que ce capitaine dit dans son rapport : « J'avais un ris dans le petit hunier, sans petit perroquet, une bonnette de grand et de petit hunier, à tribord, dont les drisses et amures avaient déjà cassé plusieurs fois. Vainement j'avais tenté cinq à six fois de mettre une bonnette basse de misaine, mais toutes les manœuvres cassant par la mauvaise qualité du filin, je fus obligé d'y renoncer, tandis que les bâtiments qui me chassaient la portaient sans amener un pouce d'autre voile. » Le gréement, mal établi, sans solidité, cédait au moindre effort. C'est pour cette cause et non par suite de la force du vent que plusieurs navires perdirent des mâts de hune et de perroquet. Le vaisseau les *Droits-de-l'Homme,* ayant une voilure réduite, démâta de ses deux mâts de hune, alors que les frégates qui le poursuivaient couraient sous toutes voiles. Enfin, les vivres manquèrent. La flotte expéditionnaire était à peine à la mer que cette question devint pour les capitaines une cause de graves préoccupations. Elle constitua une entrave pour ceux qui voulaient rester sur les côtes d'Irlande jusqu'à ce qu'ils eussent des nouvelles de l'amiral Morard de Galle. Elle fut la raison déterminante du départ des officiers qui, ne prévoyant que des désastres, avaient hâte de ramener leurs navires à Brest. On voit la différence existant entre la marine comme on se la figurait à Paris et celle que nous avions réellement. Le ministre, l'amiral Truguet, était animé d'excellentes intentions, mais il ne se rendait pas un compte exact de l'état de nos flottes. Quelques jours après son arrivée à Brest, l'amiral Bouvet reçut l'ordre de quitter son commandement et de garder les arrêts. Le 15 février 1797, le Directoire prit un arrêté en vertu duquel l'amiral Bouvet fut privé de son grade. L'amiral demanda des juges; on les lui refusa (1). Le 9 juillet 1797, le traite-

---

1. Peu de temps après avoir été mis en réforme, l'amiral Bouvet obtint de passer devant un conseil de guerre. L'ordre lui fut donné de se rendre à Brest. Quelques jours après, le gouvernement, revenant sur sa décision, prescrivit à l'amiral Morard de Galle, commandant des armes dans ce port, de suspendre la convocation du conseil. En l'an X, l'amiral Bouvet fut rappelé à l'activité.

ment de réforme lui fut accordé. Aucune disgrâce n'atteignit Morard de Galle. Le ministre, aussitôt qu'il apprit son arrivée à Rochefort, lui écrivit que le Directoire lui conservait toute sa confiance. Il le priait, avec les plus vives instances, de retourner à Brest pour y reprendre son commandement. « Je savais, lui disait le ministre, que l'armée désirait vivement le retour de son général et cette marque d'estime publique ne peut qu'ajouter à tous les motifs qui doivent vous consoler des obstacles que vous avez éprouvés et qui ont paralysé votre zèle et vos talents. » Le contre-amiral Bruix, major général de l'escadre, fut appelé à Paris.

L'escadre anglaise, qui bloquait le port de Brest lorsque la flotte expéditionnaire avait mis sous voiles, était, ce jour-là, ainsi que nous l'avons dit plus haut, à trente-cinq ou quarante milles dans le nord-ouest d'Ouessant. Le vice-amiral Colpoys, sous les ordres duquel elle était placée, apprit, le 19, que la flotte française avait pris la mer. Le 20, cinq vaisseaux furent signalés. C'était la division du contre-amiral Villeneuve, partie de Toulon, au commencement du mois de décembre. Depuis le jour où elle avait franchi le détroit de Gibraltar, elle n'avait pas aperçu l'ennemi. Le contre-amiral Villeneuve se dirigea vers le sud, sous toutes voiles, poursuivi par les Anglais. Arrivés en vue de l'île de Groix, ceux-ci levèrent la chasse. Les vaisseaux français entrèrent à Lorient. Les vents, qui étaient à l'est, sautèrent au nord-ouest, soufflant grand frais. Quelques bâtiments de l'escadre de l'amiral Colpoys firent des avaries qui les obligèrent à rentrer en Angleterre. Peu après, cet amiral, n'ayant plus que six vaisseaux, prit le parti d'aller à Portsmouth où il mouilla le 31 décembre. Le gouvernement britannique, informé le 20, par la frégate l'*Indefatigable*, que les Francais étaient sortis de Brest, avait envoyé à l'escadre du canal l'ordre de prendre la mer. La nécessité d'attendre les navires qui n'étaient pas prêts, puis le mauvais temps qui survint, retardèrent les mouvements de nos adversaires. Le 8 janvier, lord Bridport mit sous voiles avec quatorze vaisseaux. Après avoir paru devant Ouessant, il fit route sur le cap Clear et la baie de Bantry. N'apercevant aucun bâtiment francais, il revint vers Ouessant. Le 19, s'étant assuré que la flotte expéditionnaire était rentrée à Brest, l'amiral anglais détacha de son escadre cinq vaisseaux qu'il expédia, sous le commandement du contre-amiral Parker, à sir John Jervis. Ce dernier était dans le Tage avec dix vaisseaux. Lord Bridport mouilla, le 3 février, à Spithead, avec le reste de ses forces.

LIVRE IX

L'escadre espagnole, sous les ordres de l'amiral don Jose de Cordova, franchit le détroit de Gibraltar et fait route sur Cadix. — Sir John Jervis se porte au-devant des Espagnols. — Combat du 14 février. — Don Jose de Cordova se retire, abandonnant quatre vaisseaux à son adversaire. — Insurrection des équipages de la marine anglaise. — Une escadre hollandaise, commandée par l'amiral de Winter, prend la mer. — Combat de Camperdown. — Les Hollandais perdent neuf vaisseaux. — Des négociations, entamées avec l'Angleterre, en vue de la conclusion de la paix, n'aboutissent à aucun résultat. — L'amiral Truguet est remplacé par le vice-amiral Pléville-le-Peley. — Désarmement général. Bâtiments de guerre mis à la disposition du commerce. — Traité de paix conclu avec la république de Venise. — Clauses secrètes concernant la marine. — Occupation des îles Ioniennes. — Le contre-amiral Brueys se rend dans l'Adriatique. — Traité de Campo-Formio. — Le Directoire revient au projet de descente en Angleterre. — La marine reprend les navires prêtés provisoirement au commerce. — Demande de coopération adressée à l'Espagne et à la Hollande. — Visite faite par le général Bonaparte sur les côtes de l'Océan, de la Manche et de la mer du Nord. — Dispositions prises pour donner aux préparatifs une impulsion plus énergique. — L'amiral Brueys quitte Corfou pour aller à Toulon. — Son passage devant l'île de Malte.

1

Depuis quelque temps déjà, le Directoire demandait au gouvernement espagnol que l'escadre de l'amiral don Jose de Cordova, mouillée à Carthagène, reçût l'ordre de se rendre dans l'Océan. La présence de cet amiral à Cadix aurait obligé les Anglais à maintenir une escadre devant ce port. Après l'échec de l'expédition d'Irlande, pendant laquelle l'Espagne n'avait rien fait pour éloigner de nos côtes une partie des forces navales de la Grande-Bretagne, de nouvelles démarches furent faites par le gouvernement français pour obtenir que don Jose de Cordova allât à Cadix. A la fin du mois de janvier, la cour de Madrid fit à la demande du Directoire une réponse favorable. Le 1er février, l'amiral don Jose de Cordova quitta Carthagène et il se dirigea vers le détroit, avec vingt-sept vaisseaux, dont sept à trois ponts. Sir John Jervis, dont l'escadre était mouillée devant Lisbonne depuis la fin de l'année précédente, surveillait les mouvements des Espagnols. Lorsqu'il sut que don Jose de Cordova avait quitté Carthagène, il prit la mer. Un de ses vaisseaux, le *Saint-George*, de cent canons, se jeta sur un banc à l'entrée du Tage. Quoique cet événement réduisît à dix le nombre de ses vaisseaux, il continua sa route vers le sud. Le 6 février, cinq vaisseaux, expédiés par l'amirauté britannique, le rejoignirent. Sir John Jervis s'établit en croisière au large du cap Saint-Vincent. Les Espagnols, après avoir franchi le détroit de Gibraltar, faisaient route sur Cadix, lorsqu'un coup de vent d'est très violent les rejeta au large. Le 13, dans la matinée, la frégate la *Minerve*, portant le guidon du commodore Nelson, rallia sir John Jervis. Cette frégate, qui venait de l'île d'Elbe, avait aperçu la flotte espagnole en dehors du détroit. Dans la soirée du même jour, l'amiral anglais apprit, par une de ses frégates, que l'ennemi était à quelques lieues au vent. Don Jose de Cordova était dans l'ignorance la plus complète des mouvements de son adversaire. Sachant que sir John Jervis avait pris la mer avec dix vaisseaux et ne supposant pas, d'autre part, que les Anglais eussent reçu des renforts, il était convaincu que l'ennemi ne chercherait pas à le joindre. Le 13, quelques navires anglais furent aperçus. Les Espagnols, pensant que ces bâtiments faisaient partie de l'escorte de quelque flotte marchande, n'attachèrent aucune importance à cette rencontre. Les vents étant passés à l'ouest, ils firent de la toile pour se rapprocher de terre. Le 14, au lever du soleil, une légère brume couvrait l'horizon. Lorsqu'elle se dissipa, vers dix heures du matin, l'armée anglaise, dans une attitude imposante, apparut aux yeux des Espagnols stupéfaits. Les vaisseaux de lord Jervis, rangés sur deux colonnes très serrées, s'avançaient au-devant de la flotte de Cordova. Celle-ci avait navigué toute la nuit sans observer d'ordre. Elle était divisée en deux groupes, comprenant l'un dix-neuf vaisseaux et l'autre six. Ces derniers, qui étaient fort loin et sous le vent, se hâtèrent de prendre le plus près pour rallier le gros de l'armée. Cordova, se rendant compte des dangers de leur situation, courut vent arrière au-devant d'eux. Sir John Jervis avait un coup d'œil trop sûr pour ne pas profiter de la faute que ses adversaires avaient commise. Formant son escadre sur une seule ligne, il se dirigea vers l'intervalle existant entre les deux fractions de la flotte espagnole. Avant que l'amiral anglais fût en mesure de s'y opposer, trois vaisseaux, appartenant au groupe principal, rejoignirent les six bâtiments sous-ventés. Ce succès apparent rendit infiniment plus grave la situation de Cordova. Seize vaisseaux, sur les vingt-cinq dont se composait son armée, se trouvaient auprès de lui. D'autre part, il ne pouvait rallier les autres qu'à la condition de livrer un combat décisif. N'osant s'arrêter à ce parti, il prit le plus près du vent. Le vice-amiral Alava, sous les ordres duquel était placée la division de neuf vaisseaux, échangea quelques boulets avec les vaisseaux anglais. Reconnaissant l'impossibilité de percer, il s'éloigna. Sir John Jervis, qui n'avait rien à craindre de cette division, puisqu'elle était sous le vent, se mit à la poursuite du gros de la flotte espagnole. Il ne tarda pas à joindre son arrière-garde sur laquelle il concentra tous ses efforts. Peu après le commencement de l'action, Cordova, espérant que la fumée déroberait ses mouvements à l'ennemi, tenta, une seconde fois, de rallier le vice-amiral Alava. Le *Captain*, de soixante-quatorze, que commandait Nelson, lui barra le passage. Nelson avait vu la manœuvre de la *Santissima-Trinidad*, vaisseau de cent vingt canons que montait Cordova, et il en avait compris le but. Quittant immédiatement, quoiqu'il n'eût reçu aucun ordre de son amiral, le poste qu'il occupait dans la ligne anglaise, il s'était porté au-devant du trois-ponts espagnol. Après un engagement très vif, Cordova, abandonnant le champ de bataille au soixante-quatorze anglais, rejoignit le gros de son armée. Les premiers coups de canon avaient été tirés à onze heures et demie. A cinq heures, l'escadre espagnole fuyait vers Cadix, laissant, entre les mains des Anglais, deux vaisseaux de cent douze canons, le *Salvador-del-Mundo* et le *San-Jose*, un vaisseau de quatre-vingts, le *San-Nicolas*, et le *San-Isidoro* de soixante-quatorze. Les pertes des Espagnols, sur les quatre vaisseaux capturés, s'élevaient à deux cent soixante et un tués et trois cent quarante-deux blessés. Dans l'escadre anglaise, il n'y avait que soixante-treize tués et deux cent vingt-trois blessés, soit, sur chaque vaisseau, une moyenne de vingt hommes atteints par le feu de l'ennemi.

Telles furent les différentes péripéties de la malheureuse rencontre du 14 février 1797. Cette victoire mit le sceau à la réputation de l'amiral Jervis. On ne pouvait donner trop d'éloges à la détermination qu'il avait prise de sortir du Tage et de se porter, quoiqu'il n'eût, à ce moment, que dix vaisseaux, au-devant des Espagnols. L'habileté de manœuvre des bâtiments qu'il commandait était en partie son œuvre. Enfin, le jour de la bataille, il avait donné à son armée une direction savante. Tout ceci était hors de contestation. Néanmoins, la vérité oblige de dire qu'une force maritime quelconque, régulièrement organisée, devait battre ce rassemblement de vaisseaux que les Espagnols appelaient une flotte. « Dans la dépêche, très concise d'ailleurs, qu'il adressa au premier lord de l'amirauté pour l'informer de la bataille du cap Saint-Vincent, sir John Jervis crut nécessaire d'expliquer pourquoi il s'était écarté des règles ordinaires de la tactique. « A dix heures quarante minutes, écrivit-il dans son rapport, la *Bonne-Citoyenne* fit connaître, par signal, que les bâtiments en vue étaient des vaisseaux et que le nombre de ces vaisseaux s'élevait à vingt-cinq. L'escadre de Sa Majesté, forte de quinze vaisseaux, était formée en deux lignes très serrées. En forçant de voiles, je fus assez heureux pour joindre la flotte ennemie, vers midi, avant qu'elle n'eût eu le temps de se réunir et de former une ligne de bataille régulière. Un tel moment ne devait pas être perdu. Plein de confiance dans l'habileté, la valeur et la discipline des officiers et des équipages que j'ai l'honneur de commander, jugeant, d'autre part, que l'honneur des armes de Sa Majesté et les circonstances de la guerre dans ces mers exigeaient une très grande hardiesse, je me sentis justifié à mes propres yeux, en ne suivant pas, en cette occasion, les règles ordinaires. Passant à travers la flotte, en une ligne formée avec la plus grande célérité, je séparai, après une canonnade partielle, qui empêcha leur réunion jusqu'au soir, un tiers des vaisseaux du gros de l'armée. Par les efforts extraordinaires des vaisseaux qui eurent le bonheur de joindre l'ennemi, quatre vaisseaux ont été pris et l'action a cessé vers cinq heures du soir. » Le vainqueur de don José de Cordova, sir John Jervis, devint pair d'Angleterre, baron de Meafort et comte de Saint-Vincent. Une pension de trois mille livres sterling lui fut accordée. Nelson, dont la conduite audacieuse avait puissamment contribué au succès de la journée, fut fait chevalier du Bain. L'échec humiliant, infligé par quinze vaisseaux anglais aux vingt-cinq vaisseaux de Cordova, fut très vivement ressenti en Espagne. Pour venger l'amour-propre national, que la victoire de sir John Jervis avait cruellement blessé, le gouvernement de Charles III disgracia Cordova et ses principaux officiers. Cet amiral fut cassé et déclaré incapable de servir. Un officier général et six capitaines subirent le même sort.

Le gouvernement espagnol était évidemment en droit de se plaindre de Cordova. Celui-ci n'avait pris aucune précaution pour éclairer la marche de sa flotte. Les Espagnols ne soupçonnaient pas la présence de l'escadre anglaise, éloignée à peine de quelques lieues, alors que sir John Jervis était instruit de tous leurs mouvements. Cordova était depuis quelques mois seulement à la tête de la flotte espagnole. Avait-il fait, depuis le jour où il avait remplacé don Juan de Langara, des efforts suffisants pour instruire son escadre? Il est difficile de le dire. Peut-être aussi s'était-il heurté à des difficultés insurmontables par suite de la mauvaise composition du personnel. Quoi qu'il en soit, ceux qui avaient permis qu'une flotte aussi mal organisée prît la mer étaient plus coupables que Cordova. L'amiral Mazzaredo avait signalé, depuis longtemps, la situation déplorable de la marine espagnole. Une prompte disgrâce avait été la récompense de sa franchise. Cet officier général devint le successeur de Cordova. Les chefs de l'arsenal de Cadix furent placés sous ses ordres. Il reçut la mission de déterminer le nombre de vaisseaux que les ressources de l'Espagne permettaient d'armer. Enfin, on lui donna le droit de choisir les capitaines et les officiers de son escadre. Ces dispositions pouvaient donner le change à l'opinion et calmer le ressentiment de la nation, profondément irritée par la défaite du 14 février ; mais là s'arrêtait leur portée. Elles étaient impuissantes à transformer la marine espagnole, tombée, depuis trop longtemps, en décadence par la faute du gouvernement.

Il semblait, au commencement de l'année 1797, que la marine anglaise fût arrivée à l'apogée de sa puissance. Cependant, peu après la victoire remportée par lord Jervis sur les Espagnols, des causes de faiblesse très graves se révélèrent dans son organisation intérieure. Le personnel de la flotte militaire supportait impatiemment le régime auquel il était soumis. Les équipages, mal nourris, recevaient une solde insuffisante. Le code de justice, applicable à l'armée de mer, contenait des dispositions d'une sévérité allant jusqu'à la barbarie. Les matelots étaient soumis à une séquestration continuelle ; c'était à peine si quelques-uns d'entre eux obtenaient la permission de descendre à terre pendant le séjour que faisaient leurs bâtiments sur les rades anglaises. Soit ignorance, soit aveuglement, l'amirauté britannique ne se préoccupait pas de cet état de choses. Dans les premiers jours du mois d'avril 1797, une division de l'escadre du canal, à la tête de laquelle se trouvait lord Bridport, était mouillée sur la rade de Portsmouth. Le 15, cet amiral fit à ses vaisseaux le signal d'appareiller. L'équipage du trois-ponts la *Queen-Charlotte*, sur lequel flottait son pavillon, au lieu de se porter à la manœuvre, monta dans les haubans, et poussa trois hourrahs. Tous les bâtiments, placés sous le commandement de lord Bridport, répondirent par les mêmes cris. Les officiers firent d'inutiles efforts pour vaincre la révolte. Ceux d'entre eux qui étaient en butte à l'inimitié des équipages furent mis à terre. Un comité, composé de délégués nommés par chaque navire, prit la direction du mouvement. Les chefs de la révolte firent passer des cartahus à l'extrémité des basses vergues, afin d'indiquer le sort réservé à ceux qui seraient tentés de revenir en arrière. Le comité fit deux pétitions. La première fut adressée à la Chambre des communes et la seconde aux lords commissaires de l'amirauté. Le comité réclamait, pour les équipages, une augmentation de solde, des vivres plus abondants et de meilleure qualité. Les malades, disait-il, étaient traités, sur les bâtiments de guerre, avec une extrême négligence. Il exigeait, sur ce point, une prompte réforme. Les hommes atteints par le feu de l'ennemi devaient, désormais, être payés par l'État jusqu'à leur entière guérison. Enfin, le comité demandait que, sur les rades anglaises, les matelots eussent la permission de descendre à terre et de voir leurs familles. Quoique ces deux pétitions fussent écrites sur le ton le plus respectueux, l'amirauté n'ignorait pas que les équipages de l'escadre de lord Bridport étaient fermement résolus à ne pas aller à la mer avant qu'il eût été fait droit à leurs réclamations. La consternation fut d'autant plus grande dans les sphères officielles que le coup, atteignant le gouvernement, était absolument inattendu. Le secret de la conspiration, quelque surprenant que cela puisse paraître, avait été très bien gardé. A la fin du mois de février 1797, des lettres anonymes, dans lesquelles il n'était question que du sort malheureux des matelots, avaient été adressées à lord Bridport. Celui-ci les avait remises à lord Howe qui commandait en chef la flotte du canal. Lord Howe était malade. Il chargea le contre-amiral Spencer d'examiner la valeur qu'il convenait d'attribuer à ces lettres. Cet officier général déclara qu'il n'existait, parmi les équipages, aucune cause sérieuse de mécontentement. Selon lui, l'esprit des hommes était excellent, et on ne devait concevoir aucune alarme. Confiant dans l'enquête faite par le contre-amiral Spencer, lord Howe crut que ces lettres provenaient de quelques individualités mécontentes. Il les envoya à l'amirauté britannique qui ne leur accorda aucune attention. A tous les degrés de la hiérarchie, l'aveuglement avait été complet. L'amirauté se transporta à Portsmouth. Après de laborieuses négociations, qui furent plusieurs fois rompues et reprises, l'entente définitive s'établit. Le gouvernement comprit la nécessité de faire des concessions. Il fut, d'ailleurs, poussé dans cette voie par l'opinion publique qui se montrait favorable aux réclamations des équipages. Le parlement vota les sommes nécessaires pour améliorer le sort des matelots et des soldats de marine. Les vaisseaux de lord Bridport rentrèrent dans le devoir. Il en fut de même de l'escadre de Plymouth qui s'était insurgée aussitôt qu'elle avait eu connaissance des événements survenus à Portsmouth, le 15 avril 1797.

Cette affaire, dont la nation anglaise suivait les différentes péripéties avec un intérêt facile à comprendre, semblait terminée lorsqu'on apprit que les escadres des amiraux Buckner et Duncan s'étaient soulevées. La première était devant Sherness et la seconde sur la rade d'Yarmouth. La plupart des bâtiments appartenant à l'escadre de l'amiral Duncan levèrent l'ancre et vinrent se joindre aux vaisseaux mouillés dans la Tamise. Après les concessions déjà faites, on ne s'expliquait pas, à Londres, cette nouvelle sédition. On supposa que les insurgés avaient un objectif étranger au service de la marine. Différents indices donnèrent lieu de croire que cette révolte se rattachait à l'agitation politique dont l'Irlande était, à ce moment, le théâtre. Elle avait donc, pour les Anglais, un caractère particulièrement alarmant. Ainsi que cela avait eu lieu à Portsmouth, un comité, composé de délégués désignés par chaque vaisseau, dirigeait les mouvements de l'escadre. Un matelot du vaisseau le *Sandwich*, appelé Richard Parker, présidait ce comité. Cet homme, qui était le véritable chef de l'insurrection, repoussait toutes les propositions faites par l'amirauté. Le ministère prit des mesures énergiques. Un camp fut établi sur les bords de la Tamise. On construisit des batteries et des fourneaux pour rougir les boulets. Le gouvernement voulut être en mesure de foudroyer les vaisseaux révoltés, si les circonstances l'exigeaient. Les équipages de l'escadre de Portsmouth firent preuve de sentiments patriotiques. Ils adjurèrent leurs camarades de rentrer dans le devoir. Une scission ne tarda pas à se produire parmi les insurgés. Plusieurs vaisseaux, coupant leurs câbles, se placèrent sous la protection des forts. Richard Parker, trahi par ses complices, fut livré à quelques soldats envoyés, à bord du *Sandwich*, pour s'assurer de sa personne. Richard Parker comparut devant un conseil de guerre. Son attitude fut celle d'un homme sachant que sa vie était l'enjeu de la partie qu'il avait jouée. Il se montra, pendant les débats, ferme et résolu. Condamné à être pendu, Parker mourut courageusement. Ainsi se termina cette crise qui avait neutralisé, pendant plusieurs mois, la plus grande partie des forces navales de la Grande-Bretagne.

Depuis le commencement de la guerre, l'Angleterre rencontrait les plus grandes difficultés pour réunir le personnel nécessaire aux besoins toujours croissants de sa marine. Elle avait recours à la presse. Si cette mesure lui fournissait quelques matelots, elle avait aussi, pour conséquence, d'introduire, à bord de ses bâtiments, des mauvais sujets et des vagabonds. Il arrivait aussi que des individus, sans ressources, attirés par l'appât d'une prime, acceptaient un engagement dans la marine. Dans le nombre se trouvaient des déclassés qui ne tardaient pas à sentir tout le poids de leur nouvelle condition. C'était principalement parmi les gens de cette espèce que s'était recrutée l'insurrection. La France, l'Espagne et la Hollande ne firent aucun effort pour profiter de la situation critique dans laquelle se trouva la marine anglaise à cette époque.

II

Dans les premiers jours du mois d'octobre de l'année 1797, l'amiral hollandais de Winter prit la mer avec une escadre comprenant, outre quelques frégates, corvettes et bricks, cinq vaisseaux de soixante-quatorze, cinq de soixante-quatre et quatre de cinquante. L'amiral Duncan, chargé de surveiller les mouvements de la marine batave, était à Yarmouth. Appelant immédiatement à lui toutes les forces placées sous son commandement, il se porta au-devant de son adversaire. La rencontre eut lieu, le 11 octobre, non loin de Camperdown, sur la côte de Hollande. L'escadre anglaise était forte de seize vaisseaux, sept de soixante-quatorze, sept de soixante-quatre et deux de cinquante. L'amiral Duncan avait l'avantage du vent. Traversant la ligne ennemie, il plaça ses bâtiments bord à bord et sous le vent des navires hollandais. Engagée dans de telles conditions, la lutte devait être décisive. Officiers et matelots, sur l'escadre de l'amiral de Winter, se battirent avec vigueur, mais la fortune trahit leur courage. Neuf vaisseaux, deux de soixante-quatorze, cinq de soixante-quatre et deux de cinquante tombèrent entre les mains des Anglais. L'amiral de Winter fut fait prisonnier. Le contre-amiral Story parvint à ramener dans le Texel les débris de l'armée hollandaise. Dans la journée du 11 octobre, les Anglais avaient la supériorité du nombre. Ils étaient plus habiles que leurs adversaires et ils avaient un matériel plus perfectionné.

La manœuvre de l'amiral Duncan, en ne permettant pas pas aux bâtiments désemparés de fuir, avait changé la défaite des Hollandais en désastre. L'escadre de l'amiral de Winter était composée de vaisseaux d'un faible échantillon, très vieux, pour la plupart, et en mauvais état. Le personnel qui les montait était inexpérimenté, mais il avait été choisi parmi des hommes de mer. On n'avait pas cru, en Hollande, ainsi que cela s'était passé en France, au début de la Révolution, que des hommes, qui la veille étaient laboureurs, seraient promptement en état de remplacer les matelots des classes. La république batave n'avait pas davantage imité la conduite de l'Espagne qui avait complété les équipages de la flotte de Cordova avec des gens enlevés aux prisons ou ramassés dans les rues des grandes villes. Aussi les Anglais avaient-ils payé cher leur victoire. Les vaisseaux de l'amiral Duncan comptaient deux cent vingt-huit tués et huit cent douze blessés. Les Hollandais avaient douze cents hommes hors de combat. Les vaisseaux anglais étaient dans un délabrement très grand. Quant aux bâtiments capturés par l'amiral Duncan, ils avaient de telles avaries qu'on jugea inutile de les réparer. Depuis le commencement de la guerre, on ne s'était pas battu avec un pareil acharnement. Les pertes subies par l'escadre de l'amiral Duncan firent une très vive impression en Angleterre où on commencait à s'habituer aux succès faciles. Une souscription publique fut faite en faveur des blessés et des familles des morts. Après avoir rendu hommage à la défense héroïque des vaisseaux de l'amiral de Winter, on doit se demander quel but poursuivait le gouvernement hollandais en envoyant cette escadre à la mer. Quelques mois auparavant, on eût compris qu'il voulût profiter de la désorganisation des forces navales de la Grande-Bretagne. Mais, au mois d'octobre, les mutins étaient rentrés dans l'ordre. Sortir, à ce moment, sans autre but que celui de rencontrer l'ennemi, c'était courir au-devant d'une défaite.

Le gouvernement anglais, cédant à la pression de l'opinion publique, entama des négociations avec la République française en vue de la conclusion de la paix. Des conférences eurent lieu à Lille entre les plénipotentiaires des deux nations. Elles n'aboutirent à aucun résultat. Le représentant du cabinet de Saint-James, lord Malmesbury, quitta la France dans le courant du mois de juillet 1797. Ce fut à cette époque que Truguet, poursuivi par l'inimitié des Conseils, se vit obligé de résigner ses fonctions. Il fut remplacé, le 16 juillet 1797, par le vice-amiral Pléville-le-Peley, un des plénipotentiaires de la France aux conférences de Lille. Sous l'administration de l'amiral Truguet, de grands efforts avaient été faits pour augmenter nos armements, mais le personnel avait été négligé. Depuis longtemps déjà, les marins et les ouvriers ne touchaient aucune solde. Eux et leurs familles étaient réduits à la plus profonde misère. Le vice-amiral Pléville-le-Peley, très préoccupé de cet état de choses, voulut y porter remède. Il se figura qu'il parviendrait à payer la solde courante et peu à peu l'arriéré. Le 3 août, c'est-à-dire peu de jours après son entrée en fonctions, il adressa aux chefs de service de la marine, dans les différents ports de la République, une lettre expliquant ses intentions. Ne parvenant pas, malgré son insistance auprès du Directoire, à se procurer les sommes nécessaires pour tenir ses engagements, il prit le parti de désarmer un certain nombre de bâtiments. L'amiral Pléville-le-Peley alla plus loin. Le 26 septembre 1797, il se fit donner, par le Directoire, l'autorisation de céder au commerce, pour être armés en course, les frégates, corvettes, bricks et autres bâtiments légers. Quelques rares navires, à peu près sans équipages, représentèrent tout ce qui restait de la marine française dans les ports de l'Océan. Toutefois, le Directoire, cédant aux instances du général Bonaparte, maintint quelques armements dans la Méditerranée. Nous avions une division navale dans l'Adriatique et, à Toulon, cinq vaisseaux commandés par le contre-amiral Brueys.

Au mois d'avril 1797, la ville de Vérone, placée dans la dépendance de Venise, avait une garnison française. Celle-ci fut égorgée dans une émeute fomentée par le gouvernement. A peu près au même moment, un petit bâtiment français, le lougre le *Libérateur-de-l'Italie*, commandé par le lieutenant de vaisseau Laugier, poursuivi par deux bâtiments autrichiens, parut devant Venise. Il ne lui fut pas permis d'entrer dans le Lido. Le capitaine Laugier demanda l'autorisation de mouiller sous les batteries, et, en attendant une réponse, il laissa tomber l'ancre. Le commandant du port lui fit donner l'ordre d'appareiller. Avant que le lougre eût pu mettre sous voiles, un des forts lui envoya une bordée. Le capitaine Laugier, croyant à une erreur, fit descendre son équipage dans le faux pont. Resté sur le pont, avec quelques hommes, il héla, au porte-voix, le commandant du fort pour l'informer qu'il se retirait. De nouveaux coups de canon et un feu très vif de mousqueterie furent dirigés sur son bâtiment. Le capitaine Laugier et les hommes qui l'entouraient furent tués;

Des embarcations abordèrent le lougre. Les hommes qui les montaient massacrèrent la plus grande partie de l'équipage. Les survivants furent conduits à terre et jetés en prison. Le général Bonaparte, en apprenant les événements que nous venons de rapporter, fit entrer ses troupes dans les États de la république, menaçant de tirer une vengeance éclatante des attentats commis contre nos soldats et nos marins. Les Vénitiens ne tentèrent pas de nous résister. Le Grand Conseil renonça à ses droits de souveraineté. Le Sénat fut dissous et un gouvernement provisoire, nommé sous nos auspices, prit la direction des affaires. Le 16 mai 1797, un traité de paix fut conclu entre la France et la République de Venise. Une division française devait occuper le territoire vénitien pour maintenir l'ordre, la sûreté des personnes et des propriétés et seconder les premiers pas du nouveau gouvernement. Aux stipulations contenues dans le traité qui fut rendu public, étaient joints plusieurs articles secrets. Deux d'entre eux concernaient la marine. La République de Venise prenait l'engagement de nous fournir des chanvres, cordages, agrès et autres objets nécessaires au service de la flotte pour une valeur de trois millions de francs. Il était, en outre, convenu qu'elle nous livrerait trois vaisseaux de ligne et deux frégates en bon état, armés et équipés de tout le nécessaire sans toutefois comprendre l'équipage. Aussitôt après l'entrée de nos troupes à Venise, les bâtiments de guerre et l'arsenal furent remis entre nos mains. Le chef de division Perrée était à Ancône avec quelques navires. Nous avions cinq frégates, trois corvettes et deux bricks à Venise, sous les ordres du capitaine Bourdé, de la *Sensible*, et une flottille sur le lac de Garde, commandée par le capitaine de frégate Allemand. Ces bâtiments, faiblement armés pour la plupart, n'offraient, au point de vue du personnel, aucune ressource dont on pût disposer. Le général Bonaparte écrivit, à Paris, pour réclamer l'envoi d'un nombre suffisant d'officiers de tout grade auxquels il comptait confier les principaux emplois sur la flotte vénitienne. Il demanda des officiers, des ingénieurs, des chefs d'artillerie de marine, des maîtres et des contremaîtres pour le service du port. Enfin, il insista pour que l'escadre de l'amiral Brueys se rendît dans l'Adriatique, d'où elle pourrait évacuer, sur Toulon, les approvisionnements que contenait l'arsenal. Le Directoire envoya des ingénieurs, quelques officiers et il annonça le départ très prochain de l'escadre. Le général Bonaparte, voulant se saisir des possessions vénitiennes du Levant, réunit, sous le commandement du capitaine de frégate Bourdé, les frégates la *Sensible* et l'*Arthémise*, de trente-six, deux vaisseaux vénitiens de soixante-quatre, la *Gloire* et l'*Éole*, et quelques transports et avisos. Cette division mit à la voile, portant un corps de deux mille hommes, quinze cents Français et cinq cents Vénitiens, placé sous les ordres du général Gentili. Nos troupes occupèrent, sans résistance, Corfou, Zante et Céphalonie. Une petite escadre de la République, comprenant quatre vaisseaux, des frégates, des corvettes et des avisos, se trouvait dans ces parages. Elle se rangea sous notre pavillon.

L'amiral Brueys était sur la rade de Toulon lorsqu'il reçut l'ordre d'aller à Venise. Il fit route pour cette destination, le 27 juin, avec les vaisseaux le *Guillaume Tell* et le *Tonnant*, de quatre-vingts, l'*Aquilon*, le *Mercure*, le *Généreux* et l'*Heureux*, de soixante-quatorze, et les frégates, de quarante-quatre, la *Junon* et la *Justice*. Il lui était prescrit de ramener, à Toulon, l'escadre vénitienne et un convoi chargé de tous les bois, chanvres, cordages et autres approvisionnements qui pourraient lui être livrés. Le général Bonaparte avait écrit, le 23 juin, à l'amiral Brueys, pour lui indiquer Corfou, comme le point où il devait se rendre. Il le priait de le tenir au courant de ses mouvements et de le prévenir si les Anglais se préoccupaient de ce que nous faisions dans l'Adriatique, afin qu'il pût envoyer des renforts aux troupes détachées dans les îles Ioniennes. L'amiral Brueys était parti lorsque cette lettre arriva à Toulon. Mais, à la mer, il rencontra la corvette la *Brune*, et il apprit, par son commandant, le chef de division Lejoille, qu'il ne restait à Venise qu'un seul navire à flot. C'était un vaisseau dont l'armement n'était pas terminé. Les bâtiments en état de naviguer avaient été envoyés à Corfou. L'amiral Brueys se dirigea sur ce point où il arriva le 13 juillet. L'escadre française trouva, sur la rade, six vaisseaux de soixante-quatre, deux frégates et deux corvettes dont elle prit possession. Dans le courant du mois d'août, l'amiral Brueys se rendit à Venise où il put faire trois mois de vivres et de rechanges. Le général Bonaparte fit payer et habiller les équipages. A la fin du mois de septembre, l'amiral Brueys repartit pour Corfou, en passant par Raguse. Il devait faire route pour Toulon, aussitôt que l'escadre vénitienne, dont l'armement se poursuivait, serait en état de le suivre. Le général Gentili, qui commandait aux îles Ioniennes, reçut l'ordre de nourrir l'escadre en journalier et de fournir des vivres de campagne aux navires vénitiens. Enfin, ce général fut chargé de remettre une somme de cinquante mille francs à l'amiral afin que celui-ci pût lever des matelots à Zante, Céphalonie et Corfou. Le général Bonaparte, en même temps qu'il donnait ces instructions, écrivait, à Paris, pour obtenir que l'amiral Brueys restât dans l'Adriatique. Il priait le Directoire de lui envoyer des officiers de marine, trente environ, et soixante ou quatre-vingts officiers mariniers pour être répartis sur l'escadre vénitienne. Déjà, sur les bâtiments qui la composaient, les soldats formant les garnisons et un certain nombre de matelots étaient Français. Enfin, le général demandait au Directoire de prendre un arrêté, l'autorisant à cultiver les intelligences qu'il avait à Malte et à s'emparer de cette île, au moment où il le jugerait à propos. Le 17 octobre, le général Bonaparte signa, avec l'Autriche, le célèbre traité de Campo-Formio qui nous assurait la possession de la Belgique et de Mayence. Il était également stipulé, dans ce traité, que les îles Ioniennes resteraient françaises.

Toutes les nations unies contre nous avaient mis bas les armes à l'exception de la Grande-Bretagne. C'était contre cette puissance que nous allions diriger nos efforts. Déjà on se préoccupait de l'expédition d'Angleterre. Le 14 novembre, le général Bonaparte prescrivit à l'amiral Brueys de se tenir prêt à appareiller en emmenant avec lui les bâtiments vénitiens. Après avoir escorté ces derniers jusqu'aux îles Saint-Pierre, sur les côtes de Sardaigne, il devait les diriger sur Toulon et, avec son escadre, prendre suivant l'expression du général « son vol pour la grande expédition ». Le général Bonaparte annonçait sa nomination au commandement de l'armée d'Angleterre et il informait le contre-amiral Brueys que Truguet était placé à la tête de la flotte expéditionnaire.« Vous sentez, lui disait-il, combien il serait nécessaire de vous avoir là avec vos six vaisseaux, vos frégates et vos corvettes. » Un agent diplomatique venait d'être envoyé à Malte. D'autre part, la sixième demi-brigade, forte de seize cents hommes, était partie pour Corfou. Après avoir donné ces renseignements à l'amiral Brueys, le général ajoutait: « Vous pourrez embarquer trois mille hommes pour la petite expédition, et je vous enverrai des ordres pour l'une et pour l'autre par un de mes aides de camp. » La grande expédition, c'était la descente en Angleterre, et la petite, la conquête de Malte. Le 14 novembre, le général Bonaparte, désigné comme plénipotentiaire français auprès du congrès qui s'assemblait à Rastadt, quitta l'Italie. Il donna, avant son départ, les instructions les plus précises pour que les bâtiments en construction à Venise fussent achevés, armés et expédiés dans un de nos ports. Le 30, eut lieu, à Rastadt, l'échange des ratifications du traité de paix de Campo-Formio. Peu après, le général Bonaparte partit pour Paris, où, aussitôt arrivé, il s'occupa des préparatifs de l'expédition d'Angleterre. Il travaillait, pour cet objet, avec les ministres de la guerre et de la marine, ou plutôt il leur dictait les résolutions à prendre. Le général Desaix le remplaça, à titre provisoire, dans le commandement de l'armée qu'on réunissait pour cette campagne.

Le vice-amiral Pléville-le-Peley rappela au service les marins congédiés quelques mois auparavant avec si peu de réflexion. Le gouvernement reprit, en payant de fortes indemnités, les frégates, corvettes et autres bâtiments qu'il avait cédés au commerce. Il fallut reformer les équipages. Ce fut alors qu'on comprit l'étendue de la faute qu'on avait commise en les licenciant. Les marins de l'inscription maritime se cachèrent et on ne parvint à en retrouver qu'un petit nombre. Le gouvernement n'avait pas d'argent et l'expédition d'Angleterre en exigeait beaucoup. Les Conseils, sur la proposition du Directoire, votèrent un emprunt pour faire face à cette dépense. On écrivit de Paris à la cour de Madrid pour la prier de réunir, à Cadix, autant de vaisseaux, de frégates et de bâtiments légers qu'il lui serait possible de le faire. Cette escadre, pourvue de trois mois de vivres et portant un corps de débarquement de quinze mille hommes, devait être prête à prendre la mer à la fin du mois d'avril. Si elle n'était pas bloquée par des forces supérieures, elle appareillerait, à cette époque, pour se rendre à une destination qui serait arrêtée de concert par les deux gouvernements. Le Directoire demandait aussi que les bâtiments stationnés au Ferrol, vaisseaux, frégates et corvettes, fussent envoyés à Brest avec des vivres et des rechanges pour trois mois et des équipages complets. La république batave s'était engagée à prendre part à l'expédition d'Angleterre. Elle donnait sa flotte du Texel, des troupes et les navires de transport nécessaires pour leur embarquement. Le général Andreossy et l'ingénieur Forfait furent chargés de demander au gouvernement hollandais deux cents bâtiments plats et bons voiliers et deux cents bateaux pêcheurs ou autres pouvant porter chacun de quatre-vingts à cent hommes. Ils devaient, en outre, obtenir que les canonnières, chaloupes canonnières, bateaux canonniers fussent armés et envoyés à Dunkerque. On voulait, à Paris, que Boulogne pût recevoir cinquante chaloupes canonnières, quatre à cinq cents bateaux pêcheurs, cent bateaux-écuries et vingt-cinq bâtiments de cent tonneaux. Calais devait contenir quatre cents bâtiments et chacun des petits ports d'Etaples et d'Ambleteuse cinquante bateaux pêcheurs. Le général Caffarelli reçut l'ordre de mettre les batteries de côte en bon état et d'en augmenter le nombre, si cela était reconnu nécessaire pour assurer la sécurité des ports destinés à recevoir les bâtiments de l'expédition. Des officiers du génie, embarqués sur des corsaires, inspectèrent les côtes d'Angleterre depuis Folkestone jusqu'à Rye.

Au commencement du mois de février 1798, le général Bonaparte visita les côtes de l'Océan, de la Manche et de la mer du Nord. Il revint à Paris avec la conviction que la descente ne pourrait être opérée dans le courant de l'année. Les préparatifs, en ce qui concernait la marine, ne faisaient aucun progrès. Il n'y avait, dans nos ports, ni ouvriers ni matelots. C'était à peine si, depuis plusieurs mois, on était parvenu à armer quelques vaisseaux. Du Havre à Anvers, il existait un nombre de bâtiments suffisant pour porter cinquante mille hommes d'infanterie et quatre mille hommes de cavalerie; mais aucun mesure n'avait été prise pour les noliser et faire, à bord de ces bâtiments, les dispositions nécessaires. On ne s'occupait pas des bateaux-écuries. La construction des chaloupes canonnières marchait avec une extrême lenteur. Le gouvernement prit, à la demande du général Bonaparte, des dispositions propres à donner à tous les travaux une impulsion plus énergique. Le littoral s'étendant de Cherbourg à Anvers forma un arrondissement maritime, dont l'ingénieur Forfait devint l'ordonnateur. Le contre-amiral Lacrosse, nommé inspecteur de cette partie de la côte, s'occupa des questions relatives à la marine. Le général de brigade d'artillerie Andreossy eut, dans ses attributions, tout ce qui avait trait à l'armement militaire. Ces trois officiers composèrent une commission recevant directement les ordres du général en chef. Il fut décidé qu'on lui enverrait de l'argent et qu'elle solderait elle-même les dépenses qu'elle ordonnerait.

L'amiral Brueys n'avait pas quitté Corfou. Le vice amiral Pléville-le-Peley lui écrivit, le 14 décembre 1797, de se rendre à Brest, l'escadre qu'il commandait étant désignée pour faire partie de l'expédition d'Angleterre. Le ministre était fort peu au courant de la situation de nos forces navales dans l'Adriatique. Le général Gentili n'avait pas trouvé, dans les possessions placées sous son commandement, des ressources suffisantes pour se conformer aux instructions du général Bonaparte. Il avait laissé l'amiral Brueys sans subsistances et sans argent. A la fin du mois de décembre, l'escadre n'avait plus qu'une très petite quantité de vivres. D'autre part, les équipages étaient sans solde depuis cinq mois. Enfin deux vaisseaux avaient un besoin pressant de réparations. La situation des bâtiments qui étaient à Ancône, sous le commandement du chef de division Lejoille, n'était pas meilleure que celle des navires mouillés à Corfou. Le ministre, informé de cet état de choses, décida, après en avoir référé au Directoire, que toutes les forces navales, détachées à Ancône et dans le nord du golfe Adriatique, seraient rappelées à Toulon pour y être réparées et approvisionnées. Si le personnel était insuffisant, les bâtiments vénitiens et même nos frégates devaient être armés en flûte. Le 12 février 1798, le ministre fit connaître ces dispositions à l'amiral Brueys en lui prescrivant de prendre les mesures nécessaires pour en assurer l'exécution. L'escadre quitta Corfou, le 24 février, emmenant avec elle huit bâtiments vénitiens, cinq vaisseaux, le *Banel*, le *Dubois*, le *Frontin*, le *Robert* et le *Causse*, et trois frégates, la *Mantoue*, la *Leoben* et la *Montenotte*. Les travaux de construction des vaisseaux le *Laharpe*, le *Steingel* et le *Beyraud* et des frégates la *Muiron* et la *Carrère*, que nous avions trouvés sur les chantiers, à notre arrivée à Venise, avaient été poussés avec activité. Ces cinq bâtiments étaient, depuis la fin du mois de décembre 1797, à Ancône où on terminait leur armement.

Pendant son séjour dans l'Adriatique l'amiral Brueys s'était rendu à Passariano, quartier général du commandant en chef de l'armée d'Italie. Ce dernier l'avait entretenu de son projet sur Malte. L'amiral, qui connaissait bien cette île, avait pu donner au général des renseignements utiles pour le cas où cette expédition serait résolue. Dans une lettre du 14 novembre, écrite avant de partir pour Rastadt, le général Bonaparte, ainsi que nous l'avons vu plus haut, avait informé l'amiral qu'il lui enverrait, par un aide de camp, des instructions relatives au départ de son escadre pour Brest et à l'expédition de Malte. Le temps s'était écoulé et aucune instruction nouvelle n'était parvenue au commandant de l'escadre. Celui-ci n'avait pu, en conséquence, demander au général Gentili, qui commandait à Corfou, des troupes de débarquement. L'amiral Brueys eut un moment la pensée de tenter un coup de main sur l'île de Malte avec les troupes formant les garnisons de ses vaisseaux, auxquelles il aurait adjoint des détachements de matelots. Deux Maltais, qu'il emmenait avec lui, approuvèrent d'abord ce projet, mais, après réflexion, ils estimèrent que son exécution présentait de trop grandes difficultés. On ne pouvait, disaient-ils, avec aussi peu de troupes, réussir dans cette entreprise qu'à la condition de trouver un appui énergique dans la population. Certains des sentiments de sympathie de leurs compatriotes pour la France, ils ne l'étaient pas autant de leur empressement à prendre les armes. Obligé de renoncer à ce plan, l'amiral Brueys en conçut un autre. Il est inutile de dire que, n'ayant reçu du gouvernement aucun ordre relatif à l'opération qu'il méditait, le commandant de l'escadre était tenu à une extrême circonspection. Le succès seul pouvait l'absoudre des conséquences d'un pareil acte. Le 3 mars, l'amiral Brueys parut devant Malte. Le vaisseau le *Frontin* avait une voie d'eau considérable. L'amiral le fit entrer dans le port pour réparer ses avaries. Les deux Maltais étaient sur ce vaisseau. Ils devaient s'aboucher avec les partisans de la France et leur promettre notre coopération, s'ils avaient la ferme volonté de combattre à nos côtés. L'escadre croisa à la vue de Malte, communiquant, chaque jour, avec le *Frontin*, à bord duquel elle faisait prendre des vivres et des rafraîchissements pour les malades. Le *Frontin* avait été mis en quarantaine et une surveillance très sévère empêchait toute communication entre le vaisseau et les habitants de l'île. Aucune entente ne s'établit avec ceux qui auraient pu seconder l'amiral. Le 10, l'escadre, ralliée par le *Frontin*, continua sa route sur Toulon.

LIVRE X

Faiblesse de la marine française. — Développement donné par l'Angleterre à ses armements. — Le général Bonaparte soumet au Directoire le plan de l'expédition d'Egypte. — Le contre-amiral Bruix remplace, au ministère de la marine, le vice-amiral Pléville-le-Peley. — Une escadre, placée sous les ordres du vice-amiral Brueys, est formée à Toulon. — La flotte expéditionnaire prend la mer. — Elle est ralliée par les convois de Gênes et d'Ajaccio. — Prise des îles de Malte et de Goze. — L'amiral Nelson paraît, devant Malte, quelques jours après la conquête de cette île par nos troupes. — L'escadre anglaise fait route vers l'Egypte. — Elle revient vers la Sicile. — L'expédition française mouille, le 1er juillet, sur la rade du Marabout. — L'armée s'empare d'Alexandrie. — L'escadre se rend à Aboukir. — Sondages faits dans les passes qui conduisent au Vieux-Port. — Instructions du général Bonaparte au vice-amiral Brueys. — Indécision du commandant en chef de notre escadre. — Dénuement de nos navires au point de vue des vivres et du matériel. Nelson, informé de la véritable destination de l'expédition française, se dirige de nouveau vers Alexandrie. — Le 1er août, l'escadre anglaise se présente à l'entrée de la baie d'Aboukir. — Mouillage de l'armée française. — Dispositions prises par le vice-amiral Brueys. — Mode d'attaque adopté par l'amiral Nelson. — Combat d'Aboukir. — Explosion de l'*Orient*. — Neuf vaisseaux tombent au pouvoir de l'ennemi. — Le capitaine du *Timoléon* jette son vaisseau à la côte et le livre aux flammes. — L'amiral Villeneuve gagne le large avec les vaisseaux de soixante-quatorze, le *Guillaume-Tell* et le *Généreux*, et les frégates la *Diane* et la *Justice*. — Pertes éprouvées par les deux armées. — Observations relatives au combat d'Aboukir. — Habileté déployée par l'amiral Nelson. — Mauvaises dispositions prises par le vice-amiral Brueys. — Responsabilité incombant à cet amiral. — Rôle joué par le contre-amiral Villeneuve. — Belle conduite de plusieurs vaisseaux et particulièrement du *Franklin* et du *Tonnant*. Prise du *Leander* par le *Généreux*.

1

Après les désastres qu'elle avait essuyés, la marine française était, au commencement de l'année 1798, réduite à la plus extrême faiblesse. D'autre part, elle ne pouvait pas compter sur le concours des marines alliées. Les Espagnols étaient bloqués dans Cadix par lord Jervis. Les Hollandais, battus au combat de Camperdown, étaient incapables d'aucun effort. La marine anglaise, au contraire, était dans une situation formidable. Vingt et un vaisseaux, sous les ordres de l'amiral Duncan, croisaient dans la mer du Nord. La flotte du canal comprenait trente et un vaisseaux. L'escadre, placée sous le commandement de lord Jervis, était forte de vingt-huit vaisseaux. Vingt vaisseaux stationnaient dans la mer des Antilles et sur les côtes de Terre-Neuve. Les Anglais avaient dans l'Inde quinze vaisseaux. Enfin, treize vaisseaux, mouillés dans les ports d'Angleterre, étaient prêts à appareiller. A ces cent vingt-huit vaisseaux, portant de cinquante à cent douze canons, venait se joindre un nombre proportionnel de frégates, de corvettes et de bâtiments légers. Les Anglais pouvaient concentrer très rapidement, sur un point quelconque, dans les mers d'Europe, des forces considérables. Dans ces conditions, le projet de descente en Angleterre, poursuivi par le Directoire, ne présentait aucune chance favorable. Le général Bonaparte proposa de lui substituer un autre plan de campagne. Le général voulait que la France prît possession de l'île de Malte et de l'Égypte. Le 5 mars 1798, le général remit au Directoire une note dans laquelle il disait que la conquête de ces deux points pouvait être faite avec vingt-cinq mille hommes d'infanterie, trois mille de cavalerie, soixante canons de campagne et quarante pièces de siège. Pour porter l'armée et le matériel, le gouvernement affréterait des bâtiments de commerce à Nice, à Antibes et à Marseille. Une escadre, réunie à

Toulon, et sur laquelle on embarquerait également des troupes, serait chargée de la protection du convoi. Ces divers préparatifs exigeraient une dépense de huit à dix millions.

Soit que le Directoire reconnût qu'il s'était fait de très grandes illusions sur la possibilité de débarquer une armée sur le sol de la Grande-Bretagne, soit qu'il subît l'ascendant du général Bonaparte, l'expédition d'Egypte fut résolue. On convint de garder cette décision secrète. Les arrêtés, concernant la nouvelle entreprise, ne devaient pas être imprimés. Afin de tromper l'ennemi, les armements commencés dans le Nord continuèrent. Les commissions siégeant à Paris et dans les ports, et qui toutes s'occupaient du projet de descente en Angleterre, restèrent en fonctions. Les événements préparaient au ministère de la marine un rôle d'autant plus difficile que les ressources dont disposait ce département étaient très faibles. Le vice-amiral Pléville-le-Peley, fatigué par l'âge et les maladies, n'était pas à la hauteur de sa tâche. Le gouvernement lui donna pour successeur le contre-amiral Bruix. Le général Bonaparte fut placé à la tête de l'armée d'Orient. Celle-ci comprit les forces navales de la Méditerranée, les forces de terre et de mer stationnées dans les huitième et vingt-troisième divisions militaires et dans les départements de Corcyre, d'Ithaque et de la mer Egée, enfin les divisions de l'armée d'Italie qui occupaient Gênes et Civita-Vecchia. Le Directoire nomma une commission chargée de l'inspection des côtes de la Méditerranée. Tel était son titre officiel, mais, en réalité, cette commission devait correspondre directement avec le général Bonaparte, recevoir ses ordres, et veiller à leur exécution. Les préparatifs marchèrent avec rapidité. Civita-Vecchia, Gênes, Bastia et Toulon furent désignés comme points de départ de l'expédition. On réunit, dans ces différents ports, les navires nécessaires à l'embarquement des troupes et du matériel. Tous les bâtiments qui étaient dans l'arsenal de Toulon entrèrent en armement. Le contre-amiral Brueys, promu au grade de vice-amiral, prit le commandement en chef des forces navales destinées à l'expédition d'Egypte. Les contre-amiraux Villeneuve, Decrès, Blanquet-Duchayla furent appelés à servir sous ses ordres. D'après les instructions du gouvernement, l'escadre devait être prête à appareiller dans les derniers jours du mois d'avril.

Le général Bonaparte se disposait à quitter Paris pour se rendre à Toulon, lorsqu'un événement inattendu vint retarder son départ. Notre ambassadeur, à Vienne, avait été insulté pendant une émeute. En apprenant cette nouvelle, le Directoire regarda comme imminente une rupture avec l'Autriche. Le 23 avril, l'ordre fut expédié aux généraux Baraguey d'Hilliers et Desaix, qui étaient le premier à Gênes et le second à Civita-Vecchia, de débarquer leurs troupes. Tous deux étaient mis à la disposition du général Brune, commandant en chef l'armée d'Italie. Les événements survenus dans la capitale de l'Autriche étaient sans importance. Aussitôt qu'on eut, à Paris, la certitude que la paix ne serait pas troublée, les préparatifs de l'expédition, un moment interrompus, reprirent leur cours. Le général Bonaparte arriva, le 9 mai, à Toulon. Notre flotte, retenue au mouillage par les vents contraires, ne mit à la voile que le 19. Elle était composée des bâtiments désignés ci-après : l'*Orient* de cent vingt ; le *Guillaume Tell*, le *Franklin*, le *Tonnant* de quatre-vingts ; le *Spartiate*, l'*Aquilon*, le *Géné-*

reux, le *Timoléon*, l'*Heureux*, le *Guerrier*, le *Peuple-Souverain*, le *Mercure* et le *Conquérant* de soixante-quatorze; la *Diane*, la *Justice*, la *Junon*, de quarante; l'*Alceste*, la *Sérieuse* et la *Badine*, de trente-six. Deux vaisseaux, le *Causse* et le *Dubois*, et sept frégates, la *Sensible*, la *Courageuse*, la *Carrère*, la *Muiron*, la *Leoben*, la *Mantoue*, la *Montenotte*, étaient armés en flûte. L'escadre comprenait, outre les bâtiments mentionnés ci-dessus, des bombardes et des chaloupes canonnières. Quant au convoi, il était composé de cent vingt et un navires, les uns armés à Toulon, les autres venus de Marseille. Vingt mille hommes et mille chevaux étaient embarqués sur cette flotte.

Aux termes des décrets rendus par la Convention, le principal personnage dans les ports militaires était un fonctionnaire civil. L'amiral Truguet avait demandé, pendant son ministère, que ce régime, contraire aux intérêts de la marine, fût modifié. Il avait engagé, sur ce point, avec les Conseils une lutte très vive dans laquelle il avait été battu. A cette époque, les communications entre Toulon et Paris étaient extrêmement lentes. Pendant l'armement de l'escadre que commandait l'amiral Brueys, l'ordonnateur du port, M. Najac, avait, en maintes occasions, pris seul d'importantes décisions. Ce n'était pas qu'il voulût s'attribuer une autorité illégitime, mais il craignait, en attendant des ordres, de retarder le départ de l'expédition. Il eût été nécessaire que l'ordonnateur, auquel les circonstances donnaient une aussi grande autorité, possédât des connaissances maritimes étendues. M. Najac jouissait, comme administrateur, d'une bonne réputation. Quels que fussent ses mérites, sous ce rapport, il n'avait pas et il ne pouvait pas avoir les qualités spéciales que réclamait son emploi. Armer un grand nombre de bâtiments, tel avait été son principal et probablement son unique objectif. Il avait déployé, pour arriver à ce résultat, beaucoup de zèle et d'activité. Quant à la valeur des bâtiments, il ne s'en était pas préoccupé. Le *Guerrier*, le *Peuple-Souverain* et le *Conquérant* étaient des vaisseaux hors de service. Les deux premiers étaient condamnés depuis un an. Le *Conquérant* était dans un tel état qu'on n'avait pas osé embarquer, sur ce bâtiment, l'artillerie réglementaire. Jamais, en temps de paix, on n'aurait eu la pensée d'envoyer ces navires à la mer. Il n'y avait pas un vaisseau de l'escadre dont l'équipage fût au complet. L'*Orient*, le vaisseau-amiral, avait huit cent cinquante hommes au lieu de onze cent trente. L'effectif réglementaire des vaisseaux de quatre-vingts était de huit cent soixante-six hommes. Or, le *Guillaume-Tell* avait huit cents hommes, le *Franklin* six cent cinquante et le *Tonnant* sept cent trente. Il revenait aux vaisseaux de soixante-quatorze sept cent six hommes. Le *Timoléon* en avait cinq cents, le *Spartiate* cinq cent cinquante, l'*Aquilon*, l'*Heureux*, le *Mercure* et le *Généreux* six cents, le *Guerrier* six cent vingt et le *Peuple-Souverain* six cent soixante-dix. Le *Conquérant* avait à peine quelques centaines d'hommes. Les frégates n'étaient pas dans une situation meilleure. Il manquait à chacune d'elles le tiers environ de l'effectif réglementaire. Enfin, dans ces équipages ainsi réduits, les matelots des classes et les canonniers, c'est-à-dire les hommes sans lesquels on ne peut ni naviguer ni combattre, étaient en très petit nombre. Après la question du personnel venait celle des approvisionnements. Cette deuxième question n'avait pas été traitée avec plus d'attention que la première. Ces vaisseaux, qui ignoraient où et quand il leur serait donné de trouver des ressources, sous le rapport du matériel, partaient à peu près dépourvus de rechanges. Enfin, il avait été décidé, à Paris, que les bâtiments de l'expédition prendraient trois mois de vivres. La plupart d'entre eux ne les avaient pas. Telle était la situation de cette escadre, à l'armement de laquelle aucune idée maritime sérieuse n'avait présidé.

Au moment où l'amiral Brueys quittait Toulon, on était sans nouvelles certaines des Anglais. Nous supposions que ceux-ci n'avaient pas de bâtiments de guerre dans la Méditerranée. Toutefois, il était douteux que notre flotte, dont la marche devait être très lente, arrivât à sa destination sans rencontrer l'ennemi. Il était nécessaire de se préparer à cette éventualité. Dans une bataille avec les Anglais, l'armée pouvait prêter à la marine le plus utile concours. Le général Bonaparte indiqua, à l'avance, le rôle que rempliraient les troupes passagères, si cette hypothèse se réalisait. Généraux, officiers et soldats eurent des postes de combat. Les dispositions prises à bord de l'*Orient* furent les suivantes. Le général Lannes, qui était à la tête des grenadiers, devait en placer quarante sur la dunette, soixante sur les passavants, dix-huit dans chaque hune et un même nombre à la garde de la grande chambre. Le général Caffarelli était chargé du service de l'artillerie, sur les gaillards, avec dix canonniers de terre, dix canonniers de mer, vingt novices ou mousses, quatre-vingts soldats ou grenadiers. Le chef de bataillon d'artillerie Fouler commandait la batterie de douze. Il avait, avec lui, quinze canonniers de terre, quinze canonniers de mer, soixante apprentis ou mousses et cent hommes d'infanterie. La batterie de vingt-quatre, armée par treize canonniers de terre, dix-neuf canonniers de mer, deux cents hommes de la sixième et soixante apprentis ou mousses, était placée sous le commandement du général Dammartin. Le plus ancien lieutenant de vaisseau et le capitaine d'artillerie Ruty, ayant, sous leurs ordres, treize canonniers de terre, dix-neuf canonniers de mer, quarante apprentis et deux cent cinquante guides ou soldats, commandaient la batterie de trente-six. Les troupes non employées se tenaient dans la batterie basse. Deux fois par jour, généraux, officiers, marins et soldats se rendaient à leurs postes et faisaient l'exercice, les uns du canon et les autres de la mousqueterie.

La flotte française, poussée par une forte brise du nord-ouest, s'éloigna rapidement des côtes de Provence. Quelques jours après sa sortie, elle rallia les convois de Gênes et d'Ajaccio. L'amiral Brueys prolongea, sous petites voiles, la côte orientale de la Corse afin de donner au convoi de Civita-Vecchia le temps de le rejoindre. Celui-ci tardant à paraître, le général Bonaparte poursuivit sa route. Le 9 juin, on aperçut Malte. La conquête de cette île avait été décidée à Paris. Des troupes furent mises à terre sur plusieurs points. Le 12 juin, après quelques engagements sans importance, nous étions maîtres des îles de Malte et de Goze. La flotte, rejointe, depuis quelques jours, par le convoi de Civita-Vecchia, comptait plus de quatre cents voiles. Le 19, elle reprit sa route vers l'Égypte.

II.

Lorsque les premières nouvelles des préparatifs que nous faisions à Toulon étaient parvenues en Angleterre, le gouvernement n'avait vu, dans ces armements, qu'un stratagème pour attirer lord Jervis dans la Méditerranée. Si ce dernier s'éloignait, l'amiral Mazzaredo prenait la mer. En conséquence, à Londres, on ne voulut pas s'écarter de la ligne de conduite suivie en ce moment. La marine britannique bloquait étroitement les Espagnols dans Cadix et les Hollandais dans le Texel. Des forces considérables surveillaient Brest et le littoral de la Manche. Le danger d'une invasion, celui que la nation anglaise envisageait avec le plus de crainte, semblait ainsi complètement conjuré. Cependant, les rapports des agents anglais en Italie présentaient les préparatifs des Français sous un aspect tellement formidable que le gouvernement britannique crut nécessaire d'avoir des renseignements sur ce qui se passait à Toulon. Lord Jervis, conformément aux instructions de l'amirauté, détacha, dans la Méditerranée, trois vaisseaux et quatre frégates. Cette division, commandée par l'amiral Nelson, était, le 19 mai 1798, à vingt-cinq lieues environ, dans le sud des îles d'Hyères, lorsqu'elle fut assaillie par un violent coup de vent de nord-ouest. Le *Vanguard*, de soixante-quatorze, que montait l'amiral, démâta de tous ses mâts. Les vaisseaux ennemis, fuyant vent arrière, firent route sur la côte de Sardaigne. En arrivant près de terre, le *Vanguard* fut sur le point de se perdre. Enfin, le 22 mai, l'amiral Nelson atteignit le mouillage de l'île Saint-Pierre. Le 27, le *Vanguard* avait établi une mâture de fortune et réparé ses principales avaries. L'amiral Nelson reprit la mer. Arrivé, le 31 mai, devant Toulon, il fut informé du départ de l'escadre française, mais il ne put obtenir aucun renseignement sur la route qu'elle avait suivie. Le 5 juin, le brick la *Mutine* , portant des dépêches pressées, le rejoignit.

Le gouvernement anglais, qui, jusque-là, n'avait pas accordé une très grande attention à nos préparatifs, commençait à s'alarmer. On se demandait, à Londres, si ces concentrations de troupes et de bâtiments, faites sur différents points de la Méditerranée, n'avaient pas l'Angleterre pour objectif. L'amirauté, faisant un effort considérable, arma de nouveaux bâtiments. Elle les expédia à lord Jervis qui reçut en même temps l'ordre de porter à quatorze vaisseaux l'escadre détachée dans la Méditerranée. La Grande-Bretagne put atteindre ce résultat sans toucher aux dispositions qui lui permettaient de tenir en échec, sur toutes les mers, les forces navales de la France, de la Hollande et de l'Espagne. Lord Jervis, dans les instructions qu'il adressait à Nelson par la *Mutine*, semblait croire que nous voulions attaquer Naples ou la Sicile. Peut-être, ajoutait-il, nous proposions-nous de conduire, sur quelque point de la côte d'Espagne, une armée avec laquelle nous marcherions contre le Portugal. Enfin, examinant une dernière hypothèse, qui intéressait particulièrement l'Angleterre, le comte de Saint-Vincent se demandait si notre véritable projet n'était pas de franchir le détroit de Gibraltar et de jeter des troupes en Irlande. L'amiral Nelson devait se mettre à le recherche de l'escadre française. Il lui était prescrit de la poursuivre sur quelque point que ce fût de la Méditerranée, dans l'Adriatique, en Morée, dans l'Archipel, voire même dans la mer Noire. Il était libre de prendre la route qu'il jugerait convenable ; l'amiral Jervis ne lui donnait, à cet égard, aucune indication. Capturer nos vaisseaux, les couler ou les brûler, en un mot détruire l'escadre française et le convoi placé sous son escorte, tel était le but. Il lui appartenait d'employer les moyens les plus propres à l'atteindre. Le 7 juin, l'amiral Nelson opéra sa jonction avec les onze vaisseaux, dix de soixante-quatorze et un de cinquante, que lui envoyait l'amiral Jervis. Plusieurs bâtiments neutres furent interrogés, mais aucun d'eux ne connaissait la destination de l'escadre française. Néanmoins, sachant qu'elle était sortie de Toulon avec des vents de nord-ouest, l'amiral Nelson se dirigea vers l'est.

Dans les premiers jours de juin, l'ambassadeur d'Espagne auprès de la République française reçut de Madrid la nouvelle qu'une escadre anglaise était entrée dans la Méditerranée. Il devait, conformément aux instructions de M. de Savedra, ministre des affaires étrangères du roi Charles IV, porter ce renseignement à la connaissance du Directoire. Il était, en outre, chargé de dire qu'il ne s'était produit aucun changement favorable dans la situation relative des escadres que commandaient les amiraux Mazzaredo et Jervis. Ce dernier bloquait Cadix avec dix-huit vaisseaux. Les Espagnols n'en avaient que vingt prêts à aller à la mer. Dans ces conditions, le cabinet de Madrid estimait que l'amiral Mazzaredo ne devait pas courir les risques d'un engagement. Il était prescrit à l'ambassadeur de donner au gouvernement français l'assurance que l'escadre espagnole sortirait et livrerait bataille, si les Anglais s'affaiblissaient par la formation de quelque nouveau détachement. On était informé, à Toulon, à peu près en même temps, que plusieurs vaisseaux ennemis étaient entrés, en relâche, le 22 mai, aux îles Saint-Pierre. D'autre part, un brick, venant d'Ajaccio, avait aperçu, au large de la côte de Provence, l'escadre de Nelson faisant route à l'est. Poursuivi par le brick la *Mutine*, ce bâtiment était parvenu à s'échapper. L'ordonnateur s'empressa de transmettre ces renseignements à Paris. Ces diverses circonstances plaçaient M. Najac dans une position difficile. Il avait reçu du général Bonaparte l'ordre d'expédier en Egypte un certain nombre de bâtiments dont l'armement n'était pas terminé, lors du départ de l'amiral Brueys. Ce convoi, composé de vingt-six navires chargés d'artillerie, de munitions de guerre et d'approvisionnements de toutes sortes, était prêt. Une petite corvette était la seule escorte que le port pût lui donner. Fallait-il envoyer ce convoi à la mer? M. Najac exposa cette situation au ministre de la marine et il le pria de lui donner des ordres. Le contre-amiral Bruix répondit qu'il ne pouvait, à la distance où il était placé, diriger les opérations du port de Toulon. L'ordonnateur devait se conformer aux instructions qui lui avaient été données par le général Bonaparte. Quant au départ des convois ou des bâtiments isolés, il convenait qu'il eût lieu toutes les fois que, par suite de renseignements venus du dehors, les autorités du port croiraient le moment favorable. Il était de la plus grande importance que le général Bonaparte fût promptement averti de la présence des Anglais dans la Méditerranée. Deux avisos, porteurs des dépêches du ministre de la marine et de l'ordonnateur de Toulon, furent envoyés, par des routes différentes, à la recherche de l'escadre.

Contrariés par les calmes et les petites brises, les Anglais ne doublèrent le cap Corse que le 12 juin. Des bâtiments, expédiés par Nelson sur la côte d'Italie, ne lui apportèrent aucun renseignement. Le 17 juin, l'escadre anglaise arriva devant Naples. Elle sut que les Français avaient paru près de la côte de Sardaigne, faisant route vers le sud. Sir William Hamilton, l'ambassadeur de la Grande-Bretagne auprès du gouvernement napolitain, supposait que la conquête de Malte était notre objectif. Le 20 juin, les Anglais entrèrent dans le détroit de Messine. Là, une fâcheuse surprise leur était réservée. Ils apprirent que nous étions maîtres des îles de Malte et de Goze. On supposait que notre flotte était encore au mouillage près des îles. L'ennemi poursuivit sa route en se couvrant de voiles. Si les circonstances n'avaient pas permis à Nelson de s'opposer à nos desseins, il lui restait l'espérance de surprendre notre flotte en désordre. Une victoire eût adouci les regrets que le peuple anglais ne pouvait manquer de ressentir en apprenant qu'une position maritime aussi importante était tombée entre nos mains. Le 22 juin, à douze lieues environ dans le sud-est du cap Passaro, les Anglais communiquèrent avec un bâtiment qui avait passé au milieu de notre flotte. Celle-ci était, à ce moment, à l'est de Malte, courant vent arrière avec des vents de nord-ouest. Nelson, convaincu que l'Egypte était le but de notre expédition, se dirigea sur Alexandrie. Il arriva, le 28, en vue de cette ville.

Le calme le plus profond régnait dans le port. On

apercevait un vaisseau de ligne et quatre frégates, portant le pavillon turc, et quelques rares navires marchands. Rien de ce que les Anglais avaient sous les yeux n'indiquait les péripéties d'une lutte récente. Des officiers descendirent à terre. On les conduisit, sous bonne garde, chez le gouverneur. Celui-ci était fort alarmé par l'apparition subite d'une flotte aussi considérable. En apprenant le motif qui amenait l'amiral Nelson sur les côtes d'Egypte, son trouble fut encore plus grand. Il promit de commencer immédiatement ses préparatifs de défense. Les officiers anglais, livrés à la plus grande perplexité, se demandaient dans quels parages ils avaient quelque chance de nous rencontrer. L'amiral Nelson se persuada que la conquête de la Sicile était le but de notre expédition. Déplorant l'erreur qu'il avait commise, en conduisant ses vaisseaux devant Alexandrie, il ne voulut pas perdre un moment pour la réparer. Il reprit immédiatement le large. Les vents soufflant du nord-nord-ouest, l'escadre anglaise courut les amures à bâbord. Pendant qu'elle s'éloignait dans le nord-est, la flotte française, venant du nord-ouest, s'approchait rapidement des côtes d'Egypte.

III

Le 1ᵉʳ juillet, au point du jour, la flotte française aperçut Alexandrie. Quelques heures après, elle jeta l'ancre près de la crique du Marabout, à deux lieues et demie de terre. Des négociants français, qui étaient parvenus à tromper la surveillance des Arabes, vinrent à bord de l'*Orient*. Ils apprirent au général Bonaparte qu'une escadre anglaise avait paru, trois jours auparavant, devant la ville. Cette nouvelle était fort grave. L'ennemi pouvait reparaître. Or la flotte française était dans une position désavantageuse pour livrer bataille. Si la fortune des armes lui était contraire, que devenait le convoi? La brise était fraîche et la mer grosse. Malgré ces circonstances défavorables, l'ordre fut donné de commencer le débarquement. Les officiers généraux furent appelés à bord de l'*Orient*. Si l'ennemi était signalé, devait-on l'attendre au mouillage ou se porter au-devant de lui? Telle fut la question que l'amiral Brueys leur posa. L'amiral Blanquet du Chayla insista très vivement pour que l'escadre française combattît à la voile. Le contre-amiral Villeneuve, commandant une des divisions de l'escadre et le chef d'état-major, le chef de division Ganteaume, exprimèrent un avis opposé. Le commandant en chef se rangea à leur opinion. Il fut, en conséquence, décidé qu'on recevrait le combat à l'ancre. Des ordres furent donnés pour que la flotte formât une ligne d'embossage. La plupart des bâtiments appareillèrent pour se rendre aux postes qui leur étaient assignés. L'armée marcha toute la nuit. Le lendemain, quelques milliers d'hommes, harassés, presque sans cartouches, attaquèrent Alexandrie et s'en emparèrent. L'amiral Brueys, ayant commis la faute de ne pas bloquer le port, quelques bâtiments marchands et de nombreux bateaux du pays s'échappèrent. Il y eut surtout lieu de regretter ces derniers qui nous eussent été très utiles pour mettre, à terre, le matériel embarqué sur les vaisseaux. La prompte possession d'Alexandrie était non seulement pour l'expédition mais pour la marine un fait de la plus grande importance. Les navires de transport avaient désormais un abri assuré. Ils entrèrent dans le port où les suivirent quelques frégates et corvettes armées en guerre. Le chef de division Perrée, laissant le *Mercure* qu'il commandait, conduisit à Alexandrie deux galères maltaises, les bombardes et les chaloupes canonnières. Il devait, avec cette flottille, seconder les opérations de l'armée.

Le 2 juillet, la partie le plus difficile de cette grande entreprise était exécutée. Nous étions en mesure de porter un coup à cet ennemi que, depuis 1793, malgré l'acharnement de la lutte, nous ne pouvions pas atteindre. Tous nos efforts pour jeter des troupes en Irlande étaient restés vains. Nos flottes, mal armées au personnel et au matériel, avaient été dispersées par la tempête ou repoussées par l'ennemi. L'amiral Brueys avait eu l'heureuse fortune d'arriver à sa destination sans être inquiété. Nous avions commis une grave imprudence en faisant naviguer un convoi de quatre cents voiles à travers la Méditerranée, alors que nous n'étions pas maîtres de la mer. Des hasards heureux nous avaient préservés des conséquences de cette faute. Malte était à nous. Trente-six mille soldats commandés par les généraux Kléber, Desaix, Régnier, Murat, ayant à leur tête le général Bonaparte, foulaient le sol de l'Egypte. Nous menacions la puissance britannique dans l'Inde et dans la Méditerranée. Ce succès, il importait de ne pas le compromettre. Les plus grands efforts devaient être faits pour conserver notre escadre dont la coopération était nécessaire à l'armée. Les Anglais entretenaient à la mer des forces considérables, mais les exigences auxquelles ils avaient à satisfaire étaient grandes. L'alliance, contractée avec l'Espagne, retenait l'amiral Jervis devant Cadix. Notre établissement en Égypte, l'occupation de Malte devaient obliger les Anglais non seulement à maintenir des forces considérables dans la Méditerranée, mais à envoyer des bâtiments dans l'Inde et dans la mer rouge. Ravitailler l'armée, la mettre en communication avec la métropole, appuyer, les circonstances le permettant, les opérations militaires sur les côtes de Syrie, peser par sa présence sur les décisions de la Porte, telle était la mission réservée à notre escadre. Pouvait-elle la remplir? En présence de la supériorité de l'ennemi, il est difficile de l'affirmer. Quoi qu'il en soit, l'amiral Brueys ne devait rien négliger pour rester en mesure de jouer le rôle que lui donnaient les événements.

Le général Bonaparte comprenait trop bien l'importance de l'escadre pour permettre qu'elle fût compromise. Le 3 juillet, il prescrivit à l'amiral Brueys d'entrer dans le Port-Vieux d'Alexandrie, s'il trouvait assez d'eau dans les passes pour que cette opération fût exécutée sans danger. Le chef de division Ganteaume, chef de l'état-major général, recevait l'ordre de surveiller les travaux de sondage. Enfin le général demandait qu'on lui fît connaître si l'escadre, embossée dans la rade d'Aboukir, serait en mesure de se défendre contre un ennemi de force supérieure. Si l'entrée du Port-Vieux n'était pas praticable, et si, d'autre part, l'escadre ne pouvait prendre une position sûre dans la rade d'Aboukir, l'amiral devait faire route pour Corfou, après avoir débarqué l'artillerie. Il laisserait à Alexandrie les vaisseaux le *Dubois*, le *Causse*, les frégates la *Diane*, la *Junon*, l'*Alceste*, l'*Arthémise*, toute la flotille légère et le matériel nécessaire pour armer ces différents bâtiments. Ainsi, le 3 juillet, l'amiral connaissait les intentions du général Bonaparte. Il pouvait, à son gré, entrer à Alexandrie, mouiller à Aboukir ou faire route pour Corfou. Prévoyant une dernière éventualité, le général enjoignait à l'amiral de se rendre immédiatement dans ce dernier port, quoiqu'il eût encore, sur ses vaisseaux, des effets appartenant à l'armée, s'il avait à craindre l'apparition inopinée d'une escadre anglaise, de force supérieure, devant Alexandrie.

Ces instructions ne présentaient pas d'ambiguité. La volonté du chef de l'expédition était que l'escadre gagnât un mouillage sûr. Loin de sacrifier les intérêts de la marine, le général Bonaparte allait au-devant de ce que celle-ci pouvait désirer. Si l'amiral Brueys n'avait reçu de tels ordres, il eût été de son devoir de les provoquer. L'escadre pouvait-elle mouiller dans le Port-Vieux, telle était la première question à résoudre. Les pilotes consultés répondirent que la plus grande profondeur, dans les passes, n'allait pas au delà de vingt-deux pieds et demi. Or, ce chiffre représentait le tirant d'eau des vaisseaux de soixante-quatorze. En conséquence, ceux-ci, c'est-à-dire les plus petits vaisseaux de l'armée, n'étaient pas dans les conditions requises pour entrer à Alexandrie. L'amiral ordonna de faire de nouvelles sondes. Il confia cette mission au commandant de l'*Alceste*, le capitaine de frégate Barré. En attendant que ce travail fût terminé, il prit le parti de conduire ses vaisseaux dans la baie d'Aboukir. Là, il se proposait de chercher, de concert avec des officiers du génie et d'artillerie, détachés sur ce point, des positions à terre qu'on fortifierait et sur lesquelles il appuierait sa ligne d'embossage. Ce projet était, en réalité, celui qui convenait à l'amiral Brueys, tandis qu'il éprouvait une répugnance, très compréhensible, à se renfermer dans le port d'Alexandrie où il pouvait être bloqué par des forces inférieures.

Le 8 juillet, l'escadre jeta l'ancre dans la baie d'Aboukir. Quoique les troupes fussent débarquées depuis huit jours, il y avait encore, sur nos vaisseaux, du matériel appartenant à l'armée. L'amiral avait l'intention de l'expédier, à Alexandrie, sur les avisos et les bateaux du pays. Le 18 juillet, l'amiral reçut le rapport du commandant de l'*Alceste*, chargé, ainsi que nous l'avons dit, de sonder les passes du Port-Vieux. Les conclusions de ce travail étaient très précises. « Mon avis en dernière analyse, disait le capitaine de frégate Barré à l'amiral, est que les vaisseaux peuvent passer avec les précautions d'usage que vous connaissez mieux que moi. » Il ajoutait que les balises et les signaux étaient en place. En conséquence, l'opération pouvait commencer aussitôt que l'amiral le jugerait convenable. L'amiral ne se déclara pas satisfait. Il prescrivit au capitaine de frégate Barré de continuer ses recherches, manifestant l'espérance qu'il trouverait, dans l'espace compris entre la tour du Marabout et la côte de l'est, une nouvelle passe plus profonde que la première.

On s'explique difficilement les hésitations de l'amiral et les lenteurs qu'il apporte dans la solution d'une question aussi importante. Ce qu'on lui écrit, sur l'entrée des vaisseaux dans le Port-Vieux, ne semble pas produire, sur son esprit, une impression très nette. Quand on lui fait entrevoir la possibilité de conduire ses vaisseaux dans le port d'Alexandrie, il se préoccupe de la difficulté d'en sortir. Si cette difficulté, qui était connue dès le début, constituait à ses yeux un obstacle absolu, mieux valait ne pas perdre de temps à chercher une passe. L'amiral engagea le commandant Barré à continuer ses recherches. Il termina la lettre qu'il lui écrivit en disant : « Lorsque votre travail sera fini, il sera nécessaire que vous en fassiez part au général en chef, et, en lui envoyant un plan exact de vos sondes, vous lui ferez part de votre façon de penser sur la qualité des vaisseaux qu'on peut se permettre de faire entrer dans le Port-Vieux avec la certitude de ne pas les risquer. » On éprouve une véritable surprise en lisant ce dernier paragraphe. L'amiral ayant reçu des ordres forts clairs, n'avait plus à s'adresser au général en chef. C'était, d'ailleurs, courir au-devant d'une perte de temps regrettable. Vingt jours s'étaient écoulés depuis l'arrivée de l'escadre devant Alexandrie. Les vivres diminuaient rapidement. Enfin, deux frégates s'étaient montrées au large d'Aboukir. Elles avaient hissé le pavillon français, mais on ne pouvait douter qu'elles ne fussent anglaises. Avant peu notre présence dans la baie devait être connue de l'ennemi. Le temps des hésitations était passé. Si l'amiral, après avoir pris connaissance du rapport du capitaine Barré, ne voulait pas entrer à Alexandrie, il fallait qu'il partît pour Corfou.

Le général en chef, persuadé que l'escadre française était en sûreté à Alexandrie, écrivait du Caire, le 27 juillet, à l'amiral Brueys. « Je suis instruit d'Alexandrie qu'enfin vous avez trouvé une passe telle qu'on pouvait la désirer, et qu'à l'heure qu'il est vous êtes dans le port avec votre escadre. Vous ne devez avoir aucune inquiétude sur les vivres nécessaires à votre armée. » Le général Bonaparte n'avait reçu, depuis son départ d'Alexandrie, aucune des lettres qui lui avaient été adressées par l'amiral. Néanmoins, il considérait l'entrée de la flotte dans le Port-Vieux comme un fait accompli, parce qu'il connaissait les conclusions du travail entrepris par le capitaine de frégate Barré. Tel était l'état de la question lorsque les lettres de l'amiral Brueys parvinrent au général Bonaparte. Celui-ci apprit que l'escadre se trouvait encore à Aboukir. Mais, d'autre part, comme il recevait, au même moment, le second rapport du capitaine de frégate Barré, rapport que cet officier, se conformant aux ordres de l'amiral Brueys, en date du 20 juillet, lui envoyait directement, il supposa encore une fois que l'escadre était dans le Port-Vieux. Le 30 juillet, il écrivit à l'amiral : « Je reçois à l'instant, et toutes à la fois, vos lettres depuis le 13 juillet jusqu'au 26. Les nouvelles que je reçois d'Alexandrie sur le succès des sondes me font espérer qu'à l'heure qu'il est vous serez entré dans le port. Je pense aussi que le *Causse* et le *Dubois* sont armés en guerre de manière à pouvoir se trouver en ligne si vous étiez attaqué ; car enfin deux vaisseaux en plus ne sont point à négliger. » Craignant probablement que, par suite de quelque nouveau retard, l'escadre ne fût encore à Aboukir, le général en chef terminait sa lettre en disant : « Quoi qu'il en soit, il faut bien vite entrer dans le port d'Alexandrie. » Ainsi le général Bonaparte ne perdait pas de vue le lien qui unissait la marine à son armée. Il se montrait sans cesse préoccupé de la sécurité de l'escadre.

L'amiral Brueys ne semblait pas comprendre qu'il devait, dans l'intérêt de l'expédition, gagner un mouillage sûr. Les lettres du général Bonaparte, portant les dates des 27 et 30 juillet, ne lui parvinrent pas. Le 1ᵉʳ août, ainsi que nous le verrons plus loin, l'escadre française n'existait plus, et son chef avait trouvé une mort glorieuse au combat d'Aboukir.

IV

Le 19 juillet, l'amiral Nelson avait mouillé dans le port de Syracuse pour faire de l'eau et des vivres. Cinq jours après il reprenait la mer. Des renseignements certains lui avaient appris le véritable but de notre expédition. Le 1ᵉʳ août, les Anglais arrivaient en vue d'Alexandrie. Deux vaisseaux, l'*Alexander* et le *Swifsture*, qui marchaient en avant de l'armée, signalèrent que l'escadre française n'était pas dans le port. Au milieu d'un grand nombre de navires de commerce, on n'apercevait que deux vaisseaux et six frégates ou corvettes. Les Anglais se voyaient encore une fois déçus dans l'espoir de rencontrer notre flotte, lorsque le capitaine du *Zealous* fit connaître, par signal, que dix-sept navires de guerre étaient mouillés en ligne, près de terre, dans l'est d'Alexandrie. Les Anglais, changeant immédiatement leur route, se dirigèrent vers ces bâtiments.

L'escadre française était mouillée dans la partie occidentale de la baie d'Aboukir. Nos vaisseaux, rangés sur une seule ligne, étaient placés dans l'ordre suivant : Le *Guerrier*, le *Conquérant*, le *Spartiate*, l'*Aquilon* et le *Peuple-Souverain*, de soixante-quatorze, le *Franklin*, de quatre-vingts, l'*Orient*, de cent vingt, le *Tonnant*, de quatre-vingts. l'*Heureux* et le *Mercure*, de soixante-quatorze, le *Guillaume-Tell*, de quatre-vingts, le *Généreux* et le *Timoléon*, de soixante-quatorze. Depuis le *Guerrier* jusqu'au *Tonnant*, chaque bâtiment relevait son matelot de l'avant dans le nord-ouest. Les cinq derniers vaisseaux formaient une ligne dont la direction était le nord-ouest-quart-nord et sud-est-quart-sud. Le vaisseau de tête, le *Guerrier*, mouillé par trente pieds d'eau, était éloigné d'un mille et demi de l'îlot d'Aboukir. Chaque vaisseau était affourché nord-ouest et sud-est. La distance entre les bâtiments était de cent cinquante mètres. Si l'ennemi venait à paraître, il avait été prescrit à chaque vaisseau de mouiller une seconde ancre et de mettre un grelin sur son matelot de l'avant. L'escadre était à trois milles de la côte. Les frégates la *Diane*, portant le pavillon du contre-amiral Décrès, la *Justice*, la *Sérieuse*, l'*Arthémise* étaient mouillées entre la terre et l'escadre. Deux mortiers et quatre canons de douze avaient été placés sur l'îlot d'Aboukir. Or, il résultait des expériences faites sur la portée de ces pièces que ni les bombes ni les boulets n'atteignaient la tête de notre ligne. Cette batterie ne pouvait donc être d'aucune utilité, à moins de penser qu'elle en imposerait à l'ennemi.

Le 1ᵉʳ août, nous n'avions pas un bâtiment en dehors de la baie. La frégate, qui faisait ce service, était revenue au mouillage parce qu'elle n'avait plus ni eau ni biscuit. La pénurie des subsistances était telle que plusieurs vaisseaux n'avaient que six jours de vivres. Des approvisionnements, comprenant principalement du riz, étaient arrivés à Rosette, mais ils n'avaient pas encore été pris par l'escadre. Les chaloupes et les grands canots avec des hommes de corvée étaient à terre pour faire de l'eau. Enfin, vingt-cinq hommes, par bâtiment, formaient la garnison d'un camp établi, près de l'aiguade, pour protéger les travailleurs contre l'attaque des Arabes.

Vers deux heures de l'après-midi, l'ennemi fut aperçu; le vaisseau l'*Heureux* signala douze voiles dans l'ouest. Les chaloupes et canots furent rappelés; les frégates envoyèrent la plus grande partie de leurs équipages à bord des vaisseaux. L'amiral, comme s'il eût formé le projet d'appareiller, donna l'ordre de gréer les perroquets. Une heure après, il fit connaître que son intention était de combattre à l'ancre (1). Il ordonna de prendre les dispositions indiquées à l'avance, pour le cas où l'ennemi se proposerait d'attaquer l'armée au mouillage. Malheureusement, les chaloupes et grands canots, sans lesquels on ne pouvait mettre ces mesures à exécution, étaient à terre et un temps assez long devait s'écouler avant qu'ils fussent de retour. La journée s'avançait; d'autre part, l'*Alexander* et le *Swifsture* étaient encore loin. L'amiral Brueys se persuada que l'ennemi remettrait son attaque au lendemain. De là, dans les ordres, un manque de netteté et de précision qui, joint à l'ab-

1. Les amiraux commandant les escadres s'étaient rendus à bord de l'*Orient*, au moment de l'apparition de l'ennemi, pour prendre les derniers ordres de l'amiral. La question de mettre sous voiles fut examinée. L'amiral Blanquet du Chayla insista très vivement pour que l'escadre mît sous voiles. Le contre-amiral Villeneuve et le chef d'état-major, le chef de division Ganteaume, furent d'un avis contraire. L'amiral Brueys, très malade, très accablé, fort indécis d'ailleurs, se rangea à leur avis. (Rapport de M. de la Chadenède, enseigne de vaisseau, attaché à l'état-major de l'amiral Brueys.) Le contre-amiral Blanquet du Chayla avait toujours été d'avis de mettre à la voile et d'aller à la rencontre de l'ennemi, ce qui aurait au moins empêché une défaite aussi désastreuse; mais il y a lieu de croire que l'amiral n'adhéra pas à son avis, sachant que plusieurs vaisseaux n'avaient pas leurs équipages complets et par conséquent étaient peu en état de combattre sous voiles. (Rapport de M. Chabert, lieutenant de vaisseau sur l'*Orient*.)

sence des moyens, fit que les dispositions prescrites pour rectifier la ligne d'embossage ne furent pas complètement exécutées.

L'escadre anglaise, favorisée par une jolie brise de nord-nord-ouest, s'avançait rapidement; onze vaisseaux avaient d'abord été aperçus. Peu après, derrière ces vaisseaux, apparurent le *Culloden*, ayant un brick à la remorque, l'*Alexander* et le *Swifsture*. A trois heures, l'amiral Nelson fit à son armée le signal de se préparer au combat. D'après son ordre, chaque vaisseau se tint prêt à mouiller une ancre par l'arrière. L'amiral prévint ses capitaines qu'il attaquerait l'avant-garde et le centre de notre armée. A quatre heures, les Anglais étaient à dix milles dans le nord-ouest de notre mouillage. Le brick le *Railleur* se porta au-devant de l'ennemi. Arrivé à portée de canon, il prit chasse dans la direction des bas-fonds, situés dans le nord-nord-est de l'îlot d'Aboukir. Les Anglais ne se laissèrent pas tromper par cette ruse. Ils continuèrent leur route sans se rapprocher de terre. A cinq heures et demie, les vaisseaux ennemis doublaient les écueils sur lesquels le brick français voulait les entraîner. Un bateau arabe, que le *Railleur* avait inutilement chassé, s'approcha du *Vanguard*. Ce vaisseau mit en panne pour l'attendre. L'amiral Nelson, après avoir communiqué avec cette embarcation, reprit sa première route. L'escadre anglaise, qui avait navigué jusque-là sans observer d'ordre, forma une ligne très serrée. Elle se trouva rangée ainsi qu'il suit : le *Goliath*, le *Zealous*, l'*Orion*, l'*Audacious*, le *Theseus*, le *Vanguard*, le *Minotaur*, le *Defence*, le *Bellerophon*, le *Majestic* et le *Leander*. A l'exception du dernier bâtiment, qui ne portait que cinquante canons, tous les autres étaient des vaisseaux de soixante-quatorze. On se rappelle que l'amiral Nelson avait son pavillon sur le *Vanguard*. A cinq heures, la batterie de mortiers établie sur l'îlot d'Aboukir envoya quelques bombes. Aucune d'elles n'atteignit les bâtiments anglais.

A six heures un quart, les Français hissèrent leurs couleurs. L'amiral Brueys, ayant donné l'ordre de tirer sur l'ennemi, aussitôt que celui-ci serait à portée, le *Conquérant* et le *Guerrier* ouvrirent le feu sur le *Goliath* ; ce vaisseau passa sur l'avant du chef de file de notre ligne. Il lui envoya une bordée d'enfilade ; puis, laissant arriver, il mouilla son ancre de l'arrière par le bossoir de bâbord du *Guerrier*. Cette ancre ne tint pas. Le *Goliath* continua à courir de l'avant et il ne s'arrêta que par le travers du *Conquérant*. Le *Zealous* suivit le *Goliath* et il prit, par le bossoir de bâbord du *Guerrier*, la place que le *Goliath* n'avait pu conserver. L'*Orion*, passant sur l'avant du *Guerrier* et à terre du *Goliath* et du *Zealous*, mouilla par le travers du *Spartiate*. L'*Audacious* doubla le *Guerrier* par l'avant ; le *Theseus* dirigea sa route entre le *Guerrier* et le *Conquérant*. Le premier de ces bâtiments attaqua le *Peuple-Souverain* et le second l'*Aquilon*. Le vaisseau que montait l'amiral Nelson ne traversa pas la ligne. Négligeant le *Guerrier* et le *Conquérant*, écrasés par les bordées successives des navires qui le précédaient, le *Vanguard* jeta l'ancre par le travers du *Spartiate*, le troisième vaisseau de la ligne française. Le *Minotaur* et le *Defence* combattirent l'*Aquilon* et le *Peuple-Souverain* du côté du large. Quoique la bataille commençât à peine, le succès de la manœuvre tentée par l'amiral Nelson était complet. Le *Bellerophon* et le *Majestic*, qui venaient après le *Vanguard*, au lieu de se réunir contre le même adversaire, se séparèrent. Le *Bellerophon* mouilla par le travers de l'*Orient* et le *Majestic* combattit le *Tonnant*. Un peu après huit heures, le *Bellerophon*, complètement désemparé, coupa son câble. Il dériva le long de la ligne, recevant la bordée des navires mouillés sur l'arrière du *Tonnant*. Le vaisseau anglais alla jeter l'ancre dans le fond de la baie. Le feu du *Tonnant* fit de prompts ravages à bord du *Majestic* dont le capitaine fut tué une demi-heure après le commencement de l'action. L'*Heureux*, placé derrière le *Tonnant*, faisait feu de ses canons de chasse sur le *Majestic*. Vers huit heures, le vaisseau anglais, ayant couru de l'avant, engagea son bout dehors de grand foc dans les haubans de misaine de l'*Heureux*. Il était assez près de ce vaisseau pour que le capitaine Etienne appelât les divisions d'abordage sur le pont. Le vaisseau anglais coupa son câble de l'arrière, passa le long de l'*Heureux* avec lequel il échangea quelques bordées, puis il mouilla une ancre de bossoir. Quand il fut debout au vent, il se trouva à la hauteur de la joue de bâbord du *Mercure*. L'action s'engagea immédiatement entre ces deux bâtiments. L'*Heureux* tira en retraite sur le *Majestic* ; il combattit, en outre, un vaisseau qui laissa tomber l'ancre par son travers. Les capitaines Cambon et Etienne furent blessés.

Le *Timoléon*, le *Généreux*, le *Guillaume-Tell* étaient sans adversaires. A huit heures un quart, le capitaine Léonce Trullet, du *Timoléon*, impatient de se porter au feu, fit hisser ses huniers. Ce brave officier, pénétré de de regret, en voyant l'immobilité de l'arrière-garde, espérait, par cette manœuvre, provoquer un ordre d'appareillage que malheureusement l'amiral Villeneuve ne songeait pas à lui donner. Dans le procès-verbal dressé à l'occasion de la perte du *Timoléon*, on lit : « A huit heures un quart, le capitaine Trullet, commandant de ce vaisseau, impatient de sa nullité, lorsqu'il y avait la moitié de la ligne française engagée, ordonna de hisser les huniers pour montrer par là le désir qu'il avait qu'on lui fît le signal d'appareiller pour aller secourir les vaisseaux de tête. »

La nuit était venue. Les Anglais avaient hissé, à la corne d'artimon, comme signal de reconnaissance, quatre fanaux placés horizontalement. Trois vaisseaux, le *Culloden*, l'*Alexander* et le *Swiftsure*, étaient restés en arrière. Le *Culloden* s'échoua sur les bas-fonds de l'îlot d'Aboukir. L'*Alexander* et le *Swiftsure*, guidés par les feux du *Culloden*, passèrent au large de l'écueil. Ils entrèrent dans la baie, cherchant, à la lueur de la canonnade, leur place de combat. Le *Swiftsure* mouilla par le travers du *Franklin*. L'*Alexander* devint l'adversaire de l'*Orient*. Le *Leander*, se joignant à ce vaisseau, prit position pour battre le trois-ponts français par l'avant. L'*Orient*, qui avait déjà obligé le *Bellerophon* à s'éloigner du champ de bataille, riposta avec vigueur à ces nouveaux adversaires. Vers huit heures, l'amiral Brueys, blessé à la tête et à la main, ne quitta pas son poste ; il ne souffrit même pas qu'on le pansât. A huit heures et demie, il eut la jambe gauche emportée par un boulet. La blessure était mortelle. Aux officiers qui l'entouraient et qui se disposaient à le descendre au poste des blessés, il dit qu'il voulait mourir sur le pont de son vaisseau. Peu après, il expira. Un des survivants de ce grand désastre, attaché à l'état-major général, écrivit plus tard : « A huit heures, l'amiral fut blessé à la tête et à la main. Il ne voulut pas être pansé ; il se contenta d'essuyer, avec son mouchoir, le sang qui coulait de ses blessures. A huit heures et demie, il eut la cuisse gauche emportée. Nous l'entourâmes ; le chef de timonerie le reçut dans ses bras. Quoiqu'il ne pût pas revenir de sa blessure, nous voulions le faire porter au poste des blessés, mais il nous dit de le laisser, qu'il voulait mourir sur le pont. Il mourut avec la même tranquillité d'âme qu'il avait conservée en combattant.» Le capitaine de pavillon, le chef de division Casabianca, fut blessé.

Au moment ou l'ennemi prononçait son attaque sur les vaisseaux de la première escadre, notre avant-garde était presque complètement écrasée. A neuf heures, le *Conquérant* sortit de la ligne et cessa son feu. Sur un effectif de quatre cents hommes, il comptait cent vingt-cinq morts et quatre-vingt-cinq blessés. C'était un vieux vaisseau qui n'aurait pas dû quitter l'arsenal de Toulon. Au lieu de porter, comme les soixante-quatorze, du vingt-quatre et du dix-huit, il avait des canons de dix-huit dans sa batterie basse et des canons de douze dans sa deuxième batterie. Son équipage était incomplet. Le *Conquérant*, après avoir reçu les bordées d'enfilade des vaisseaux qui avaient traversé la ligne sur son arrière, avait combattu deux soixante-quatorze, le *Goliath* et l'*Audacious*. L'*Aquilon*, dont les adversaires étaient le *Theseus* et le *Minotaur*, succomba à neuf heures et demie. L'armement de la batterie haute, à bord du *Minotaur*, comportait un certain nombre de caronades de trente-deux. L'effet de cette artillerie, à petite distance, avait été désastreux. Le vaisseau français comptait trois cents hommes hors de combat, quatre-vingt-sept tués et deux cent treize blessés. Le commandant Thévenard était au nombre des morts.

Peu après, le *Peuple-Souverain*, vaisseau qui ne pouvait, sans faire des avaries, se servir de sa propre artillerie, amena son pavillon. Il avait prêté le travers au *Defence* et à l'*Orion*. Le *Peuple-Souverain*, entièrement démâté, avait trois pieds d'eau dans la cale. Ses pertes, sur un équipage dépassant à peine cinq cents hommes, s'élevaient à quatre-vingt-seize tués et cent vingt-cinq blessés. Le *Guerrier*, chef de file de la ligne française, était un des trois vaisseaux que les autorités de Toulon, par un excès de zèle fort regrettable, avaient imposés à la flotte de l'amiral Brueys. Il avait reçu, à portée de pistolet, les bordées d'enfilade du *Goliath*, de l'*Orion* et du *Theseus*. Le combat n'était pas engagé depuis un quart d'heure qu'il avait déjà perdu la plus grande partie de sa mâture. Ce malheureux vaisseau amena son pavillon un peu avant dix heures. Il semblait n'avoir plus d'avant. A babord, sur quelques points, plusieurs sabords n'en faisaient qu'un.

Les Anglais, à mesure que les bâtiments de notre avant-garde cessaient leur feu, couraient de l'avant et attaquaient les bâtiments de notre centre. Telle était la situation, lorsqu'un accident épouvantable mit le comble aux malheurs de notre armée. Le feu se déclara à bord de l'*Orient*. L'incendie se propagea avec une effrayante rapidité. Vers neuf heures et demie, on put considérer la perte du vaisseau comme certaine. De part et d'autre, on cessa de tirer. Dans les deux escadres, les capitaines se préparèrent à combattre l'incendie qui leur apparaissait comme une conséquence redoutable de l'explosion de l'*Orient*. La position des deux matelots de l'amiral, le *Franklin* et le *Tonnant*, était particulièrement grave. Le premier, qui était au vent, ne pouvait rien pour sa propre sûreté. Le capitaine du *Tonnant* ne voulait pas abandonner son poste. Cependant, lorsque l'*Orient* fut en flammes, il se décida à couper son câble. L'*Heureux*, sur lequel dérivait le *Tonnant*, coupa le sien. Le *Mercure*, abordé par l'*Heureux*, fit la même manœuvre. Le *Guillaume-Tell*, le *Généreux* et le *Timoléon*, voyant les vaisseaux qui étaient sur leur avant s'approcher rapidement, coupèrent leurs câbles et s'éloignèrent. Le *Tonnant*, après avoir mouillé, se trouva près du *Majestic*.

L'incendie continuait à dévorer l'*Orient*. L'équipage faisait pour le combattre d'inutiles efforts. Les pompes étaient brisées, les seaux renversés et couverts de débris. Lorsque tout espoir de sauver le vaisseau eut disparu, le chef d'état-major donna l'ordre de noyer les poudres. Les hommes valides se jetèrent à la mer. Les uns atteignirent, à la nage, les bâtiments ennemis, les autres s'accrochèrent aux tronçons de mâts et de vergues qui flottaient le long du bord. Les embarcations, qui n'avaient pas été détruites par le feu des Anglais, reçurent quelques hommes. L'*Orient* sauta à dix heures. Les blessés et la plus grande partie des hommes qui avaient cherché un refuge sur les débris entourant le vaisseau, périrent dans ce grand désastre. « Je me jetai à la mer, par un sabord, avec l'adjudant général Motard, écrivit, après cet événement, un officier attaché à l'état-major de l'amiral Brueys. Quoique je ne sache pas nager, j'atteignis une vergue de grand hunier sur laquelle j'attendis le moment de l'explosion. Près de quatre cents hommes avaient aussi cherché un refuge sur des mâtures qui environnaient le vaisseau. A dix heures un quart il sauta. Nous fûmes tous engloutis et seulement soixante d'entre nous purent revenir sur l'eau et retrouvèrent encore des débris sur lesquels ils cherchèrent un asile. Ces bois tenant par quelque cordage à la carcasse coulée de l'*Orient*, nous restâmes, jusqu'au jour, sur ces débris flottants fixés dans le même lieu. Pendant cinq heures, nous fûmes exposés à la canonnade de l'arrière-garde française; nous eûmes huit hommes tués et plusieurs blessés. » M. Chabert, lieutenant de vaisseau de l'*Orient*, échappé à ce désastre, fit un rapport dans lequel il dit: « Ayant quitté le vaisseau après l'avoir vu entièrement abandonné, à peine eus-je le temps de me mettre sur la vergue de misaine qui était tombée à la mer à demi brûlée, lorsque je fus tout à coup enveloppé dans un tourbillon obscur et enlevé avec une rapidité extraordinaire avec la vergue à laquelle je m'étais amarré. Après avoir erré quelque temps dans ce chaos ténébreux, je me sentis presque étouffé par une colonne d'eau dans laquelle je fus précipité. Mais heureusement étant parvenu à me démarrer, je reparus sur l'eau après bien des efforts et me remis sur des débris du malheureux vaisseau. »

L'explosion de l'*Orient* amena, sur plusieurs bâtiments français et anglais, un commencement d'incendie qui fut promptement éteint. Le combat, un moment interrompu, reprit avec une nouvelle vivacité. Les premiers coups de canon furent tirés par le *Franklin*. Les bâtiments qui avaient combattu notre avant garde, se pressèrent autour de ce vaisseau et du *Spartiate*. Dix vaisseaux les entourèrent. Le *Spartiate*, dont l'équipage atteignait à peine le chiffre de cinq cents hommes, n'avait pu, au début de l'action, armer tous ses canons. Ce vaisseau se battait avec la plus grande énergie, mais bientôt il n'eut plus que deux pièces en état de tirer. Il cessa son feu. A onze heures et demie, des embarcations du *Vanguard* l'abordèrent. La résistance n'étant pas possible, le *Spartiate* se rendit aux Anglais. Ce vaisseau avait neuf pieds d'eau dans la cale; son mât de misaine, le seul qu'il eût encore, était sur le point de tomber. Il comptait deux cent quatorze hommes hors de combat, soixante-quatre tués et cent cinquante blessés. Le commandant figurait parmi ces derniers. Vers minuit, le *Franklin*, après une admirable défense, amena son pavillon. Ce vaisseau n'avait plus que trois canons en état de faire feu, et les deux tiers de son équipage étaient hors de combat. L'amiral Blanquet-Duchayla et son capitaine de pavillon étaient au nombre des blessés. Après la reddition du *Franklin* un vaisseau combattait encore, c'était le *Tonnant*. Quoique la *Sérieuse* lui eût, par ordre de l'amiral Brueys, donné cent cinquante hommes, il n'avait pu armer sa batterie des gaillards. L'action était engagée depuis deux heures, lorsque le brave capitaine du Petit-Thouars eut le pied emporté et la jambe fracturée. Peu après il expira. L'esprit de ce chef intrépide animait l'équipage. Quoique déjà affaiblis par une lutte de plusieurs heures, officiers et matelots ne montraient aucun découragement. Le *Tonnant* échangeait de rapides bordées avec l'*Alexander* et le *Majestic*. Vers une heure du matin, le *Majestic* perdit son grand mât et son mât d'artimon. Peu après, les trois bas mâts du *Tonnant* furent coupés à la hauteur du pont. Le vaisseau français fila son câble et il s'éloigna dans la direction du *Guillaume-Tell*. Ses adversaires ne l'ayant pas suivi, le silence se fit dans la baie.

L'arrière-garde était dans le plus grand désordre. Le

Guillaume-Tell, le *Généreux* et le *Timoléon* étaient mouillés en arrière et fort loin de la position qu'ils occupaient au début de l'action. L'*Heureux* et le *Mercure* avaient, ainsi qu'on l'a vu plus haut, coupé leurs câbles pour s'écarter du *Tonnant* au moment où ce vaisseau s'approchait d'eux en dérivant. Lorsque le lieutenant de vaisseau Foucaud, qui avait remplacé le capitaine Etienne, de l'*Heureux*, voulut mouiller, on s'aperçut que la seule ancre, restant au bossoir, avait été brisée par les boulets. Quelques voiles furent appareillées pour maintenir le vaisseau en travers jusqu'à ce qu'une nouvelle ancre eût été disposée. A trois heures du matin, le vaisseau se jeta à la côte. Le *Mercure* n'eut pas une meilleure fortune. A trois heures et demie, il s'échoua près de l'*Heureux*. Son gouvernail était démonté et il n'avait plus d'ancre. Le contre-amiral Decrès se rendit à bord de l'*Heureux* et du *Mercure* afin de hâter, par sa présence, la mise à flot de ces deux vaisseaux. Reconnaissant qu'il n'existait aucun moyen d'arriver à ce résultat, il s'éloigna, laissant les deux capitaines libres de leur manœuvre. Ceux-ci se trouvaient dans l'impossibilité d'évacuer et d'incendier leurs vaisseaux. Les embarcations des deux bâtiments avaient été détruites par le feu de l'ennemi. A quatre heures du matin, le *Guillaume-Tell*, le *Généreux* et le *Timoléon* échangèrent des boulets avec l'*Alexander*, le *Majestic*, le *Theseus* et le *Goliath*. A six heures le *Goliath*, le *Theseus* et l'*Alexander*, auxquels vint se joindre le *Leander*, se dirigèrent sur l'*Heureux* et le *Mercure*. Après un court engagement, ces deux vaisseaux amenèrent leur pavillon. L'*Heureux*, très maltraité, avait neuf pieds d'eau dans la cale. Nous ne pouvons donner le chiffre des morts et des blessés qui n'est pas indiqué dans le procès-verbal relatant la perte de ce vaisseau. Le *Mercure* n'avait plus que six pièces en état de tirer. Le nombre des tués était de cent cinq et celui des blessés de cent quarante-huit. Le capitaine Cambon et tous les officiers, à l'exception d'un seul, figuraient parmi ces derniers.

A sept heures du matin, la frégate la *Justice* fit route vers le large. Le *Zealous*, qui était sous voiles, s'étant porté au-devant de cette frégate, celle-ci reprit son mouillage près du *Guillaume-Tell*, du *Généreux* et du *Timoléon*. Le vaisseau anglais alla jeter l'ancre près du *Bellerophon*, mouillé au fond de la baie. Les couleurs françaises ne flottaient plus que sur quatre vaisseaux, le *Tonnant*, le *Timoléon*, le *Guillaume-Tell* et le *Généreux*, et sur deux frégates, la *Diane* et la *Justice*. Les bordées de l'*Orion* avaient coulé la *Sérieuse* ; l'équipage de l'*Arthémise* s'était refugié à terre, après avoir incendié cette frégate. Les avisos, deux bombardes et quelques navires de transport s'étaient éloignés du champ de bataille pendant la nuit. Ces bâtiments avaient jeté l'ancre, près de terre, sous la protection du fort d'Aboukir. Le lieutenant de vaisseau Bréart vint à bord du *Guillaume-Tell* pour informer l'amiral Villeneuve de la situation du *Tonnant* qu'il commandait depuis la mort du chef de division du Petit-Thouars. Ce vaisseau, rasé de tous ses mâts, coulait bas d'eau. C'était à peine s'il lui restait quelques pièces en état de faire feu. Enfin, il comptait deux cent soixante hommes hors de combat, cent dix tués et cent cinquante blessés. Le *Timoléon* n'avait pas joué le rôle du *Tonnant*, et il n'était pas dans la même situation. Néanmoins, il avait de nombreuses avaries dans sa mâture et son gréement était haché. Le *Guil-*

laume-Tell et le *Généreux* étaient seuls en état de prendre la mer.

Le contre-amiral Villeneuve, laissant les capitaines du *Tonnant* et du *Timoléon* libres de leur manœuvre, fit le signal d'appareiller. A onze heures, le *Guillaume-Tell*, le *Généreux*, la *Diane*, portant le pavillon du contre-amiral Decrès, et la *Justice* mirent sous voiles. Quelques boulets furent échangés avec le *Theseus*. Ce vaisseau fut rappelé par l'amiral Nelson qui n'avait pas de bâtiments en position de le soutenir. La division française, après avoir fait un bord de trois quarts d'heure pour doubler la pointe de Rosette, gagna le large. Elle se dirigea sur Malte. Aussitôt après le départ du *Guillaume-Tell*, le *Timoléon* se jeta à la côte. Le capitaine Trullet envoya un officier à Rosette pour demander des embarcations. Lorsque celles-ci furent arrivées, il débarqua son équipage, qui partit en emportant des armes et des munitions. Après avoir été évacué, le *Timoléon* fut brûlé. Le *Tonnant* n'avait plus de canots. Le lieutenant de vaisseau Bréart ne put donc, à l'exemple du capitaine Trullet, profiter du répit que lui laissait l'ennemi pour mettre l'équipage à terre et livrer son vaisseau aux flammes. On doit croire que son capitaine ne trouva aucun moyen, soit par lui-même, soit en s'adressant, par signal, au *Timoléon*, d'informer les autorités de Rosette de sa situation. Quoi qu'il en soit, le *Tonnant*, ses couleurs déployées, attendit les événements. Sommé, dans la journée du 2, de se rendre, le lieutenant de vaisseau Bréart proposa une capitulation. Il demanda que les Anglais prissent l'engagement de renvoyer l'équipage en France. Cette condition ne fut pas acceptée. Le 3, le *Theseus* et le *Leander* mouillèrent près du *Tonnant* prêts à commencer le feu. Toute résistance étant impossible, le *Tonnant* amena son pavillon.

Les bâtiments qui s'étaient réfugiés sous les canons du fort d'Aboukir, mirent sous voiles dans la nuit du 2. Ils passèrent entre l'île et la terre et gagnèrent Alexandrie. Les bricks le *Salamine* et le *Railleur* firent route pour rejoindre le *Guillaume-Tell*. Le *Salamine* le rencontra sous l'île de Rhodes. L'amiral Villeneuve expédia ce brick à Alexandrie avec ses dépêches.

Tel fut le combat d'Aboukir. Sur les treize vaisseaux dont se composait notre escadre, neuf tombèrent entre les mains de l'ennemi. L'*Orient* sauta et le *Timoléon* fut incendié par son équipage. Dans le combat du 1er août 1798, l'escadre anglaise eut deux cent dix-huit tués et six cent soixante-dix-huit blessés. Ces pertes se trouvaient réparties ainsi qu'il suit : le *Goliath* vingt et un tués, quarante et un blessés ; le *Zealous* un tué, sept blessés ; l'*Orion* treize tués, vingt-neuf blessés ; l'*Audacious* un tué, trente-cinq blessés ; le *Theseus* cinq tués, trente blessés ; le *Vanguard* trente tués, soixante-seize blessés ; le *Minotaur* vingt-trois tués, soixante-quatre blessés ; le *Defence* quatre tués, onze blessés ; le *Bellerophon* quarante-neuf tués, cent quarante-huit blessés ; le *Majestic* cinquante tués, cent quarante-trois blessés ; le *Swiftsure* sept tués, vingt-deux blessés ; l'*Alexander* quatorze tués, cinquante-huit blessés ; le *Leander* quarante blessés.

Quelques-uns des chiffres mentionnés ci dessus appellent l'attention. Deux bâtiments anglais, le *Bellerophon* et le *Majestic*, font des pertes sérieuses. Le premier a combattu l'*Orient*, et le second a été le principal adversaire du *Tonnant*. Puis viennent le *Vanguard*, le *Minotaur* et le *Goliath*. A bord des autres vaisseaux, le chiffre des hommes atteints par notre feu est hors de toute proportion avec les résultats que l'ennemi a obtenus. Le *Zealous*, l'*Orion*, l'*Audacious*, le *Theseus*, le *Defence*, le *Swiftsure*, l'*Alexander* et le *Leander* comptent à peine quelques hommes tués ou blessés. Cependant ces vaisseaux ont joué un rôle important. Non seulement ils ont contribué à la destruction de notre avant-garde, mais ils ont amené la reddition du *Tonnant*, du *Mercure*, de l'*Heureux* et mis le *Timoléon* dans l'impossibilité de suivre le *Guillaume-Tell* et le *Généreux*. Prenons un exemple. Le *Zealous*, après avoir combattu le *Guerrier*, est venu se joindre aux bâtiments qui ont entouré le *Franklin*. Enfin, ce même vaisseau a échangé quelques bordées avec le *Guillaume-Tell* et le *Généreux*, lorsque ces deux bâtiments, abandonnant le champ de bataille, se sont dirigés vers le large. Le *Zealous* a un tué et sept blessés. Quant à ses avaries, elles se réduisent à quelques trous dans ses voiles. Ce que nous venons de dire du *Zealous* s'applique, avec non moins d'exactitude, aux vaisseaux l'*Orion*, l'*Audacious*, le *Theseus*, le *Defence*, le *Swiftsure*, l'*Alexander* et le *Leander*. Ces bâtiments, qui sont parvenus à nous faire beaucoup de mal, n'ont pas souffert. Nos pertes sont en effet considérables. Six vaisseaux, le *Conquérant*, le *Peuple-Souverain*, l'*Aquilon*, le *Spartiate*, le *Mercure* et le *Tonnant* ont cinq cent quatre-vingt-sept morts et huit cent quatre-vingt-seize blessés, soit quatre-vingt-dix-huit morts et cent quarante-neuf blessés par bâtiment. Si nous appliquons cette moyenne aux vaisseaux le *Guerrier*, l'*Heureux*, le *Franklin* et le *Timoléon* dont les pertes ne nous sont pas connues, nous arrivons à un total de neuf cent soixante-dix-neuf morts et quatorze cent quatre-vingt-douze blessés. A ce chiffre déjà si élevé, nous devons ajouter les tués et les blessés de l'*Orient*. Enfin, si nous tenons compte des victimes faites par l'explosion du vaisseau de l'amiral Brueys, la bataille d'Aboukir nous coûte près de trois mille cinq cents hommes, tués, blessés ou noyés.

V

Dans une rencontre avec les forces détachées à sa poursuite, l'amiral Brueys devait être battu. C'était la conséquence obligée de l'infériorité des bâtiments qu'il commandait, au double point de vue du matériel et du personnel. Toutefois, la défaite de notre escadre pouvait être soit atténuée, soit aggravée par notre propre conduite ou par la conduite de l'ennemi. Non seulement nos adversaires ne commirent pas de fautes, mais ils prirent de telles dispositions que, même à égalité de forces, elles leur auraient assuré des avantages importants. Le 1er août, les Anglais, en apercevant nos vaisseaux, se couvrirent de voiles. Nelson ne se trompa pas sur le peu de solidité de notre position. Il vit ce qu'il pouvait entreprendre, et, aussitôt qu'il eut formé son plan d'attaque, il ne perdit pas un moment pour l'exécuter. Il n'avait pas de carte de la baie d'Aboukir, la nuit approchait, enfin ses bâtiments n'étaient pas tous réunis. Aucune de ces considérations ne l'arrêta. Il ne voulut pas donner à l'amiral Brueys le temps d'achever ses préparatifs de défense. L'audace et l'habileté de l'amiral Nelson s'élevèrent à une hauteur qu'il eût été difficile de surpasser. Les capitaines anglais firent ce qu'on devait attendre d'officiers expérimentés, commandant de bons vaisseaux, montés par des équipages exercés. Le capitaine du *Goliath* contribua personnellement au succès de la journée. En doublant le vaisseau de tête de notre armée, il donna au plan du commandant de l'escadre britannique un développement auquel celui-ci n'avait pas songé. L'amiral Nelson se proposait de mouiller au large de notre ligne. Deux vaisseaux anglais, se tenant près l'un de l'autre, auraient attaqué un vaisseau français. Le premier l'eût combattu par le bossoir et le second par la hanche. Pour arriver à ce résultat, il eût fallu manœuvrer avec une extrême précision. Le capitaine Foley, en passant devant le *Guerrier*, manœuvre qui fut imitée par plusieurs vaisseaux anglais, supprima cette difficulté. Nos navires se trouvèrent entre deux feux et obligés de se battre non seulement à tribord mais du côté de terre, ce à quoi ils n'étaient pas préparés. Sur plusieurs vaisseaux, les batteries étaient engagées à bâbord. Enfin, la faiblesse de notre personnel, sous le rapport du nombre et de la qualité, rendait un combat des deux bords désavantageux pour nous.

Après avoir indiqué le rôle des Anglais, nous résumerons rapidement le nôtre. En arrivant à Toulon, dans les premiers jours d'avril, l'amiral Brueys avait trouvé, sur la rade, la plupart des vaisseaux qui devaient former son escadre. Il lui fut facile de reconnaître le peu de valeur des éléments dont celle-ci était composée. Des plaintes très vives s'élevèrent autour de lui ; chaque jour, ses capitaines dénonçaient la mauvaise situation de leurs vaisseaux. A moins de se faire volontairement illusion, l'amiral n'avait pu ignorer le véritable état des choses. Au lieu de protester avec énergie contre la conduite des autorités du port de Toulon, il avait cédé à l'entraînement général. Il s'était reposé sur la fortune, c'est-à-dire sur le hasard, du soin de le tirer des difficultés qu'il voyait, mais contre lesquelles il n'avait pas le courage de lutter. A la mer, la présence du général Bonaparte, dont la responsabilité couvrait la sienne, le concours que les officiers et les soldats du corps expéditionnaire auraient donné à la marine, en cas de rencontre avec l'ennemi, avaient ranimé sa confiance. Mais, après le débarquement des troupes, quand il se trouva en présence de ces équipages affaiblis et sans instruction, de ces bâtiments dont les mouvements étaient si lents et si difficiles, du *Conquérant,* du *Peuple-Souverain* et du *Guerrier,* vaisseaux qui depuis longtemps étaient hors d'état de figurer dans une ligne de bataille, il tomba dans un découragement profond. Par suite de ces diverses considérations, l'amiral Brueys pensa qu'il s'exposerait à un désastre certain en acceptant un combat sous voiles. Ce fut alors qu'il prit la détermination d'attendre les Anglais au mouillage d'Aboukir. Si l'amiral était parvenu à appuyer les deux extrémités de sa ligne sur de puissantes batteries, on se serait expliqué sa résolution. Mais, ainsi qu'on l'a vu, l'escadre ne tirait de la terre aucune protection. Aussi comprend-on difficilement que l'amiral se soit fait illusion sur ce point. Notre escadre était dans les conditions les plus défavorables pour combattre sous voiles les vaisseaux de l'amiral Nelson. Mais était-ce atténuer la supériorité de l'ennemi que de l'attendre à un mouillage où notre position présentait moins d'avantages que si nous avions été à la mer?

Le 1ᵉʳ août, l'ennemi nous surprit. Les chaloupes et canots, qui eussent été nécessaires pour prendre les dispositions prescrites par l'amiral, ne revinrent pas. Les vaisseaux furent privés des équipages de ces embarcations ainsi que des hommes envoyés à terre pour protéger l'aiguade. Sur la plupart des vaisseaux, l'insuffisance du personnel ne permit pas d'armer la batterie des *Gaillards*. L'*Orient* ne put même pas armer complètement sa troisième batterie. Le 1ᵉʳ août, il n'y avait pas un bâtiment qui surveillât le large. Les Anglais entrèrent dans la baie quelques heures après avoir été signalés. L'amiral Brueys écrivait, le 20 juillet, au général Bonaparte qu'il n'expédiait pas de navires sur les différents points de la Méditerranée d'où il eût pu tirer d'utiles informations, parce qu'il n'avait ni vivres ni rechanges à leur donner. Si cette explication permet de comprendre que l'amiral n'ait pas détaché une frégate ou un aviso pour remplir une mission de quelque durée, elle ne peut le justifier de ne pas avoir eu des bâtiments sous voiles en dehors de la baie. Ceux qu'il eût employés à ce service n'auraient pas consommé plus de vivres qu'au mouillage. Quant aux rechanges, il n'eût pas été impossible de leur donner le nécessaire. Il y avait, dans le port d'Alexandrie, des vaisseaux, des frégates et des corvettes armés en flûte. Plutôt que de laisser l'escadre dans le dénuement, il fallait prendre le matériel existant à bord de ces bâtiments. L'amiral Brueys pouvait d'autant mieux en agir ainsi que son autorité, en vertu d'une décision prise, le 2 juin, par le général Bonaparte, s'étendait sur tout le littoral occupé par nos troupes.

Après avoir doublé l'îlot d'Aboukir, l'ennemi se dirigea sur notre avant-garde. La route qu'il suivait révélait ses intentions. L'amiral Nelson manœuvrait pour attaquer une partie de nos vaisseaux avec toutes ses forces. L'amiral Brueys n'avait d'autre chance de s'opposer à ce dessein qu'en prescrivant à l'arrière-garde et à quelques vaisseaux du centre d'appareiller. S'il ne donnait pas immédiatement cet ordre, il semble qu'il eût dû faire le signal de se préparer à l'exécuter. Le *Guerrier* et le *Conquérant* tirèrent les premiers coups de canon à six heures et demie, et, à sept heures, nos cinq premiers vaisseaux se trouvaient entourés par huit vaisseaux anglais. Il n'était plus permis à l'amiral Brueys d'avoir de doutes, si tant est qu'il en eût conservé jusque-là, sur les projets de son adversaire. Il devait donc avoir pour objectif de porter l'ensemble de ses forces sur le point choisi par l'ennemi pour livrer la bataille. L'amiral Brueys avait prévu le cas où il croirait nécessaire d'appeler l'avant-garde au secours de l'arrière-garde. Des signaux supplémentaires, ayant trait à cette éventualité, avaient été remis à chaque capitaine. Mais l'amiral n'avait pas supposé que son avant-garde serait attaquée. Aussi n'avait-il prescrit aucune mesure en vue d'une hypothèse qu'il regardait comme inadmissible. La manœuvre de l'amiral Nelson l'avait donc pris au dépourvu. Néanmoins, en agissant avec résolution, il aurait, sinon réparé, du moins atténué les conséquences de l'erreur qu'il avait commise. Il faisait encore jour. L'amiral donnait ses premiers ordres à l'aide des signaux, et si l'*Orient* n'appareillait pas, le contre-amiral Villeneuve, instruit par un officier de ses intentions, eût conduit nos bâtiments au feu. La brise était fraîche, variant entre le nord-ouest et le nord-nord-ouest. Quoiqu'elle soufflât dans la direction de la ligne d'embossage, les vaisseaux de l'arrière-garde et quelques vaisseaux du centre, appareillant en coupant leurs câbles, ainsi que le firent, le lendemain, le *Guillaume-Tell* et le *Généreux*, se seraient élevés rapidement jusqu'à la hauteur de l'avant-garde. Peu après le commencement du combat, la brise passa au nord. Nos bâtiments, appareillant au début de l'action, auraient trouvé ce changement de vent au moment où, après avoir couru la bordée de bâbord, ils se seraient dirigés sur le mouillage les amures à tribord. Notre arrière-garde eût été en mesure de s'opposer à la jonction de l'*Alexander*, du *Swiftsure* et du *Leander* avec le gros de la flotte anglaise. Elle eût pu également se placer au large des vaisseaux anglais mouillés par tribord de notre ligne.

Nos bâtiments se seraient-ils bien acquittés de leur tâche? Les capitaines, peu habitués, pour la plupart, aux manœuvres d'escadre, auraient peut-être commis des fautes, mais tous nos navires se seraient trouvés au feu et là était le but qu'il fallait poursuivre. L'immobilité d'une partie de nos forces doit donc être justement reprochée à Brueys jusqu'au moment où cet amiral n'eut plus la possibilité de communiquer avec son arrière-garde. Cette responsabilité pèse d'autant plus sur lui que le début de l'action était le moment véritablement favorable pour faire cette manœuvre. C'était alors qu'elle avait toute sa valeur et qu'elle pouvait porter ses fruits.

Lorsque l'amiral Brueys ne fut plus en position de jouer le rôle de commandant en chef, le droit de diriger les vaisseaux placés sur l'arrière de l'*Orient* appartint au contre-amiral Villeneuve. Il est juste de reconnaître que l'appareillage de l'arrière-garde ne présentait plus, à ce moment, les mêmes avantages qu'au début de l'action. Quatre vaisseaux, sur les six qui précédaient l'*Orient*, étaient à peu près réduits. Parvenu à la tête de notre ligne, l'amiral Villeneuve n'aurait trouvé, portant les couleurs françaises, que le *Spartiate* et le *Franklin*. S'il renonçait à opérer sa jonction avec l'avant-garde, il fallait, au moins, qu'il soutînt le *Tonnant*, mouillé à quelques encablures sur son avant. Plus tard, Villeneuve, apprenant que sa conduite au combat d'Aboukir était sévèrement critiquée, voulut se justifier. Dans ce but il adressa au contre-amiral Blanquet Duchayla une lettre dans laquelle il fit connaître les motifs qui l'avaient empêché de se porter au secours de l'avant-garde. Le *Guillaume-Tell*, disait l'amiral dans cette lettre, avait à la mer deux grosses ancres, une petite, quatre grelins et il ne pouvait « abandonner ses amarres ». Or, dans la nuit de 1er au 2 août, le *Guillaume-Tell* avait abandonné ses amarres, une première fois, vers dix heures, avant l'explosion de l'*Orient*, et une seconde fois, à trois heures du matin. Enfin, le 2 août, le *Guillaume-Tell* et le *Généreux* avaient appareillé, en coupant leurs câbles.

Dans sa lettre à l'amiral Duchayla, l'amiral Villeneuve disait aussi que la nuit tout entière se serait passée avant que les vaisseaux de l'arrière-garde fussent arrivés sur le lieu du combat. Comment croire que, avec une brise fraîche, alors même qu'elle eût soufflé dans la direction de la ligne d'embossage, des vaisseaux ne se seraient pas élevés au vent de quelques encablures. Il n'en fallait pas davantage pour atteindre soit le *Franklin* qui était le sixième vaisseau de la ligne, soit le *Tonnant* qui était le huitième. Or, la distance qui séparait le *Guillaume-Tell* des vaisseaux le *Franklin* et le *Tonnant* était de quatre vaisseaux, dans le premier cas, et de deux dans le second. On lit dans le rapport de l'amiral Villeneuve que le *Guillaume Tell* et le *Généreux* firent une bordée de trois quarts d'heure avant de doubler la pointe de Rosette. Cela est vrai, mais il faut ajouter que ces deux vaisseaux étaient, le 2 août, au moment de leur appareillage, sous le vent et fort loin du poste qu'ils occupaient la veille. Cette seconde objection n'est pas plus acceptable que la première. Enfin, l'amiral dit que la pensée d'appareiller et de se porter au secours des vaisseaux engagés n'est venue à personne parce que c'était impraticable. L'amiral oublie que le capitaine Trullet, du *Timoléon*, fit hisser ses huniers, à huit heures et quart, montrant ainsi son sentiment sur l'immobilité des navires de l'arrière-garde. La vérité oblige de dire que les considérations, présentées par l'amiral Villeneuve pour justifier sa conduite, ne peuvent être admises.

En résumé, les Français avaient des vaisseaux qui, sous le rapport du matériel et du personnel, étaient inférieurs à ceux de leurs adversaires. Ils eurent, en outre, la mauvaise fortune d'être mal commandés. Le vice-amiral Brueys, après le débarquement du corps expéditionnaire, ne devait avoir qu'une pensée, soustraire son escadre à l'ennemi pour la réorganiser. Celle-ci, composée de vaisseaux armés, pour la plupart, à la hâte, encombrée, depuis son départ de Toulon, de troupes et de matériel, n'avait ni force ni cohésion. L'amiral savait qu'il ne pouvait compter sur la solidité des états-majors pour atténuer la faiblesse des équipages, puisqu'il se plaignait, dans ses lettres, du peu d'instruction des officiers. Enfin, l'indiscipline régnait dans son escadre. Il existe encore, écrivait l'amiral Brueys au ministre, « une grande insubordination dans les états-majors et dans les équipages ». Il demandait que les jurys militaires, institués par la loi de 1790, fussent remplacés par des conseils de guerre. Dans ces conditions, il fallait que l'amiral se rendît à Corfou, ainsi que le lui avait ordonné le général en chef, dans sa lettre du 3 juillet. Malgré les instructions très précises qui lui prescrivaient d'aller à Alexandrie, s'il ne se rendait pas à Corfou, l'amiral soumit de nouveau la question au général en chef. Or, il s'agissait de décider, d'après les sondes faites par le capitaine Barré, si un vaisseau pouvait entrer dans le Port-Vieux avec sécurité. La détermination à prendre, sur ce point, était l'affaire de la marine et la responsabilité, qui en découlait, devait légitimement incomber à l'amiral Brueys.

Dans ses lettres au général Bonaparte, on voit l'amiral passer, tour à tour, de la confiance au découragement. Tantôt il se croit en mesure de repousser l'attaque de Nelson, tantôt il déclare que, dans cette rade, il ne pourra jamais prendre une position militaire lui permettant de résister à un ennemi supérieur en nombre. Quoique des frégates anglaises soient venues le reconnaître, il se berce de l'espoir qu'il ne sera pas attaqué. Ce sentiment, qui ne tarde pas à être connu, devient celui de la plupart des officiers. L'escadre perd le stimulant qu'elle aurait trouvé dans l'éventualité à peu près certaine d'une bataille avec les Anglais. Un mois s'écoule pendant lequel les équipages sont employés à de continuelles corvées. Il faut débarquer le matériel des vaisseaux et l'embarquer sur les petits navires venus d'Alexandrie. On change de mouillage et on fait de l'eau. Quant à l'instruction militaire, on s'en occupe peu. L'amiral fatigué, malade, n'a pas d'autorité ; sa main ne se fait sentir d'une manière énergique dans aucune partie du service.

La discipline, déjà très faible, ainsi que nous l'avons vu plus haut, se relâche encore. « Les subordonnés, suivant l'expression d'un officier de l'escadre, ne sont liés à leurs chefs ni par la crainte ni par la confiance. » Le 1er août, l'amiral Brueys se laisse surprendre. Ses ordres, à partir du moment où l'ennemi est en vue, n'ont pas une netteté suffisante. Les chaloupes et canots nécessaires pour rectifier la ligne d'embossage sont loin et ne rallient pas en temps opportun.

Le combat commence. Aux habiles dispositions de l'ennemi nous n'opposons aucune combinaison. L'*Orient* incendié saute ; le *Franklin*, qui porte le pavillon du commandant de la deuxième escadre, est entouré par les Anglais. Le contre-amiral Villeneuve, devenu le chef des débris de notre armée, voit détruire successivement les bâtiments qui le précèdent, et il attend, pour combattre, que l'ennemi vienne l'attaquer. Dans sa lettre à l'amiral Blanquet Duchayla, le contre-amiral Villeneuve dit « que la perte de l'escadre a été décidée au moment où les vaisseaux anglais ont pu nous doubler par la tête ». S'il avait cette conviction, malheureusement trop justifiée, pourquoi n'a-t-il pas appareillé dans la nuit? S'il avait mis sous voiles, après l'explosion de l'*Orient*, il aurait emmené, outre le *Guillaume-Tell* et le *Généreux*, le *Timoléon* et probablement l'*Heureux* et le *Mercure*. L'amiral Villeneuve avait le choix entre deux partis. Se joindre à ses compagnons d'armes et partager leur fortune, ou, s'il reconnaissait que la manœuvre de l'ennemi nous condamnait à une irrémédiable défaite, n'avoir d'autre préoccupation que de sauver la partie de l'escadre qui était encore intacte. Le jour vint sans qu'il eût pris de résolution.

Le commandement supérieur fut, dans cette nuit funeste, au-dessous de sa tâche, mais les capitaines, les officiers et les équipages montrèrent une vigueur remarquable. Parmi les vaisseaux qui s'honorèrent le plus par l'opiniâtreté de leur résistance, on doit citer le *Franklin*, capitaine Gilet, portant le pavillon du contre-amiral Blanquet Duchayla, et le *Tonnant*, capitaine du Petit-Thouars. Un ordre du jour, adressé par le général Bonaparte à l'armée d'Egypte, rendit un juste hommage à la glorieuse conduite du *Tonnant*. « Dans le combat naval, disait le général, qui a eu lieu entre les escadres anglaise et française, le vaisseau le *Tonnant* s'est couvert de gloire; il s'est battu seul, pendant trente-six heures, contre toute l'escadre. Le brave capitaine du Petit-Thouars a été tué d'un coup de canon. Gloire à sa mémoire, gloire à tout l'équipage du *Tonnant*. » Malheureusement l'ordre du jour ne s'arrêtait pas là. Le général ajoutait : « Le *Franklin* a amené son pavillon sans être démâté et sans avoir reçu aucune avarie. » Le général Bonaparte avait été mal renseigné sur la conduite du *Franklin*. Lorsque l'amiral Blanquet Duchayla eut connaissance de cet ordre du jour, il adressa au ministre de la marine un mémoire justificatif. Le vice-amiral Bruix remit au Directoire un rapport, sur cette affaire, dans lequel il disait : « Le commandant des forces navales à Alexandrie m'écrit : Le vaisseau le *Franklin*, que montait le général Blanquet, non seulement a fait son devoir, mais même est de ceux qui, de l'une et l'autre armée, ont fait la plus belle résistance. Le capitaine Barré, dans un rapport qu'il avait été chargé de faire, déclare qu'il ne restait au *Franklin* que le mât de misaine (sans mât de hune) qui était hors d'état de servir, puisque les Anglais l'ont coupé. Ce même officier transmet le rapport du citoyen Emond, chef de brigade, commandant l'artillerie à bord du *Franklin*. Il est ainsi conçu : Le général Blanquet s'est battu en homme d'honneur jusqu'au moment où il a été blessé assez dangereusement pour perdre connaissance. Lorsqu'il revint à lui, il demanda pourquoi l'on ne tirait plus ; et sur ce qu'on lui objecta qu'il ne restait plus que trois canons en état : Eh bien, dit-il, tirez toujours, le dernier est peut-être celui qui nous rendra victorieux. Le capitaine Barré ajoute : Le citoyen Martinet, capitaine de frégate, qui a rendu le vaisseau (le général Blanquet et le citoyen Gilet, son capitaine de pavillon, étant blessés) avait reçu des éloges mérités pour sa bravoure à continuer le combat ; et le général Ganteaume dit, à son arrivée d'Aboukir, que le *Franklin* faisait un feu superbe, et que les dispositions militaires de ce vaisseau faisaient plaisir à voir. » Le vice-amiral Bruix, en communiquant, au nom du gouvernement, ce rapport à l'amiral Blanquet Duchayla, exprimait l'espoir que les termes dans lesquels il était conçu « effaceraient les impressions pénibles que l'amiral avait pu éprouver ».

Lorsque l'amiral Nelson, rallié, sur les côtes de Provence, par les vaisseaux que lui envoyait lord Jervis, s'était mis à la poursuite de la flotte française, il avait partagé son armée en trois divisions. Il se proposait, avec les deux premières, de combattre notre escadre. La troisième division, comprenant le *Culloden*, l'*Alexander* et le *Swiftsure*, devait se jeter au milieu du convoi et le détruire. On se rappelle que les escadres anglaise et française, courant la première au sud-est et la seconde à l'est, s'étaient trouvées très près l'une de l'autre dans la nuit du 22 juin. Que serait-il advenu si, dans cette nuit du 22 juin, les Anglais avaient eu connaissance de la flotte expéditionnaire? Depuis notre départ, le temps était beau. En conséquence, il y avait plus d'un mois que généraux, officiers et soldats, s'exerçaient au rôle qu'ils étaient appelés à remplir en cas de rencontre entre les deux escadres. Nous aurions eu, à bord de nos vaisseaux, des batteries bien armées et une excellente mousqueterie. Enfin, il eût été facile de détacher à la manœuvre un nombre d'hommes suffisant. De part et d'autre on se serait battu avec la volonté de vaincre. Quelle eût été l'issue définitive de la lutte ? Il est difficile de le dire, mais on peut affirmer qu'un combat, engagé dans telles conditions, ne se serait pas terminé comme celui d'Aboukir. Toutefois si, le 1er août 1798, la marine française subit un épouvantable désastre, l'honneur du pavillon sortit sauf de cette épreuve. L'attitude des amiraux Brueys, Blanquet Duchayla, et du chef de division du Petit-Thouars fut héroïque. Les capitaines de vaisseau Thévenard, de l'*Aquilon*, Casabianca, de l'*Orient*, trouvèrent une mort glorieuse dans ce combat. Les capitaines Dalbarade, du *Conquérant*, Emériau, du *Spartiate*, Thévenard, du *Peuple-Souverain*, Gilet, du *Franklin*, Etienne, de l'*Heureux*, Cambon, du *Mercure*, furent au nombre des blessés. Les officiers et les équipages déployèrent la plus grande énergie. Des vaisseaux, comptant plusieurs centaines d'hommes hors de combat, n'ayant plus que quelques canons en état de faire feu, sans espoir de vaincre, continuèrent la lutte, contre un ennemi supérieur en nombre, avec un véritable acharnement. Le courage de l'escadre française fut supérieur à sa fortune.

L'amiral Nelson, embarrassé de ses prisonniers, qu'il

ne pouvait nourrir, les renvoya à Alexandrie. Malgré leur désir de conserver tous les vaisseaux capturés, les Anglais furent obligés de livrer aux flammes le *Mercure*, l'*Heureux* et le *Guerrier*. Le 14 août, le *Tonnant*, le *Franklin*, le *Conquérant*, le *Peuple-Souverain*, l'*Aquilon* et le *Spartiate*, réparés à la hâte, prirent la mer. Ils étaient escortés par l'*Orion*, le *Bellerophon*, le *Minotaur*, le *Defence*, l'*Audacions*, le *Theseus* et le *Majestic*. Le *Peuple-Souverain* ne put pas dépasser Gibraltar. Les autres atteignirent, non sans peine, les ports de la Grande-Bretagne.

Le 19 août, l'amiral Nelson partit pour la baie de Naples avec le *Vanguard* le *Culloden* et l'*Alexander*. Le *Leander*, de cinquante, avait appareillé, le 5 août, de la baie d'Aboukir. Le capitaine Berry, du *Vanguard*, porteur des dépêches de l'amiral Nelson à lord Jervis, était à bord de ce vaisseau. Le *Leander* se trouvait, le 18, dans l'ouest de l'île de Candie, lorsque ses vigies signalèrent un grand bâtiment. C'était le *Généreux*, de soixante-quatorze, capitaine Lejoille, qui s'était séparé du *Guillaume-Tell* quelques jours auparavant. Le *Leander* prit chasse, mais le vaisseau français ne tarda pas à le joindre. Après un engagement de plusieurs heures, le *Leander* amena son pavillon. Ce vaisseau, dont la défense avait été très honorable, comptait trente-cinq hommes tués et cinquante-sept blessés.

L'amiral Nelson avait laissé, sur les côtes d'Égypte, une division comprenant les vaisseaux le *Zealous*, le *Goliath* et le *Swiftsure* et quelques frégates. Il ne nous restait que les vaisseaux le *Causse* et le *Dubois*, les frégates l'*Alceste*, la *Courageuse*, la *Leoben*, la *Carrère*, la *Montenotte*, la *Mantoue*, la *Junon* et quelques corvettes et avisos. Le général Bonaparte confia le commandement de la marine en Égypte à l'ancien chef d'état-major de l'escadre, le chef de division Ganteaume, échappé au désastre d'Aboukir. Ce dernier fut, peu après son arrivée à Alexandrie, promu au grade de contre-amiral.

LIVRE XI

Prise du vaisseau l'*Hercule*. — Incendie du vaisseau le *Quatorze-Juillet*. — Envoi des divisions Savary et Bompard sur les côtes d'Irlande. — Combat de la *Bayonnaise* et de l'*Ambuscade*. — Prise, dans les mers de l'Inde, de la *Prudente*, de la *Forte* et de la *Preneuse*, et, dans les Antilles, de l'*Insurgente*. — Armement à Brest d'une escadre dont le vice-amiral Bruix, ministre de la marine, prend le commandement. — Cet amiral, trompant la surveillance de lord Bridport, gagne le large. — Il arrive devant Cadix. — Le mauvais temps ne permet pas aux Espagnols de rallier l'escadre française. — L'amiral Bruix entre dans la Méditerranée. — Il conduit ses vaisseaux à Toulon. — Les Anglais se concentrent à Minorque. — Les Espagnols se rendent à Carthagène. — L'amiral Bruix paraît devant Gênes et devant Savone. — L'amiral Keith, sur le point de joindre l'escadre française, est rappelé par le comte Saint-Vincent. — Bruix rallie les Espagnols à Carthagène. — La flotte combinée sort de la Méditerranée. — Elle se rend à Cadix et de là à Brest. — Après avoir inutilement cherché notre escadre sur différents points de la Méditerranée, les Anglais franchissent le détroit de Gibraltar et paraissent devant Brest. — Une division de cinq vaisseaux, sous le commandement de l'amiral Meljarejo, mouille sur la rade de l'île d'Aix. — Elle repousse l'attaque d'une escadre anglaise. — L'amiral Meljarejo ramène ses vaisseaux au Ferrol. — Le *Généreux* à Brindisi. — Mort du capitaine Lejoille. — Le *Généreux* rentre à Toulon. — Le *Leander* tombe entre les mains des Russes. — Une division composée de deux frégates et de deux bricks, revenant d'Egypte, mouille sur la rade de Fréjus. — Le général Bonaparte est sur la *Muiron*. — Une armée anglo-russe, sous le commandement du duc d'York, débarque à l'embouchure du Texel. — Les Anglais signent, à Castricum, une convention, à la suite de laquelle ils évacuent la Hollande.

1

Au commencement de l'année 1798 la marine française perdit deux vaisseaux dans les circonstances que nous allons rapporter. Le vaisseau neuf, l'*Hercule*, de soixante-quatorze, après avoir terminé son armement à Lorient, reçut l'ordre d'aller à Brest. Il prit la mer, le 20 avril, sous le commandement du capitaine de vaisseau l'Héritier, pour se rendre à sa destination. Le lendemain, l'*Hercule* était à petite distance du raz de Sein lorsque plusieurs voiles ennemies furent aperçues dans le sud. Il ventait une légère brise variable de l'est au nord. Peu après, les vigies signalèrent d'autres bâtiments, appartenant à l'escadre de lord Bridport, dans l'ouest-nord-ouest. Désespérant, par suite de la faiblesse de la brise, d'atteindre le raz de Sein, dont il était encore éloigné de cinq milles environ, le commandant l'Héritier fit route au sud, serrant la terre de près, afin de se jeter à la côte s'il reconnaissait l'impossibilité de gagner un mouillage sûr. Les vents étant revenus à l'est, il se dirigea de nouveau sur le raz de Sein. A la chute du jour, le vent tomba. Le commandant l'Héritier, ne pouvant refouler un très fort courant de jusant, mouilla par soixante-dix brasses.

Il se berçait de l'espoir d'échapper à ceux qui le poursuivaient, lorsque, vers neuf heures, la lune s'étant montrée, on découvrit un vaisseau, le *Mars*, de soixante-quatorze, capitaine Alexander Hood. L'*Hercule* ouvrit immédiatement son feu sur le vaisseau anglais. Celui-ci mouilla, mais son ancre ayant chassé, il aborda le vaisseau français. Les deux bâtiments restèrent accrochés l'un à l'autre, le *Mars* restant à tribord de l'*Hercule*. Le commandant l'Héritier ordonna aux divisions d'abordage de monter sur le pont. Un petit nombre d'hommes ayant répondu à cet appel, il ne fut pas donné suite à cette tentative. Le feu se déclara dans les batteries et dans le faux-pont, mais on parvint à s'en rendre maître. Le combat durait depuis quelque temps déjà et les pertes du vaisseau français étaient considérables. Dès les premières volées, les fanaux de combat s'étaient éteints et il régnait dans les batteries beaucoup de désordre et de confusion. Nous avons montré le peu de valeur des éléments avec lesquels on composait les équipages de nos bâtiments. A cette première cause d'infériorité, nous ajouterons que l'*Hercule* armait pour la première fois. Enfin, ce vaisseau était parti pour Brest vingt-quatre heures après sa sortie du port. L'armement du *Mars* datait de plusieurs années. Son équipage était rompu à toutes les pratiques de la guerre et de la navigation. Dans de telles conditions, quoique les deux vaisseaux fussent de même rang, la lutte ne pouvait pas être considérée comme égale.

A dix heures et demie, l'*Hercule* amena son pavillon. Le côté de tribord était criblé par les boulets. Sur un équipage de six cent soixante hommes, trois cent onze étaient hors de combat. Ce chiffre attestait sinon l'habileté du moins l'énergie de la défense. Le rapport que le commandant de l'*Hercule* envoya au ministre pour lui rendre compte de cet événement, se terminait ainsi : « Je ne puis mieux vous convaincre, citoyen ministre, de la nécessité où nous étions de nous rendre, et vous faire apprécier la résistance opposée par les braves marins sous mes ordres, qu'en vous présentant le tableau suivant : quatre-vingt-six hommes tués, deux cent vingt-cinq blessés, cent soixante-dix boulets tant à bord que dans le corps du bâtiment et dans les mâts, seize canons démontés, la barre du gouvernail, les ponts et les câbles traversés dans plusieurs endroits, cinq courbes, six haubans et cinq chaînes de haubans coupés, le cabestan rompu, partie des pompes brisées ou démontées, toutes les chambres hachées et le feu à bord, etc... » Ce fut seulement par un beau temps et en prenant les plus grandes précautions, que les Anglais parvinrent à conduire l'*Hercule* à Plymouth. Le capitaine l'Héritier, atteint d'un coup de pique pendant le combat, mourut en Angleterre des suites de sa blessure. Après avoir reçu son rapport sur le combat du 21 avril, le ministre de la marine, l'amiral Bruix, lui avait adressé, au nom du gouvernement, des félicitations sur sa conduite. Dans cette affaire, où l'artillerie seule avait joué un rôle, les pertes de nos adversaires étaient bien inférieures aux nôtres. Les Anglais avaient trente morts au lieu de quatre-vingt-dix et soixante blessés au lieu de deux cent vingt-cinq. Le capitaine du *Mars*, blessé peu après le commencement du combat, expira au moment où il se terminait.

Un accident, survenu dans le port de Lorient, quelques jours après le combat du *Mars* et de l'*Hercule*, enleva à la marine française le *Quatorze-Juillet*, de soixante-quatorze canons. Dans la nuit du 29 avril, le feu éclata à bord de ce vaisseau qui achevait son armement dans le port. L'incendie se propagea avec une telle rapidité que tous les efforts, faits pour en arrêter les progrès, restèrent impuissants. Le vent qui était à l'est et le jusant permirent fort heureusement d'échouer le *Quatorze-Juillet* sur les sables de Kernevel. Le vaisseau fut la proie des flammes. On ne parvint pas à connaître la cause de l'incendie. L'ancien ministre de la marine, Dalbarade, devenu contre-amiral, était commandant des armes à Lorient. Il comparut, le 11 septembre 1798, devant un conseil de guerre, qui le déclara « incapable de commander, comme convaincu de négligence et de relâchement dans le service ».

Le Directoire renouvela les tentatives déjà faites pour

jeter des troupes, des armes et des munitions en Irlande. Le 6 août 1798, le chef de division Savary était parti de l'île d'Aix avec les frégates, la *Concorde*, de quarante-quatre, la *Franchise* et la *Médée*, de quarante, sur lesquelles était embarqué un corps de douze cents hommes, commandé par le général Humbert. La division française eut la bonne fortune de passer, sans être vue, à travers les croisières anglaises. Le 21, les troupes furent mises à terre et nos bâtiments reprirent le large. Tous mouillèrent, le 5 septembre, à l'entrée de la Gironde. Le 16, une seconde division, portant trois mille soldats, appareilla de Brest. Elle comprenait le *Hoche*, de soixante-quatorze, et les frégates l'*Immortalité*, la *Romaine* et la *Loire* de quarante-quatre, l'*Embuscade*, la *Bellone*, la *Coquille*, la *Sémillante* et la *Résolue* de trente-six. Le 17, dans la journée, plusieurs frégates ennemies se montrèrent; l'une d'elles se dirigea vers les côtes d'Irlande pour informer la croisière anglaise de notre sortie. Le commandant Bompard chassa les bâtiments qui l'observaient. Ne parvenant pas à les joindre, il voulut, en faisant de fausses routes, les tromper sur le but de l'expédition. Ses efforts furent inutiles. Les frégates anglaises se maintinrent en vue de nos bâtiments. Le commandant Bompard se décida à faire route pour sa véritable destination. En arrivant près des côtes d'Irlande, la division française fut aperçue par l'escadre du commodore sir Borlase Warren, composée des vaisseaux de quatre-vingts, le *Canada*, le *Robuste* et le *Foudroyant*, et des frégates la *Melampus*, l'*Amelia*, l'*Ethalion*, de quarante-huit, la *Magnanime* et l'*Anson* de quarante-six. Le *Hoche* fut pris. Des huit frégates, deux, la *Romaine* et la *Sémillante*, furent les seules qui rentrèrent dans nos ports. Les autres, c'est-à-dire l'*Immortalité*, la *Loire*, l'*Embuscade*, la *Bellone*, la *Coquille* et la *Résolue* tombèrent au pouvoir de l'ennemi. La *Loire*, commandée par le capitaine Segond, se fit remarquer par l'énergie de sa résistance. Ce fut seulement après cinq engagements successifs que ce vaillant navire amena son pavillon. La *Loire* coulait bas d'eau, ses munitions étaient épuisées et presque tous ses canons démontés. Le 12 octobre, le commandant Savary prit la mer avec les frégates la *Concorde*, la *Franchise*, la *Médée* et la corvette la *Vénus*. Il portait de nouvelles troupes en Irlande. Apprenant, à son arrivée dans la baie de Killala, que le général Humbert, entouré par des forces supérieures, avait capitulé, il fit route vers la France. Les bâtiments de sa division, chassés par l'ennemi, se dispersèrent, mais tous rentrèrent dans nos ports.

Nous n'étions pas plus heureux dans l'Inde que dans les mers d'Europe. Des six frégates qui, sous les ordres du contre-amiral Sercey, avaient combattu l'*Arrogant* et le *Victorieux*, en 1796, il ne restait, au commencement de l'année 1799, que la *Prudente*, la *Forte* et la *Preneuse*. Par suite de l'absence de toute ressource maritime, le gouverneur général de l'île de France et de la Réunion céda la *Prudente* au commerce. Celle-ci était en croisière lorsqu'elle fut rencontrée par la frégate de quarante, la *Dœdalus*. Un combat s'engagea dont l'issue fut la prise du bâtiment français. La lutte était, d'ailleurs, inégale. La *Prudente* n'avait pas le nombre de canons qu'elle pouvait porter; elle avait, en outre, détaché une partie de son équipage sur des prises. La *Preneuse* fut attaquée, dans les parages du cap de Bonne-Espérance, par le *Jupiter* de cinquante. Le capitaine L'Hermitte, manœuvrant avec autant d'audace que d'habileté, se fit abandonner par le vaisseau anglais. La *Preneuse* rentrait à l'île de France, lorsque, arrivée en vue de Port-Louis, deux vaisseaux ennemis, l'un, de quatre-vingts canons, et l'autre, de cinquante, furent signalés. Cette frégate, serrant la terre de très près, se jeta à la côte par suite d'une saute de vent. Les deux vaisseaux s'approchèrent à portée de canon, et le feu qu'ils dirigèrent sur la *Preneuse* ne permit pas au capitaine L'Hermitte de la remettre à flot. Pour éviter une perte d'hommes inutile, il fit amener son pavillon. Les Anglais incendièrent la frégate française.

La *Forte* se rendit à la frégate la *Sibil*, après un combat de nuit qui dura plusieurs heures. La frégate anglaise avait vingt-deux hommes hors de combat, cinq tués et dix-sept blessés. Elle n'avait reçu que six coups de canon dans sa coque et les avaries de sa mâture étaient sans importance. La *Forte*, démâtée de tous ses mâts, ayant le corps du bâtiment criblé de coups de canon, comptait cent quarante cinq hommes atteints par le feu de l'ennemi. Le nombre des tués était de soixante-cinq et celui des blessés de quatre-vingts. Tous les combats, à cette époque, présentaient le même aspect. Alors que des flots de sang coulaient sur nos navires, les Anglais perdaient à peine quelques hommes.

Il y eut, à la fin de l'année 1798, un engagement particulier qui fit le plus grand honneur à l'état-major et à l'équipage d'un bâtiment français. Dans le courant du mois de décembre, la corvette de vingt-quatre, la *Bayonnaise*, revenant de Cayenne, était à cent milles de nos côtes, lorsqu'elle fut aperçue par la frégate anglaise, de quarante canons, l'*Ambuscade*. La *Bayonnaise* s'éloigna sous toutes voiles, mais elle ne tarda pas à être jointe par le navire ennemi qui marchait très bien. L'action commença, de part et d'autre, avec beaucoup de vivacité. L'issue n'en semblait pas douteuse. La corvette française n'avait que des canons de huit à opposer aux canons de douze et aux caronades de vingt-quatre de son adversaire. Déja la *Bayonnaise* avait perdu beaucoup de monde et fait de graves avaries, lorsque son capitaine résolut de tenter l'abordage. La corvette avait, outre son équipage, trente soldats passagers. On se battait à portée de pistolet. La *Bayonnaise*, par un coup de barre, engagea son bout dehors de grand foc dans les haubans d'artimon de l'*Ambuscade*. Matelots et soldats sautèrent sur le pont de la frégate. Après un engagement, à l'arme blanche, de peu de durée, le capitaine anglais fit amener son pavillon. Les Français passant sur l'*Ambuscade*, qui avait peu souffert, prirent la *Bayonnaise* à la remorque. Les deux bâtiments atteignirent, à quelques jours de là, la rade de l'île d'Aix sans avoir aperçu l'ennemi. La *Bayonnaise* était commandée par le lieutenant de vaisseau Richer. Blessé pendant l'action, cet officier avait été remplacé par son second, le lieutenant de vaisseau Corbic. Celui-ci ayant été mis hors de combat, le commandement était passé à l'enseigne de vaisseau Guignier, et, peu après, ce dernier ayant été blessé, à l'enseigne de vaisseau le Danseur. C'était cet officier qui commandait la corvette française, lorsque l'*Ambuscade* avait amené son pavillon. Un officier supérieur d'infanterie, le chef de bataillon Lerch, passager à bord de la *Bayonnaise*, s'était particulièrement distingué dans cette affaire.

Les difficultés qui s'étaient élevées, en 1793, entre la France et les États-Unis d'Amérique subsistaient encore. Par suite des mesures arbitraires prises par la cour de

Londres, le commerce maritime des États-Unis était continuellement harcelé et presque anéanti. Au lieu de s'élever avec force contre les procédés violents de la marine britannique à l'égard de ses navires marchands, le gouvernement américain entra en négociation avec la Grande-Bretagne. Le 19 mai 1794, il conclut, avec cette puissance, un traité contenant des dispositions très défavorables pour la France. Il était dit dans un des articles : « Ni abri ni refuge ne sera accordé, dans leurs ports, à ceux qui auront fait une capture sur les sujets ou citoyens de l'une ou de l'autre des deux parties. Mais s'ils sont forcés, par le temps et par les dangers de la mer, d'entrer dans leurs ports, on aura soin d'accélérer leur départ et de les faire retirer au plus tôt. » Cette stipulation était en complet désaccord avec les clauses du traité de 1778, en vertu duquel les navires français et leurs prises devaient être admis dans les ports de l'*Union*. Enfin, ce que le cabinet de Washington nous enlevait, il le concédait à l'Angleterre. On lisait dans le traité du 19 mai 1794. « Il sera permis aux vaisseaux de guerre et corsaires appartenant auxdites parties respectivement de conduire où ils voudront les vaisseaux et effets pris sur leurs ennemis, sans être obligés de payer aucun droit aux officiers de l'amirauté ou autres juges quels qu'ils soient. » Le 18 novembre 1794, les Comités de salut public, des finances et du commerce prirent un arrêté qui confirmait les dispositions contenues dans les décrets des 9 mars et 27 juillet 1793. Toutefois, le gouvernement ne tarda pas à reconnaître que la voie dans laquelle il s'engageait ne pouvait que profiter à l'Angleterre en justifiant ses violences. Le 3 janvier 1795, parut un nouvel arrêté du Comité de salut public, concernant la saisie des marchandises appartenant aux puissances ennemies chargées sur des bâtiments neutres. Il était dit que les commandants des armées navales, divisions, escadres, flottes ou bâtiments, regarderaient comme non avenue la disposition de l'article 5 de l'arrêté des Comités de salut public, des finances et du commerce et des approvisionnements, en date du 15 novembre 1794, « autorisant la saisie des marchandises appartenant aux puissances ennemies jusqu'au moment où celles-ci auraient déclaré libres et non saisissables les marchandises françaises chargées sur des bâtiments neutres. » L'arrêté du 5 janvier 1795 remettait les choses dans l'état où elles se trouvaient avant le 9 mai 1793. Le Directoire s'efforça, ainsi que l'avait fait le gouvernement conventionnel, d'obtenir que les puissances maritimes montrassent quelque fermeté à l'égard de l'Angleterre. Ne pouvant atteindre ce résultat, il déclara « que le pavillon de la République française en userait, envers les bâtiments neutres, soit pour la confiscation, soit pour la visite ou préhension, de la même manière qu'ils souffriraient que les Anglais en usassent à leur égard. »

Ces discussions, qui duraient depuis 1793, soulevaient, de l'un et de l'autre côté de l'Atlantique, une très vive irritation. Le cabinet de Washington se plaignait de la conduite des bâtiments de guerre et des corsaires français. Il les accusait de molester la marine marchande des États-Unis, sous prétexte de rechercher les navires anglais. Le gouvernement américain envoya des bâtiments dans la mer des Antilles pour protéger le commerce national. Ces mesures étaient le résultat non des erreurs commises par nos navires, mais de l'action exercée sur le gouvernement des États-Unis par un parti opposé à la France. Le 7 juillet 1798, les Américains déclarèrent, par un acte législatif, qu'ils étaient exonérés des charges que le traité de 1778 leur imposait. Peu après, leur marine reçut l'ordre d'attaquer nos bâtiments. Lorsque cette nouvelle parvint en France, le gouvernement mit l'embargo sur les navires des États-Unis qui étaient dans nos ports. La goélette de guerre, la *Retaliation*, fut prise, dans la Méditerranée, par la frégate la *Volontaire*. Le 9 février 1799, la frégate l'*Insurgeante*, de trente-six, capitaine Barreaut, partie de la Guadeloupe, quelques jours auparavant, pour rentrer en Europe, aperçut, non loin de l'île de Nièves, une frégate portant le pavillon américain. La frégate française, qui venait de démâter de son grand mât de hune dans un grain, se trouvait dans une situation peu favorable à une rencontre. Le capitaine Barreaut crut que le navire en vue avait bien la nationalité que son pavillon indiquait. D'autre part, ignorant que nous fussions en guerre avec les États-Unis, il se laissa approcher sans être en branle-bas de combat. Arrivée à petite distance, la *Constellation*, c'était le nom de cette frégate, envoya sa première volée. Le capitaine Barreaut, persuadé que l'agression du bâtiment américain était le résultat d'une méprise qu'une explication avec son commandant ferait cesser, commit la faute d'amener son pavillon avant d'avoir épuisé ses moyens de défense. La *Constellation* portait trente-six canons de douze et douze caronades de trente-deux.

II

La funeste issue du combat d'Aboukir avait exercé sur les événements contemporains une influence décisive. La Porte-Ottomane, jusque-là hésitante, s'était déclarée contre nous. La cour de Londres avait noué une nouvelle coalition dans laquelle étaient entrés la Russie, l'Autriche et le royaume des-Deux Siciles. Les Anglais maintenaient des forces considérables dans la Méditerranée. L'amiral Nelson bloquait étroitement Malte. L'armée d'Egypte, complètement isolée de la France, semblait désormais réduite à ses propres ressources. Le Directoire forma le projet de la secourir. Renonçant à agir dans le Nord, il résolut de jeter toutes les forces navales de la République dans la Méditerranée. Des ordres furent donnés pour réunir une escadre à Brest. Le ministre de la marine, le vice amiral Bruix, vint dans ce port pour hâter l'armement de tous les vaisseaux qui se trouvaient dans l'arsenal. Il apporta de l'argent pour payer la solde des équipages et assurer l'achat des objets de matériel dont le port était complètement dépourvu. Le vice-amiral Bruix jouissait d'une grande popularité. Officiers et matelots déployèrent le plus grand zèle. Dans les premiers jours du mois d'avril 1799, vingt-cinq vaisseaux étaient prêts à appareiller. L'amiral Bruix en prit le commandement. Quinze vaisseaux, sous le commandement de lord Bridport, croisaient devant Brest.

Le 25 avril, les vents soufflant du nord-est, grand frais, l'escadre de blocus s'éloigna. Le vice-amiral Bruix sortit de Brest par le raz de Sein. L'escadre française était composée des bâtiments désignés ci-après : l'*Océan*, l'*Invincible*, le *Républicain*, le *Terrible*, de cent dix, le *Formidable*, l'*Indomptable*, de quatre-vingts, le *Jemmapes*, le *Montblanc*, le *Tyrannicide*, le *Batave*, la *Constitution*, la *Révolution*, le *Fougueux*, le *Censeur*, le *Zélé*, le *Redoutable*, le *Wattignies*, le *Tourville*, le *Cisalpin*, le *Jean-Bart*, le *Gaulois*, la *Convention*, le *Duquesne*, le *Jean-Jacques-Rousseau*, le *Dix-août*, de soixante-quatorze. La *Constitution* et le *Censeur* manquèrent leur appareillage. Le premier de ces vaisseaux rejoignit l'armée le lendemain ; le second se rendit à Cadix.

La flotte française fut aperçue le 26, par la frégate la *Nymphe*, qui se couvrit de voiles et se mit à la recherche de son amiral. Lord Bridport, informé de notre départ, revint en toute hâte devant Brest. Ayant acquis la certitude que l'escadre française avait gagné le large, il détacha un navire pour porter cette nouvelle en Angleterre et demander que de prompts renforts lui fussent envoyés sous le cap Clear. Enfin, deux bâtiments firent route dans le sud, chargés d'annoncer notre sortie, l'un au vice-amiral Keith, qui bloquait Cadix, et l'autre au comte Saint-Vincent. Ce dernier était à Gibraltar où le retenait le mauvais état de sa santé. Après avoir pris ces mesures, lord Bridport se dirigea sur les côtes d'Irlande. Le 30, il arriva en vue du cap Clear. Rallié par les forces que l'amirauté britannique s'était empressée de lui expédier, il se trouva à la tête de vingt-six vaisseaux. Le vice-amiral Bruix, voulant tromper lord Bridport sur sa véritable destination, avait fait partir pour l'Irlande le chasse-marée, la *Rebecca*, sur lequel était un officier porteur de dépêches adressées aux insurgés irlandais. Cet officier avait l'ordre de ne pas jeter ses papiers à la mer, dans le cas, considéré comme certain, où son navire serait pris. Ce chasse-marée fut capturé par un des bâtiments qui rejoignaient lord Bridport. Cet amiral, convaincu que nous tentions une nouvelle expédition d'Irlande, refusa d'ajouter foi aux rapports de plusieurs capitaines de bâtiments marchands qui affirmaient avoir aperçu l'escadre française par 46 degrés de latitude faisant route au sud-ouest. La flotte française se dirigeait vers Cadix. L'amiral Keith croisait devant ce port avec les vaisseaux, la *Ville-de-Paris*, de cent-dix, le *Barfleur*, le *Prince-George*, le *London*, la *Princess-Royal*, de quatre-vingt-dix-huit, le *Namur*, de quatre-vingt-dix, le *Foudroyant*, le *Gibraltar*, de quatre-vingts, le *Montagu*, le *Northumberland*, le *Marlborough*, le *Warrior*, l'*Hector*, le *Defence* et le *Majestic*, de soixante-quatorze.

Le 3 mai, l'amiral Keith fut rejoint par une frégate que nous avions vue, à la hauteur de Lisbonne, et que nos chasseurs avaient inutilement poursuivie. Elle lui apprit la sortie de notre escadre. Le 4, la flotte française parut. Les vents, qui soufflaient très frais de l'ouest, ne permirent pas aux Espagnols de sortir de Cadix. Les Anglais, formés en ligne de bataille, firent de la toile pour s'élever au vent. Le vice-amiral Bruix rangea ses vaisseaux aux mêmes amures que l'ennemi, attendant, pour engager le combat, que le temps fût plus favorable. Le vent, loin de diminuer, augmenta. Le 5, au point du jour, notre escadre était en désordre. Trois vaisseaux avaient disparu. A dix heures du matin, le *Terrible*, le *Wattignies* et le *Jean-Bart* furent aperçus, fuyant devant les cadre ennemie. Le vice-amiral Bruix laissa porter pour les couvrir. Les Anglais, abandonnant la poursuite, reprirent le plus près du vent. Nos adversaires, habitués à la mer, naviguaient en ligne et sans faire d'avaries. Il n'en était pas de même de nos vaisseaux. Les uns avaient des voiles emportées ; d'autres, et c'était le plus grand nombre, ne parvenaient pas à se maintenir à leurs postes. Le vice-amiral Bruix prit le parti d'entrer dans la Méditerranée. Le 14 mai, la flotte française mouilla sur la rade de Toulon. Le *Batave* et le *Fougueux* s'étaient abordés quelques jours auparavant ; tous deux avaient de graves avaries. Aussitôt que notre escadre eut franchi le détroit, le comte Saint-Vincent rappela le vice-amiral Keith. Celui-ci laissa tomber l'ancre, le 10, devant Gibraltar. Le 11, il mit à la voile pour se rendre à Minorque, où devaient se concentrer les forces anglaises. La disparition de l'escadre de blocus rendait à l'amiral Mazzaredo la liberté de ses mouvements. Cet amiral sortit de Cadix, le 14 mai, avec dix-sept vaisseaux, se dirigeant vers la Méditerranée. Lorsqu'il mouilla, le 20, à Carthagène, son escadre était, pour longtemps, hors d'état de rien entreprendre. Neuf vaisseaux étaient démâtés, en totalité ou en partie ; les huit autres coulaient bas d'eau ou avaient de graves avaries. Un coup de vent, essuyé pendant ce court voyage, avait suffi pour amener ce résultat.

Le vice-amiral Bruix reprit la mer, le 26 mai, avec vingt-deux vaisseaux. Il laissait, à Toulon, le *Fougueux* et le *Batave* dont les réparations n'étaient pas terminées. Notre escadre portait des vivres, des munitions et quelques soldats à l'armée d'Italie. Après avoir fait entrer un convoi de blé dans le port de Gênes, l'amiral Bruix mouilla, le 4 juin, à Vado près Savone. La position de la flotte française, isolée dans la Méditerranée, devenait difficile. Il était de la plus grande importance qu'elle opérât sa jonction avec les Espagnols. Le 8 juin, l'amiral Bruix sortit de Vado. Après avoir pris, en passant devant Toulon, des renseignements sur les mouvements de l'ennemi, il continua sa route vers l'ouest. Le 22 juin, notre escadre mouilla à Carthagène où elle fut rejointe par le *Fougueux* et le *Batave*. L'armée franco-espagnole appareilla le 25 juin, et le 11 juillet elle arriva à Cadix, sans avoir aperçu les Anglais. Le 21, les amiraux Bruix et Mazzaredo reprirent la mer. Le 8 août, la flotte combinée, forte de quarante vaisseaux, jeta l'ancre sur la rade de Brest.

Revenons en arrière, et voyons comment des escadres aussi nombreuses, manœuvrant dans un endroit resserré, ne s'étaient pas rencontrées. Le comte Saint-Vincent, après avoir réuni à Minorque les forces dont il disposait, fit route sur Toulon, le 22 mai. Apprenant, à la mer, que les Espagnols étaient à Carthagène, il se porta sous le cap Saint-Sébastien afin de les intercepter, si l'amiral Mazzaredo tentait d'opérer sa jonction avec l'amiral Bruix. Le 30, un de ses avisos lui annonça que la flotte française n'était plus à Toulon. Si celle-ci se portait vers le fond de la Méditerranée, les douze vaisseaux que commandait Nelson se trouvaient compromis. Lord Jervis se décida à envoyer un renfort de quatre vaisseaux à cet amiral. Quelques jours après, il fut lui-même rejoint par une division de cinq vaisseaux, aux ordres de l'amiral Withshed, provenant de l'escadre de la Manche. Le comte Saint-Vincent, dont la santé était très altérée, retourna à Minorque avec son vaisseau, la *Ville-de-Paris*, laissant le commandement de l'armée au vice-amiral Keith. Le 3 juin, ce dernier arriva devant Toulon avec vingt vaisseaux. Ayant acquis la certitude que nous avions fait route vers l'est, il prit cette direction. Le 8 juin, à la hauteur du cap Delle Melle, il reçut, de lord Jervis, l'ordre impératif de revenir en arrière. Le commandant en chef de la flotte anglaise lui prescrivait de se rendre immédiatement dans la baie de Rosas. Le comte Saint-Vincent, convaincu que l'escadre française manœuvrait pour opérer sa jonction avec les Espagnols, voulait que son lieutenant se mît en position de la combattre avant cette réunion. Au moment où l'amiral Keith recevait ces instructions, le vice-amiral Bruix appareillait de Vado. Si les Anglais avaient continué à courir le long de la côte d'Italie, une rencontre entre les deux armées était inévitable. Quoi qu'il en soit, le vice-amiral Keith, se conformant aux ordres du comte Saint-Vincent, fit route à l'ouest, avec dix huit vaisseaux. Il avait détaché le *Bellerophon* et le *Powerfull*, de soixante-quatorze, à Palerme. Le 15, l'escadre anglaise fut ralliée par le vaisseau à trois ponts, la *Ville de Paris*. Le 19, à vingt lieues environ dans le sud du cap Sicié, son avant-garde captura les frégates, la *Junon*, la *Courageuse*, l'*Alceste* et les bricks, le *Salamine* et l'*Alerte*. Ces bâtiments, placés sous les ordres du contre-amiral Perrée, venaient des côtes d'Egypte. Le contre-amiral Perrée, parti d'Alexandrie, le 8 avril, avait porté de l'artillerie et des munitions à l'armée qui assiégeait Saint-Jean-d'Acre. Ses frégates avaient, en outre, débarqué des canons, de la poudre et des boulets, faisant partie de leur propre armement. On ne leur avait laissé que quinze coups par pièce. Poursuivie, peu de jours après avoir rempli cette mission, par des forces supérieures, cette division s'était dirigée vers la France. Sur le point d'atteindre Toulon, elle avait eu la malheureuse fortune de tomber au milieu de l'escadre de l'amiral Keith. Cet amiral, n'obtenant aucune nouvelle de la flotte française, revint à Mahon. Le 7 juillet, il fut rejoint par sir Charles Cotton qui arrivait d'Angleterre avec quinze vaisseaux, dont sept à trois ponts. Ce fut, à ce moment, que l'amiral Keith apprit la réunion des deux escadres alliées et leur sortie de la Méditerranée. Il fit toute diligence pour approvisionner sa flotte. Mais, obligé de mouiller à Tétouan pour compléter son eau, il n'arriva, sur la rade de Gibraltar, que le 29 juillet. Le 30, il franchit le détroit à la tête de trente et un vaisseaux. L'amiral Keith apprit, par des bâtiments neutres, que la flotte franco-espagnole avait été aperçue à la hauteur du cap Finisterre, faisant route au nord-est. L'escadre anglaise se couvrit de voiles pour l'atteindre. Arrivé devant Brest, l'amiral Keith vit l'escadre française et les quinze vaisseaux espagnols que commandait l'amiral Mazzaredo mouillés dans le port.

Lorsque la nouvelle de l'entrée de l'amiral Bruix dans la Méditerranée était parvenue à Londres, le gouvernement avait rappelé lord Bridport qui, à la fin du mois de mars, nous attendait encore, sur les côtes d'Irlande, avec vingt-six vaisseaux. Seize vaisseaux furent envoyés au comte Saint-Vincent. Une division anglaise vint bloquer cinq vaisseaux espagnols mouillés à Rochefort. Ces derniers, placés sous les ordres de l'amiral Meljarejo, étaient sortis, le 28 avril, du Ferrol. Ils devaient opérer leur jonction avec l'escadre française.

partie de Brest, le 24. L'amiral Meljarejo, après quelques jours passés en croisière, n'apercevant pas la flotte française, se rendit à Rochefort. Il n'avait pas fait route sur Brest dans la crainte de trouver une escadre ennemie devant ce port. Le 2 juillet, le contre-amiral Pole, avec cinq vaisseaux, quelques frégates et trois bombardes, attaqua la division espagnole. Celle-ci, soutenue par les batteries de terre et quelques canonnières françaises, obligea l'ennemi à se retirer. Dans les premiers jours du mois de septembre, l'amiral Meljarejo reprit la mer. Il n'était pas loin de Brest, lorsqu'une escadre anglaise fut signalée. Les Espagnols firent route sur le Ferrol où ils entrèrent quelques jours après.

La campagne, faite par l'amiral Bruix, était bien conçue, mais elle échoua par suite de la faiblesse de nos alliés et de l'inexpérience des officiers et des équipages de notre propre escadre. Les circonstances exigeaient que l'amiral Bruix se maintînt en vue des Anglais jusqu'à ce que le temps fût favorable à un engagement. Ne pouvant y réussir, il perdit l'occasion de combattre quinze vaisseaux avec vingt-quatre, chiffre qui se serait élevé à quarante, si les Espagnols avaient pu sortir de Cadix. Une fois entré dans la Méditerranée, l'amiral français n'osa pas s'aventurer très loin, sachant que, le premier moment de surprise passé, les Anglais le poursuivraient avec des forces supérieures. Lorsqu'il eut opéré sa jonction avec l'amiral Mazzaredo, il alla à Cadix et de là à Brest, emmenant, dans ce port, l'escadre espagnole comme gage d'une alliance en ce moment très chancelante. Ce fut l'unique résultat de cette campagne. On ne peut, en effet, se faire illusion sur l'étendue des services que rendit la flotte de l'amiral Bruix, en restant quelques jours sur la côte d'Italie. Quant aux hommes et aux munitions qu'elle porta à Savone et à Gênes, une division de frégates eût rempli cette mission.

La retraite des forces navales de la France et de l'Espagne replaça la Méditerranée sous la domination de la marine britannique. Des bâtiments, appartenant aux escadres de lord Jervis et de Nelson, prolongèrent les côtes d'Italie et appuyèrent les opérations de nos ennemis. La cour de Londres maintint des forces importantes à Minorque et à Gibraltar. Ce fut à peine si quelques rares bâtiments parvinrent à traverser, sans être aperçus, les flottes de la Grande-Bretagne.

Le *Généreux*, après avoir capturé le *Leander*, avait conduit sa prise à Corfou, puis il s'était rendu à Brindisi, sur la côte de Calabre, alors occupé par les bandes du cardinal Ruffo. En entrant dans ce port, le *Généreux* s'échoua sous la citadelle par la faute de son pilote. Les premiers coups de canon tuèrent le capitaine Lejoille. Le *Généreux* fut remis à flot. Il canonna la ville dont ses compagnies de débarquement s'emparèrent, après un engagement de quelques heures. Ce bâtiment, qui avait l'ordre d'aller à Toulon, effectua heureusement son retour dans ce port. Les frégates la *Muiron* et la *Carrère*, ainsi que les avisos l'*Indépendant* et la *Revanche* appareillèrent d'Alexandrie, le 23 août, sous les ordres du contre-amiral Ganteaume. Le général Bonaparte était sur la *Muiron*. La division française, après avoir touché à Ajaccio, dans l'île de Corse, mouilla sur la rade de Fréjus, le 9 octobre. Le 12, les quatre bâtiments, que commandait alors le capitaine Larue, entrèrent à Toulon. Le général Bonaparte était parti pour Paris, emmenant avec lui le contre-amiral Ganteaume.

Depuis quelque temps déjà, les Anglais faisaient de secrets préparatifs pour opérer un débarquement en Hollande. Ils comptaient sur l'appui des partisans que le prince d'Orange conservait dans ce pays. Le cabinet de Saint-James s'était assuré la coopération de la Russie. Cette puissance, à laquelle l'Angleterre devait payer d'importants subsides, avait pris l'engagement de fournir dix-sept mille hommes, et treize bâtiments comprenant six vaisseaux et cinq frégates armés en flûte et deux transports. Le 27 du mois d'août, les Anglais, bientôt rejoints par un corps russe, débarquèrent, à l'embouchure du Texel, sous la protection d'une escadre de douze vaisseaux aux ordres de l'amiral Duncan. Les forces de terre et de mer étaient commandées par un prince de la maison d'Angleterre, le duc d'York. Une escadre hollandaise, ayant à sa tête le contre-amiral Story, fut sommée par le vice-amiral Andrew Mitchell, commandant une division de la flotte anglaise, d'arborer le pavillon du prince d'Orange. Les équipages, qui s'étaient conduits avec tant de vaillance à Camperdown, refusèrent de se battre. N'étant plus obéi, le contre-amiral Story amena son pavillon. Il se constitua prisonnier ainsi que les officiers restés fidèles au gouvernement. Le pavillon du prince d'Orange fut hissé sur les bâtiments hollandais. Un officier anglais, désigné par le vice-amiral Mitchell, prit le commandement de chacun d'eux.

Avant que les mesures nécessaires pour repousser l'invasion eussent été prises, les Anglo-Russes remportèrent quelques avantages. Mais, complètement défaits, le 6 octobre, par l'armée franco-batave, que commandait alors le général Brune, ils se virent contraints de battre en retraite. Le duc d'York sollicita un armistice qui lui fut accordé. Les deux généraux en chef entrèrent en négociations. Le 18 octobre, une convention fut signée, à la suite de laquelle les Anglo-Russes se rembarquèrent. L'évacuation devait être terminée le 30 novembre. Les Anglais prirent l'engagement de ne pas rompre les digues dont ils étaient maîtres, ce qui leur eût permis de noyer, sur une grande étendue, le sol de la République batave. Ils se soumirent également à l'obligation de remettre, dans l'état où elles étaient au début de l'expédition, les batteries et toutes les positions militaires tombées en leur pouvoir. On rendit, de part et d'autre, les prisonniers faits dans la campagne. Enfin, il fut stipulé que huit mille prisonniers de guerre, appartenant soit à la France, soit à la Hollande, seraient mis en liberté.

TABLE DES MATIÈRES

PRÉFACE. . . . .

LIVRE PREMIER

Evénements de 1789. — Révoltes dans les ports. — Impuissance du gouvernement. — Indulgence de l'Assemblée constituante pour les fauteurs de désordre. — Développement donné à nos forces navales après la guerre de l'Indépendance américaine. — Réformes faites par l'Assemblée constituante. — Nouvelle organisation du corps des officiers de la marine. — Décret concernant l'administration des arsenaux. — Mesures prises par l'Assemblée législative. — Violences commises à Brest contre le capitaine de vaisseau de Lajaille. — Non acceptation par Bougainville du grade de vice-amiral. — La France est en guerre avec la Prusse et le Piémont 1

LIVRE II

Le contre-amiral Truguet appuie les opérations de l'armée contre Nice et Villefranche. — Latouche-Tréville à Naples. — Expédition de Sardaigne. — Occupation de l'île Saint-Pierre et de la presqu'île de Saint-Antioche. — Réunion des forces navales placées sous le commandement de l'amiral Truguet. — L'escadre française mouille devant Cagliari. — Arrivée du convoi. — Les troupes sont mises à terre dans la baie des Salines. — Fuite honteuse des volontaires marseillais. — Rembarquement de l'armée. — Pertes subies par l'escadre. — Décrets concernant la marine. — Déclaration de guerre à l'Angleterre et à la Hollande. — Discours de Jean-Bon-Saint-André. — Opinion de ce représentant sur l'organisation du personnel de la flotte. — L'Espagne, le Portugal, l'Allemagne et les Deux-Siciles entrent dans la coalition dirigée contre la République. — Armements à Brest. — Représentants envoyés en mission dans ce port. — Le vice-amiral Morard de Galle est envoyé sur les côtes de Bretagne pour protéger notre commerce et empêcher les Anglais de donner des secours aux Vendéens. — Le contre-amiral Trogoff remplace l'amiral Truguet dans le commandement de l'escadre de Toulon; difficultés de sa situation. — Indiscipline des équipages. — Conduite des autorités toulonnaises à l'égard des officiers de marine. — Evénements survenus à Paris les 31 mai et 2 juin. — Le parti jacobin est renversé à Toulon. — Le comité général entre en négociations avec le commandant des forces navales de la Grande-Bretagne dans la Méditerranée. — Attitude des états-majors et des équipages de l'escadre de Toulon. — Lord Hood et l'amiral Langara mouillent sur la rade avec les forces placées sous leur commandement. — L'armée républicaine met le siège devant Toulon. — Renvoi par les Anglais de quatre vaisseaux et de six matelots dans les ports du Nord de la France. — Attaque de la position connue sous le nom de Petit Gibraltar. — Retraite des alliés. — Quinze mille personnes fuient avec les Anglais. — Incendie allumé dans l'arsenal par Sydney-Smith. — Entrée des troupes conventionnelles dans la ville. — Représailles exercées contre les habitants. 37

LIVRE III

Insurrection de l'escadre commandée par l'amiral Morard de Galle. — Retour de cette escadre à Brest. — Mesures prises à son arrivée. — Les représentants Jean-Bon-Saint-André et Prieur sont envoyés en mission à Brest avec les pouvoirs les plus étendus. — Arrivée dans les ports de Brest, Lorient et Rochefort des navires partis de Toulon, le 13 septembre 1793. — Traitement infligé aux états-majors et aux équipages de ces bâtiments. — Les représentants Lequinio et Laignelot à Rochefort. — Mesures prises pour le rétablissement de la discipline à bord des vaisseaux venant de la baie de Quiberon. — Amiraux, capitaines et officiers destitués, emprisonnés ou envoyés devant les tribunaux révolutionnaires. — Nominations faites pour pourvoir aux vacances survenues dans les états-majors. — Le contre-amiral Villaret-Joyeuse est appelé au commandement en chef de l'escadre du Brest. — La France est menacée de la disette. — Violences exercées par les Anglais contre le commerce des neutres. 95

LIVRE IV

Décrets relatifs à la marine. — Arrêtés pris par Jean-Bon-Saint-André et Bréard. — L'amiral Villaret-Joyeuse appareille de Brest avec vingt-six vaisseaux. — Il doit protéger la rentrée d'un convoi attendu d'Amérique sous l'escorte du contre-amiral Van-Stabel. — Engagements des 28 et 29 mai 1794. — Bataille du 1er juin. — Sept vaisseaux restent entre les mains de l'ennemi. — L'un d'eux, le *Vengeur*, coule sur le champ de bataille. — Retraite de l'armée française. — Rencontre de l'amiral Montagu. — L'amiral Villaret-Joyeuse mouille, le 11 juin, sur la rade de Bertheaume. — Van-Stabel arrive le 3 juin, avec le convoi. — Etude de la bataille du 1er juin. — Emprisonnement et destitution de plusieurs capitaines de l'escadre. — Discours de Barère à la Convention. — Episode du *Vengeur*. — Rapport du capitaine Renaudin. — Mesures prises par Jean-Bon-Saint-André au retour de l'escadre — Prise du vaisseau l'*Alexander* par la division du contre-amiral Nielly. — L'amiral Villaret-Joyeuse prend la mer à la fin de décembre 1794. — Rentrée de l'escadre de Brest. — Pertes qu'elle a essuyées sans avoir rencontré l'ennemi. — Rapport fait à la Convention sur la croisière de l'escadre de Brest. — Départ pour Toulon du contre-amiral Renaudin... 125

LIVRE V

L'amiral Martin sort de Toulon. — Son entrée au Golfe Juan. — Prise du vaisseau, de soixante-quatorze, le *Berwick*. — Belle conduite de la frégate l'*Alceste*. — L'amiral Hotham appareille de la rade de Livourne avec quatorze vaisseaux. — Rencontre des deux escadres à la hauteur du cap Noli. — Le *Mercure* et le *Sans-culottes* se séparent de l'armée. — Engagements du 16 mars. — Nous perdons les vaisseaux le *Censeur*, de quatre-vingts, et le *Ça-Ira*, de soixante-quatorze. — Belle défense de ces deux vaisseaux. — Les Anglais retournent à Livourne et les Français à Toulon. — L'amiral Martin appareille, le 8 juin, avec dix-sept vaisseaux. — Engagement du 12 juillet. — Manœuvre audacieuse de l'*Alceste*. — Explosion de l'*Alcide*. — Mouillage de l'escadre française dans la baie de Fréjus. — Les Anglais vont en Corse et les Français rentrent à Toulon.................. 171

LIVRE VI

Situation de l'escadre de Brest. — Le contre-amiral Vence est envoyé en croisière avec trois vaisseaux pour protéger les mouvements de notre cabotage sur les côtes de l'Océan. — Chassé par des forces supérieures, il mouille à Belle-Ile. — L'amiral Villaret se porte à son secours avec neuf vaisseaux. — Les deux amiraux opèrent leur jonction à la hauteur des Penmarcks. — L'amiral Villaret poursuit une division ennemie de cinq vaisseaux. — Après un engagement avec l'arrière-garde anglaise qui ne donne pas de résultat, l'escadre française reprend la route de Brest. — Elle reçoit un coup de vent qui la repousse au large. — Chassé par lord Bridport, l'amiral Villaret fait route pour l'île de Groix. Combat du 23 juin. — Nous perdons le *Tigre*, l'*Alexandre* et le *Formidable*. — Circonspection de lord Bridport. — Plaintes portées par l'amiral Villaret contre quelques-uns de ses capitaines. — Jugement rendu par un conseil de guerre siégeant à Lorient. — Situation de l'escadre de Toulon. — Appareillage de la division Richery. — Cette division s'empare, sur les côtes d'Espagne, d'un vaisseau, le *Censeur*, et de trente bâtiments marchands. — Départ de la division Ganteaume, envoyée en croisière dans l'Archipel. — Nouveau système de guerre adopté par le Comité de salut public. — Loi de brumaire an IV. — Fin du régime conventionnel.................. 201

LIVRE VII

Entrée en fonctions du Directoire. — L'amiral Truguet est nommé ministre de la marine. — Message du Directoire relatif à l'administration des ports. — Le gouvernement demande que des modifications soient apportées aux lois sur la marine votées par la Convention. — Rejet de ces propositions par les Conseils. — Sollicitude du Directoire pour les colonies. — Des bâtiments sont envoyés dans les Antilles et dans l'Inde. — Combat de la division du contre-amiral Sercey avec les vaisseaux l'*Arrogant* et le *Victoreux*. — Réunion, sur la rade de Brest, des vaisseaux entrés à Lorient après le combat de l'île de Groix. — Croisière faite par le commandant Ganteaume dans la Méditerranée. — Proclamation de l'amiral Truguet aux marins de l'Ouest et du Midi. — La République française signe avec l'Espagne un traité d'alliance offensive et défensive. — L'Espagne déclare la guerre à l'Angleterre. — La division du contre-amiral Richery part de Cadix, escortée par une escadre espagnole. — Le général Bonaparte est placé à la tête de l'armée d'Italie. — Événements militaires qui modifient notre situation dans la Méditerranée. — Les troupes britanniques évacuent la Corse. L'amiral don Juan de Langara entre dans la Méditerranée. — L'escadre anglaise se retire à Gibraltar. — Retour de la division du contre-amiral Richery. — Résultats de la campagne faite par cet officier général sur les côtes de l'Amérique du Nord. — Sir John Jervis mouille devant Lisbonne avec quatorze vaisseaux. 229

LIVRE VIII

Projet de débarquement en Irlande. — Le général Hoche est placé à la tête des forces de terre et de mer destinées à cette expédition. — Morard de Galle remplace l'amiral Villaret-Joyeuse dans le commandement de l'escadre de Brest. — Arrivée de la division Richery. — Appareillage de la flotte. — Naufrage du *Séduisant*. — Les bâtiments sont dispersés dans la nuit du 16 décembre. — Ralliement, près de la côte d'Irlande, de la presque totalité des navires de l'expédition. — L'amiral Bouvet se dirige sur la baie de Bantry. — Nouvelle dispersion de la flotte. — Quelques navires reviennent dans la baie de Bantry. — Retour des bâtiments de l'expédition à Brest. — Navigation de la frégate la *Fraternité* qui porte le général Hoche et l'amiral Morard de Galle. — Rencontre de la *Révolution* et du *Scevola*. — La *Fraternité* et la *Révolution* mouillent sur la rade de l'île d'Aix. — Bâtiments perdus ou pris par l'ennemi. — Combat du vaisseau les *Droits-de-l'Homme*. — Part revenant à la marine dans l'insuccès de l'expédition. — Mouvements des escadres commandées par les amiraux lord Bridport et Colpoys. 263

LIVRE IX

L'escadre espagnole, sous les ordres de l'amiral don Jose de Cordova, franchit le détroit de Gibraltar et fait route sur Cadix. — Sir John Jervis se porte au-devant des Espagnols. — Combat du 14 février. — Don Jose de Cordova se retire, abandonnant quatre vaisseaux à son adversaire. — Insurrection des équipages de la marine anglaise. — Une escadre hollandaise, commandée par l'amiral de Winter, prend la mer. — Combat de Camperdown. — Les Hollandais perdent neuf vaisseaux. — Des négociations, entamées avec l'Angleterre, en vue de la conclusion de la paix, n'aboutissent à aucun résultat. — L'amiral Truguet est remplacé par le vice-amiral Pléville-le-Peley. — Désarmement général. Bâtiments de guerre mis à la disposition du commerce. — Traité de paix conclu avec la république de Venise. — Clauses secrètes concernant la marine. — Occupation des îles Ioniennes. — Le contre-amiral Brueys se rend dans l'Adriatique. — Traité de Campo-Formio. — Le Directoire revient au projet de descente en Angleterre. — La marine reprend les navires prêtés provisoirement au commerce. — Demande de coopération adressée à l'Espagne et à la Hollande. — Visite faite par le général Bonaparte sur les côtes de l'Océan, de la Manche et de la mer du Nord. — Dispositions prises pour donner aux préparatifs une impulsion plus énergique. — L'amiral Brueys quitte Corfou pour aller à Toulon. — Son passage devant l'île de Malte. 317

LIVRE X

Faiblesse de la marine française. — Développement donné par l'Angleterre à ses armements. — Le général Bonaparte soumet au Directoire le plan de l'expédition d'Egypte. — Le contre-amiral Bruix remplace, au ministère de la marine, le vice-amiral Pléville-le-Peley. — Une escadre, placée sous les ordres du vice-amiral Brueys, est formée à Toulon. — La flotte expéditionnaire prend la mer. — Elle est ralliée par les convois de Gênes et d'Ajaccio. — Prise des îles de Malte et de Goze. — L'amiral Nelson paraît, devant Malte, quelques jours après la conquête de cette île par nos troupes. — L'escadre anglaise fait route vers l'Egypte. — Elle revient vers la Sicile. — L'expédition française mouille, le 1er juillet, sur la rade du Marabout. — L'armée s'empare d'Alexandrie. — L'escadre se rend à Aboukir. — Sondages faits dans les passes qui conduisent au Vieux-Port. — Instructions du général Bonaparte au vice-amiral Brueys. — Indécision du commandant en chef de notre escadre. — Dénuement de nos navires au point de vue des vivres et du matériel. Nelson, informé de la véritable destination de l'expédition française, se dirige de nouveau vers Alexandrie. — Le 1er août, l'escadre anglaise se présente à l'entrée de la baie d'Aboukir. — Mouillage de l'armée française. — Dispositions prises par le vice-amiral Brueys. — Mode d'attaque adopté par l'amiral Nelson. — Combat d'Aboukir. — Explosion de l'*Orient*. — Neuf vaisseaux tombent au pouvoir de l'ennemi. — Le capitaine du *Timoléon* jette son vaisseau à la côte et le livre aux flammes. — L'amiral Villeneuve gagne le large avec les vaisseaux de soixante-quatorze, le *Guillaume-Tell* et le *Généreux*, et les frégates la *Diane* et la *Justice*. — Pertes éprouvées par les deux armées. — Observations relatives au combat d'Aboukir. — Habileté déployée par l'amiral Nelson. — Mauvaises dispositions prises par le vice-amiral Brueys. — Responsabilité incombant à cet amiral. — Rôle joué par le contre-amiral Villeneuve. — Belle conduite de plusieurs vaisseaux et particulièrement du *Franklin* et du *Tonnant*. Prise du *Leander* par le *Généreux*. 343

LIVRE XI

Prise du vaisseau l'*Hercule*. — Incendie du vaisseau le *Quatorze-Juillet*. — Envoi des divisions Savary et Bompard sur les côtes d'Irlande. — Combat de la *Bayonnaise* et de l'*Ambuscade*. — Prise, dans les mers de l'Inde, de la *Prudente*, de la *Forte* et de la *Preneuse*, et, dans les Antilles, de l'*Insurgeante*. — Armement à Brest d'une escadre dont le vice-amiral Bruix, ministre de la marine, prend le commandement. — Cet amiral, trompant la surveillance de lord Bridport, gagne le large. — Il arrive devant Cadix. — Le mauvais temps ne permet pas aux Espagnols de rallier l'escadre française. — L'amiral Bruix entre dans la Méditerranée. — Il conduit ses vaisseaux à Toulon. — Les Anglais se concentrent à Minorque. — Les Espagnols se rendent à Carthagène. — L'amiral Bruix paraît devant Gênes et devant Savone. — L'amiral Keith, sur le point de joindre l'escadre française, est rappelé par le comte Saint-Vincent. — Bruix rallie les Espagnols à Carthagène. — La flotte combinée sort de la Méditerranée. — Elle se rend à Cadix et de là à Brest. — Après avoir inutilement cherché notre escadre sur différents points de la Méditerranée, les Anglais franchissent le détroit de Gibraltar et paraissent devant Brest. — Une division de cinq vaisseaux, sous le commandement de l'amiral Meljarejo, mouille sur la rade de l'île d'Aix. — Elle repousse l'attaque d'une escadre anglaise. — L'amiral Meljarejo ramène ses vaisseaux au Ferrol. — Le *Généreux* à Brindisi. — Mort du capitaine Lejoille. — Le *Généreux* rentre à Toulon. — Le *Leander* tombe entre les mains des Russes. — Une division composée de deux frégates et de deux bricks, revenant d'Égypte, mouille sur la rade de Fréjus. — Le général Bonaparte est sur la *Muiron*. — Une armée anglo-russe, sous le commandement du duc d'York, débarque à l'embouchure du Texel. — Les Anglais signent, à Castricum, une convention, à la suite de laquelle ils évacuent la Hollande. . 397

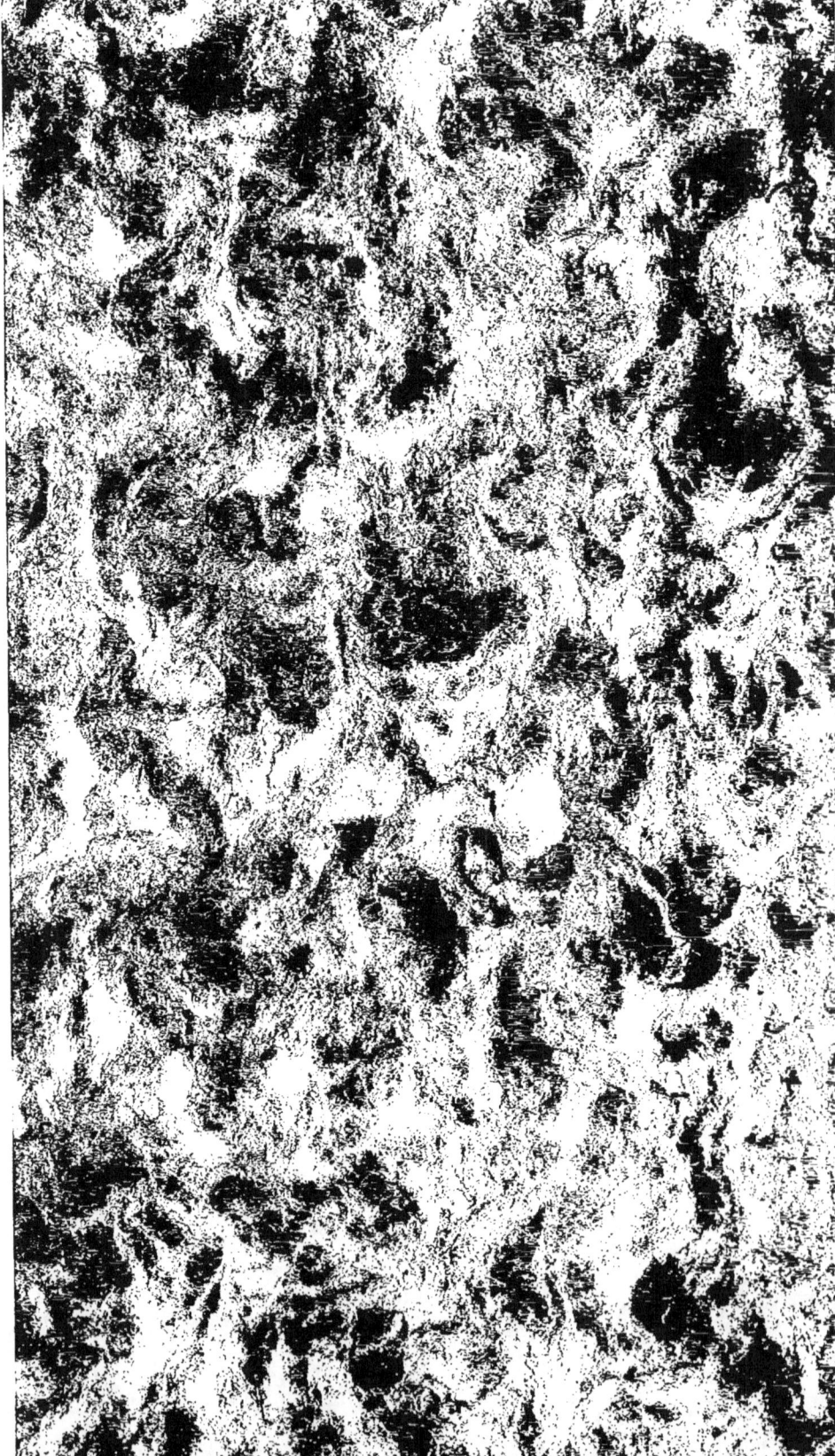

www.ingramcontent.com/pod-product-compliance
Lightning Source LLC
Chambersburg PA
CBHW060928230426
43665CB00015B/1876